D1869113

Zu diesem Buch

Weithin herrscht die Vorstellung, die Industriegesellschaft sei ein Kind des 18. Jahrhunderts. Dort seien Lohnarbeit und Arbeitsteilung, Fabriksystem und Massenproduktion entstanden. Die Geschichte der industriellen Revolution des 19. und ihrer Stadien im 20. Jahrhundert scheint zudem den Verdacht zu bestätigen, daß Technik und Industrie gefährliche Irrwege der Menschheit sind. Die sozialen und ökologischen Folgen der Industrialisierung, die wir heute kaum mehr bewältigen, sprechen für viele eine klare Sprache: Das Projekt Industriegesellschaft ist gescheitert. Aber hilft wirklich nur noch der radikale Ausbruch, gibt es wirklich keine Alternativen *in* der Technik und *in* der industriellen Produktionsweise selbst?

Auf der Grundlage neuer sozialgeschichtlicher Forschungen entwirft Dieter Otten ein historisch differenziertes Bild der technischen und sozialen Entwicklungen, die die Welt der Industrie schufen. Eine erste industrielle Revolution ab dem 12. Jahrhundert und die des 19. Jahrhunderts ließen nicht nur das uns gewohnte Gesicht der Industrie entstehen, in Vor- und Frühformen der Industrialisierung finden sich auch alternative Möglichkeiten des Lebens und Arbeitens, die für unsere Zukunft wichtig werden könnten.

Am Vorabend der dritten industriellen Revolution, an der Schwelle zum 21. Jahrhundert zieht Dieter Otten anschaulich und leicht faßlich Bilanz einer langen Geschichte, deren Konsequenzen keineswegs die globale Katastrophe oder die Abschaffung der Industrie sein müssen.

Dieter Otten, geboren 1943, Professor Dr. phil., Hochschullehrer für Soziologie und Sozialgeschichte am Fachbereich Sozialwissenschaft der Universität Osnabrück.

Dieter Otten

Die Welt der Industrie

Entstehung und Entwicklung der modernen Industriegesellschaften

2 Krise und Transformation

rororo

Rowohlt

Redaktion Wolfgang Müller
Umschlagentwurf Werner Rebhuhn
(Foto: Archiv Dieter Otten)

Originalausgabe
Veröffentlicht im Rowohlt Taschenbuch Verlag GmbH,
Reinbek bei Hamburg, September 1986
Copyright © 1986 by Rowohlt Taschenbuch Verlag GmbH,
Reinbek bei Hamburg
Satz Sabon (Linotron 202)
Gesamtherstellung Clausen & Bosse, Leck
Printed in Germany
1680-ISBN 3 499 16973 8

Inhalt

Band 2

3. Buch
Auf dem Weg zur Lohnarbeitergesellschaft

4. Buch
Die industrielle Revolution des 21. Jahrhunderts

Band 1

2. Buch
Die industrielle Revolution des 19. Jahrhunderts

3. Buch

Auf dem Weg zur Lohnarbeitergesellschaft

10. Kapitel

Schneller, weiter, gefährlicher

Die technologischen und industriellen Grundlagen des Massenkonsums

Den Beginn der zweiten industriellen Revolution datierten wir auf das Jahr 1830 und setzten ihn gleich mit dem Aufschwung der Textilindustrie, der Schwerindustrie und des Maschinenbaus. Das Vehikel der Revolution war die Eisenbahn, weniger bildlich gesprochen: der Ausbau ihrer Infrastruktur und Technologie. Daher entsprach das industrielle Wachstum geradezu proportional dem Aufbau des Eisenbahnwesens. So wie das Streckennetz stieg das wirtschaftliche Wachstum in weniger als 100 Jahren um 2000 %. Aber ab 1900 verlangsamte sich die Zuwachsrate im Eisenbahnbau, und parallel dazu kam das wirtschaftliche Wachstum in den führenden Industrieländern ins Stocken. Doch noch auf dem Höhepunkt dieser ersten Industrialisierungswelle des 19. Jahrhunderts wurden die technischen Grundlagen für ein neues, noch weiter reichendes industrielles Wachstum gelegt: Die Chemie, die Elektrotechnik, die Stahlerzeugung und an erster Stelle der Automobilbau entwickelten sich in schneller Folge als Wachstumsindustrien mit weltweiter Bedeutung und einer neuen Orientierung der Produktion auf industriellen Massenkonsum.

Gerade wegen der Auswirkungen auf die Produktionstechnologie (Einsatz des Fließbandes bei der Massenproduktion), aber auch wegen der Einführung neuer Werkstoffe und Technologien wurde und wird diese Innovationswelle gegen Ende des 19. Jahrhunderts auch gerne als weitere industrielle Revolution bezeichnet. Auch wenn wir die Bedeutung der neuen Industrien nicht schmälern wollen, kann freilich von einer revolutionären Umwälzung der Industrie in dieser Phase nicht die Rede sein. Es handelt sich vielmehr um eine konsequente Weiterentwicklung der Grundprinzipien jener industriellen Revolution, wie sie sich um die Mitte des 19. Jahrhunderts ausprägten. Ich möchte in diesem Kapitel darstellen, daß sich also nur eine weitere Drehung der «Industrialisierungsschraube» feststellen läßt, die um 1800 mit dem ökonomischen Aufstieg der alten Textilindustrie in Bewegung gesetzt worden war. Daß wir dennoch – und zu Recht – den Eindruck haben, nach 1920 habe eine tiefgreifende Veränderung im Prozeß der Industrialisierung mit neuen Produkten, neuen Organisationsformen gesellschaftlicher Arbeit und neuen Zentren der Industrialisierung stattgefunden, liegt wohl vor allem daran, daß der Erste Weltkrieg eine folgenschwere Zäsur im Entwicklungsprozeß der Industrialisierung setzte. Diese Zäsur war primär ökonomischer und sozialer Natur und hat mit den gesellschaftlichen Rahmenbedingungen, nicht aber mit den technologischen und industriellen Voraussetzungen dieser Stufe industrieller Entwicklung zu tun.

Wir können tatsächlich zwei voneinander deutlich abgesetzte Stufen der Industrialisierung seit dem Einsetzen der zweiten industriellen Revolution im 19. Jahrhundert feststellen. Es ist auch durchaus legitim, zwei getrennte Epochen zu konstatieren, denen jeweils im groben die Technologien der Industrialisierungsstufen (erste Stufe: Dampfmaschine, Werkbank, Gußeisen, Webstuhl, Selfaktor und Eisenbahn; zweite Stufe: Verbrennungsmotor, Chemie, Elektrizität, Auto, Fließband, Stahl) zugeordnet werden, obwohl die technologische Entwicklung von Dampfmaschine, Selfaktor und Webautomat fast gleichzeitig erfolgte mit der Grundlegung der Elektroindustrie, dem Aufstieg der Chemie oder der Konstruktion des Verbrennungsmotors. Aber das trennende Moment dieses darstellerischen Arrangements kommt – wie wir im 11. und 12. Kapitel noch sehen werden – eindeutig von außerhalb. Es schließt daher eine Interpretation der Veränderungen als industrielle Revolution aus, wofür die Gleichzeitigkeit der technologischen Entwicklung im übrigen überzeugend spricht. Die Konzentration von Maschinen und Arbeitskraft, Energie und Material in großen Fabriken, das alles ist nicht mehr als eine konsequente Weiterentwicklung dessen, was im frühen 19. Jahrhundert begonnen hatte und zuerst auf den relativ kleinen Rahmen der Textilindustrie beschränkt blieb. Ja, man könnte sogar sagen, daß die industrielle Revolution des 19. Jahrhunderts erst jetzt aus dem kleinbetrieblichen Rahmen, also aus den Kinderschuhen der industriellen Produktion herauszuwachsen begann. Die Tatsache, daß die Dampfmaschine als Kraftmaschine für die Stromversorgung erst über den Umweg der Ausrüstung von Produktionsautomaten mit Elektromotoren das alte System von Wasserkraft und halbautomatischen Maschinen des 19. Jahrhunderts abzulösen vermochte, kann wohl am besten illustrieren, was hier gemeint ist. Mit dem Einzug der neuen Technologien in die industrielle Produktion und der damit einsetzenden Ära des Massenkonsums erreichte die industrielle Revolution des 19. Jahrhunderts schließlich das Ziel, auf das sie zumindest technologisch seit ihrer Loslösung von den «natürlichen» Bedingungen der Produktion eingestellt war.

Verbrennungsmotor und Automobil. Wenn es richtig ist, daß das Automobil als individuelles Verkehrsmittel im 20. Jahrhundert die gleiche Rolle spielt wie die Eisenbahn im 19. Jahrhundert – und wer wollte angesichts der ökonomischen, sozialen und technologischen Schlüsselrolle der Automobilindustrie daran zweifeln –, dann ist das Auto selbst der beste Beleg für die These, daß die Entwicklung in der zweiten Hälfte des 19. Jahrhunderts nichts Revolutionäres an sich hat. Schon Denis Papin hatte im späten 17. Jahrhundert erste Experimente mit Kraftmaschinen gemacht und an einer Dampfmaschine sowie an einem Verbrennungsmotor getüftelt. Andere haben neben und nach ihm Kraftfahrzeuge mit Verbrennungsmotoren erdacht. Daß sich dennoch Dampfmaschine und Eisenbahn im Gegensatz zum Verbrennungsmotor und zum Automobil zunächst durchzusetzen vermochten, lag vor allem daran, daß sie mit den Mitteln des 18. und 19. Jahrhunderts einfacher zu bauen waren. Auch fehlte es an einem geeigneten Treibstoff für Explosionsmotoren. Die Dampfmaschine auf Rädern war einfach viel plausibler als jede andere Konzeption. Doch diesen Plausibilitätsvorsprung verloren Eisenbahn und Dampfmaschine im Verlauf des 19. Jahrhunderts, spätestens als Joachim Becher entdeckte, daß man aus Steinkohle einen billigen und massenhaft herstellbaren Brennstoff für Motoren herstellen konnte, das Steinkohlengas.

Viele Ingenieure, namentlich in Frankreich und Italien, wurden dadurch angeregt, das Konzept des Verbrennungsmotors und des Kraftwagens neu zu überdenken und zu aktualisieren – nicht zuletzt auf dem Hintergrund der Überlegung, mit neuen Motorengenerationen die Vorherrschaft der Dampfmaschine (und natürlich auch der Dampfmaschinenhersteller) zu brechen. Den ersten funktionierenden Gas-Verbrennungsmotor entwarf der französische Ingenieur Etienne Lenoir im Jahre 1860; doch erst Nikolaus Otto entwickelte 1866 das, was man den Prototypen des neuen Verbrennungsmotors nennen könnte: einen

Explosionsmotor, in dem das Brennstoffgemisch durch hohen Druck zusammengepreßt und auf dem toten Punkt der Kolbenbewegung gezündet wurde. Zu diesem Zweck konstruierte Otto einen Motor mit vier Zylindern, die in einem Vierertakt arbeiteten, bei dem zur gleichen Zeit immer ein Zylinder zündete, einer das Brennstoffgemisch ansaugte, einer das Gemisch komprimierte und einer den Verbrennungsrückstand verpuffte.

Erst ein Jahrzehnt später (nach Ottos eigenem Bericht waren die Experimente mit diesem Motor zuerst erfolglos), nahm die Firma Otto unter der Leitung ihrer Ingenieure Maybach und Daimler die Entwicklungsarbeiten am Viertaktverbrennungsmotor wieder auf. Doch zu einem vorzeigbaren Ergebnis kam die Arbeit am neuen Motor erst, nachdem Maybach und Daimler 1883 in Cannstadt bei Stuttgart eine eigene Motorenfabrik eröffnet hatten. Nur ein Jahr später entwickelten sie hier einen Einzylinder-Viertaktmotor in einem trommelförmigen Gehäuse mit einer Glührohrzündung, der eine Leistung von 0,5 PS bei 600 Umdrehungen pro Minute erreichte. Über diesen Motor hieß es in ihrer Patentschrift, es sei dessen Prinzip, «in einem geschlossenen, wärmegekühlten Raum, am Ende eines Zylinders Luft mit brennbaren Stoffen gemischt durch einen Kolben zusammen- und gegen die heißen Wände eines Raumes so zu pressen, daß am Ende des Kolbenhubs durch die Wirkung der Kompressung eine Selbstzündung und rasche Verbrennung des Gemischs eintritt, und die dadurch entstandene Spannung als Triebkraft zu verwenden».

Maybach und Daimler setzten diesen Motor, den sie «Standuhr» genannt hatten, zwar in eine Pferdedroschke ein, aber sie planten nicht, ihren Motor als Antrieb für ein Fahrzeug zu verwenden. Der Einbau in die Droschke diente ihnen lediglich zur Demonstration der Leistungsfähigkeit ihres Motors. Was ihnen vorschwebte, war die Herstellung einer Kraftmaschine für Industrie und Landwirtschaft, aber kein Auto – was man im übrigen auch an der ganz und gar nicht autogerechten Konstruktion ihrer «Motordroschke» sehen kann. In Mannheim aber arbeitete in den 1870er Jahren ein anderer deutscher Ingenieur, Carl Benz, an der Weiterentwicklung des Viertaktmotors von Otto, mit dem Ziel, ein Antriebsaggregat für einen Motorwagen zu bauen. Deshalb entwarf Benz einen eigens für den Verbrennungsmotor gebauten Wagen; bei ihm bildeten Motor und Fahrzeug eine Einheit: das Automobil. Dieser Wagen, der Mitte der achtziger Jahre vorgestellt wurde, machte Benz bis zur Jahrhundertwende zum größten Automobilher-

Die Benz-Belegschaft, 1895

steller der Welt – obwohl er kein reicher Mann wurde. Denn man muß hinzufügen, daß die Weltjahresproduktion bei etwa 1000 Automobilen lag.

Die nicht unbeträchtlichen Gewinnchancen im Autobau zogen schließlich auch Daimler und Maybach (später zusammen mit Benz) voll ins Autogeschäft. Maybach wandte sich nun ebenfalls der Durchkonstruktion des Autos zu und entwarf die Grundlagen für die Automobiltechnik schlechthin. Bei der Karosserie, beim Fahrgestell und der funktionalen Bauweise ging er ganz vom Prinzip des Kutschwagens ab und entwickelte das großräumige, stark motorisierte Auto mit hoher Geschwindigkeit – auch in der Absicht, bei Automobilrennen die Konkurrenz in Grund und Boden zu fahren und so den Marktwert seiner Autos zu steigern. Der Wagen erhielt einen längsstehenden Motor mit dahinter angeordnetem Getriebe, das über eine Kardanwelle den Antrieb auf die Hinterräder übertrug. Hinter Motor und Getriebe plazierte Maybach die Fahrgastzelle und hängte die ganze Konstruktion tief zwischen die Räder und nicht – wie beim Kutschwagen – über sie.

Doch obgleich der «Mercedes», wie Maybach und Daimler ihren Wagen nannten, den Prototyp des Automobils schlechthin darstellte, entwickelte sich der Automobilbau nicht in Deutschland, sondern zunächst in Frankreich und den USA zur dominierenden Industrie. Aus den Konstruktionsbüros dieser Länder stammten auch die weiteren Verbesserungen des Automobils in den ersten Dekaden unseres Jahrhunderts. So die Einführung des elektrischen Anlassers beim Cadillac 1913, der Übergang von der Magnet- auf die Batteriezündung im Jahre 1915, Verbesserungen der Radaufhängung, der Federung und der Bremsen. Amerikanische Automobilhersteller waren es auch, die das Automobil als Massenkonsumgut entdeckten, das, in großer Stückzahl hergestellt, klein, billig, aber weder technisch minderwertig noch unkomfortabel sein sollte. Das schon 1908 von Henry Ford entwickelte T-Modell, auch «Tin Lizzy» genannt, erfüllte diese Anforderungen beispielhaft. Es war ein vollwertiges, sorgfältig produziertes und technisch durchdachtes Auto mit robusten Fahreigenschaften und einem unverwüstlichen Motor, das zu niedrigen Preisen zu haben war und einen geringen Benzinverbrauch hatte.

Automobilproduktion um 1900 bei Benz in Mannheim

Bis 1929 wurden in den USA 15 Millionen T-Modelle produziert, was 85% der Weltproduktion an Personenkraftwagen entsprach. Schon dieses Zahlenspiel belegt, daß die europäischen Automobilhersteller demgegenüber nur Handwerker waren. Zwar gab es eine ganze Reihe von Überlegungen, das Beispiel Ford in Europa nachzuahmen, aber es fehlten dafür die wirtschaftlichen Voraussetzungen. So beschränkte sich der Beitrag der europäischen Automobilhersteller in den zwanziger Jahren im wesentlichen auf technische Verbesserungen beim Bau der gehobenen Klasse. Man baute vor allem großmotorige Wagen mit hoher Leistung und Geschwindigkeit und legte Wert auf technische Neuerungen (Schwing- und Pendelachse 1930; Frontantrieb 1931; selbsttragende Karosserie in Serienwagen 1935). Das Handikap der meisten europäischen Automobilhersteller aber blieb, daß sie diese technischen Verbesserungen nicht in der Massenproduktion anwenden konnten. Lediglich in Frankreich, bei Citroën und Renault, wurde seit 1930 nach amerikanischem Vorbild produziert und zugleich ein Auto hergestellt, das den neuesten technischen Ansprüchen entsprach. Die französischen Autos der dreißiger Jahre waren jedoch nicht nur das technisch Beste, was man damals bekommen konnte, sie gehörten auch zu den erfolgreichsten Automobilen dieser Zeit. 60% der bis 1936 in Europa gebauten Autos kamen aus Frankreich, wo sie im wesentlichen bei den genannten Firmen produziert wurden (ca. drei Millionen).

Erst nach dem Zweiten Weltkrieg setzte sich in ganz Europa die Massenproduktion von Autos durch. Die wirtschaftlichen und sozialen Veränderungen der Nachkriegszeit schufen jetzt auch in Europa die Voraussetzung für Massenmotorisierung. Den Durchbruch schaffte nach 1950 der schon 1938 konstruierte Volkswagen, der wie eine europäische und zeitgemäße Variante des Ford T-Modells geplant und gebaut wurde und von dem bis 1980 etwa 20 Millionen Autos in aller Welt verkauft wurden. Aber auch andere europäische Hersteller wie Fiat und die britische Firma Austin trugen mit vergleichbaren Modellen zur Massenmotorisierung bei. Letztere entwickelten mit dem Mini-Morris eine völlig neue Generation noch kleinerer, robuster und leistungsfähiger Pkw mit quergestelltem Motor, Einzelradaufhängung, Frontantrieb und großräumigen wie qualitativ ansprechend ausgebauten Fahrgastzellen, die den endgültigen Durchbruch des Autos zum Massenverkehrsmittel markieren.

Der heutige Weltbestand von rund 500 Millionen Pkw und die jährliche Neuproduktion von 30 Millionen Autos belegen nachdrücklich, daß das Automobil tatsächlich die Nachfolge der Eisenbahn als Schlüsselindustrie im 20. Jahrhundert angetreten hat. 770 Milliarden Kilometer werden von dieser Autolawine jährlich zurückgelegt. Dabei verbraucht sie etwa zehn Milliarden Liter Benzin, für dessen Produktion eine weltwirtschaftlich entscheidende Industrie sorgt. Allein das Netz der Schnellstraßen (Autobahnen) beträgt 300000 Kilometer, ein Drittel der Eisenbahnstrecken auf dem Höhepunkt ihres Ausbaus. Gut 15 % der Welterwerbsbevölkerung lebt direkt oder indirekt vom Auto – von den Auswirkungen des Automobils auf Wirtschaft und Gesellschaft in den entwickelten Industriegesellschaften Europas, Amerikas und Asiens ganz zu schweigen (dazu vor allem Kapitel 11 und 12).

Fließband und Rationalisierung der Arbeit. Die großen Fortschritte im Automobilbau wären allerdings nicht möglich gewesen ohne entscheidende Veränderungen in der Produktionstechnologie, ohne Verbesserungen bei Werkzeugmaschinen und Werkstoffen, vor allen Dingen aber ohne grundlegende Veränderungen in Organisation und Rationalisierung der Arbeit. Man übertreibt in diesem Zusammenhang wohl nicht, wenn man feststellt, daß es vor allem letzteres, die Rationalisierung der Fabrikarbeit war, die den gigantischen Erfolg der ersten großen Automobilhersteller ausmachte, namentlich natürlich den Erfolg der amerikanischen Firmen. Massenproduktion hatte in den USA nämlich schon seit Mitte des 19. Jahrhunderts Tradition. Nicht unbedingt, wie man oft liest, durch die Erfindungen des genialen Tüftlers Eli Whitney – er war wohl mehr ein Propagandist als ein industrieller Praktiker der Massenproduktion. Zurückgehen dürfte die Tradition der amerikanischen Massenproduktion wohl auf die standardisierte Herstellung von Schußwaffen, die in den USA kurz nach 1840 einsetzte. Diese Waffenproduktion wies nachweislich schon alle Elemente der modernen Massenproduktion auf: die Verwendung normierter, beliebig zusammensetzbarer Versatzstücke, Transferstraßen und/oder Gruppenproduktion. In der amerikanischen Waffenproduktion wurden auch die ersten Präzisionsmaschinen entwickelt, denn die Standardisierung und Massenproduktionsfähigkeit eines industriellen Versatzstückes setzt voraus, daß man mit sehr großer Präzision absolut gleiche Teile herstellen kann, denn nur dies macht ein Versatzstück wirklich kombinierbar. Das wichtigste an der Massenproduktion, so wurde schon Mitte des 19. Jahrhunderts deutlich, war die Kombination von Arbeitsorganisation und neuen Präzisionsmaschinen. Es nimmt daher nicht wunder, daß die Väter der Massenproduktion Fertigungsingenieure waren, die sich sowohl über die technische als auch über die arbeitsorganisatorische Seite der Massenproduktion Gedanken machten. Am bekanntesten unter ihnen wurde der amerikanische Fertigungsingenieur Frederick W. Taylor, mit dessen Namen man die gesamte moderne Fabrikarbeit in Verbindung bringt, aber auch andere Fertigungsingenieure wie Cyrus Buckland und Elisah K. Roods traten nicht nur mit Präzisionsmaschinen, sondern auch mit erfolgreichen Überlegungen zur Arbeitsorganisation hervor.

Seinen Durchbruch erlebte das System der amerikanischen Massenproduktion schon in den 1850er Jahren bei der Herstellung von Nähmaschinen, jener revolutionären Erfindung des 19. Jahrhunderts (vgl. Kapitel 8), die die Türen für das erste Massenkonsumgut der Neuzeit öffnete. Bei der Herstellung von Nähmaschinen konnte auf die Erfahrung der Waffenproduktion zurückgegriffen werden. Viele Herstellerfirmen, die nach 1865 Nähmaschinen produzierten, hatten Erfahrungen mit der Waffenproduktion sammeln können, sie wichen nicht ungern auf das neue Gewerbe aus, denn nach dem Ende des amerikanischen Bürgerkriegs war die Konkurrenz in der Waffenherstellung einfach zu groß. Die Nähmaschinenproduktion verlief daher nach dem gleichen Konzept wie die Waffenherstellung. Alle Teile waren genau geformt, das Gehäuse, das Getriebe (die eigentliche Erfindung Singers), der Nähmechanismus selbst. So konnten die einzelnen Teile getrennt hergestellt und bearbeitet werden: der Nähmaschinenkörper, die Zahnräder, die Bohrungen, die Nadeln, das Schleifen der Metallteile, das Lackieren und schließlich der Zusammenbau der Nähmaschinen in großen Fertigungshallen der Singerschen Maschinenfabrik. Der jährliche Ausstoß an Nähmaschinen stieg infolgedessen sprunghaft: 1853 betrug er ganze 810 Stück, 1880 wurden jährlich mehr als eine halbe Million Nähmaschinen produziert und verkauft – übrigens teilweise in sehr aufwendig gearbeiteten Verkleidungen aus Holz, die ebenfalls in Serie hergestellt wurden und schon damals bewiesen, daß auch Möbel und Holzprodukte industriell herstellbar waren.

Die große Nachfrage nach landwirtschaftlichen Maschinen im Zuge des Ausbaus der amerikanischen Farmwirtschaft beeinflußte auch die Mechanisierung der Produktion von landwirtschaftlichen Maschinen, zum Beispiel bei der Firma McCormick. McCormicks landwirtschaftliche Geräte waren allerdings noch komplizierter gebaut als Handfeuerwaffen oder Nähmaschinen. Was hier vorgefertigt werden konnte, die

Das amerikanische Fabriksystem bei McCormick, 1885

Zahnräder, die Getriebe(teile), Sensen und Schnittmesser bis zu Montageeinheiten, wurde auch bei McCormick getrennt produziert, jeweils für sich genormt und beliebig kombinierbar angelegt. Die Firma war daher besonders auf standardisierte Bautechniken, auf Präzisionsmaschinen, auf Bohrmaschinen, Drehbänke und Drahtziehmaschinen angewiesen. Auch McCormicks Produktionsausstoß stieg gigantisch: 1841 baute der Betrieb ganze zwei Landwirtschaftsmaschinen, im Jahr 1885 waren es 50000 und im Jahre 1900 über 120000 Stück.

Gegen Ende des 19. Jahrhunderts bot sich dann ein weiteres Produkt an, das mit den Erfahrungen der Waffen-, Nähmaschinen- und Landmaschinenproduktion herzustellen war: das Fahrrad als billiges Massenverkehrsmittel der Neuzeit. Nähmaschinenhersteller wie Willcox und Gibbs, Weed, Pope und Sharp zum Beispiel produzierten ab 1890 in großer Serie Fahrräder, wofür sie genormte Teile entwickelten, normierte Rohre, Achsen, Räder, Naben, Speichen, Muffen, Stanzhülsen, Splints usw. Die einzelnen Teile wurden separat produziert, technisch aufeinander abgestimmt, also für die Serienproduktion konstruiert, und an Arbeitsplätzen zusammengebaut, denen zur vollen Mechanisierung und Rationalisierung nur noch das Fließband und die Taktarbeit fehlte. Bis auf das Band war in der amerikanischen Fahrradindustrie das System der rationalisierten und genormten industriellen Produktion um 1900 schon vollständig entwickelt.

Auch das Fließband, das die Ford-Werke 1903 (!) bei der Aufnahme der Massenproduktion von Automobilen einsetzten, war keine neue Erfindung. Fließbänder oder Fließsysteme waren seit Mitte des 19. Jahrhunderts aus den Schlachthöfen von Chicago und Cincinnati bekannt. In Gießereien verwendete man ebenfalls seit dieser Zeit Transportbänder für Gußformen und Gußstücke. Das Verdienst von Ford lag also nicht in der Erfindung, sondern in der genialen Kombination der verschiedenen Elemente des amerikanischen Fabriksystems mit Fließband und Werkzeugmaschinen, die der Herstellung genormter und standardisierter Werkstücke bzw. der Massenproduktion von Motoren und Getrieben dienten. Gerade Motoren und Getriebe waren bis dahin rein handwerklich produzierte Bauteile. Sie stellten sozusagen den Flaschenhals der Serienproduktion von Automobilen im Fabriksystem dar. Ford griff daher auf die Entwicklung der Präzisionsschleifmaschine von Charles Norton zurück, um Zylinder-, Kugellager- und Gewindeschleifmaschinen einsetzen zu können.

In den zwanziger Jahren begannen die Produktionsingenieure bei

Das amerikanische Fabriksystem bei Columbia Bycicles, 1881

Bandarbeit bei Ford, 1913

Ford auch Werkzeugmaschinen im Verbund, gleichsam als Fertigungsstraßen aufzustellen. Das Werkstück konnte nun von der ersten bis zur letzten Fertigungsstufe durch einen maschinisierten Produktionsprozeß laufen, bei dem sich die Arbeit des Maschinenbedieners auf die Kontrolle des Produktionsvorgangs sowie das Einlegen und Ausspannen des Werkstücks beschränkte. Manuelle Arbeit wäre auch gar nicht mehr möglich gewesen, denn mit der Einführung neuer Werkstoffe wie der Chrom-Wolfram-Legierung «Schnellschnitt-Stahl» erreichten die Schleif- und Schneidemaschinen gut die drei- bis fünffache Geschwindigkeit herkömmlicher Maschinen.

Auch diese sogenannten Transferstraßen waren im übrigen keine Erfindung der Fordleute, sondern seit Ende der achtziger Jahre aus der amerikanischen Uhrenindustrie bekannt. Aber erst mit ihrer Einführung in der Automobilindustrie begann ihre Karriere als modernes Element der Fabrikproduktion. Noch präziser müßte man sagen, mit dem Einsatz in der Automobilindustrie erwiesen sie sich als notwendige Bestandteile der Massenproduktion komplexerer Produkte. Nun war es tatsächlich möglich, den Flaschenhals der Serienproduktion von Autos, die Herstellung von Motoren und Getrieben, zu industrialisieren. Und erst mit dieser Leistung sollte es gelingen, gut funktionierende, leistungsstarke Autos zu bauen, die in Massenserien aufgelegt werden und auf diese Weise preisgünstig genug gestaltet werden konnten, um ein ernsthaftes Massenkonsumgut für breite Käuferschichten zu sein. Henry Fords «Genie» bestand schlicht darin, diesen Zusammenhang erkannt zu haben: Nur mit einem so produzierten Massenauto konn-

Automontage bei Ford, 1913

ten eine neue industrielle Ära und neues Wirtschaftswachstum eingeleitet und die soziale Weiterentwicklung des modernen Kapitalismus geleistet werden (siehe Kapitel 12).

Nun ist es gerade die in der Automobilindustrie beispielhaft verwirklichte Fabrikarbeit, die unter dem Namen «Taylorimus» ganz besonders als Beleg für eine qualitativ neue Stufe der Industrialisierung, eine neue industrielle Revolution um die Jahrhundertwende dienen soll. Ganz abgesehen davon, daß die Bezeichnung «Taylorismus» wohl eher auf einem Mißverständnis der Absichten von Frederick W. Taylor und seiner Arbeitswissenschaft beruht (er wollte nichts weniger als eine maschinen- und fließbandbedingte Zergliederung der menschlichen Arbeit in immer weiter rationalisierter Teilarbeit), gehen solche Auffassungen auf eine ungenaue Kenntnis der Geschichte des amerikanischen Fabriksystems im 19. Jahrhundert zurück. Tatsächlich zeigt die Fabrikarbeit, die Charles Chaplin in seinem Film «Moderne Zeiten» persiflierte und damit vielen Kulturkritikern das Stichwort für eine neue Welle der Industriekritik gab, nichts anderes als die konsequente Weiterentwicklung, Ausformung und Verallgemeinerung der um 1840 schon einsetzenden amerikanischen Massenproduktion. Im 19. Jahrhundert als Kulturleistung der Amerikaner gefeiert, geriet sie in den zwanziger Jahren freilich aus ganz anderen als industriesoziologischen Gründen in die Schußlinie der Kritik, wie wir im 11. Kapitel noch sehen werden.

Solche Fehldeutungen haben sicher auch etwas mit der auffallenden Ungleichzeitigkeit zu tun, von der die Fabrikarbeit in der zweiten Hälfte des 19. Jahrhunderts gekennzeichnet war. In der Schwerindustrie blieb die Arbeit trotz wichtiger technologischer Innovationen – Bessemerbirne oder Siemens-Martin-Ofen seien genannt – im wesentlichen handwerklich strukturiert. Auch im Maschinenbau, bei der Herstellung von Lokomotiven, Dampfmaschinen oder Turbinen zum Beispiel, gab es nach dem Ersten Weltkrieg nur wenige Ansätze zur Industrialisierung der Arbeit. Und selbst in der europäischen Automobilindustrie blieb die Herstellung für Jahrzehnte ein «Handwerk». In der eher «leichtindustriellen» Herstellung von Handfeuerwaffen, Land- und Nähmaschinen sowie Fahrrädern (!) aber setzte sich die neue Fabrikarbeit durch – zuerst in den Vereinigten Staaten, also in einer Randzone, die offenbar für die Beurteilung der industriellen Veränderungen des 19. Jahrhunderts nicht maßgebend schien. Das amerikanische Fabriksystem hatte sozusagen das Pech, nicht im Mittelpunkt

Endmontage bei FIAT, Mitte der Sechziger Jahre

der öffentlichen Aufmerksamkeit zu stehen – oder sagen wir besser: nicht im Mittelpunkt der europäischen Öffentlichkeit. Um so erstaunlicher und erschreckender mußte das System der Massenproduktion wirken, als es mit dem Automobilbau schlagartig ins Bewußtsein trat und die Europäer über die internationale Konkurrenz zwang, auch ihre Fabrikarbeit zu modernisieren, obwohl sie doch glaubten, schon die höchste Stufe der Industrialisierung erreicht zu haben.

Interessanterweise hat Karl Marx im 13. Kapitel seines Hauptwerkes «Das Kapital» die moderne Fabrikarbeit schon so skizziert, wie sie sich eigentlich erst im 20. Jahrhundert darstellte. Nicht einmal bei Singer oder McCormick war sie schon in dem Maße entwickelt, wie Marx sie beschrieb. Marx erkannte den wesentlichen Kern der Industrialisierung, nämlich den Ersatz der menschlichen Arbeit durch ein Maschinensystem und die Verdrängung des «Handwerkers» aus der Produktion, die den Arbeiter so lange (noch) zum Handlanger der Produktionstechnik macht, wie es noch an Maschinen mangelt, die auch diese Aufgaben wahrnehmen können. Seine Prognose hat sich bewahrheitet, denn mit dem Prozeß der Industrialisierung setzte sich genau jener Arbeits- und Fabriktypus durch, der seiner Ansicht vom Wesen der modernen Technologie entsprach und sich aufgrund deren innerer Logik auch durchsetzen mußte. Marx lieferte damit eine Art Modell für Voraussagen von arbeitstechnischen und sozialen Auswirkungen technologischer und industrieller Innovationen auf der Grundlage einer bestimmten technischen und sozioökonomischen Logik. Auf dieses Verfahren wollen wir zurückgreifen, wenn wir die Auswirkungen der dritten industriellen Revolution im 4. Buch betrachten.

Diese «innere Logik der Industrialisierung» macht auch verständlich, wieso nicht der vermeintliche «Taylorismus», sondern die *Automation* das entscheidende Moment industrieller Revolution ist. Die industriellen Techniken haben nicht das primäre Ziel, die menschliche Arbeit in der Fabrik besonders stark zu zergliedern und damit für die wirtschaftliche Ausbeutung leichter «verdaulich» zu machen. Sie haben das Ziel, die menschliche Arbeit überflüssig zu machen. Ihr Weg geht dabei freilich – und das macht vielleicht auch das Verständnis so schwer – von der ganzheitlichen menschlichen Arbeit über die vertikale Arbeitsteilung hin zur ganzheitlichen Maschinenarbeit. Mit der mittelalterlichen Industrialisierung beginnt, so hatten wir gesagt, die Herauslösung einzelner Berufe aus dem häuslichen Produktionsverband des Bauernhofes, des fürstlichen Großhaushalts («Oikos-Wirtschaft»), der

Klosterwerkstatt oder aus dem Tiraz. Mit der Industrialisierungswelle des 19. Jahrhunderts setzte sich diese Arbeitsteilung weiter durch und drang in die einzelnen Berufsrollen ein. Das Wesentliche am amerikanischen Fabriksystem war ja gerade, daß es die Arbeitsvollzüge so aufgliederte und in genormte Schritte zerlegte, daß sie erst von planmäßig eingesetzten Menschen, dann aber von einer Maschine verrichtet werden konnten. Die Handgriffe des Menschen wurden in der Massenproduktion selbst schon zu roboterhaften Verrichtungen, bis sie am Ende auch von Robotern ausgeübt werden konnten. Das logische Ziel jeder Industrialisierung ist daher die universelle Verwendung von Produktionsautomaten, die *statt* des Arbeiters die industrielle Arbeit verrichten. Die Rolle des Menschen kehrt damit – wie wir noch sehen werden – in gewisser Weise zur handwerklichen Funktion einer ganzheitlichen Arbeit zurück (siehe Kapitel 15).

Die Arbeit am Fließband ist daher sogar ein relativ schlechtes Beispiel für die Entwicklung der modernen Fabrikarbeit. Sie ist zwar stark arbeitsteilig geprägt und in «repetitive Teilarbeit» zergliedert, wie es in der Industriesoziologie heißt. Aber sie besteht doch nach wie vor aus handwerklichen Leistungen: Schweißnähte werden manuell gesetzt, Getriebeteile zusammengebaut, in der Endmontage werden gar ganze Produkte von Hand zusammengesetzt. Viel deutlicher tritt der Fabrikcharakter der Industriearbeit bei der Bedienung von halb- oder vollautomatischen Maschinen in der Textilindustrie hervor. Seit den dreißiger Jahren wird hier «Mehrstellen-Arbeit» verrichtet. Dabei handelt es sich um Bedienungsarbeit einer automatischen Web- oder Spinnmaschine. Beim Weben beispielsweise ist die automatische Produktion schon seit fast einem Jahrhundert so weit, daß sämtliche Arbeitsschritte von der Maschine gemacht werden können. Vom Weben (also dem Fadenschuß) über das Kontrollieren des Fadenlaufs bis zum Aufrollen des Tuchs arbeitet der Webstuhl automatisch. Wenn der Faden gerissen ist, stellt sich die Maschine ab. Das einzige, was der Webautomat bis in die Gegenwart nicht konnte, war, den Fadenbruch zu beheben und sich selbst wieder in Gang zu setzen. Die industrielle Arbeit des Webers hat nur diese Lücken in der Automation zu füllen und die Maschine bei Störfällen zu bedienen, das heißt den Bruch zu beheben und die Maschine wieder anzustellen. Und wie ein Kellner hat der Industrieweber mehrere Kunden zu bedienen, denn einer allein lastet ihn nicht aus. Fünfzig bis sechzig, manchmal sogar hundert Webstühle gehören zu seinem Servicebereich in einer von infernalischem Lärm erfüllten Halle mit Hunderten von Webstühlen. Mit Weben im alten Sinne des Wortes hat diese Arbeit nun wirklich nichts mehr zu tun. Sie ist reine Maschinenbedienung geworden, die aus wenigen Handgriffen besteht und allein der Kontrolle der Produktion dient, nicht mehr der produktiven Herstellung eines einzelnen Tuches. Mit anderen Worten: die innere Industrialisierung standardisiert die menschliche Arbeit soweit, daß sie tatsächlich von einer Maschine ausgeführt werden kann. Und genau dort, wo die repetitive Teilarbeit den Menschen schon zum Roboter gemacht hat, treten mit neuen Automatisierungsmöglichkeiten echte Roboter an die Stelle menschlicher «Roboter». Das gilt im übrigen auch für «anspruchsvolle» Tätigkeiten im Bereich der Steuerung und Bedienung automatischer Maschinen, der Kontrolle von Meßwerten und Meßinstrumenten. Von ihnen hatte man lange Zeit angenommen, sie wären vor Rationalisierung und Automation geschützt. Selbst die vielen handwerklichen oder handwerksartigen Arbeiten, die im Zusammenhang mit der Behebung von Störfällen, Reparaturen und der Herstellung einzelner Ersatzteile in großen Fabriken zu finden sind, können sich auf Dauer nicht vor der Rationalisierung schützen. Schon entstehen intelligente Maschinen, die auch diese Arbeit übernehmen können – und meist besser und billiger als menschliche Arbeitskräfte. Der Traum von der automatischen Fabrik ist keine Utopie mehr: vollautomatische Walzstraßen, computerunterstützte, vollautomatische Produktion, Fabriken ohne Arbeiter, all das sind Perspektiven, die sich mit der Automatisierung der Industriearbeit in den siebziger und achtziger Jahren ergeben haben.

Elektrizität und Elektromotoren. Im ganzen 19. Jahrhundert stand der systematischen Ausbreitung der Fabrikarbeit im Wege, daß Antriebsmaschinen und Kraftübertragung nur in wenigen Fällen geeignet waren, kleinere Produktions- und Werkzeugmaschinen anzutreiben. Auch mit der in ihren Dimensionen reduzierten Hochdruckdampfmaschine war es nicht möglich, für jeden Webstuhl oder jede Drehbank einen eigenen Motor aufzustellen. Die Kraft mußte bei der Dampfmaschine (wie beim Wasserrad!) über Transmissionsriemen und -gestänge vom Maschinensaal an die einzelnen Arbeitsplätze übertragen werden. Dies ist der Grund für das charakteristische Gewirr von Riemen, Rädern und Stangen in den Fabrikräumen des 19. Jahrhunderts. Die Übertragungsmechanik bedeutete aber auch einen erheblichen Kraftverlust und hohe Kosten bei eingeschränktem Nutzen. Es gab daher von Anfang an Versuche, die Dampfmaschine als Antriebsaggregat in der Fabrik durch andere Motoren abzulösen, sowohl um bessere Lösungen für schon vorhandene Anwendungen zu erreichen als auch um neue Möglichkeiten des Motoreneinsatzes in der industriellen Produktion zu erschließen. Maybach und Daimler beispielsweise hatten ihren demonstrationshalber in der Droschke eingebauten Motor tatsächlich nur entwickelt, um eine konkurrenzfähige Alternative zur Dampfmaschine in der Fabrik anbieten zu können, mit der sich auch kleinere Betriebe oder einzelne Maschinen motorisieren ließen.

Aus dem Benzinmotor in der industriellen Produktion wurde nichts – auch wenn er auf dem beschriebenen Umweg zum eigentlichen «Antrieb» der Industrie in der ersten Hälfte des 20. Jahrhunderts aufstieg. Das Konzept der Motorisierung von Werkzeug- und Transfermaschinen durch kleine Antriebsaggregate aber sollte dennoch verwirklicht werden, wenn auch nicht mit Benzin, sondern mit elektrischem Strom. Elektrizität war eines der Zauberwörter des 18. und 19. Jahrhunderts, man erwartete von ihr Wunderdinge in allen Bereichen der Industrie und der Gesellschaft. In den Zukunftsromanen von Jules Verne spielte sie eine geheimnisvolle Rolle, wenn es darum ging, irgendeine zukunftsträchtige Technologie zu umschreiben, von der man beispielsweise das Tauchen und den Antrieb eines Unterseebootes oder andere spektakuläre Dinge erwarten konnte. Die Wirklichkeit der Stromnutzung im 19. Jahrhundert war eher bescheiden, fast kläglich. Seit Luigi Galvani und Benjamin Franklin wußte man einiges über die Elektrizität als physikalisches Phänomen. Christian Oersted und Sturgeon zeigten im frühen 19. Jahrhundert, daß ein unter Strom stehender Draht ein elektrisches Feld erzeugt. Wenn man ihn um ein Eisenstück wickelte, dann entstand unter Strom gar ein Elektromagnet. 1830 wies der englische Physiker Michael Faraday nach, daß man durch Bewegen eines Magneten in einer Drahtspule auch Strom erzeugen («generieren») konnte, und zwei Jahre später baute ein französischer Physiker namens Hippolyte Pixii den ersten handbetriebenen Gleichstromgenerator.

Generatoren dieser Art waren nicht schwer zu bauen, und man hätte sie auch leicht als Motoren für die industrielle Anwendung nutzen können. Aber außer beim Versilbern oder Verkupfern wurden Gleichstromgeneratoren in der Industrie nicht verwendet. Das hatte (natürlich) seine guten Gründe: Um auch nur annähernd die Leistung einer kleinen Dampfmaschine zu erzeugen, hätte der Elektromagnet ein Vielfaches an Gewicht und an Kosten der Maschine erfordert. Bei einem

Generator mit 0,5 PS Leistung wären das schon 1,8 Tonnen Gewicht gewesen. Eine vernünftige Verkleinerungschance tat sich daher erst auf, als erkannt wurde, daß Elektromagneten ungleich mehr in der Stromerzeugung leisten konnten als die herkömmlichen Stahlmagneten, die bis dato in Generatoren verwendet wurden. 1866 entdeckte Werner von Siemens nämlich beim Experimentieren mit Telegrafengeneratoren, die er für die Preußische Eisenbahn baute, daß sich der in magnetisiertem Eisen verbleibende Restmagnetismus dazu nutzen läßt, Strom zu erzeugen, der seinerseits die magnetische Feldstärke des Eisens erhöhen kann. Nun konnten leistungsfähige Elektromaschinen gebaut werden, die bei geringem Gewicht Strom produzieren konnten. Im selben Jahr noch baute Siemens die erste Maschine, in der ein rotierender Doppel-T-Anker Strom erzeugte, indem er, wie Siemens selber schrieb, «dafür sorgt, daß in feststehenden Elektromagneten einer passend eingerichteten Maschine immer Magnetismus zurückbleibt, der durch den von ihnen hervorgebrachten Strom verstärkt wird. Der Technik», so fuhr er fort, «sind gegenwärtig Mittel gegeben, elektrische Ströme in unbegrenzter Stärke auf billige und bequeme Weise überall zu erzeugen, wo Arbeitskraft disponibel ist.»

Mit der Siemensschen Dynamomaschine entstanden Elektromotoren, die sich wie kein anderes Antriebsaggregat zur Motorisierung von Werkzeugmaschinen, Webautomaten, Drehbänken, später auch von Transferstraßen und Fließbändern eigneten. Es sollte zwar noch zwei Jahrzehnte Entwicklungsarbeit kosten, bis die ersten Elektromotoren im Maschinenbau Anwendung fanden, noch 1880 vollzog sich jedoch die Motorisierung stationärer Gebrauchsmaschinen in schnellen Schritten.

Aber auch außerhalb der Fabrik zeigten sich vielfältige Möglichkeiten, um Elektromotoren einzusetzen. In Automobilen beispielsweise wurden sie als Lichtmaschinen verwendet, im Haushalt tauchten sie in Staubsaugern, Kühlschränken und Waschmaschinen auf, im Büro in elektrischen Schreibmaschinen, Diktiergeräten und Rechenmaschinen, schließlich auch in Filmkameras, Projektoren, Grammophonen und Tonbandgeräten. Doch bis in die späten zwanziger Jahre hinein blieben die Einsatzmöglichkeiten des Elektromotors sehr beschränkt – obwohl schon um die Jahrhundertwende die wichtigsten Erfindungen gemacht wurden. Edison hatte schon 1870 eine elektrische Schreibmaschine und 1877 Phonograph und Diktiergerät erfunden. Alle diese klugen, wenn auch noch wenig ausgereiften Erfindungen scheiterten nicht an technischen Problemen oder Funktionsfehlern, sondern an dem einfachen Umstand, daß sie so lange nicht vernünftig eingesetzt werden konnten, als es nicht ein funktionierendes Versorgungsnetz für Elektrizität gab, das Haushalte, Fabriken und Büros jederzeit mit ausreichend Strom versorgen konnte.

Das Problem der Energieversorgung. Der Aufbau eines solchen Verteilungssystems für elektrische Energie hatte allerdings weniger mit der Versorgung von Elektromotoren zu tun, als vielmehr mit jener Erfindung, die Thomas A. Edison schon früh den Titel des «Erfindergenies» eintrug, der Glühbirne nämlich. Ende der achtziger Jahre hatte Edison das Prinzip der Glühbirne so weit entwickelt, daß es industriell genutzt und die Glühbirne als Massenprodukt vermarktet werden konnte. Edison sah den Markt für Glühbirnen als nahezu unbegrenzt an, denn Licht war ein geradezu elementares Bedürfnis, und die Glühbirne war so billig, daß sie für jedermann erschwinglich sein mußte.

Sein Problem war nur, wie die potentiellen Käufer der Glühbirne an den Strom kommen sollten, ohne den die neue Beleuchtungsart schlicht wertlos war. Für Edison stand fest: Wenn man die Elektrizität für Beleuchtungszwecke verwenden wollte, dann mußte nicht nur eine Beleuchtungsquelle gefunden werden, sondern auch die ganze dazugehörige Infrastruktur von der Stromerzeugung für den Großverbrauch (Elektrizitätswerke) über das Verteilersystem (das Stromnetz) bis hin zu einer sinnvollen Apparatur für Verbrauchsmessung und -berechnung (Zähler, Gebühren). Sollte die elektrische Energie von Geräten genutzt werden, die man überall, im Haushalt, im Büro oder in der Öffentlichkeit, einsetzen konnte, mußten also Geräte gebaut werden, die von kleinen, aber sehr leistungsfähigen Elektromotoren getrieben wurden. Auch dazu war wiederum ein ganzes Netz von Versorgungseinrichtungen notwendig: Es mußte soviel Elektrizität über das Netz geliefert werden, daß auch Geräte mit höherem Verbrauch angeschlossen werden konnten. Dafür wiederum waren Sicherungen, leistungsstarke Leitungen, Verteilersysteme usw. notwendig. Denn eines war und ist ein ungelöstes Problem: so viel elektrische Energie zu speichern, daß sie ausreicht, um beispielsweise eine Maschine zu betreiben. Trotz Akkumulatoren und Batterien blieb eine sinnvolle Nutzung der elektrischen Energie an das Vorhandensein einer eigenen Infrastruktur von Versorgungsleitungen gebunden. Wenn Edison seine relativ einfache Erfindung der Glühbirne vermarkten wollte, dann mußte er die ganze Infrastruktur gleich miterfinden und am besten auch aufbauen.

Also kümmerte sich Edison auch um die Stromversorgung. Sein Forschungs- und Entwicklungslabor in Menlo Park griff Experimente von Siemens aus dem Jahre 1870 auf, mit denen der Deutsche nachgewiesen hatte, daß man Strom durch Kupferdrähte «transportieren» konnte, wenn man sie mit einer Kautschukmasse, dem Guttapercha, als Isolierung versehen hatte. Den Strom wiederum hatte er mit einem großen Generator erzeugt, der von einer Dampfmaschine getrieben wurde. 1881 benutzte die Edison-Gruppe diese Elemente zum Bau einer Stromerzeugungsanlage in der New Yorker Pearl Street, dem ersten Kraftwerk der Industriegeschichte. Über Kabel wurde der Strom an die ersten Kunden abgegeben und mit einem eigens von Edison entwickelten Strommessungs-, Sicherungs- und Abrechnungswesen reguliert, denn die Männer von Menlo Park erfanden nicht nur die Glühbirne, sondern auch die Schraubfassung, die elektrische Sicherung, den Stromzähler, den Kippschalter und den Kilowattpreis.

Der Erfolg der Edisonschen Stromversorgung war überwältigend. Schon 1882 wurden in New York 10000 Glühbirnen mit Strom versorgt. 1884 wurde die erste «Elektrizitätsstation» auf dem europäischen Kontinent in Berlin eingerichtet, die von einer in Deutschland gegründeten Lizenzfirma der Edisonschen General Electric, der deutschen Edisongesellschaft, später Allgemeine Elektrizitätsgesellschaft (AEG), betrieben wurde.1884 eröffnete die AEG in Berlin ein Glühlampenwerk mit einer jährlichen Produktionskapazität von 300000 Birnen.

Bis zum Ende des Jahrhunderts wurde denn auch der größte Teil der elektrischen Energie für Beleuchtungszwecke verwendet. Erzeugt wurde diese Energie bis in das frühe 20. Jahrhundert hinein hauptsächlich von großen Kolbendampfmaschinen mit einer Leistung von etwa 8000 PS. In den ersten Jahrzehnten unseres Jahrhunderts traten dann mehr und mehr Dampfturbinen an die Stelle der Dampfmaschinen, bis sie im Zeitraum zwischen 1930 und 1960 allmählich durch Kraftwerksanlagen ersetzt wurden, bei denen in riesigen Kesseln erzeugter Dampf Turbinen trieben. Nach der Einführung der Kohlestaubfeuerung um die Mitte des 20. Jahrhunderts erreichten solche Kraftwerksanlagen gigantische Leistungen von 125000 Kilowattstunden und mehr. Seit 1960 haben weitere Verbesserungen im Kraftwerksbau (neue Stahllegierungen, Zwischenüberhitzung) Kraftwerksblöcke entstehen lassen, die mit Leistungen von 500000 Kilowattstunden aufwarten.

Das Problem bei der Stromerzeugung liegt also in der Beschaffung von Primärenergie. Denn ohne eine Dampfmaschine oder Turbine, die die Generatoren antreibt, gibt es keinen elektrischen Strom. Dampfmaschinen und Turbinen aber müssen befeuert oder anders angetrieben werden – mit Kohle, Gas, Heizöl, Wasserkraft oder Windenergie. Die Hauptlast der Primärversorgung liegt nun seit über 80 Jahren auf Brennstoffen, die teuer und deren Vorräte begrenzt sind, denn irgendwann werden ihre Lagerstätten erschöpft sein. Angesichts dessen wundert es nicht, daß die Energiewirtschaft ihr Heil im Einsatz der Atomenergie sah, seit Enrico Fermi 1943 eine kontrollierte Kernspaltung in einem Forschungsreaktor bei Chicago gelang. Theoretisch versprach die Kernspaltung sowohl eine unerschöpfliche als auch und vor allem billige Energiequelle zu sein. Aber die praktische Erfahrung mit der atomaren Energie zeigt, daß die Probleme der Sicherheit jene naive Kosten-Nutzen-Kalkulation als Illusion entlarven, wonach eine Handvoll Uran gleich Millionen Tonnen Kohle ist. Der Umgang mit einer Technologie, die Städte und Regionen vernichten kann, wenn ein Reaktor außer Kontrolle gerät, wirft nicht nur Sicherheits-, sondern auch Wirtschaftlichkeitsprobleme auf. Hinzu kommen die ebenso kostspieligen wie gefährlichen Probleme mit dem Atommüll und der Wiederaufbereitung der Brennelemente (bei der hochgiftiges Plutonium anfällt), die bis heute nicht überzeugend gelöst sind.

Der Massenverkehr in Autos mit Verbrennungsmotoren verbraucht immerhin gut die Hälfte des geförderten Erdöls. Der Vorteil des Verbrennungsmotors liegt darin, daß er einen Energievorrat mitführen kann, weil flüssige Brennstoffe hohe Leistung bei niedrigem Gewicht ermöglichen. Ein Auto mit durchschnittlichem Verbrauch benötigt für eine Fahrleistung von 1000 Kilometern nicht mehr als einen Brennstoffvorrat von 80 Kilogramm. Flüssige Brennstoffe sind zudem relativ billig und problemlos fast überall zu beziehen. Sie werden daher wohl auch noch lange konkurrenzlos in ihrer Wirtschaftlichkeit bleiben – zumindest so lange, wie es keine Wunderbatterie gibt, die mehr elektrische Energie zu günstigeren Preisen und bei niedrigerem Gewicht speichern könnte.

Brennstoffe auf Erdölbasis sind trotz aufwendiger Suche nach Erdöllagerstätten, teurer Erschließung und komplizierter Verarbeitung immer noch sehr viel billiger herzustellen als alle anderen Primärenergien.

Nachdem es der amerikanischen Ölgesellschaft Standard Oil 1913 gelang, Erdöl zu «kracken», also durch Erhitzen zu veredeln, wobei das große Erdölmolekül in kleinere Einheiten «zerbrochen» wird, nachdem sie 1937 sogar ein Verfahren entwickelt hatte, das schwere Heizöl, den «Bodensatz» des Krackens, auch noch zu Benzin zu verarbeiten, ließ sich das billige Erdöl auch zu einem preisgünstigen Treibstoff für die Massenmotorisierung nutzen. Für die schnelle Verbreitung des Autos stand genügend Treibstoff zur Verfügung, der die Blechlawine in Bewegung halten konnte.

Die vergleichsweise einfache Versorgung des Massenverkehrs mit Brennstoffen konnte nur durch eine mit der Motorisierungswelle wachsende petrochemische Industrie, ein ebenso schnell sich ausbreitendes Versorgungssystem von der Ölquelle über Transportschiffe, Pipelines, Raffinerien, Großlager bis zur Tankstelle gesichert werden, das von Anfang an ein weltweites Netz darstellte. Die Energieversorgung der Industriegesellschaften stellte sich also nicht nur als ein logistisches, ein «versorgungsorganisatorisches», sondern auch als ein hochpolitisches und strategisches Problem dar. Denn wer die Energiequellen beherrscht(e), der beherrscht(e) mit wachsendem Massenverkehr und Massenkonsum den neuralgischen Punkt einer immer abhängiger werdenden Welt. Da das Öl nicht überall sprudelt, sondern ein «naturgegebenes Monopol» darstellt, erwies sich die Öl- und Energieversorgung zudem als ideales Betätigungsfeld für eine weltweite Kartellbildung, sowohl bei den Ölförderländern als auch bei den Ölkonzernen. Was das in wirtschafts- und sozialpolitischer Hinsicht bedeutete, werden wir im 12. und 13. Kapitel betrachten. Hier kommt es auf die strukturelle gegenseitige Abhängigkeit von Energieversorgung und Industrie- bzw. Konsumwachstum an: ohne den Massenkonsum keine universelle Energieversorgung, ohne weltweite Versorgungssysteme weder Massenkonsum noch Massenproduktion. Die Wachstumsgesellschaft des 20. Jahrhunderts drehte damit weiter an der Schraube der inneren Industrialisierung – mit positiven wie negativen Konsequenzen.

Neue Werkstoffe für den Massenkonsum. Der Grund dafür, daß die Ära des Massenkonsums faktisch erst in den zwanziger Jahren beginnt, ist auch in der Tatsache zu suchen, daß erst Infrastrukturen vorhanden, ihre Probleme zumindest lösbar sein mußten, bevor aus technischen Möglichkeiten reale Wachstumsschübe entstanden. Massenverkehr hing von Massenproduktion ebenso ab wie von Straßen und Tankstellen. Elektrische Beleuchtung und die Nutzung von Elektromotoren waren abhängig von einer funktionierenden Stromversorgung. Und wenn man weiß, daß in den USA Ende der zwanziger Jahre erst gut 75 % aller Haushalte und Betriebsstätten einen leistungsfähigen Stromanschluß hatten (in Deutschland und Frankreich war das erst in den dreißiger Jahren der Fall), dann wird auch verständlich, warum in den ersten beiden Jahrzehnten des Jahrhunderts keine bahnbrechenden Impulse von den neuen Industrien ausgehen konnten.

Was für Energieversorgung und Infrastruktur gilt, das galt im wesentlichen auch für die Werkstoffe des Massenkonsums. Natürlich war und blieb Stahl auch im 20. Jahrhundert der wichtigste Werkstoff. Seine physikalischen Eigenschaften erwiesen sich – dank neuer Schmelzverfahren und Walztechniken – im Automobilbau, aber auch bei der Herstellung von Haushalts- und Bürogeräten als idealer Werkstoff für Gehäuse, Karosserien, Behälter oder Geschirr. Dennoch war auch die Massenmotorisierung nicht denkbar ohne chemische Werkstoffe. Am Beispiel der Gummireifen leuchtet uns der Zusammenhang sofort ein, denn ohne Gummibereifung wäre das Auto als Massenverkehrsmittel unvorstellbar. Je mehr sich die Massenproduktion durchsetzte, um so mehr Kunststoffe kamen zum Einsatz. Heute besteht ein Auto wohl zu je 50 % aus Stahl und Kunststoffen.

Wir übersehen leicht, daß die chemische Industrie mit Benzin und anderen Erdölprodukten, mit Kunststoffen aller Art eine womöglich noch wichtigere Rolle für die moderne Massenmotorisierung spielt als die Stahlindustrie und der Maschinenbau. Mit Sicherheit gilt dies für den Massenkonsum als Ganzes. Ohne Kunststoffe wäre die Massenproduktion von Kühlschränken heute genausowenig möglich wie die von Kugelschreibern, der Bedarf an Textilien ließe sich ohne synthetische Fasern nicht befriedigen – von der Rolle synthetischer Farben für Textilindustrie und Mode ganz zu schweigen. Eine der in den letzten Jahrzehnten am schnellsten gewachsenen Industrien, die pharmazeutische, wäre ohne die chemische Herstellung von Arzneimitteln gar nicht entstanden. Selbst die Kommunikationstechniken, die einen ganz wesentlichen Beitrag zur Industrialisierung des 20. Jahrhunderts leisteten, verdanken ihre Durchsetzung nicht zuletzt synthetischen Stoffen. Radios, Telefone, Schaltungen, Isolationen, Tonträger und Filme sind ja nicht nur Kommunikationsmittel und elektrische Geräte oder Erzeugnisse, sondern eben auch Produkte der Chemie.

Die wissenschaftlich-technischen Grundlagen dieser Technologie des Massenkonsums wurden ebenfalls in den Anfangsjahren der zweiten industriellen Revolution gelegt. Denn schon 1825 entdeckte Michael Faraday – sonst eher für seine Arbeiten zur Elektrizität bekannt –, daß sich aus Erdöl (damals sagte man noch «Petroleum») oder Kokereigas die Kohlenstoffverbindung Benzol herstellen ließ. Die Forschungsarbeiten von Justus von Liebig und August Kekulé legten zwischen 1840 und 1860 die wissenschaftliche Basis für die chemische Verarbeitung von Kohlenstoffverbindungen und zeigten, daß Benzol als Ausgangsstoff für die industrielle Herstellung von *Kunststoff* (Styrol), *Farben* (Anilin) und *Arzneimitteln* (Phenolderivate) verwendet werden konnte. Der Aufstieg der Chemie von der Alchimie über die Herstellung von Farben und Reinigungsmitteln wie Soda zur Weltindustrie begann um 1860 mit der Entwicklung eines künstlichen Farbstoffes auf Anilinbasis. 1856 hatte William Henry Perkins das malvenfarbige Mauvein synthetisiert, gleich mehrere deutsche Chemiefirmen vor allem im Rhein-Main-Gebiet begannen wenige Jahre später die Produktion synthetischer Farben. Die stetige Konjunktur der Textilindustrie, insbesondere ihr großer Boom nach 1867, bescherte den Anilinfarben einen sensationellen Erfolg. Seine Ausmaße lassen sich vor allem daran ablesen, daß die deutsche Chemieindustrie bis in das 20. Jahrhundert hinein faktisch ein Weltmonopol für synthetische Farben besaß: Über 80% aller Anilinfarben kamen 1910 aus Deutschland.

Der Erfolg der Farbenchemie beflügelte auch die Kunststoff- und Arzneimittelproduktion. Letzteres lag besonders nahe, da Anilin nicht nur eine ideale Farbstoffbasis ist, sondern als Blut-und Nervengift auch Grundlage vieler Medikamente. Noch im letzten Drittel des 19. Jahrhunderts gliederte sich der Farbenchemie die pharmazeutische Chemie als Industriezweig mit ebenso großen Erfolgen an wie bei der Farbenproduktion. Die Geschichte und Verbreitung des ältesten Schmerzmittels der modernen Pharmazie, der Acetylsalicylsäure (Aspirin), belegen dies beispielhaft. Die industrielle Herstellung von Kunststoffen erforderte allerdings andere Verfahren als Destillation oder Erhitzen. Die Grundlagenforschungen von Liebig und Kekulé hatten jedoch gezeigt, daß man die von Natur aus großen Kohlenstoffmoleküle im Erdöl oder Kokereigas nicht nur auseinanderbrechen, sondern auch zu neuen Verbindungen zusammenfügen konnte (Polymerisation). Die benzolartige Kohlenstoffverbindung Styrol, die sich besonders leicht polymerisieren ließ, wurde so Ausgangsbasis einer ganzen Generation von Kunststoffen: 1870 wurde der älteste thermoplastische Kunststoff, das Celluloid, hergestellt, 1907 folgte das Bakelit. Zwischen 1930 und 1935 kamen Polyvinylchlorid (PVC) und Polyvinylacetat hinzu. Kurz vor und nach dem Zweiten Weltkrieg entstanden ganze Serien neuer Kunststoffe, darunter insbesondere die Polyamide Nylon und Perlon, die den Beginn der synthetischen Faserherstellung markierten. PVC und Polyäthylen machten unter verschiedenen Namen (Hostalen, Versolen usw.) besonders schnell Karriere in der Nachkriegszeit. Kunststoffe waren fortan die wichtigsten Werkstoffe des 20. Jahrhunderts.

Kommunikationstechnologien. Die dritte Säule von Massenkonsum und Infrastrukturausbau, die Nachrichten- und Kommunikationstechnologie, verdeutlicht die Verwurzelung selbst der fortgeschrittensten Technologien des 20. Jahrhunderts in den Anfängen der zweiten industriellen Revolution. Sie kann daher als weiterer Beleg für die These dieses Kapitels dienen, wonach die technologische Entwicklungslinie der zweiten industriellen Revolution nicht aus verschiedenen Stufen besteht und schon gar nicht Entwicklungssprünge kennt.

Die Nachrichtenübermittlung über große Strecken zum Beispiel entstand zur gleichen Zeit wie die Eisenbahn. Sie spielte auch nicht irgendeine untergeordnete Rolle als technische Kuriosität, sie war vielmehr ebenso zentral für den Erfolg des neuen Verkehrsmittels wie die Dampfmaschine. Wie wir im 2. Buch sehen konnten, hätten Eisenbahnnetze mit ihren organisatorischen und betriebstechnischen Problemen ohne ein Kommunikationssystem wie den Telegrafen gar nicht funktionsfähig sein können. Telekommunikation war für die entstehenden Infrastruktursysteme der zweiten industriellen Revolution gleichsam die «vierte Dimension» des Transportwesens, die die Nachricht schneller machte als die Verkehrsmittel selbst. Sie war damit zentraler Bestandteil einer rationalen Planung von Zeit und Vorgängen, die das Abenteuer des Verkehrs zu einer alltäglichen Verwaltungsaufgabe werden ließ.

Der Telegraf erlaubte solche Leistungen freilich nur für einen eingeschränkten Nachrichtenfluß, denn alle Informationen mußten als kodierte Zeichen gesendet und von Hand wieder in «normale» Nachrichten umgesetzt werden. Das 1861 von Johann Philipp Reis vorgestellte Telefon, das die Sprachsignale in elektromagnetische Wellen umwandeln und übertragen konnte, die dann beim Empfänger wieder in natürliche Sprache zurückverwandelt wurden, deutete einen vielversprechenden neuen Weg an. Er wurde daher von einer Reihe von Ingenieuren, allen voran von Graham Alexander Bell, konsequent weiterverfolgt. 1872 entwickelte Bell sein Telefon, das 1876 patentiert wurde. Wie die Experimente über eine 8,5 Kilometer lange Versuchsstrecke zeigten, war es ihm gelungen, ein tatsächlich einsetzbares Telefon zu konstruieren. Allerdings benötigte es eigene Infrastruktureinrichtungen, um auch eingesetzt werden zu können. Das Telefon diente schließlich seinem Zweck nur dann, wenn es auch wirklich möglichst viele Kommunikationspartner zusammenbrachte. Die geforderte Infrastruktur bestand im wesentlichen aus drei Bauteilen: der Verkabelung der Anschlüsse, der Verstärkung der Telefonsignale und der Vermittlung im Hand- oder Selbstwählverfahren. Verbunden werden konnten Telefone wie Telegrafen zunächst mit Oberleitungen, ab 1900 auch mit unterirdisch verlegten Kabeln. Die Verstärkung der Telefonsignale wurde im Verkehr über große Distanzen notwendig und als ab 1918 die Verbindung einzelner Ortsnetze technisch gelöst wurde. Sie erfolgte über in regelmäßigen Abständen eingebaute Induktionsspulen. Vermittelt wurden die ersten Telefone in Schaltzentralen, wo das berühmte «Fräulein vom Amt» die Telefonverbindungen von Hand herstellte. Nach 1899 aber setzte sich die von Almon B. Strowger entwickelte Selbstwähltechnik durch. Sie beruhte auf einer recht einfachen Relaiskonstruktion, dem «Heb-Dreh-Wähler», der durch Auf- und Abbewegungen in einem zentralen Schaltkasten einzelne Rufnummern schalten konnte. Dieses elektromagnetische Relais, das in einem Seitenarm der Kommunikationstechnologie, der frühen Datenverarbeitung, eine spektakuläre Rolle spielen sollte (vgl. Kapitel 14), war auch für die Verbreitung des Telefons von strategischer Bedeutung. Bis zur Jahrhundertwende gab es in den USA, die als das Mutterland der Telekommunikation betrachtet werden können, nicht mehr als 30000 Telefone – obwohl das im Vergleich zu Europa schon sehr viel war. 1921 aber, gut 15 Jahre nach Einführung des Selbstwähldienstes, zählte man allein in New York schon über eine Million Telefonanschlüsse (so viele wie in Großbritannien), und 90% aller größeren Betriebe waren an das Telefonnetz angeschlossen.

In Europa blieb die Zahl der Telefonanschlüsse bis in die sechziger Jahre weit hinter dem amerikanischen Niveau zurück. Die ökonomischen Krisen auf dem Kontinent schlossen den kostspieligen Ausbau der Telefonnetze bis nach dem Zweiten Weltkrieg aus. Nicht das Telefon, sondern die «drahtlose Telegraphie», der Rundfunk, wurde in Europa zum Massenkommunikationsinstrument. Auch diese Technologie beruhte auf Forschungen zur Elektrizität im 19. Jahrhundert. Heinrich Hertz und James Maxwell untersuchten in den achtziger Jahren die Eigenschaften des von Faraday 1836 entdeckten elektrischen Feldes und entdeckten dabei, daß die Kraftfelder eines Elektromagneten eine wellenförmige Strahlung aussandten, die man auch auf andere Geräte übertragen konnte. Hertz konstruierte einen Stromkreis mit Metallkugeln, die einen kleinen Spalt voneinander getrennt waren, und erzeugte mit hoher Spannung Funken, die zwischen den Kugeln übersprangen. Etwas entfernt davon baute er eine Drahtschlinge auf, die ebenfalls einen winzigen Spalt aufwies. Ließ er nun einen Funken zwischen den Metallkugeln überspringen, dann sprang der gleiche Funke auch zwischen den beiden Drahtenden seiner Schlingenkonstruktion über. Die vom Funkensprung zwischen den Kugeln erzeugten elektromagnetischen Wellen wurden also im gleichen Moment von der Drahtschlinge empfangen.

Hertz und Maxwell verstanden ihre Arbeit als Grundlagenforschung. Jedenfalls maßen sie den Erkenntnissen keinerlei praktische, das heißt technisch verwendbare Bedeutung zu. Doch sie irrten sich: Nur zehn Jahre später, um 1890, begann Guglielmo Marconi mit Experimenten, bei denen er die Distanz zwischen den Kugeln (dem Sender) und der Drahtschlinge (dem Empfänger) immer weiter hinausschob. 1896 gelang es ihm, bei La Spezia drei Kilometer zu überbrükken. 1899 funkte er von Frankreich nach England, und 1901 sendete er ein Morsesignal über den Atlantik von England nach Kanada. Marconi ergänzte bei diesen Experimenten den Empfangsteil mit einem sogenannten Detektor, mit einer Glasröhre, die zwischen zwei Elektroden geklemmt und mit Eisenstäbchen gefüllt war, die beim Übertragen des jeweiligen Funkens ein Tickgeräusch erzeugten.

Zunächst wurde die drahtlose Nachrichtenübermittlung ausschließlich als drahtloser Telegraf benutzt. An die Stelle des klackenden Geräuschs beim Drahttelegraf trat nun das Ticken der Eisenspäne in der Empfängerröhre. Auch wurden die Nachrichten, die beim Funken übermittelt wurden, im Morse-Alphabet weitergegeben. Man kann sich leicht vorstellen, daß dieser drahtlose Telegraf für die Seeschiffahrt eine ähnliche Bedeutung bekommen sollte, wie der Telegraf für die Eisenbahnen: Schiffe auf hoher See standen nun in Nachrichtenkontakt mit Stationen auf dem Festland oder auf anderen Schiffen; sie konnten genaue Auskunft über Tag und Stunde ihrer Ankunft, über Witterungsbedingungen und Ereignisse an Bord geben. Schon wenige Jahre nach Marconis erfolgreichem Transatlantik-Experiment gab es infolgedessen kaum noch ein Hochseeschiff, das nicht mit einer Funkanlage ausgestattet gewesen wäre. Der Bedarf an sicher funktionierenden Funktelegrafen trieb die Verbesserung der Technologie an: Schnell wurde der Detektor von Marconi durch einen Kristall ersetzt, der die Signale deutlicher empfangen konnte; an die Stelle der Glasröhre trat ein Kopfhörer, der die Signale in Schallschwingungen umwandeln konnte. 1906 gelang es, Audion-Röhren zu bauen, Verstärkerröhren also, mit denen auch die schwächsten Sendesignale noch empfangen werden konnten. Weihnachten 1906 empfingen die Funker auf den Schiffen vor der amerikanischen Küste bis rund 100 Kilometer vom Festland entfernt plötzlich statt der üblichen Signale Musik und Sprache. Von einer Experimentalstation in Brand Rock in Massachusetts war die erste Rundfunksendung unter Verwendung eines aus dem Telefon weiterentwickelten Mikrofons ausgestrahlt worden, und zwar von einem 50 Kilo-Hertz-Sender mit einer Sendeleistung von einem Kilowatt. Aus Marconis drahtlosem Telegrafen war gleichsam über Nacht das Radio geworden, denn um solche Sendungen zu empfangen, benötigte man im Prinzip kein neues Gerät mehr. Natürlich waren bestimmte Veränderungen nötig, um aus dem Telegrafen ein Radiogerät zu machen, denn schließlich sollte und brauchte mit dem Radiogerät nicht gefunkt werden. Dafür war eine stetige Verbesserung der Empfangsqualitäten notwendig; unter Rückgriff auf Erfahrungen mit dem Grammophon wurde aus dem Kopfhörer eine eigene Form des Lautsprechers entwikkelt. Der Erste Weltkrieg unterbrach diese Entwicklung, doch 1920 breiteten sich die Rundfunksender schnell aus, und in den dreißiger Jahren waren Radios in den verschiedensten Formen schon zum Massenkonsumgut geworden. Allein in den USA gab es 1932 etwa 250000 Autoradios, und in Deutschland gehörte die Versorgung der Haushalte mit dem «Volksempfänger» sogar zur erklärten Informationspolitik der Nationalsozialisten.

In der Pionierzeit waren alle Radiosendungen Live-Sendungen. Noch war es unmöglich, Musik oder Sprache von der «Konserve» zu senden, obwohl seit Edisons Phonographen das Problem der Konservierung akustischer Informationen gelöst war. Aber erst durch die Umwandlung des mechanischen Phonographen in einen elektrischen

Plattenspieler wurde es Mitte der dreißiger Jahre möglich, zum Beispiel Musik von der Schallplatte zu senden. Dies wiederum war für das Durchsetzen des Massenrundfunks ein ganz wesentlicher Schritt. Tonkonserve und Radio begannen zu einem neuen Kommunikationssystem zusammenzuwachsen, insbesondere nachdem die elektromagnetische Aufzeichnung auf Tonbändern in den dreißiger Jahren gelungen war. Nun wurde die Aufzeichnung ganzer Radiosendungen im Studio als Konserve möglich, nun entwickelten sich neue Formen der akustischen Kommunikation, das Hörspiel zum Beispiel, das Feature und die Reportage, die eine völlig neue Kommunikationsgrammatik auf akustischer Basis zu entwickeln begannen. Das Radio übernahm Kommunikationsformen der Zeitungen, so das Magazin, die Hintergrundanalyse und den akustisch umgesetzten Roman oder die Reportage.

In den dreißiger Jahren gelang auch die drahtlose Sendung von Bildern. 1876 hatte William Crookes den Kathodenstrahl entdeckt, 1897 konstruierte Karl Friedrich Braun eine Kathodenstrahlröhre, mit der man den Strahl sichtbar machen konnte. Zusammen mit der Verstärkerröhre von Lee De Forest und der von Paul Nipkow konstruierten Lochscheibe, die der Bildzerlegung diente, gelang es in den zwanziger Jahren, ein Bild in Punkte zu zerlegen und auf einer Braunschen Röhre sichtbar zu machen. 1930 stellte Manfred von Ardenne den ersten funktionsfähigen Fernsehempfänger vor, nachdem 1926 einem schottischen Funkamateur die erste Bildsendung geglückt war. Es handelte sich bei diesem Fernseher um ein Gerät, bei dem das Bild auf dem Bildschirm der Röhre in Zeilen und Bildpunkte aufgegliedert war. Zeile für Zeile wurden helle und dunkle Bildpunkte abgestrahlt, und zwar so schnell, daß für das Auge des Betrachters ein vollständiges Bild entsteht. Aufgenommen wurden diese Bilder mit einer 1923 entwickelten elektronischen Kamera, deren Funktion erstmals 1932 von der Radio Corporation of America (RCA) in einem Fernsehprogramm vorgestellt wurde.

Der aus der Fotografie Ende des letzten Jahrhunderts hervorgegangene Film wuchs mit dem Fernsehen zusammen. Damit erschloß sich eine neue Dimension der Massenkommunikation. Der Einsatz von elektronischen Kameras, die Filme abtasten können, ermöglichte es, den bis dahin nur an besonders ausgestatteten Spielstätten einsetzbaren Film auch im Fernsehen zu senden. Dies bedeutete eine erhebliche Ausweitung des Marktes für die seit 1920 zu einem der wichtigsten Wirtschaftssektoren angewachsene Filmproduktion. Die Entwicklung der elektromagnetischen Filmkonserve, des «Video», schließlich löste den Film wieder von der Fernsehsendung ab und machte ihn wie Schallplatte oder Tonkassette zum Bestandteil eines individuellen Medienkonsums. Der Fernsehapparat wurde tatsächlich zu dem, was der Volksmund «Puschen-Kino» nennt.

Entgegen weitverbreiteter Ansicht begann zwischen den verschiedenen Kommunikationsformen, vor allem zwischen den elektronischen Kommunikationstechnologien und den Druckmedien (Zeitung, Buch) keineswegs die befürchtete Vernichtungskonkurrenz. Weder vermochten Radio oder Fernsehen die Zeitung oder das Buch zu ersetzen, noch machte das Fernsehen dem Kino den Garaus. Nicht einmal das Video konnte das Kino verdrängen. Alle Anhaltspunkte sprechen vielmehr für eine vielfältig strukturierte Kommunikationslandschaft, die zwar Verschiebungen der Gewichte einzelner Kommunikationsformen erkennen läßt, aber keine Vernichtung. So schrumpft die Bedeutung des Kinos als Spielstätte zwangsläufig zugunsten der neuen Formen; Fernsehen und Radio werden auch gegenüber Zeitung und Buch zum Mittelpunkt der Massenkommunikation; Bilder, Sprache und Musik könnten vielleicht sogar bedeutsamer als das gedruckte Wort werden. Insgesamt aber erleben alle Kommunikationsformen ein nun schon seit Jahrzehnte anhaltendes Wachstum.

Allein die Produktion von Unterhaltung, sei es in Form von Filmen, Fernsehshows, Platten, Büchern oder Comics, nimmt in den westlichen Industriestaaten schon den vierten Rang auf der Skala der wichtigsten Wirtschaftsbereiche nach Chemie, Maschinenbau und Elektroindustrie ein. Wenn wir alle für und über diese Medien produzierten und verbreiteten Informationen hinzurechnen, ferner davon ausgehen, daß ein nicht unerheblicher Teil der Produkte der Elektroindustrie Kommunikationsinstrumente sind, und noch den gesamten Bereich des Fernsprechwesens hinzuzählen, dann hat die Massenkommunikation längst den ersten Rang unter allen Wirtschaftsbereichen eingenommen. Zum Verständnis der Massenkonsumgesellschaft, zu der die zweite industrielle Revolution seit dem 19. Jahrhundert führte, trägt sie folglich ebenso entscheidend bei wie der Ausbau von Infrastrukturen und das Anwachsen des individuellen Verkehrs. Wie auch die Luft- und Raumfahrt weist sie aber zugleich auch über die Industriegesellschaft hinaus. Der Inhalt der Massenkommunikation ist die Herstellung und der Verkauf von Informationen – welcher Art auch immer. Wenn also ein wachsender Teil der modernen Industriegesellschaft gar nicht mehr oder nicht mehr vorwiegend von der Industrie lebt, wenn dieser Prozeß der Ablösung gar durch neue Technologien völlig ungeahnte Entwicklungsdimensionen erhält – wie wir im 14. und 15. Kapitel noch sehen werden –, dann stehen wir wahrlich am Beginn einer neuen industriellen und gesellschaftlichen Umwälzung.

Rüstung, Luftverkehr und Systemforschung. Komplizierter allerdings stellt sich die Sache aus der Sicht der Luft- und Raumfahrt dar, nicht weil es sich hier im technologischen Sinne um eine schwierige oder komplexere Technik handelt, sondern weil hier ein Faktor auftritt, der die Betrachtung und das Verständnis aus ökonomischer Sicht so schwierig macht. Beide sind zwar nicht mit der Hochrüstung der zweiten Hälfte dieses Jahrhunderts entstanden, hängen aber in ihrer Entwicklung ganz wesentlich davon ab. Für viele Betrachter stellen sie daher aus verschiedenen Gründen einen wesentlichen Schritt in der Industrialisierung, nicht in der Technologie dar, wobei die organisatorische Rolle des Staates bzw. von Großorganisationen im Mittelpunkt steht. Nach der Theorie der «wissenschaftlich-technischen Revolution» (John Desmond Bernal) oder verwandten Konzepten ist die Entwicklung neuer wissenschaftlich-technischer Lösungen nur als ein organisierter Vorgang zu verstehen, in dem alle politischen, wissenschaftlichen, technischen und wirtschaftlichen Potentiale zielgerichtet zusammengefaßt werden, so wie es unter der Bezeichnung «Systemforschung» zum erstenmal beim Bau der amerikanischen Atombombe, beim sogenannten Manhattan Project, der Fall war.

Als Beleg für die Auffassung dient in der Regel die Tatsache, daß seit den sechziger Jahren die wichtigsten und forschungs- bzw. entwicklungsaktivsten Industriebereiche im Westen in hohem Maße rüstungsabhängig sind. Großkonzerne und staatlich organisierte Forschungsteams tragen die technologische Entwicklung. Die staatlichen Forschungsausgaben flossen und fließen zum überwiegenden Teil in die Rüstungsforschung, so wie in den USA, wo in den siebziger Jahren gut 40% aller Forschungsaufwendungen vom Staat finanziert wurden, drei Viertel des Staatsanteils entfielen dabei auf Militärforschung. Nun ist zweifellos richtig, daß mit dem Zweiten Weltkrieg wichtige Technologien in direktem oder indirektem Zusammenhang mit der Hochrüstung entstanden sind. Bei der Abhängigkeit der amerikanischen Luftfahrtindustrie von Rüstungsaufträgen (nach Helmut Krauch 90%) liegt die These nahe, daß der moderne Luftverkehr ohne Rüstung und

Rüstungsforschung nicht das heutige Ausmaß mit über 2000 Großflugzeugen und fast einer Milliarde Fluggästen im Jahr angenommen hätte. Großprojekte wie der Mondflug wären nicht ohne die vorgängige militärische Systemforschung zustande gekommen. Aber es ist sicher nicht richtig, darin den Beweis für eine zwangsläufige Entwicklung von der privaten Erfinderarbeit im 19. Jahrhundert über die von Edison oder der Chemieindustrie praktizierte Teamforschung des Großbetriebes zur staatlich organisierten Systemforschung zu sehen, von der zudem auch noch alle entscheidenden Innovationen ausgehen. Genaugenommen blieb Systemforschung ebenso beschränkt wie Edisons Teamforschung – und zwar genau auf die Projekte, für die sie entwickelt wurde. Immer dann, wenn es um die Entwicklung einer ganzen Fülle von Neuerungen geht, die Voraussetzung für das Funktionieren eines Systems sind und für die es in der vorhandenen Technologie keine Lösungen gibt, ist Systemforschung nötig – wie bei der Mondlandung oder schon bei der Einführung der elektrischen Beleuchtung. Systeme zu entwickeln, ist jedoch kein Kennzeichen des Kapitalismus im 20. Jahrhundert allein, schon das Großprojekt Eisenbahn im 19. Jahrhundert trägt Züge moderner Planung. Was die Stephensons ab 1840 für die Eisenbahngesellschaften in aller Welt entwarfen und bauten, das war nichts anderes als die Entwicklung eines komplexen technischen Systems, das alle für sein Funktionieren notwendigen Anforderungen umfaßte.

Aber aus der Tatsache, daß etwas als System aufgebaut und entwikkelt werden muß, folgt nicht, daß es sich dabei auch um zukunftsträchtige Technologie handelt – hochwissenschaftliche Technologie kann (wie die Kernenergietechnik) auch eine Sackgasse sein. Genausowenig berechtigt der Systemcharakter technologischer Entwicklung zu dem Schluß, nur hier würden gänzlich neue Technologien entwickelt. Gerade die Luftfahrt – ob militärisch oder zivil – ist der beste Beleg dafür: Der Bau des ersten Flugzeugs durch die Brüder Wright im Jahre 1903 war reine Tüftelarbeit, jedenfalls stammte die Idee nicht aus der Teamforschung von Edison oder aus einem anderen Entwicklungsbüro. Auch die Weiterentwicklung des Flugzeugs, etwa der Bau von Aluminiummaschinen, fußte auf älteren Technologien. Das Metall war 1827 von Friedrich Wöhler entdeckt worden, seit der Patentierung der Elektrolyse im Jahr 1886 konnte es auch industriell produziert werden. Der Bau des ersten Aluminiumflugzeugs, der Junker F 13, war ebenfalls eine Pioniertat, was sich nicht zuletzt daran zeigt, daß das Prinzip erst

1936 bei der Douglas DC 3 wieder aufgegriffen wurde. Bis in die dreißiger Jahre fehlte es jedoch an den infrastrukturellen Voraussetzungen, an Navigationssystemen an Bord usw. für einen intensiven Luftverkehr. Erst mit der Einführung des Flugfunk-Systems waren die Voraussetzungen für den geregelten Massenverkehr geschaffen, und erst jetzt wurde auch der Bau großer Verkehrsmaschinen aus Aluminium sinnvoll.

Die entscheidende Bedeutung von Rüstungs- und Systemforschung für den Flugzeugbau wird nun auch nicht aus diesen Entwicklungen abgeleitet, sondern aus zwei Erfindungen des Zweiten Weltkriegs: der Ausrüstung der Maschinen mit Düsenantrieb und dem Einsatz des Radars zur Flugüberwachung wie zur Navigation bei schlechtem Wetter oder bei Nacht. Aber auch hier zeigt sich, daß das Modell der Systemforschung nur sehr bedingt übertragen werden kann. Denn die Anwendung des Gasturbinenprinzips bei Flugzeugen – nichts anderes ist der Düsenantrieb – wurde zuerst von Frank Whittle (1930) und Joachim Pabst von Ohain (1935) in selbst finanzierten Versuchsmodellen realisiert. Es sei bezeichnend, heißt es bei Troitzsch und Weber, daß die Entwicklung des Düsenantriebs von Außenseitern (!) außerhalb der etablierten Motorenindustrie begonnen wurde. Daß der Düsenantrieb während des Zweiten Weltkriegs in Flugzeugen eingesetzt wurde, verdankte sich eher dem Zufall als systematischer Forschungsarbeit. Sowohl das deutsche Modell, die Messerschmitt ME 262, wie auch das englische, die Gloster Meteor, kamen viel zu spät und hatten mit dem Ausgang des Krieges nichts zu tun. Bei der Entwicklung des eher kriegsentscheidenden und für die Luftfahrt besonders wichtigen Radars (*Ra*dio *D*etecting *a*nd *R*anging = Funkermittlung und -entfernungsmessung) sieht die Sache grundsätzlich anders aus. Zwar geht auch die Entwicklung des Funkortungssystems auf eine Einzelarbeit, auf das 1904 erteilte Patent für Christian Hülsmeyer zurück, das technische System entstand aber erst ab 1936 durch die planmäßige und geheime Rüstungsforschung. Der Durchbruch gelang englischen Forschungsteams mit der Entdeckung des Hohlraummagnetrons (1940), das es ermöglichte, Funkimpulse mit höchster Frequenz auszusenden und das «Echo», wenn der kreisende Funkstrahl ein Flugzeug traf, auf einer Braunschen Röhre sichtbar zu machen. «Typ 16» war das erste funktionsfähige britische Radar, bis 1944 war auf den Britischen Inseln ein ganzes System von Beobachtungsstationen aufgebaut. Sie waren wohl in erster Linie dafür verantwortlich, daß die Briten der deutschen Luftwaffe im Zweiten Weltkrieg eine vernichtende Niederlage beibrachten.

Welche Beispiele wir auch immer wählen, sie werden keinen überzeugenden Beleg dafür liefern, daß Systemforschung aus einem inneren Zwang des Kapitalismus zur Hochrüstung und deren Gesetzen entsteht oder unumgänglich ist, weil nur sie wissenschaftliche und industrielle Innovationen beim heutigen Stand der Technologie erlaubt. Im Gegenteil: zahllose Beispiele aus der wissenschaftlich-technischen Entwicklung der letzten dreißig Jahre belegen, daß wichtige, wenn nicht gar zukunftsentscheidende Innovationen immer wieder auch außerhalb von Rüstungs- und Systemforschung entwickelt wurden. Mikrocomputer und Industrieroboter sind richtungsweisende Beispiele dafür. In der Mikroelektronik insgesamt ist der Rüstungseinfluß, wie wir im Kapitel 14 noch sehen werden, ohnehin relativ gering.

Das heißt jedoch nicht, die Rolle zu leugnen, die die militärische Hochrüstung seit dem Zweiten Weltkrieg für Technologie und Industrialisierung gespielt hat. Mit dem kontinuierlichen Anwachsen der Rüstungsausgaben, die sich von 1950 bis heute ungefähr verfünffacht haben, ist sie zu einem nahezu alles entscheidenden Wirtschaftsfaktor der beiden Supermächte geworden. Mitte der achtziger Jahre wurden jährlich etwa 600 Milliarden Dollar für militärische Zwecke ausgegeben, etwa die Hälfte davon in der Sowjetunion und in den USA (jeweils zu gleichen Teilen). Etwa 150 Milliarden Dollar wurden im internationalen Waffenhandel umgesetzt, 70% davon durch die beiden Supermächte. Beide Länder sind führend sowohl in der Luftfahrtindustrie wie in der Raumfahrt. Ein entscheidender Einfluß der Rüstung auf diesen und andere wichtige Wirtschaftssektoren mit fortgeschrittener Technologie liegt auf der Hand. Unbestreitbar ist auch die Bedeutung der Militärausgaben für Forschung und Entwicklung, denn während in der zivilen Industrie etwa 1,5% bis 2% des Produktwertes im produzierenden Gewerbe für Forschung und Entwicklung ausgegeben werden, sind es in der Rüstungswirtschaft der USA 43%, in der Bundesrepublik 32% und in der Japans 5%. (Werte für die Sowjetunion, die verläßlich wären, liegen nicht vor.) Ohne Zweifel hat die Rüstungswirtschaft seit den fünfziger Jahren ganz wesentlich zur Entwicklung, Verbesserung und Verbreitung neuer Technologien beigetragen. Schon in der Rüstungsphase vor dem Zweiten Weltkrieg hat sie wesentlich bei der Durchsetzung von Rationalisierung und Automation mitgewirkt. Panzer- und Flugzeugbau waren bis 1945 die Produktionsbereiche, in denen Fließbandfertigung, Transfermaschinen und Automation am weitesten fortgeschritten waren. In der Flugzeugindustrie wurden in den fünfziger und sechziger Jahren wichtige Beiträge zur Entwicklung von Computergrammen und zur Integration von Computern in Ingenieurarbeit und Produktion geleistet.

Die Hochrüstung nimmt jedoch sehr unterschiedliche Bedeutung in den verschiedenen Ländern des Westens ein, wie schon das Zahlenspiel der Forschungs- und Entwicklungsausgaben zeigt. Zudem muß die Wirkung von Rüstungsforschung und -entwicklung auf das technologische Fortschreiten eines Industrielandes insgesamt äußerst schwach sein, denn sonst wäre kaum erklärlich, wieso die USA und Japan trotz sehr unterschiedlich intensiver Rüstungsforschung bei der Entwicklung von Zukunftstechnologien zumindest gleiches Niveau halten. Man darf den Stellenwert von Rüstung ohnehin nicht überschätzen: In den westlichen Industrieländern beansprucht sie zwischen 5 % und 7 % des Bruttosozialproduktes; in den Ländern der Dritten Welt und in der Sowjetunion aber liegt ihr Anteil ungleich höher und schwankt zwischen 15 % und 35 %.

Welche Rolle spielt die Rüstung dann für die wissenschaftlich-technische Entwicklung und den Prozeß der Industrialisierung, wenn alle diese Einschränkungen und Relativierungen gelten? Mit Sicherheit ist sie nicht die konsequente Weiterentwicklung des Kapitalismus, der im Zeichen der «wissenschaftlich-technischen Revolution» den damit verbundenen «Zwang zur gesellschaftlichen Planung» (Bernal) nur noch mit dem Mittel der Militarisierung lösen kann. Sie ist auch nicht der fortgeschrittenste Bereich einer Entwicklung von Innovationen und Technologien, die auf Systemforschung angewiesen und im militärischen Bereich nach Lage der Dinge am besten zu verwirklichen sind. Eher dürfte es genau umgekehrt sein: Die im 11. und 12. Kapitel noch näher zu untersuchende Militarisierung der Welt in Folge der beiden Weltkriege und die damit verbundene Entwicklung immer komplexerer Vernichtungswaffen ließ einen «militärisch-industriellen Komplex» in den USA und in anderen Ländern entstehen, der mit der anhaltenden Hochrüstung immer stärker wissenschaftlich-technische, aber auch wirtschaftliche Eigeninteressen verfolgte.

Mit anderen Worten: nicht aus wissenschaftlich-technischen Sachzwängen oder wirtschaftlichen Notwendigkeiten entstand ein gigantischer Rüstungssektor, sondern politische Umstände und Fehlentwicklungen führten zu einer kontinuierlichen Expansion dieses Bereichs mit all seinen politischen und technologischen Konsequenzen. Bis zum Ersten Weltkrieg spielte die Rüstung überhaupt keine ökonomisch relevante Rolle. Die meisten Armeen verfügten über eigene, in die Militärapparate integrierte Betriebe, die die Ausrüstung zu liefern hatten. Private Waffenhersteller hatten eher Probleme mit der Armee als Vorteile von der Entwicklung moderner Waffen. Hiram Steven Maxims 1884 gebautes Maschinengewehr zum Beispiel fand vor dem Ersten Weltkrieg so gut wie keine staatlichen Abnehmer, auch der 1905 von Daimler konstruierte Panzerwagen war wirtschaftlich eher eine Pleite, denn bis in die Spätphase des Ersten Weltkriegs hinein gab es kaum Panzer; 1917 wurden 3000 auf alliierter Seite eingesetzt, nur 20 auf deutscher.

Erst die letzte Phase des Zweiten Weltkrieges löste jene Rüstungs- und Hochrüstungsdynamik aus, die mittlerweile die Gesellschaften in Ost und West in Waffenarsenale verwandelt hat. Noch die Rüstungsanstrengungen für den Zweiten Weltkrieg gingen in Deutschland davon aus, die Wirtschaft nicht übermäßig zu belasten, die strategische Planung setzte auf möglichst kurze und wenig industrielle Kraft beanspruchende Kriege (Blitzkriege). Den Wendepunkt in der Rolle der Rüstung für die Industriegesellschaften des 20. Jahrhunderts stellt die Entwicklung der Atombombe und der strategischen Trägerwaffen im Kalten Krieg und im Kampf um die Welthegemonie zwischen den USA und der UdSSR dar: Damit setzt der Mechanismus sich gegenseitig aufschaukelnder Rüstungsanstrengungen ein, das «Wettrüsten».

Die Betonung politischer Ursachen für die militärisch-industrielle Entwicklung, die keineswegs das Ergebnis technologischer und sozioökonomischer Zwänge zur Hochrüstung darstellt, macht wohl auch deutlich, daß es politische Lösungsmöglichkeiten gibt, die die verhängnisvolle Rolle des Wettrüstens auch für Wissenschaft und Technik relativieren. Es scheint zudem so, als ob die Bedeutung der Rüstungsforschung für die Entwicklung neuer Technologien ohnehin mit der steigenden Bedeutung von Informationsverarbeitung und ziviler Raumfahrt zurückginge. Darauf dürfte auch der wachsende Anteil japanischer und europäischer Innovationen in den Zukunftstechnologien zurückzuführen sein.

Massenproduktion und Massenkonsum als Ära. Unter dem Aspekt von Technologie und Wissenschaft kann es keinen Zweifel geben, daß die Entwicklungen des 20. Jahrhunderts nicht nur eine Fortsetzung der industriellen Veränderungen des 19. Jahrhunderts sind, sondern mit diesen in jeder Hinsicht eine Einheit bilden. Auch wenn die erste Phase der zweiten industriellen Revolution eindeutig von der Eisenbahn und der Schwerindustrie geprägt war, die zweite Phase nach dem Ersten Weltkrieg hingegen vom individuellen Verkehrsmittel Automobil, von der Elektro- und Chemieindustrie, so haben beide Entwicklungsschübe ihre Wurzeln doch in der historischen Geburtsstunde der zweiten industriellen Revolution. Das gilt auch für die moderne Fabrikarbeit, die noch vor Mitte des 19. Jahrhunderts in den USA entstand – selbst wenn die Fabrikarbeit in vielen Industriezweigen zu der Zeit noch weitgehend handwerkliche Züge trug. Aber die zweite Phase war nicht nur deshalb die folgerichtige Fortsetzung der Ansätze von 1830. Sie entfaltete vor allem die Grundprinzipien der zweiten industriellen Revolution und brachte sie in der Fabrik, aber auch in der Organisation der gesellschaftlichen Arbeit erst zur vollen Geltung (vgl. Kapitel 13).

Die beiden Phasen sind deshalb so deutlich voneinander getrennt, weil der Ausbruch des Ersten Weltkrieges eine tiefe Zäsur für die industrielle Entwicklung bedeutete, die Europa mehr als zwei Jahrzehnte lähmen sollte und den möglichen, fließenden Übergang im Prozeß der Industrialisierung in zwei deutlich voneinander abgrenzbare Phasen zerlegte. Den Zeitgenossen mußte es folglich scheinen, als erlebten sie eine neue Ära, gar eine industrielle Revolution. Es gab dafür, wie wir sahen, auch durchaus einleuchtende technische Argumente, denn daß sich die Industrialisierungsalternative von Elektrotechnik, synthetischen Werkstoffen und individuellem Massenverkehr nicht schon gegen Ende des 19. Jahrhunderts durchsetzte, lag am Fehlen einer dafür nötigen Infrastruktur. Sie mußte erst aufgebaut werden, um den neuen Industrialisierungsschub auch tatsächlich sich auswirken zu lassen. Die neuen Infrastrukturen aber waren ungleich schwieriger aufzubauen als der Ausbau der Eisenbahnsysteme. Die meisten Infrastrukturprobleme waren zwischen 1900 und 1915, zu dem Zeitpunkt, als der Erste Weltkrieg ausbrach und seine verhängnisvolle Rolle zu spielen begonnen hatte, nicht einmal im Ansatz gelöst, wie wir sahen.

Es gibt aber auch gravierende soziologische Gründe, warum die zweite Phase der Industrialisierung nicht vor der Jahrhundertwende einsetzen konnte. Die gesamte zweite industrielle Revolution war und ist auf den Massenkonsum ausgelegt. Die Aufhebung der Massenarmut und die wirtschaftliche Emanzipation der Arbeiterklasse zum größten «Marktfaktor» der Konsumgesellschaft waren deshalb wichtige Voraussetzungen für das weitere Wachsen der Industriegesellschaft. Zu diesen wirtschaftlichen Aspekten gehörten aber auch soziale, wie die Absicherung des einzelnen, die politische Gleichberechtigung und das Recht auf Koalitionsfreiheit als Voraussetzungen für eine stabile Ordnung der Lohnarbeitergesellschaft. Massenkonsum und Massenproduktion setzten also ebenso die Massengesellschaft voraus wie die Massentechnologie. Gegen Ende des 19. Jahrhunderts, so haben wir im neunten Kapitel gesehen, waren die wichtigsten Schritte auf dem Weg zu dieser Lohnarbeitergesellschaft schon getan, und die Arbeiterklassen der Industrieländer waren auf dem Weg zu einer wirtschaftlichen Absicherung, die den Massenkonsum begünstigte. Aber auch hier führte der Erste Weltkrieg zu tiefen Einbrüchen, tieferen noch als im wirtschaftlichen und technologischen Sinne. So verschoben sich in Europa die Entwicklungsschritte des Prozesses der Industrialisierung erheblich. Erst 1950 konnte die gesellschaftliche Entwicklung auf dem Kontinent dort wieder anknüpfen, wo sie 1910 stehengeblieben war.

Die zweite industrielle Revolution stellt also eine einheitliche Ära von 1830 bis 1980 dar, die ab 1860 alle Relikte der mittelalterlichen Industriegesellschaft abgeschüttelt hatte und nach dem Ersten Weltkrieg, in Teilbereichen aber erst ab 1950, ihre Potenzen voll entfaltete. Mit Dampfmaschine, Verbrennungsmotor und Elektrizität löste sie sich ganz aus den naturgegebenen Begrenzungen; neue Werkstoffe und neue Formen des Einsatzes und der Verschwendung von Energie begünstigten diesen Prozeß. Ihr wesentlicher wirtschaftlicher Motor war der Ausbau einer gigantischen Infrastruktur: Eisenbahnwesen, individueller Massenverkehr, Energieversorgung und weltumspannende Kommunikationsstrukturen. Ohne die Krise des Ersten Weltkriegs und ihre Folgen wäre der einheitliche Charakter dieser Ära des Massenkonsums und der Massenproduktion klarer zu erkennen; aber auch unter den verzerrten Bedingungen der realen Entwicklung des 20. Jahrhunderts ist dies nicht zu übersehen. Eher Störfaktor als systematischer Bestandteil der wissenschaftlich-technischen Entwicklung im 20. Jahrhundert dürfte die nach dem Krieg einsetzende Hochrüstung (samt Forschung und Industrie) sein. Jedenfalls spricht nichts dafür, daß staatliche Rüstungsorganisation oder die mit der Entwicklung von Vernichtungswaffen entstandene Systemforschung einen Beitrag zur Entwicklung der Produktivkräfte geleistet hätten, der nicht auch auf andere, zivile und nichtsystematische Weise zu leisten gewesen wäre.

Das gilt sowohl für die neuen Technologien der Informationsverarbeitung, als auch für die ebenfalls den Charakter der dritten industriellen Revolution prägende Raumfahrt. Wie wir noch sehen werden, gibt es auch wieder genügend Anhaltspunkte für einen «normalen Gang» der Industrialisierung. Zwangsläufig führt sie weder in die totale Vernichtung noch in eine alles zerstörende Krise.

Diese Überlegungen betonen die Rolle, die politische und soziale Entwicklungen für den Prozeß der Industrialisierung spielen. Die Geschichte der Industrialisierung in diesem Jahrhundert ist ganz wesentlich für das Verständnis der komplexen Aufgabe, den wissenschaftlich-technischen Fortschritt und industrielle Revolutionen sozial zu bewältigen. Die Behandlung der Geschichte in den folgenden Kapiteln dieses Buches sollte daher auch immer unter diesem Gesichtspunkt verstanden werden – als ein Lehrstück des verantwortlichen oder (leider) unverantwortlichen Umgangs mit der Welt der Industrie.

Literatur

Wissenschaftlich-technische Entwicklung allgemein

Asimov, I.: Sternstunden der Forschung. Die großen naturwissenschaftlichen Entdeckungen unseres Jahrhunderts, Reinbek 1973

Bernal, J. D.: Wissenschaft. Science in History, Bd. 3: Die Wissenschaft der Gegenwart, Reinbek 1970

Brendjes, B., Richter, S., Sonnemann, R.: Geschichte der Technik, Leipzig 1978

Lüscher, E.: Das Buch der modernen Physik, München 1978

Rürup, R., (Hg.): Technik und Gesellschaft im 19. und 20. Jahrhundert, Göttingen 1978

Troitzsch, U., Weber, W. (Hg.): Die Technik – Von den Anfängen bis zur Gegenwart, Braunschweig 1982

Technische Gebiete im einzelnen

Boyne, W. J., Lopez, D. S.: The Jet Age. Forty Years of Jet Aviation, Washington 1979

Fagen, N. D.: A History of Engineering and Science in the Bell System, New York 1975 – 1978

Graves, F. E.: Schrauben und Muttern, in: Spektrum der Wissenschaft, 8/1984, S. 106

Krauch, H.: Die organisierte Forschung, Neuwied – Berlin 1970

Owen, W., Bowen, E.: Autos und Eisenbahnen, New York 1971

Sass, F.: Geschichte des Verbrennungsmotorenbaus 1860 bis 1918, Berlin 1962

Sipri (Stockholm International Peace Research Institut) (Hg.): Rüstungsjahrbuch 81/82, Reinbek 1981

Varchmin, J., Radkau, J.: Kraft, Energie, Arbeit. Energie, Technik und Gesellschaft im Wechsel der Zeiten, Reinbek 1981

Massenproduktion und amerikanisches Fabriksystem

Hounshell, D. A.: From the American System to Mass Production 1800 – 1932. The Development of Manufacturing Technology in the United States, Baltimore–London 1984

Giedion, S.: Die Herrschaft der Mechanisierung. Ein Beitrag zur anonymen Geschichte, Frankfurt 1982

Kern, H., Schumann, M.: Industriearbeit und Arbeiterbewußtsein. Eine empirische Untersuchung über den Einfluß der aktuellen technischen Entwicklung auf die industrielle Arbeit und das Arbeiterbewußtsein, Frankfurt 1970

11. Kapitel

Auf der «Titanic» gehen die Lichter aus

Europas industrieller Niedergang (1914–1945)

Am 31. Mai 1911 lief die «Titanic» vom Stapel – das wichtigste technische Großereignis des Jahrhunderts, wie man damals zu schwärmen pflegte. Die «Titanic» maß 46329 Bruttoregistertonnen und war 269 m lang. Sie galt als unsinkbar, ein perfektes Schiff, das dem modernsten technischen Entwicklungsstand entsprach. Ein Triumph der Industrie über die Natur und zugleich ein Symbol für die Gesellschaft der Jahrhundertwende schlechthin. Doch nur ein Jahr später, am 12. April 1912, sank das Schiff auf seiner Jungfernfahrt nach der Kollision mit einem Eisberg in weniger als drei Stunden. Die meisten Passagiere und Besatzungsmitglieder kamen um.

Diese Katastrophe sollte mit größerem Recht zum Sinnbild der Epoche werden als das Schiff selbst. Denn der Untergang der «Titanic» war nicht auf technische Mängel zurückzuführen, nicht auf das Versagen der Sicherheitssysteme, sondern auf einen sorglosen, fast arroganten Umgang der Besatzung und des Reeders mit dem Schiff. Die «Titanic» galt als so sicher, daß man keine Vorsicht mehr walten zu lassen brauchte. Der Funker der «Titanic» hielt es in der Unglücksnacht nicht einmal für notwendig, die alarmierenden Warnungen vor treibenden Eisbergen an seinen Kapitän weiterzuleiten.

Was die Katastrophe zum Sinnbild macht, ist eine erschreckende Parallele zum Umgang der politischen Eliten im alten Europa mit den gerade entstandenen Industriegesellschaften. Wie das Luxusschiff schien Europa dank seiner industriellen Vormachtstellung unbezwingbar. Die letzten vierzig Jahre vor dem Ausbruch des Ersten Weltkriegs hatten, von einer kurzen, aber heftigen Depression in den achtziger und neunziger Jahren einmal abgesehen, ein breites wirtschaftliches und soziales Wachstum und eine ebenso beachtlich steigende Leistungsfähigkeit der Industriegesellschaft gekannt. Die letzten beiden Jahrzehnte vor dem Krieg waren zudem geprägt von einem ungebremsten Optimismus, ausgelöst durch bahnbrechende neue Erfindungen, durch neue Industrien, durch neue Formen industrieller Arbeit, durch die Heraufkunft neuer Sozialschichten wie die der Angestellten und durch ein immer besseres System der sozialen Absicherung der Industriearbeiter. Selbst in den Staaten Europas, in denen die Arbeiterschaft politisch unterdrückt wurde, konnte sie beachtliche soziale Fortschritte erreichen.

Die Staaten Europas bildeten das Zentrum der Weltwirtschaft, ihnen stand eine kolonisierte oder wirtschaftlich abhängige Welt gegenüber, deren Aufgabe es zu sein schien, Rohstoffe und Agrarprodukte nach Europa zu liefern. Lediglich die USA hatten sich in einem ebenso schnellen Industrialisierungsprozeß wie Europa zu einer Wirtschaftsmacht entwickelt. Aber die Vereinigten Staaten schienen kein ernster Konkurrent zu sein, sie waren das Neuland der industriellen Revolution, das wichtigste Investitions- und Exportgebiet für europäisches Kapital, während sie selbst nichts weiter als der größte Lebensmittellieferant für den alten Kontinent waren.

So sicher waren sich die Eliten in Europa, daß sie ihre politischen Konflikte im Zeitalter der modernen Industrie immer noch mit den kriegerischen Mitteln des 19. Jahrhunderts meinten austragen zu können. So schlitterten sie denn in einen Krieg hinein, der zwar von allen Seiten mit wirtschaftspolitischen Argumenten begonnen wurde (die Deutschen forderten mehr Kolonien und die Erz- und Kohle-Bergbaugebiete Lothringens, die Brechung der britischen Seeüberlegenheit und dergleichen). Aber eine stichhaltige ökonomische Begründung gab es nach heutigem Verständnis weder für den Krieg noch für die Kriegsforderungen. Die Krise, vor der die Weltwirtschaft allem Anschein nach um 1910 stand, gibt eine solche Begründung nicht her. Der Krieg war nicht der letzte Ausweg vor dem Zusammenbruch. Im Gegenteil: die Tatsache, daß alle wesentlichen Innovationen für einen neuen Boom schon bereitstanden, mehr noch, daß sich nach dem Krieg zumindest in den USA schnell ein Aufschwung einstellte, belegen, daß es sich wohl nur um eine vergleichsweise harmlose Rezession gehandelt hätte, wenn sie zum Ausbruch gekommen wäre. Aber wir können diese Frage nicht mehr klären. Der Krieg brach aus – vor allem wegen des Versagens der Machteliten Europas, die sich, wie wir heute wissen, keine Vorstellungen von den Folgen des Infernos machten, das sie auslösen sollten. Einige ahnten zwar Böses, aber auch sie hätten den Gedanken von sich gewiesen, daß das Flaggschiff der Industrie, Europa, jemals sinken könnte. Doch genau das sollte geschehen – so schnell und gnadenlos wie die «Titanic» in den Fluten des Nordatlantik versank.

Industrialisierung und Weltwirtschaft um 1900. Ihre alles überragende Macht verdanken die Staaten Europas dem Industrialisierungsschub der zweiten Hälfte des 19. Jahrhunderts. Er hatte seine Ursachen nicht nur in der ungewöhnlichen Wirtschaftskraft der europäischen Gesellschaften, er schöpfte sein Wachstum auch aus einer geradezu einmalig zu nennenden weltwirtschaftlichen Ordnung. Und diese Ordnung kam dem schnellen Industrialisierungsprozeß des 19. Jahrhunderts entgegen. Das Kernstück dieser Ordnung war die eindeutige wirtschaftliche Vormachtstellung eines einzigen Landes, nämlich Großbritanniens. Diese Vormachtstellung garantierte einen freizügigen internationalen Waren- und Kapitalverkehr, der vor protektionistischen Maßnahmen geschützt und nur gelegentlich durch Auseinandersetzungen beeinträchtigt wurde. Die britische Vorherrschaft garantierte zudem eine Art Weltwährung in Gestalt des sogenannten Goldstandards, der die wichtigsten Industrieländer Westeuropas in einem auf Gold als Bezugsgröße basierenden Weltwährungssystem mit festen Wechselkursen zusammenfaßte. So wie im Mittelalter Florenz und im 17. Jahrhundert Amsterdam Währungs- und Welthandelszentrum waren, so stand nun die Londoner City im Schnittpunkt aller internationalen Währungs- und Handelsbeziehungen. Großbritannien, Anfang des 19. Jahrhunderts führende Industrienation der Welt, im Verlauf des Jahrhunderts aber auf dem Gebiet der industriellen Produktion von den USA und dem Deutschen Reich auf die Plätze verwiesen, spielte weltwirtschaftlich dennoch die entscheidende Rolle, weil es aufgrund seines langjährigen industriellen Vorsprungs eine starke Position als internationaler Kapitalgeber hatte. Großbritannien war als Kreditgeber an den meisten Industrialisierungsprojekten in den USA und auf dem Kontinent beteiligt, hatte den größten Anteil an ausländischen Kapitalinvestitionen im ganzen 19. und frühen 20. Jahrhundert. Als Handelszentrum blieb London führend: «Die Bank of England», so formulierte Gerd Hardach, «konnte bei Bedarf durch kleine Änderungen des Diskontsatzes jederzeit britische Gelder repatriieren und ausländische Gelder heranziehen; die eigene Goldreservebank war relativ klein. Die britische Zahlungsbilanz hatte im weltwirtschaftlichen Gleichgewicht eine ganz bestimmte Struktur: Importüberschüsse und Kapitalexport einerseits, Frachten, Versicherungseinnahmen und Zinsen andererseits hielten sich ungefähr die Waage, so daß die internationalen Goldbewegungen gering waren. Die Bank of England hat weder ihre Reserven zu Lasten der übrigen Länder dauernd vermehrt, noch hat sie kontinuierlich Geld verloren. Dieses System beruhte auf einer komplizierten multilateralen Verflechtung. Großbritannien hatte Exportüberschüsse gegenüber Indien und einigen anderen überseeischen Ländern, die im übrigen seine großen Importüberschüsse z. T. kompensierten; diese Länder wiederum hatten gegenüber der übrigen Welt erhebliche Exportüberschüsse. Einseitige Veränderungen in der Exportfähigkeit oder Importneigung eines Landes konnten dieses System leicht stören. Und ein solcher Störfaktor war nicht nur denkbar, sondern in der nachlassenden Exportfähigkeit der britischen Industrie tatsächlich vorhanden.»

Dies war auch eine Folge der Krise zwischen 1890 und 1900. Sie hatte nämlich zu einer ökonomischen Neuordnung der kapitalistischen Wirtschaft geführt, die schon die Zeitgenossen gerne als Entstehung einer neuen Stufe des Kapitalismus, des Monopolkapitalismus oder des organisierten Kapitalismus, zu bezeichnen pflegten. In den wichtigsten Wirtschafts- und Industriezweigen, im Eisenbahnwesen, in der Eisen- und Stahlindustrie, im Bergbau, vor allen Dingen aber in den neuentstandenen Industriezweigen der Chemie und Elektrotechnik hatten sich in den letzten Jahrzehnten des 19. Jahrhunderts tatsächlich drastische Verschiebungen der wirtschaftlichen Macht zugunsten einiger weniger Großunternehmen ergeben. Bei den neuen Industrien ließ sich diese Machtverschiebung relativ einfach erklären. Die bahnbrechenden Erfindungen, denen die elektrotechnische Industrie ihr Entstehen gegen Ende des 19. Jahrhunderts verdankte, waren im wesentlichen durch zwei Unternehmer, durch Edison und Siemens, gemacht worden. Folglich waren es ihre Firmen bzw. Firmengruppen, die den Markt beherrschten. Erst später, mit der Herstellung elektrischer Gebrauchsgegenstände wie Haushaltsgeräte und Büromaschinen, sollte sich die alles überschattende Vorherrschaft dieser beiden Unternehmen lokkern. Um die Jahrhundertwende jedoch war es tatsächlich so, wie Lenin in seinem berühmten Aufsatz über den Monopolkapitalismus schrieb, daß zwei Unternehmensgruppen, Edison & General Electric und dann die deutsche AEG auf der einen und Siemens & Halske auf der anderen Seite, den Weltmarkt unter sich aufteilten. In der Chemieindustrie lagen die Verhältnisse ähnlich. In den sechziger und siebziger Jahren waren es vornehmlich die Deutschen Farbwerke, die aufgrund der intensiven industriellen Nutzung chemischer Forschungsergebnisse aus ihren eigenen Labors nahezu ein Weltmonopol auf chemische Erzeugnisse hatten. Um die Jahrhundertwende belieferten die deutschen Chemieunternehmen 90 % des Weltmarktes mit Anilin und Soda – insbesondere den amerikanischen Markt, wo es vor dem Ersten Weltkrieg so gut wie keine chemische Industrie gab. (Genau das aber sollte sich nach dem Ersten Weltkrieg ändern und die Konkurrenz erheblich verschärfen.) In der Stahlindustrie schließlich, wo die Anwendung neuer Technologien (Übergang zum Thomas-Gilchrist-Verfahren) große Investitionen verlangte, kontrollierten Ende der achtziger Jahre des 19. Jahrhunderts die größten zehn Unternehmen eines jeden Landes etwa 50 % bis 60 % des Marktes. Die noch aus der Frühzeit der Industrialisierung des 19. Jahrhunderts stammenden vielen kleinen eisen- und stahlverarbeitenden Betriebe waren längst zur industriellen Bedeutungslosigkeit verdammt – auch wenn es ihnen bis in die Mitte des 20. Jahrhunderts gelingen sollte, den einen oder anderen Überlebenstrick zu finden. Im Deutschen Reich hatte die Vorherrschaft der Großen im Bergbau und Stahl die Form offen betriebener Kartelle angenommen, in denen Preise und Mengen abgesprochen und eine massive Außenhandelspolitik gemacht wurde, die die Stahl- und Kohleindustrie durch Schutzzölle vor ausländischer Konkurrenz sichern sollte (Essener Ruhrkohle-Syndikat von 1890 bzw. Düsseldorfer Stahlkontor von 1895). Das Eisenbahnwesen wurde auf dem Kontinent völlig monopolisiert, die privaten Eisenbahnen wurden zu staatlichen Eisenbahngesellschaften zusammengefaßt, bei denen alles an einem Ort entschieden wurde, das Verkehrsangebot, die Investitionen, die Dienstleistungen und die Tarife. In den USA, wo die Eisenbahnen eine noch viel größere Bedeutung für die Industrialisierung spielten als auf dem Kontinent, entstanden in einem harten und ruinösen Konkurrenzkampf zwei große Unternehmensgruppen, die der Vanderbilts und F. H. Harrimans. Sie fanden sich nach der Jahrhundertwende in einer gemeinsamen Dachgesellschaft zusammen, der National Security, die über Märkte, Tarife und Infrastrukturen ebenso entscheiden konnte wie eine Staatsbahn. In den Börsenkämpfen um die Vorherrschaft im amerikanischen Eisenbahnwesen ergriffen übrigens zum erstenmal mächtige Banken das Kommando und wurden über das Börsengeschäft in die Rolle einer finanzkapitalistischen Schaltzentrale der amerikanischen Wirtschaft hineingezwungen. Ein Modell, das Schule machen sollte.

Wenn wir alle diese Beispiele für Konzentrationsbewegungen nehmen, dann war das, was sich um die Jahrhundertwende abspielte, nicht die Ablösung des Kapitalismus der freien Konkurrenz durch einen wie auch immer gearteten neuen Kapitalismus. Es war vielmehr der Übergang von einem kleinbetrieblichen Industriekapitalismus zu einem Wirtschaftssystem, das sich nicht mehr auf regionale oder nationale Märkte stützte, sondern sich international orientieren mußte und auf den Weltmarkt zielte.

Die Unternehmenskonzentration vollzog sich am stärksten in Deutschland, den Vereinigten Staaten und Frankreich, am wenigsten in Großbritannien. Englands Eisen- und Stahlindustrie blieb daher in ihren Produktionsleistungen hinter den Möglichkeiten der Konkurrenten zurück. 1910 produzierte das Deutsche Reich fast soviel Stahl wie England und alle übrigen europäischen Stahlerzeuger zusammen. Lediglich die USA vermochten sich auf der Höhe der deutschen Stahlproduktion zu halten. Allerdings spielte die Textilindustrie noch immer eine ganz entscheidende Rolle – und wir dürfen nicht vergessen, daß sie von der Beschäftigtenzahl und vom Umsatzvolumen her trotz der spektakulären Entwicklung in der Eisen-, Stahl-, Chemie- und Elektroindustrie um 1900 volkswirtschaftlich gesehen noch immer die wichtigste war. Das Automobil kündigte seine zukünftige Rolle erst an, die Kombination von Eisen- und Stahlindustrie mit Automobil- und Motorenindustrie signalisierte jedoch schon um die Jahrhundertwende, wohin der Schwerpunkt der wirtschaftlichen Entwicklung gehen würde. Und gerade auf diese Sektoren war die englische Industrie am wenigsten vorbereitet.

So verschob sich denn der Anteil Großbritanniens am Welthandel von etwa 30% um die Mitte des 19. Jahrhunderts auf 14% im Jahre 1913, während die USA und Deutschland mit jeweils 13% Anteil am Welthandel in etwa gleichzogen. Selbst Frankreich, das im Hinblick auf seine industrielle Entwicklung noch weit hinter dem Stand der anderen Industrienationen zurücklag, besaß mit 7% immerhin noch einen beachtlichen Anteil am Welthandel. Die Rolle, die Großbritannien und mit einer gewissen Einschränkung auch Frankreich als Kolonialmächte spielten, vermochte jedoch dieses Defizit spürbar zu mildern. Denn im Gegensatz zur Kolonisierung im 18. und frühen 19. Jahrhundert waren die Kolonien um die Jahrhundertwende nicht mehr nur Handelsstützpunkte und Plantagen für Luxusgüter, sondern wichtige Rohstofflieferanten (Baumwolle, Wolle, Kautschuk, Sisal, Edelmetalle, Erze) und Lebensmittelproduzenten (hauptsächlich Tee, Kaffee, Kakao und Südfrüchte) für die europäischen Industrieländer. Diese wiederum machten die Kolonien zu Anlagegebieten für den Ausbau von Infrastrukturen. Von den Auslandsinvestitionen des Vereinigten Königsreiches entfielen in den 50 Jahren von 1865 bis 1914 etwa 70 % der Gelder auf den Ausbau von Eisenbahn- und Hafenanlagen, 12 % auf Landwirtschaft und Bergbau und nur weniger als 4 % auf den Ausbau von Industrien. Industriegüter mußten infolgedessen von den Kolonien eingeführt werden – und zwar aus ihrem Mutterland. Dabei spielte es im Grunde keine Rolle, ob die Industriegüter auf dem Weltmarkt konkurrenzfähig waren oder nicht. Auch weniger entwickelte Industriegüter aus rückständigen Industrien in England oder Frankreich fanden so beispielsweise in den Kolonien immer noch gute Märkte. Ein Bärendienst für die heimische Wirtschaft, wie sich an der späteren Rückständigkeit der entthronten Kolonialmächte zeigen sollte – und eine langfristige Zerstörung der Weltwirtschaft bzw. der wirtschaftlichen Beziehungsgeflechte zwischen dem industriellen Norden und dem nicht industrialisierten Süden, der Dritten Welt.

Bis 1914 konnte Großbritannien seine führende Rolle im Welthandel damit jedoch nicht nur behaupten, sondern sogar ausbauen. Die USA und das Deutsche Reich hatten zwar im Anteil am Welthandel mit Großbritannien gleichgezogen, doch nach wie vor spielte Großbritannien in wichtigen Industrien eine entscheidende Rolle. So hatte es seine führende Rolle in der Schwerindustrie verloren, aber der Eisenbahnbau in aller Welt wurde immer noch im wesentlichen mit britischem Kapital betrieben, sei es in den USA, den Kolonien oder auf dem Kontinent. Nicht umsonst gaben die britischen Investoren im Jahre 1913 mit 18 Milliarden Dollar etwa doppelt soviel Geld im Ausland aus als die USA (3,5 Milliarden Dollar) und das Deutsche Reich (5,8 Milliarden Dollar) zusammengenommen. Mehr als ein Drittel der Welttonnage in der Handelsschiffahrt entfiel bis 1913 auf britische Schiffe. Großbritannien besaß das beste Stützpunktsystem für die Weltwirtschaft und verfügte infolgedessen über die effektivsten wirtschaftlichen Beziehungen. Die wirtschaftlichen Außenbeziehungen des Deutschen Reiches beschränkten sich demgegenüber im wesentlichen auf West- und Mitteleuropa, und auch die weltwirtschaftliche Ausrichtung der USA zielte auf den alten Kontinent. Die führende Rolle Großbritanniens war zwar nicht mehr unbestritten, aber es gab keine Alternative zu ihr: Weder das Deutsche Reich noch die USA wären vor dem Ersten Weltkrieg in der Lage gewesen, die Rolle der überall unbestrittenen Führungsmacht im Welthandel zu übernehmen.

Der Erste Weltkrieg als Krise. Der Text, der das Verständnis des Ersten Weltkriegs in diesem Jahrhundert entscheidend geprägt hat, dürfte ohne Frage der Aufsatz «Der Imperialismus als höchste Steigerung des Kapitalismus» von Wladimir Iljitsch Lenin aus dem Jahre 1916 sein. Darin erklärt der Revolutionär den Ausbruch des Ersten Weltkriegs als Folge einer schweren Krise der kapitalistischen Wirtschaft. Unternehmenskonzentrationen und koloniale Konflikte gegen Ende des 19. Jahrhunderts dienen ihm als Beleg dafür, daß der Kapitalismus der freien Konkurrenz vom Monopolkapitalismus abgelöst worden sei. Dieser arbeite bei der Eroberung von Märkten nicht nur mit Preis- und Qualitätsvorteilen aufgrund technischer Errungenschaften, er teile vielmehr die Welt auf in Einflußsphären und Machtblöcke, in deren Grenzen eine Art wirtschaftspolitische Diktatur herrsche. So mußten die europäischen Mächte nach seiner Ansicht zwangsläufig in Konflikt geraten miteinander. Und das logische Ende der Konflikte war der Krieg.

Von einer so schwerwiegenden Krise, aus der man den Ausbruch des Ersten Weltkriegs heraus erklären könnte, kann aber – wie schon angedeutet – nach heutiger Sicht weder wirtschafts- noch sozialgeschichtlich die Rede sein. Im Gegenteil: bis 1913 entwickelte sich die Weltwirtschaft in raschem Tempo, auch in einer Reihe von Ländern, in denen die Arbeiterklasse politisch unterdrückt wurde. Selbst hier erhielt sie einen nicht unerheblichen Anteil am gesellschaftlichen Reichtum. Der Ausbruch des Ersten Weltkriegs stürzte die kapitalistische Weltwirtschaft vielmehr erst in die Krise, die Lenin als Ursache des Ausbruchs zu entdecken geglaubt hatte.

Geführt wurde dieser Krieg allerdings mit der Vorstellung, es sei für eine Industrienation eine Frage des wirtschaftlichen Überlebens, ob sie Kolonien habe oder nicht. Das Deutsche Reich verlangte Kolonien für sich oder, anders ausgedrückt, eine Neuverteilung der Erde. In Deutschland herrschte auch die Vorstellung, das Reich brauche belgische und französische Kohle- und Erzlager für den weiteren industriellen Aufbau. Auch wurde die Auffassung vertreten, die nationalen Volkswirtschaften müßten durch hohe Zölle vor der Konkurrenz von

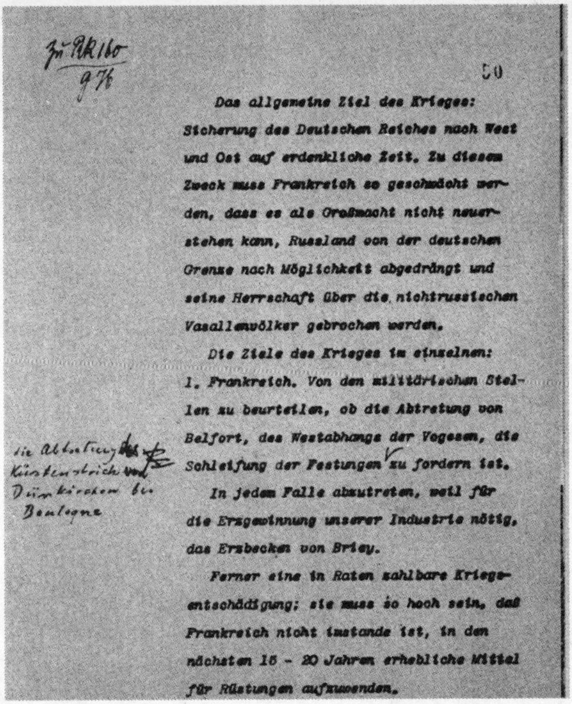
zu Rk 160
976

50

Das allgemeine Ziel des Krieges:

Sicherung des Deutschen Reiches nach West und Ost auf erdenkliche Zeit. Zu diesem Zweck muss Frankreich so geschwächt werden, dass es als Großmacht nicht neuerstehen kann, Russland von der deutschen Grenze nach Möglichkeit abgedrängt und seine Herrschaft über die nichtrussischen Vasallenvölker gebrochen werden.

Die Ziele des Krieges im einzelnen:

1. Frankreich. Von den militärischen Stellen zu beurteilen, ob die Abtretung von Belfort, des Westabhangs der Vogesen, die Schleifung der Festungen zu fordern ist.

Die Abtretung des Küstenstrichs von Dünkirchen bis Boulogne

In jedem Falle abzutreten, weil für die Erzgewinnung unserer Industrie nötig, das Erzbecken von Briey.

Ferner eine in Raten zahlbare Kriegsentschädigung; sie muss so hoch sein, daß Frankreich nicht imstande ist, in den nächsten 15 - 20 Jahren erhebliche Mittel für Rüstungen aufzuwenden.

Deutsche Kriegsziele, 1914

außen geschützt werden. Sinnvoll oder auch volkswirtschaftlich logisch waren diese Annahmen nicht. Heute wissen wir, daß die Interessen der einzelnen Industrieländer besser in einer ökonomischen Integration und einem Klima des Freihandels aufgehoben sind als in einer wirtschaftlichen und politischen Konfrontation. Die Entwicklung zum Ersten Weltkrieg entbehrt daher nicht einer gewissen Tragik. In der Verfolgung vermeintlicher wirtschaftlicher Interessen zerstörten die europäischen Industriestaaten ihre bei allen Abstrichen gut funktionierende Weltwirtschaft und lösten damit eine langandauernde Krise in Europa aus, an deren Ende die industrielle und ökonomische Zweitklassigkeit des Kontinents stand. Die Folgen des Ersten Weltkriegs nämlich waren verheerend: Der Krieg forderte 8,6 Millionen Menschenleben und kostete für die damaligen Verhältnisse die horrende

Summe von 338 Milliarden Mark (zum Vergleich: die Auslandsanlagen sämtlicher Industrieländer einschließlich der USA betrugen 1933 ganze 50 Milliarden Dollar). Die Industrieproduktion, die sich während des Krieges nahezu ausschließlich auf die Herstellung von Waffen konzentriert hatte, lag 1920 immer noch um 30% unter dem Vorkriegsniveau. Und diese Zahlen über das Produktionsniveau sind nicht geschönt. Großbritannien hatte 1920 das Produktionsniveau der Vorkriegsjahre erreicht, auf dem Kontinent aber sahen die Verhältnisse zum Teil noch sehr viel düsterer aus, denn hier war das Produktionsniveau um mehr als 50% unter den Stand der Vorkriegsjahre gefallen. Die Produktivität der Volkswirtschaften war insgesamt gesunken, in

den rüstungstechnischen Betrieben hingegen durch Rationalisierung gestiegen. So ergab sich das kuriose Bild, daß in Deutschland beispielsweise in der Eisen- und Stahlindustrie und im Bergbau die Produktivität um 50 % sank, während sie in der Elektroindustrie um 10 % gestiegen war.

Man muß sich die Auswirkungen des Ersten Weltkriegs auf den Prozeß der Industrialisierung in Europa folglich wie ein riesiges Bremsmanöver vorstellen. Die gesamte wirtschaftliche Entwicklung fiel zum Teil um Jahre zurück, in einigen Ländern um Jahrzehnte. Ohne Krieg hätten die europäischen Industriestaaten das wirtschaftliche Niveau der dreißiger Jahre schon zwischen 1914 und 1920 erreichen können. So

Kriegslandschaft nördlich Verdun

aber stagnierte die europäische Industrialisierung, während gleichzeitig andere Industrienationen die Lücke zu füllen begannen. Europa verlor allein infolge des Ersten Weltkriegs seine alles beherrschende industrielle und wirtschaftliche Führungsrolle. Denn mit Kriegsausbruch verschwanden die europäischen Waren recht schnell vom Weltmarkt; insbesondere außereuropäische Märkte wurden einheimischen Unternehmern oder nicht in den Krieg verwickelten Staaten überlassen. Das bot einigen außereuropäischen Volkswirtschaften einige Jahre lang die einmalige Chance, eine eigene, von den europäischen Supermächten unabhängige industrielle Entwicklung einzuleiten. Für vier Jahre nämlich waren Kapital, Handelsmacht und industrielles Potential der Europäer so geschwächt, daß sie wichtige Märkte völlig vernachlässigen mußten. Dies galt besonders für den ostasiatischen Raum, den die von der europäischen Konkurrenz auf dem Kontinent bedrängten Briten praktisch allein belieferten und mit ihrer industriellen Produktion beherrschten. In das plötzlich auftretende Handelsvakuum in China, Korea, Indonesien und (der britischen Kolonie) Indien, drangen qualitativ und preislich durchaus vergleichbare Textilien aus Japan ein. In der kleinen Textilindustrie des Landes der aufgehenden Sonne waren nämlich schon um die Jahrhundertwende einige mechanisierte Textilfabriken entstanden, die mit den britischen Industrien sehr wohl konkurrieren konnten. Aber es waren nicht nur billige Baumwollstoffe, die da exportiert wurden, sondern auch qualitativ hochstehende Seidenprodukte, von denen ein erhebliches Quantum sogar in die USA exportiert wurde.

Dieser Export, der gegen Ende des Ersten Weltkriegs das Ausmaß eines richtigen Booms angenommen hatte (jeder zweite Meter Stoff aus Japans Fabriken wurde exportiert!), zog nun – da kein europäischer Schiffraum vorhanden war – zwangsläufig ein Anwachsen der japanischen Handelsflotte nach sich. Da Europas Werften nur Kriegsschiffe bauten und auch die amerikanischen Firmen für den Kriegsmarkt lieferten, entstand in Japan eine eigene Stahl- und Werftindustrie, die ihrerseits wiederum die Montanindustrie des Landes ankurbelte. Natürlich wären europäische Schiffe, wäre europäischer Stahl billiger gewesen – wenn es sie gegeben hätte. So aber waren die Japaner, wollten sie die Chancen nutzen, geradezu gezwungen, sich aus eigener Kraft Industrie aufzubauen. Das Vakuum auf dem ostasiatischen Textilmarkt schuf damit für einen kurzen historischen Augenblick eine der Industrialisierung Europas noch einmal vergleichbare Situation.

Japans Textilindustrie leitete die Entwicklung der Schwerindustrie ein und beschleunigte den Ausbau der Infrastruktur. Das schnelle Wachsen der Exporte steigerte den Bedarf an Farbstoffen und anderen chemischen Substanzen für die Textilindustrie. Eine eigene Chemieindustrie begann zu entstehen. Auch der Bedarf an Investitionsgütern wuchs, Japans Industrie baute Webstühle und Spinnmaschinen, Werkbänke, Fräsen und was sonst noch an Investitionsgütern benötigt wurde. Dazu eigene Motoren, Elektromotoren wenn möglich und nötig, denn, um konkurrenzfähig zu sein, mußten die Investitionsgüter in etwa das europäische Niveau halten. Das aber wiederum mußte in relativ kurzer Zeit die Entwicklung einer eigenen Elektroindustrie begünstigen. In der kurzen Zeit, in der sich der entscheidende Industrialisierungsschub vollzog, ahmten Japans Ingenieure und Unternehmer europäische Fertigungsverfahren, europäische Maschinen und Gebrauchsgegenstände bis ins Detail nach.

Japan durchlief gleichsam im Zeitraffer noch einmal das europäische Industrialisierungsmodell – als einziges außereuropäisches Land neben den USA, wie wir inzwischen wissen. Entsprechend entwickelte sich auch die Gesellschaftsstruktur des Landes, und es begann europäische Züge anzunehmen: Die Zahl der Industriearbeiter stieg bis gegen Kriegsende auf über zwei Millionen Beschäftigte an, 44 000 Industrieunternehmen entstanden, und die Brutto-Industrieproduktion Japans vervierfachte sich. Aber immer noch war Japans Stellung in der Weltwirtschaft ungesichert. Im südostasiatischen Wirtschaftsraum war Japan zum exportorientierten Industrieland geworden; seine Exportgüter spielten gegenüber Korea, China, Indonesien und Indien eine vergleichbare Rolle wie die europäischen Industriegüter vor dem Ersten Weltkrieg gegenüber den überseeischen Kolonien. Gegenüber Europa und den USA aber blieb Japan fürs erste noch Lieferant von Halbfabrikaten, von Rohseide, von Rohbaumwolle und einfachen Textilien zur Weiterverarbeitung.

Wie außergewöhnlich diese Entwicklung in Japan war, läßt sich überzeugend demonstrieren am Schicksal der südamerikanischen Staaten, die sich während des Ersten Weltkriegs in einer ähnlichen Situation befanden. Die seit Mitte des 19. Jahrhunderts politisch selbständigen Staaten des südlichen Amerika waren wirtschaftlich nahezu vollständig von Großbritannien abhängig, so daß auch hier der Kriegsausbruch zu einem unerwarteten Lieferstoß für die Märkte führte. Auch in Südamerika war um die Jahrhundertwende schon eine kleine mechani-

Oben: Ansicht der ersten Spinnerei in Japan, 1872.
Unten: Innenansicht der Tamioka-Spinnerei, die als erste in Japan Frauenarbeit einführte, um 1875

sierte Textilindustrie entstanden, die englischen Qualitäts- und Preisvorgaben sehr wohl standzuhalten vermochte. Folglich schuf das Versiegen der britischen Textilexporte auch hier ein Vakuum, in das die heimische Industrie eindringen konnte. In Brasilien und Argentinien setzte auch eine bescheidene Industrialisierung in der Textilerzeugung und -verarbeitung ein; während des Krieges überschritt die Textilindustrie Brasiliens die magische Grenze von einer Millionen Spindeln, die man im allgemeinen als Wendemarke zur Industrialisierung anzusehen pflegt. 1918 versorgte Brasiliens Textilindustrie das Land zu 85 % mit eigenen Produkten.

Dennoch blieb ein der japanischen Entwicklung vergleichbarer Industrialisierungsschub in Südamerika aus. Es mag sein, daß der Exportumfang in Südamerika nicht ausreichte, um eine solche Industrialisierung einzuleiten, mag sein, daß der Ausbau der Infrastruktur nicht so zwingend war wie in Japan (immerhin waren etliche Kilometer Eisenbahn und etliche Häfen samt Handelsflotten von den Briten schon gebaut und eingerichtet worden). Aber sicher mag auch sein, daß in Südamerika alles viel langsamer und vor allem nicht so preußisch zuging wie in Japan. Jedenfalls fand keine vergleichbare Übertragung des Textilbooms auf den Ausbau einer Schwerindustrie statt und damit auch keine Industrialisierung nach europäischem Vorbild. Als der Erste Weltkrieg zu Ende war und europäische Waren wieder auf die Märkte Südamerikas drängten, war die besondere Entwicklungschance für Südamerika vertan. Einige Länder des Kontinents, vor allem Brasilien und Argentinien, erreichten zwar die Schwelle der Industrialisierung, aber sie blieben dort stehen – bis heute.

Kriegsgewinner USA. Es gab allerdings einen Wirtschaftsraum, der ganz ungehindert von der Selbstzerstörung Europas profitierte: die USA. Trotz ihrer hochentwickelten Stahl-, Maschinenbau-, Elektro- und Chemieindustrie waren die USA vor dem Ersten Weltkrieg immer noch von Europa abhängig gewesen. Sie waren das Hauptschuldnerland der europäischen Finanzkreise, und die kapitalistische Entwicklung der Vereinigten Staaten war ganz wesentlich bestimmt von der Kapitalentwicklung in Europa. Die USA lieferten hauptsächlich Agrarprodukte nach Europa und importierten die meisten Industriegüter aus Europa. Bei Kriegsausbruch befanden sich die USA immer noch in einer ökonomischen Abhängigkeit, die sogar koloniale Züge nicht ganz verleugnen konnte. Die Wirtschaft der USA verfügte aber – wie wir im 8. Kapitel sahen – über ein riesiges industrielles Potential, das die Lücke schließen konnte, die die Europäer durch Kriegsproduktion auf dem Weltmarkt und in ihren eigenen Volkswirtschaften rissen.

Zunächst steigerte sich sehr rasch der amerikanische Export von Lebensmitteln, denn alle kriegführenden Mächte begannen, in den USA Lebensmittel zu kaufen, um die Produktionsausfälle auszugleichen, die mit der Einberufung der meisten wehrfähigen Männer verbunden waren. Im übrigen bezogen auch die späteren Kriegsgegner der USA, Deutschland und Österreich, Lebensmittel und kriegswichtige Rohstoffe aus den USA. Rohstoffe waren der zweite Exportbereich, und unter ihnen stand Erdöl an vorderster Stelle. Je länger der Krieg dauerte, je mehr er sich «motorisierte», um so größer wurde der Brennstoffbedarf der kriegführenden Mächte. England, Frankreich und Italien vergaben im Lauf des Krieges Aufträge in Milliardenhöhe an die amerikanische Stahlindustrie für Kriegsschiffe und Geschütze. Die größten Aufträge gingen allerdings an die schon um die Jahrhundertwende weltweit führende Waffen- und Munitionsindustrie in den USA. Vor allem Briten und Franzosen importierten Munition und Schußwaffen. Die amerikanische Stahlindustrie stellte sich fast ganz auf die Produktion moderner Sonderstähle für Waffen und Munition um, führte modernste Hüttenverfahren ein, um die gigantische Nachfrage nach Rüstungsgütern befriedigen zu können. Die Maschinenbauindustrie erlebte eine glänzende Expansion, aber auch amerikanische Elektro- und Chemieprodukte fanden reißenden Absatz. War vor dem Ersten Weltkrieg fast alles, was an Chemieprodukten in den USA verbraucht wurde, aus Deutschland importiert, so entstand nun eine eigene Chemieindustrie, die das spürbar belastende Fehlen deutscher Chemieprodukte in kürzester Zeit ausgleichen mußte. 1917 traten die USA selbst in den Krieg ein, ihre ohnehin schon dominierende Rolle als Ausrüster der Entente-Mächte wurde noch ausgeprägter. Diese Rolle scheint auch der Grund gewesen zu sein, warum die deutsche Kriegführung den Befehl gab, die Handelsschiffe der USA von U-Booten angreifen zu lassen, um die Versorgung der Briten und Franzosen mit kriegswichtigen Gütern zu unterbinden. Wie hoch sie den Wert der amerikanischen Lieferungen einschätzte, mag daran erkannt werden, daß sie dies tat auf die Gefahr hin, die USA damit gleichsam in den Krieg hineinzuzwingen – und zwar auf seiten der deutschen Kriegsgegner.

Für die USA war der europäische Krieg ein riesiges Geschäft, ein Jahrhundertboom und nicht zuletzt ein ungeheurer Industrialisierungsschub, der die amerikanische Industrie automatisch an die Spitze der Industrialisierung katapultieren mußte. Der Krieg markierte in den USA auch den Übergang zur durchrationalisierten Fabrikproduktion. Amerikanische Fabriken mußten bei der schon chronischen Knappheit von Arbeitskräften alle Mittel der Rationalisierung nutzen, wenn sie den Aufträgen aus Europa nachkommen wollten, von den Gewinnchancen einer rationalisierten Produktion ganz zu schweigen. Die USA übernahmen damit auch die Führung bei Produktionstechniken und Produktionsverfahren – und das selbstverständlich wiederum vor allem in den neuen Industrien, im Automobilbau, in der Elektroindustrie, im Flugzeugbau und in der Nachrichtentechnik. Alles, was in Europa und den USA an neuen Technologien entstanden war, alles, was eine neue industrielle Wachstumsphase auf dem Kontinent hätte einleiten können, das fand nun in den USA und kaum noch in Europa Anwendung. Die Folgen für den alten Kontinent waren verheerend: Er verlor damit nicht nur einfach seine wirtschaftliche Spitzenposition, die Europäer gaben auch die wissenschaftlich-technologische Vorreiterrolle an die USA ab und verurteilten sich selbst zu einer Art industriellem Juniorpartner der USA.

Daß diese Verschiebungen in der Industrie nicht ohne Folge für die internationale Finanzwirtschaft bleiben konnten, liegt auf der Hand. Der Krieg verschlang, je länger er dauerte, alle finanziellen Reserven der kriegführenden Mächte auf dem Kontinent. Die Staaten begannen sich zunächst im Inneren, dann aber in zunehmendem Maße in den USA zu verschulden (was die endlosen Inflationen nach Kriegsende auslösen sollte). Die USA aber wurden damit vom Hauptschuldnerland, das sie vor dem Krieg waren, zum Hauptgläubigerland der Europäer, die sich so verschuldeten, daß sie heute noch ihre Kredite zurückzahlen müßten, wenn nicht ein neuer, noch verheerenderer Krieg die Weichen der internationalen Finanzwirtschaft völlig neu gestellt hätte. Es liegt ebenfalls auf der Hand, daß die USA und ihr Finanzzentrum, New York, mit dieser Verlagerung der internationalen Finanzmacht zum Zentrum des Geldes wurden. Die großen Geldströme flossen nun nicht mehr allein durch die Londoner City, sondern auch durch die Wall Street in New York. Und mehr und mehr wurde das New Yorker Bankenzentrum zum Herz der Weltfinanzen.

Aber anders als die Briten waren die amerikanischen Finanzkreise nicht in der Lage, eine solche Führungsrolle auch tatsächlich auszufüllen – so jedenfalls lautet das übereinstimmende Urteil der Wirtschafts-

und Sozialgeschichte heute. Im Gegensatz zur City of London, wo man vor dem Krieg in den Vorstellungen einer wirtschaftlichen Weltmacht dachte, wo man Freihandelspolitik betrieb und mit dem Goldstandard ein funktionierendes Währungssystem pflegte, entwickelte die amerikanische Finanzelite nur wenig Interesse daran, die Weltfinanzen zu führen. Für sie, für die amerikanische Wirtschaftselite, war der Binnenmarkt immer noch wichtiger als der Export, der selbst auf dem Höhepunkt der Kriegsexporte bei etwa 10 % des gesamten amerikanischen Umsatzes lag. Die Weltwirtschaft spielte demgegenüber eine eher zu vernachlässigende Größe und wirkte auf die amerikanische Finanzelite eher bedrohlich als anziehend. Auch konnte die Wall Street den Goldstandard nicht wieder als reibungslos funktionierende Weltwährung einsetzen – ganz zu schweigen davon, den Dollar statt des Goldstandards zur Weltwährung zu machen. Die USA übernahmen also die wirtschaftliche Vormachtstellung der Europäer, waren aber weder stark genug noch willens, die Weltwirtschaft auch so zu beherrschen wie seinerzeit die Briten. Europa verlor an wirtschaftlicher Bedeutung, es stürzte in anhaltende wirtschaftliche, soziale und politische Krisen, war aber immer noch auf dem Weltmarkt so stark, daß ohne es keine neue Ordnung der Weltwirtschaft entstehen konnte. Japan, obwohl durch den Ersten Weltkrieg in die Industrialisierungsspirale hineingezwungen, war noch weit davon entfernt, eine führende Rolle in der Weltwirtschaft zu spielen. So konzentrierte sich denn die Weltwirtschaft nach wie vor auf Europa und die Vereinigten Staaten, so wie vor dem Ersten Weltkrieg auch, allerdings jetzt mit verteilten Gewichten. Nach wie vor blieb die Arbeitsteilung in der Weltwirtschaft kolonial bestimmt, ja, es schien sogar, als sollte sich der Einfluß der Kolonialherrschaft bei Briten und Franzosen noch verstärken und die Schwächen der heimischen Wirtschaft kompensieren können. Als Sieger des Ersten Weltkriegs verleibten sich beide Staaten die deutschen Kolonialgebiete ein, und es mußte so scheinen, als würden sie dadurch ihre wirtschaftliche Position erheblich stärken.

Europa im Chaos. In den ersten Nachkriegsjahren versuchten die europäischen Volkswirtschaften, den Schock des Krieges, die Hungersnöte und Inflationen, die Aufstände und Revolutionen zu verkraften. Die verheerenden Folgen, die der Krieg langfristig haben sollte, kamen dabei nicht in den Blick. Erst heute erkennen wir, daß der Krieg den Europäern drei Jahrzehnte gesellschaftliches und wirtschaftliches Chaos, politische Unterdrückung und menschliches Leid, am Ende gar den schlimmsten Krieg, den schlimmsten Holocaust der Menschheitsgeschichte kosten sollte, um am Ende auf den Weg der Entwicklung zurückzukommen, der sich zu Anfang des 20. Jahrhunderts schon angedeutet hatte. Angesichts dieser Entwicklung ist es gut verständlich, daß die revolutionäre Linke in Europa meinen konnte, die Epoche eines funktionierenden Kapitalismus sei endgültig vorbei und Sozialismus im Sinne staatlicher Planwirtschaft sei an der Tagesordnung. Doch so viele Anhaltspunkte es für diese Auffassung auch gab (nicht zuletzt die massive Verschlechterung der Lebensbedingungen der Arbeiterklasse durch Krieg und Kriegsfolgen), sie war blind für die Veränderungen, die in Europa, namentlich in Frankreich und Deutschland, trotz aller Konflikte und Zusammenbrüche vor sich gingen – von den USA, die wir im folgenden Kapitel näher betrachten wollen, ganz zu schweigen.

Versuchen wir zunächst ein Bild der Entwicklungen in *Frankreich* zu entwerfen: Europas reiches Agrarland, das reichste des 18. und 19. Jahrhunderts mit seiner leistungsfähigen Kleinindustrie, war auch bei Beginn des Ersten Weltkriegs noch im wesentlichen kleinindustriell geprägt – von einigen Ausnahmen in der Schwerindustrie abgesehen. Noch um 1911 waren 50 % aller Erwerbspersonen in der Landwirtschaft tätig (zum Vergleich: in Deutschland 40 %, in Großbritannien 20 %). Ein erheblicher Teil der gewerblichen Arbeitskräfte lebte direkt oder indirekt von der Landwirtschaft, was die Bilanz zugunsten des Agrarsektors deutlich verstärkte. Ebenso bedeutend war der Anteil der französischen Landwirtschaft an der Produktion des Bruttosozialprodukts. Bis in die zwanziger Jahre hinein wurde jeder zweite Franc in der Landwirtschaft verdient, bzw. in der Landwirtschaft ausgegeben. Und selbst der Erste Weltkrieg mit seiner ungeheueren Mobilisierung industrieller Reserven setzte Frankreich keineswegs dem Druck der Industrialisierung aus. Denn was die Franzosen an kriegswichtigen Gütern und Munition nicht selber herstellen konnten, das bezogen sie hauptsächlich aus der Kriegswirtschaft ihrer mächtigen Partner, namentlich aus den USA. Der große Reichtum der französischen Volkswirtschaft machte es möglich, genug Geld in Form von kurz- und langfristigen Anlagen zu beschaffen, um diese gigantischen Ausgaben bestreiten zu können.

Die Folge davon war allerdings, daß Frankreich nach dem Ersten Weltkrieg in einen Strudel von Inflationen gezogen wurde, die das soziale und (land-)wirtschaftliche Gefüge des Landes völlig durcheinanderbringen sollten. Die Inflation verschlechterte nämlich schnell die Lage in der Landwirtschaft. Sie zwang Investoren wie Arbeitskräfte, Anlagemöglichkeiten und Arbeit in Industrie und Handel zu suchen, und schuf billiges Geld, mit dem Strukturveränderungen finanzierbar wurden. Schließlich regte die Inflation das Investitions-, aber auch das Spekulationsverhalten all derjenigen an, die schnelles Geld mit waghalsigen Investitionen machen oder aber mit Erfindergeist und -drang technische Projekte in die Tat umsetzen wollten. So setzte ein schneller Industrialisierungsprozeß in Frankreich ein, bei dem die Industrieproduktion allein zwischen 1925 und 1929 um 30 % anstieg und das Pro-Kopf-Einkommen um 20 %. Am Vorabend der Weltwirtschaftskrise hatte sich das wirtschaftliche Gewicht Frankreichs bei der Industrieproduktion, bei der landwirtschaftlichen Produktion wie auch im Export gegenüber den letzten Vorkriegsjahren in etwa verdoppelt. In keinem europäischen Land vermochte sich in den zwanziger Jahren die Elektrifizierung der Haushalte so schnell durchzusetzen wie in Frankreich. Hier waren am Ende der zwanziger Jahre nahezu alle Haushalte mit Elektrizität versorgt. Die Elektrizitätserzeugung stieg zwischen 1920 und 1940 um das Vierzehn- bis Fünfzehnfache an (das sehr viel größere und industriell entwickeltere Deutsche Reich steigerte im gleichen Zeitraum die Energieerzeugung um knapp das Doppelte). Eine führende, wenn nicht gar die führende Rolle in Europa nahm Frankreich in den zwanziger und dreißiger Jahren in Entwicklung und Bau von Automobilen ein. Von Anfang an spielte das Auto in Frankreich eine zentrale industrielle Rolle. Aber erst nach dem Ersten Weltkrieg erreichte der Automobilbau, nicht zuletzt wegen der hohen Unternehmenskonzentration in Frankreich (schon in den zwanziger Jahren wurde die Automobilindustrie von zwei Industriebetrieben, von Citroën und Renault, beherrscht) industrielles Niveau: Die großen Automobilhersteller Frankreichs führten als erste die Fließbandproduktion in der europäischen Automobilherstellung ein. Sie entwarfen Automobilmodelle für den Massenkonsum, realisierten moderne Konstruktionsprinzipien und bauten ein amerikanisches Marketing-System mit eigenen Werkstätten, mit eigenem Vertriebssystem und eigenem Kreditwesen auf. Ergebnis: Zwischen 1920 und 1940 baute Citroën alleine 40 % der in Europa zugelassenen Automobile. Die Hälfte aller europäischen Pkw im Jahre 1928 war in Frankreich zugelassen, Frankreich hatte die höchste Pro-Kopf-Rate von Automobilen (nämlich 0,6 Pkw pro Kopf) in Europa. Dennoch darf man die Auswirkungen der Industrialisierung in den zwanziger Jahren für Frankreich nicht überbewerten. Am Ende des Jahrzehnts lebte immer noch mehr als ein Drittel aller Franzosen von der Landwirtschaft, war Frankreichs Industrie immer noch maßgeblich von Kleinunternehmern beherrscht, die an ganz und gar unmodernen Produktionsverfahren festhielten und ein starkes Interesse daran hatten, jeglichen Wettbewerb mit ausländischen Unternehmen durch Kartellabsprachen und Schutzzollpolitik abzuwürgen. Daher blieb auch die französische Landwirtschaft weit hinter dem Entwicklungsniveau der landwirtschaftlichen Produktivkräfte zurück.

Für *Deutschland*, das wohl am meisten unter den Lasten und Folgen des Ersten Weltkriegs zu leiden hatte, gilt, daß die wirtschaftlichen Folgen des Weltkriegs ungleich weniger einschneidend waren als die sozialen und politischen. Zunächst überdeckten die Inflation von 1923/24 und die zum Teil blutigen innenpolitischen Auseinandersetzungen nach dem Krieg und die Revolution von 1918 (Kapp-Putsch, Ruhrbesetzung, Staatsstreiche und bürgerkriegsähnliche Auseinandersetzungen) diese Einsicht. Hinter dem Vorhang von Machtkämpfen, in die sich führende deutsche Unternehmer wie Hugo Stinnes direkt einmischten und unverhohlen eine Rückkehr zum reaktionären Obrigkeitsstaat forderten, vollzog sich in der deutschen Industrie in den zwanziger Jahren eine radikale Verjüngungs- und Rationalisierungskur. Deutschlands führende Unternehmen erreichten im Nachkriegsjahrzehnt durch konsequente Modernisierung, daß die Industrieproduktion des Landes in Europa die Spitzenposition eroberte, auch wenn dies bis zur Weltwirtschaftskrise nicht deutlich zum Ausdruck kam. Rationalisiert wurde vor allen Dingen in der Schwerindustrie. Schon 1928 wurden 80 % der im Ruhrgebiet geförderten Kohle mit dem Preßlufthammer und dem Förderband abgebaut. In den zwanziger Jahren verbannte die Stahlindustrie rigoros die Bessemer-Birnen auf den Schrottplatz und führte das Schmelzverfahren nach dem Thomas-Gilchrist-Verfahren ein. Die Fließbandarbeit hielt Einzug in der Elektro- und Chemieindustrie. Letztere gewann Weltgeltung bei der Erzeugung und Verarbeitung von Kunststoffen aus halbautomatisierten und automatischen Fabrikationsstätten.

Der Rationalisierungseffekt in den zwanziger Jahren, den bei der Betrachtung der industriellen Entwicklung im Deutschen Reich die massiven politischen und sozialen Konflikte meist ausblenden, hatte zur Folge, daß sich trotz wirtschaftlichen Aufschwungs Mitte der zwanziger Jahre eine hartnäckige Dauerarbeitslosigkeit von etwa 1,7

Wirtschaftskrise in Deutschland, 1932

Millionen Arbeitslosen bildete, zu der in der Weltwirtschaftskrise ab 1929 jene Arbeitslosen kamen, die zur sozialen Katastrophe mit sechs Millionen Erwerbslosen im Jahre 1932 führten. Hinter der mit hohem Kapitalaufwand verbundenen Rationalisierung der deutschen Wirtschaft stand eine beispiellose Konzentrationsbewegung. Die Chemieindustrie fusionierte zu einem einzigen Großunternehmen, zum IG Farben-Konzern, der praktisch keine nationale Konkurrenz mehr kannte. Die deutsche Stahlindustrie kam eindeutig unter das Diktat von Krupp und Stinnes. Siemens drängte die AEG an den Rand des Elektromarktes, ohne den Konkurrenten allerdings vor der Weltwirtschaftskrise vollends ausschalten zu können. Deutschlands Automobilhersteller hingegen blieben in den zwanziger Jahren mittlere Betriebe mit relativ geringer Marktbedeutung. Die entscheidende Rolle spielten in Deutschland die Investitionsgüterindustrien, nicht die an Massenkonsum interessierte Verbrauchsgüterindustrien. Entsprechend gering sollte auch das Interesse der Industrie an materiellen, sozialen und politischen Verbesserungen der Lage der Lohnarbeiter sein. Im Gegenteil:

das sozialpolitische Konzept der deutschen Wirtschaftskreise setzte auf Diktatur. Sie sollte zurücknehmen, was an sparsamen sozialpolitischen Errungenschaften durch die Weimarer Republik geschaffen worden war. Die Vorstellungswelt der deutschen Unternehmer war die der Wilhelminischen Ära, und das machte sie unfähig zu erkennen, daß die Zeichen der Zeit auf Massenkonsum und auf Integration der Arbeiterklasse standen. Sie liebäugelten statt dessen mit der Vorstellung einer militärisch disziplinierten Arbeiterschaft. Damit sollten sie vor allem dem Nationalsozialismus den Boden bereiten.

Wie stellte sich in den zwanziger Jahren die Lage von Wirtschaft und Industrie in *Großbritannien* dar? Schließlich war es England, das seine führende Rolle in der Weltwirtschaft eingebüßt und seine Märkte für Textilprodukte in Ostasien und Südamerika verloren hatte. Die Folgen waren für das Vereinigte Königreich gravierend, denn immerhin spielten diese Märkte eine entscheidende Rolle. Oberflächlich betrachtet, schien Großbritannien den Ersten Weltkrieg allerdings noch am besten überstanden zu haben, zumal die Insel selbst vom Kriegsgeschehen wenig belastet worden war. 1920 schon erreichte die britische Industrieproduktion wieder das Vorkriegsniveau. In Südamerika konnte die englische Industrie verlorene Märkte zurückerobern, und auch in Südostasien vollzog sich der Vormarsch der japanischen Textilindustrie nicht ohne Einschränkungen. In den zwanziger Jahren schien Großbritannien gar auf dem Höhepunkt als Kolonialmacht zu stehen: Die Kolonien wuchsen wirtschaftlich noch stärker mit dem Vereinigten Königreich zusammen, und durch die deutsche Niederlage vergrößerte sich das britische Kolonialreich noch beträchtlich.

Dieser Kolonialbesitz sollte nach dem Ersten Weltkrieg für Großbritannien von entscheidender Bedeutung werden, denn Großbritannien exportierte vor allen Dingen in großen Mengen Industriegüter in seine Kolonien sowie in eine Reihe von Ländern, die man wegen ihrer Rolle als Agrarproduzenten und Rohstofflieferanten als «Halbkolonien» bezeichnen könnte (zum Beispiel Argentinien). Großbritannien spielte in den zwanziger Jahren folglich eine durchaus entscheidende Rolle. Diese vermeintliche Stärke aber sollte sich auf längere Sicht als Schwächung erweisen. Denn Großbritannien orientierte sich mehr und mehr auf Wirtschaftsbeziehungen zu seinen Kolonien und begann, der Konkurrenz der anderen Industrieländer auszuweichen bzw. sich dem Entwicklungsdruck, der von der Konkurrenz auf die eigene Industrie ausging, zu entziehen. Britische Massenprodukte waren daher wegen ihres mangelnden technischen Standards in den Industriestaaten immer weniger konkurrenzfähig. In den Kolonien und in den Ländern des Commonwealth aber fanden sie weiter ihren Markt. Lediglich in den Ländern, in denen der Krieg eine eigene Industrialisierung ausgelöst hatte (Kanada, Südafrika), erwies sich diese Art kolonialer Ausbeutung als nicht mehr sehr erfolgreich. Insgesamt stagnierte der Export, was bei der großen Abhängigkeit Großbritanniens vom Export von Massengütern zusätzlich zu einer allgemeinen Verschlechterung der wirtschaftlichen Situation führen mußte. Die Talfahrt der britischen Wirtschaft begann denn auch Mitte der zwanziger Jahre. Das Fallen der Preise für Rohstoffe und Primärprodukte gegenüber Industrieprodukten führte gegen Ende der zwanziger Jahre darüber hinaus dazu, daß der Import britischer Waren wegen der sinkenden Kaufkraft in den Kolonien allmählich zurückging. Die «terms of trade», von denen Großbritanniens Wirtschaft fast ein Jahrhundert lang profitiert hatte, schlugen nun auf Großbritannien zurück und verschärften die Krisenzeichen in der britischen Wirtschaft.

Ihnen hätte die britische Wirtschaft wohl nur mit einer scharfen Modernisierung und Rationalisierung begegnen können, die allerdings sehr tief in die britische Wirtschafts- und Industriestruktur eingegriffen hätte. Doch genau dafür war es nach dem Ersten Weltkrieg wahrscheinlich schon zu spät. Die kriegsbedingte Verschuldung Großbritanniens, die Abwanderung der Hochfinanz in die USA und die allgemeine Verschlechterung der außenwirtschaftlichen Beziehungen führte einerseits dazu, daß das notwendige Kapital für eine Neuordnung der Wirtschaft fehlte, andererseits hatte sich der Absatz von britischen Industriegütern – unabhängig davon, wie schlecht bzw. wie teuer sie waren – geradezu darauf spezialisiert, weniger konkurrenzfähige Industrieerzeugnisse für überhöhte Preise in den Ländern des Commonwealth oder in den Kolonien abzusetzen. Und solange dies funktionierte, gab es in Großbritannien auch keinen Grund, warum die Industrie sich dem mühevollen Prozeß der Modernisierung unterziehen sollte. Hinzu kam, daß Großbritannien in den zwanziger Jahren Schauplatz schwerer sozialer Konflikte war, die überdies die Investitionsneigung der Unternehmen verringerten.

Während in Großbritannien der Industrialisierungsprozeß stockte, stellten die Rationalisierung der deutschen Wirtschaft und der industrielle Durchbruch in Frankreich unter Beweis, daß die wirtschaftlichen und industriellen Möglichkeiten der Europäer nicht gebrochen waren, auch wenn die kleine Nachkriegskonjunktur von 1924 bis 1928 zu einer Lösung der Folgeprobleme des Ersten Weltkriegs nichts beizutragen vermochte. Denn trotz Wirtschaftsaufschwung, Industrialisierung und Rationalisierung waren und blieben die politischen und sozialen Verhältnisse in Europa so bedrückend, daß immer wieder Massenstreiks, militante Auseinandersetzungen und bürgerkriegsartige Konflikte ausbrachen. In Deutschland waren die sozialen Verhältnisse nicht trotz, sondern wegen der Modernisierung der Industrie besonders belastet. Denn die Rationalisierung der deutschen Wirtschaft wurde allein auf dem Rücken der Arbeitnehmer ausgetragen. Sie kostete Arbeitsplätze, schuf mitten im Wirtschaftsaufschwung der zwanziger Jahre soziales Elend und beteiligte die Arbeitnehmer weder über höheres Einkommen noch über Verkürzung der Arbeitszeit an den erreichten Produktivitätsfortschritten. Zudem mußte das Deutsche Reich riesige Reparationssummen zahlen und sich dazu in den USA verschulden, was die Möglichkeiten einer sinnvollen Investitionslenkungspolitik praktisch völlig zunichte machte. In Deutschland waren denn auch die Konflikte und bürgerkriegsartigen Auseinandersetzungen am heftigsten, von militärischen Interventionen von außen (Frankreich besetzte wegen nichterfolgter Reparationszahlungen das Ruhrgebiet) einmal ganz abgesehen.

Probleme und Krisen in der Landwirtschaft. In ähnliche Krisen wie die industrielle Produktion geriet auch Europas Landwirtschaft in der Zeit nach dem Ersten Weltkrieg. Das war nicht verwunderlich, denn die Landwirtschaft in Europa hatte aus dem 19. Jahrhundert schwerwiegende Strukturmängel in das 20. Jahrhundert mitgeschleppt, vor allem die zu geringe Produktivität und die nach wie vor nicht beseitigte Unterdrückung der bäuerlichen Bevölkerung. Dies machte sich insbesondere in den neuentstandenen Staaten Osteuropas bemerkbar, die aus ehemaligen Teilen des Deutschen Reichs, der österreichisch-ungarischen Doppelmonarchie oder des Zarenreichs durch den Versailler Vertrag nach 1918 entstanden waren. Sie waren gezwungen, für eine schnell ansteigende Bevölkerung wirtschaftliches Wachstum, wirtschaftliche Eigenständigkeit, industrielle Veränderung, Landreform und stabile demokratische Verhältnisse auf einmal zu schaffen – wozu sie angesichts der häufig unübersehbaren Rückständigkeit bis 1945 nicht in der Lage waren. Aber auch im Süden Europas, in Italien, Spanien und Portugal, wo ebenfalls eine vorwiegend landwirtschaftlich dominierte Volkswirtschaft vorherrschte, ging es darum, eine rückständige Gutsbesitzer-Landwirtschaft in eine moderne, zumindest teilweise industrialisierte Form der Produktion zu verwandeln. Hinzu kam, daß alle drei Länder eine auffällige Einteilung in Zonen unterschiedlicher wirtschaftlicher Entwicklung im Norden und im Süden aufwiesen, wobei der Süden seit alters her das landwirtschaftliche Kerngebiet und zugleich die rückständige, mit Armut und sozialem Elend belastete Region bildete. Wie sich zeigte, waren die Probleme des Südens in Spanien, Portugal und Italien letztlich nicht lösbar ohne eine massenhafte Landflucht.

In West- und Mitteleuropa verlief die Modernisierung der Landwirtschaft dagegen weniger problematisch. Hier standen weder die Herauslösung aus völlig überholten politischen Herrschaftsformen auf der Tagesordnung noch eine allzu abrupte Modernisierung. Die Anpassung der west- und mitteleuropäischen Landwirtschaft an die Technisierung und Industrialisierung der Agrarproduktion hatte vielmehr schon immer recht gute Fortschritte gemacht. Die ländlichen Gebiete waren zudem durch Straßen und Eisenbahnen an ein Netz von Märkten angeschlossen. Verschiedene Staaten machten zudem den Versuch, Bauern und Landarbeiter rechtlich und sozial ebenso abzusichern wie Industriearbeiter und städtisches Bürgertum. Mindestens ebenso wichtig muß man von heute aus gesehen die Kampagnen zur Eindämmung von Tierseuchen und zur Verbesserung der betrieblichen Infrastruktur bäuerlicher Unternehmen betrachten. Bei der relativ guten Anbindung an nahe gelegene industrielle Ballungsgebiete erwies sich auch die Industrialisierung in den Städten als eine wichtige, für die soziale Integration der ländlichen Bevölkerung bedeutsame Entwicklung. Viele Männer verdingten sich als Saisonarbeiter, als Pflasterleger oder Bauarbeiter, um auf diese Weise einer allgemeinen Verelendung zuvorzukommen. Die Bewohner vieler Dörfer im Einzugsbereich größerer Industriestädte wurden zu Fabrikpendlern, die ihre Landwirtschaft nur noch nebenbei betrieben. Diese Entwicklung setzte in den zwanziger Jahren ein, kam aber zur vollen Entfaltung erst nach dem Zweiten Weltkrieg, als die Wiedererholung der Industrie in West- und Mitteleuropa einen beispiellosen Nachfragesog nach Arbeitskräften auch in den ländlichen Bereichen schuf. So wurden 1939 noch kleinbäuerlich eingestufte Regionen im südwestdeutschen Raum im Verlauf der fünfziger Jahre zu Pendlerregionen, die damit quasi in die industriellen Ballungsgebiete integriert wurden.

In Südeuropa war es Ziel der Landarbeiter, ein eigenes Stück Land für einen eigenen bäuerlichen Betrieb zu ergattern. Für sie gab es eine kleinräumige Anbindung an industrielle Ballungsgebiete nicht, die sowohl bäuerliches Eigentum als auch ein gesichertes Einkommen durch Industriearbeit garantieren konnte. Im Gegenteil, nur durch einen eigenen, lebensfähigen Betrieb konnten die bäuerlichen Bevölkerungsschichten Südeuropas vermeiden, ihre ländliche Heimat verlassen zu müssen und als Arbeitsemigranten in den industriellen Ballungsgebieten zu arbeiten. Zudem waren die Wachstumsimpulse für die Industrialisierung Südeuropas in den zwanziger und dreißiger Jahren viel zu schwach, um trotz Migration eine nennenswerte Alternative zur ländlichen Existenzweise zu bieten. Der Wunsch nach eigenem Land, nach einem eigenen bäuerlichen Betrieb bildete damit die Basis für vielfältige Landreformbewegungen, die, wo sie erfolgreich waren, häufig Rekrutierungsgebiet konservativer Parteien und Bewegungen wurden. In Norditalien, Nordspanien und Nordportugal hingegen, in jenen Regionen der südeuropäischen Staaten also, in denen Industrialisierung und landwirtschaftliche Entwicklung weiter vorangeschritten waren, gab es solch einen starken Drang nach Landreform nicht. Hier konzentrierte sich die Entwicklung vielmehr auf eine Art landwirtschaftliches Arbeitnehmerbewußtsein, das seine Ziele eher in besserer Entlohnung und sozialer Absicherung, angemessener Versorgung mit Wohnraum und dergleichen sah als in einem eigenen Stück Land. Die deutliche Überschneidung zwischen ländlichem «Proletariat» und Industrieproletariat führte denn auch dazu, daß hier die Landbevölkerung in großem Umfang linke Parteien, ja sogar revolutionäre Bewegungen unterstützte.

In Osteuropa bildete die Aufteilung des Landes auf eine landbesitzende Kleinbauernklasse das soziale Fundament vieler Bauernparteien, die in den neuentstandenen Staaten des Baltikums und in Polen, Jugoslawien, Rumänien, Bulgarien zu dominierenden Elementen des politischen Lebens der Nachkriegszeit wurden. Sie spielten dabei allerdings keineswegs immer nur eine demokratische Rolle. Viele Bauernparteien – gerade wegen ihrer überzogenen Ideologie einer politisch dominierenden Kleinbauernklasse – hatten eine hohe Affinität zur autoritären Diktatur oder gar zum Faschismus.

Sehen wir einmal von West- und Mitteleuropa und hier besonders von den Niederlanden, Belgien, Nordfrankreich und Südwestdeutschland ab, dann läßt sich feststellen, daß insbesondere die Landwirtschaft, hier wiederum die Landwirtschaft in den eher rückständigen Gebieten, von den Krisenmomenten der Nachkriegszeit besonders stark heimgesucht wurde. Die Inflationsschübe, so sahen wir es vor allem am Beispiel Frankreichs, bedrohten vor allen Dingen die bäuerliche Existenz, weil der Geldwertverfall die bäuerlichen Einkommen über sinkende Preise für Agrarprodukte besonders betraf. Daher fehlten vor allem die Mittel für die notwendige Technisierung, um mit dem Produktivitätsfortschritt der amerikanischen Landwirtschaft Schritt halten zu können. Andererseits führte die Zwischenkriegsdepression zu einer Verlangsamung des Industrialisierungsprozesses, so daß die Nachfrage nach Arbeitskräften für die Industrie und das Dienstleistungsgewerbc ausblieb. Durch sie allein hätte der Überschuß an Arbeitskräften aufgenommen werden können, der zwangsläufig mit einer weiteren Rationalisierung und Industrialisierung der Landwirtschaft verbunden gewesen wäre. So charakterisierte Existenzangst und Absenkung des Lebensstandards die Situation der meisten bäuerlichen Betriebe. Dies mußten auch jene Bauern erkennen, die über den Weg einer Landreform an ein eigenes Stück Land und an einen eigenen Hof gekommen waren. Ohne eine Lösung der Probleme in der Industrie blieben auch die Probleme der Landwirtschaft ungelöst.

Im Zeichen des Faschismus. Daß es trotz all dieser Schwierigkeiten in Landwirtschaft und Industrie in den zwanziger Jahren überhaupt zu einem Wirtschaftsaufschwung in Teilen Europas kam, das verdankten die europäischen Industrieländer weniger ihrer eigenen Konjunktur, als vielmehr der Entwicklung in den Vereinigten Staaten, von der noch zu berichten sein wird. Das bedeutete andererseits aber, daß jede Konjunkturveränderung in den Vereinigten Staaten direkt auf die wirtschaftliche Entwicklung in Europa zurückschlagen mußte. Und genau dies trat in der zweiten Hälfte der zwanziger Jahre ein. Die stürmische Nachkriegskonjunktur in den USA ebbte nämlich allmählich ab. In wichtigen Wirtschaftsbereichen ging die Produktion gar zurück, in anderen gab es eine langsam sich aufbauende Überproduktion, was heftige Spekulationswellen an der amerikanischen Börse auslöste und 1929 schließlich zum Börsenkrach von New York führte. Dem Zusammenbruch in New York folgte ein Börsenkrach nach dem anderen in Europa. Fünfzehn Jahre nach dem Ausbruch des Ersten Welkrieges hatte die Weltwirtschaft einen erneuten Tiefpunkt erreicht, ohne daß die Probleme der europäischen Industriegesellschaft auch nur ansatzweise gelöst worden waren. Die Folge davon war, daß Europas Industriestaaten in eine langanhaltende Depressionsphase gerieten, die insbesondere katastrophale Folgen für die Massenbeschäftigung hatte. Nie zuvor, nicht einmal in der schweren Krise der 1840er Jahre, schnellte die Arbeitslosigkeit auf so schwindelerregende Höhen wie in dieser Krise. In Deutschland erfaßte sie 1932 bei sechs Millionen Erwerbslosen über 30 % der erwerbstätigen Bevölkerung.

Es ist von daher kaum verwunderlich, daß eine der Reaktionen auf die verheerenden Auswirkungen der Weltwirtschaftskrise von 1929 bis 1932 Versuche waren, aus der weltwirtschaftlichen Abhängigkeit und besonders aus der von den USA loszukommen und eigene Wege bis hin zur Autarkie zu suchen. Die ohnehin schon seit dem Ersten Weltkrieg zerfallende Weltwirtschaft brach mit der Weltwirtschaftskrise fast völlig auseinander. Die USA betrieben eine Art Rückzug aus dem Weltmarkt und konzentrierten sich mehr und mehr auf ihren Binnenmarkt und die Lösung ihrer sozialen Probleme mit einer neuen, vorwärtsweisenden Politik, dem New Deal. Europa hingegen zerfiel in mindestens zwei ökonomische und politische Lager: Das hochindustrialisierte Deutschland setzte unter den Nationalsozialisten auf radikale Militarisierung und Industrialisierung. Frankreich und Großbritannien versuchten demgegenüber, die Krise mit Mitteln zu beheben, die mit der parlamentarischen Demokratie vereinbar waren. Die faschistische Industrialisierung zielte ganz unverhohlen auf Hochrüstung und Krieg und damit zugleich auf Modernisierung und Vollbeschäftigung. Aber auch die Volkswirtschaften Frankreichs und Englands gingen am Ende der dreißiger Jahre zur vermehrten Rüstungsproduktion über – grundsätzlich als Reaktion auf die deutsche Hochrüstung. Gleichwohl profitierten alle Staaten von den Entwicklungsanreizen, die die Militarisierung in diesem Jahrzehnt leistete, und auch vom Zweiten Weltkrieg selbst, den man als den ersten voll industrialisierten Krieg der modernen Geschichte bezeichnen könnte.

Die Aufrüstung war nicht das einzige Merkmal der faschistischen Wirtschaftspolitik, und sie war auch in der ersten Phase des Nationalsozialismus von geringerer Bedeutung als gemeinhin angenommen wird. Das entscheidende Charakteristikum der nationalsozialistischen Politik war zumindest bis 1942 eine konsequente Fortsetzung der Modernisierung und Rationalisierung der deutschen Wirtschaft, so wie sie schon in den zwanziger Jahren betrieben wurde, allerdings ganz nach dem Muster und dem Konzept der deutschen Unternehmer. Die Dikta-

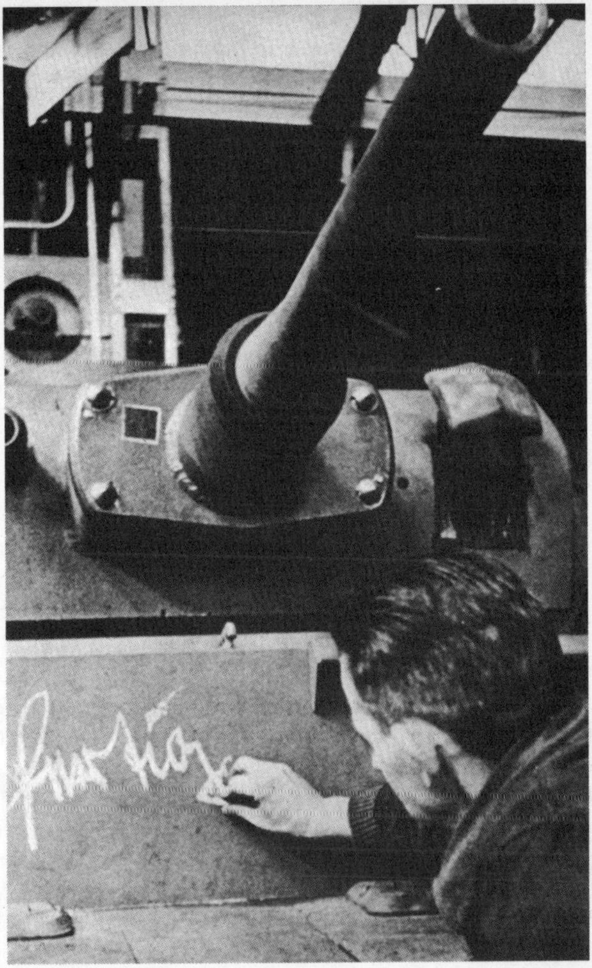

Rüstungsbetrieb im Zweiten Weltkrieg

tur der Nationalsozialisten ermöglichte es nämlich, die Modernisierung durchzusetzen, ohne organisierte Arbeitnehmerschaft und ihre Interessenvertretungen fürchten zu müssen. Das, was die Nazis ihre «Revolution» nannten, bedeutete bekanntlich auch Zerschlagung der freien Gewerkschaften und Beseitigung aller innerbetrieblichen Mitsprachemöglichkeiten (Betriebsführerprinzip statt Betriebsräten usw.), drastische Einschränkung der Berufsfreiheit (Arbeitsbuch, Dienstpflicht, Reichsarbeitsdienst), drastische Erhöhung der Arbeitszeit (Wiedereinführung des zehn-Stunden-Tages) und eine spürbare Senkung der Arbeitnehmereinkommen (Rückgänge bis zu 30%). Gleichzeitig entstand im nationalsozialistischen Deutschland eine weitgehend staatlich gelenkte Wirtschaft, die im wesentlichen auf der Ausschaltung der freien Gewerkschaften, einer direkten Kontrolle der Märkte (insbesondere des Arbeitsmarktes) und auf einer Art Zwangskonzentration der Wirtschaft beruhte. Die staatlich gelenkte Produktion nahm den Unternehmern allerdings keineswegs ihre Entscheidungsmacht. Im Gegenteil: über verschiedene Wirtschaftsräte und Ausschüsse wurde die staatliche Wirtschaftslenkung direkt in die Hände der Unternehmer gelegt, die so in gewisser Weise sogar staatliche Machtbefugnisse übernahmen. Die nationalsozialistische Wirtschaftspolitik war also bis zum Jahre 1942 so etwas wie eine zentral gelenkte Unternehmerwirtschaft.

Unter diesen Voraussetzungen und durch gleichzeitigen Ausbau von Arbeitsdiensten, bei denen menschliche Arbeitskraft oft Maschinenarbeit ersetzte, gelang es tatsächlich, Vollbeschäftigung zu erreichen. Die Arbeitslosigkeit ging von nahezu vier Millionen Erwerbslosen im Jahr 1933 auf ca. 500000 im Jahr 1937 zurück. Wegen der gleichzeitig (Was auch immer das heißen mag!) betriebenen Abkapselung vom Weltmarkt ist dieser Erfolg tatsächlich wohl der faschistischen Wirtschaftspolitik zuzuschreiben, denn außenwirtschaftliche Faktoren waren in diesem Zeitraum für den Wirtschaftsaufschwung kaum von Bedeutung. Ein anderes Beispiel für den Erfolg faschistischer Wirtschaftspolitik dürfte auch in der Modernisierung der deutschen Wirtschaft, insbesondere der Elektrotechnik, der Chemie und des Flugzeugbaus, zu sehen sein. Eine der Ursachen für die massive staatliche Wirtschaftslenkung im Chemiebereich war die extreme Rohstoffabhängigkeit der deutschen Wirtschaft, insbesondere nach ihrer Abkapselung vom Welthandel und Weltmarkt. Zur Kompensation dieser Knappheit wurde neben einer merkwürdigen Politik des Naturaltausches die Ersetzung natürlicher Rohstoffe durch synthetische massiv gefördert. Die Herstellung von synthetischem Kautschuk und von synthetischem Benzin stand im Mittelpunkt, aber auch die Produktion von Kunststoffen und Kunstfasern. Schon 1936 war Deutschland Europas größter Chemiefaserhersteller, zwischen 1940 und 1944 gar war die Chemiefaserproduktion in Deutschland größer als in allen anderen europäischen

Herstellerländern zusammen. Eine ebenso erfolgreiche Planungs- und Modernisierungspolitik betrieb das faschistische Wirtschaftssystem im Automobilbau und bei der Herstellung von Flugzeugen. Geradezu symbolhaft für diese Entwicklung steht der KdF-Wagen, der spätere Volkswagen, und der Ausbau eines autogerechten Straßensystems (die Autobahnen) unter militärstrategischen Gesichtspunkten. Der KdF-Wagen war das nationalsozialistische Symbol für eine Orientierung am Massenkonsum, auch wenn das Fahrzeug so konzipiert war, daß es sowohl als Auto für zivile Verwendung als auch ohne große Veränderung für militärische Zwecke hergestellt werden konnte. Dennoch ist zu bezweifeln, ob die Nationalsozialisten mit ihrer unsozialen Einkommenspolitik (zu niedrige Kaufkraft, zu hohe Arbeitszeit der Massen) überhaupt in der Lage gewesen wären, eine Massenmotorisierung zu erreichen. Es ist jedoch nicht zu übersehen, daß die nationalsozialistische Wirtschaftsplanung wichtige Schritte auf dem Wege zu einer Massenmotorisierung tat. Immerhin verdreifachte sich in den dreißiger Jahren die Zahl der zugelassenen Pkw und erreichte fast 60 % der Zulassungsquote in Frankreich. 1930 lag sie noch weit darunter. In diesem Zusammenhang muß auch erwähnt werden, daß die Nazis vor dem Zweiten Weltkrieg über ein spezielles Sparsystem sogar die Kaufkraft für langfristig zu erwerbende Konsumgüter anzuheben versuchten – mit welchem Erfolg allerdings, auch das muß hier offenbleiben.

Im faschistischen Italien verlief die wirtschaftliche Entwicklung ähnlich, schließlich diente die Politik der italienischen Faschisten in vielem als Vorbild für das nationalsozialistische Deutschland. Die italienische Wirtschaft bot allerdings gänzlich andere Voraussetzungen: Italien war 1921, beim Machtantritt der Faschisten, längst nicht so industrialisiert wie Deutschland. Noch 1936 waren etwa gleich viel Erwerbstätige in der italienischen Landwirtschaft wie in allen anderen Wirtschaftszweigen tätig. Das Land suchte in den zwanziger Jahren immer noch nach einem funktionierenden Anschluß an den Prozeß der Industrialisierung im übrigen Europa und hatte darüber hinaus hauptsächlich landwirtschaftliche Probleme zu lösen. Der Landwirtschaft widmeten die italienischen Faschisten denn auch ihre besondere Aufmerksamkeit, um ihre Produktivität zu steigern und das Land soweit wie möglich von ausländischen Nahrungsmittelimporten unabhängig zu machen. Die italienische Wirtschaft war in der faschistischen Ära sogar eine noch stärker gelenkte Unternehmerwirtschaft als im nationalsozialistischen Deutschland. Die staatlich verordnete Zusammenfassung der Produktion ging weiter und führte dazu, daß die industrielle Produktion durch eine regelrechte, staatlich gewollte Monopolbildung angeregt wurde. Von solchen Betrieben wurden in Italien vor allem die Produktion von synthetischem Gummi betrieben, ganz besonders aber die Herstellung von Kunstseide und anderen Kunstfasern aufgenommen, die für die traditionell gut entwickelte italienische Textilindustrie (sie war auch in den dreißiger Jahren noch Italiens wichtigster Industriesektor) von großer Bedeutung waren, speziell nachdem Italien von der Zulieferung natürlicher Textilrohstoffe abgeschnitten war, die es schon immer in großen Mengen einführen mußte (siehe auch 1. Buch). Die italienische Industrie verdankte dieser Entwicklung vor allem ihre nach dem Krieg erfolgreiche Chemieindustrie und eine sehr wichtige Wiederbelebung der Textilherstellung und -verarbeitung. Auch in Italien war die faschistische Wirtschafts- und Industrialisierungspolitik mithin nicht gänzlich erfolglos. Sie erreichte eine beachtliche Vollbeschäftigung (1939 3,8 % Arbeitslose), die Industrieproduktion des Landes hatte sich gegenüber 1914 verdoppelt. Italien war zwischen 1936 und 1939 zum zweitgrößten Hersteller von Chemiefasern geworden und produzierte gut doppelt soviel wie das traditionelle Textilland Großbritannien. Diese Entwicklung war in keiner Phase so sehr von der Rüstungsindustrie abhängig wie in Deutschland. Die italienischen Faschisten betrieben zwar eine Außenpolitik mit donnernden militaristischen Parolen, aber ihre Rüstung hatte nicht annähernd jene volkswirtschaftliche Bedeutung wie im Deutschen Reich. Der Erfolg der italienischen Faschisten war im wesentlichen eine Rationalisierung ihrer Schwächen unter Ausnutzung von politischem Terror und Diktatur im Innern.

Gemessen an den Erfolgen der faschistischen Wirtschaftspolitik war die wirtschaftliche Entwicklung nach der Weltwirtschaftskrise in Großbritannien und Frankreich vergleichsweise schlecht. Es gelang beiden Ländern nicht, eine attraktive Alternative zum faschistischen Modell aufzubauen, weder auf der Grundlage konservativer noch auf der Basis sozialistischer Vorstellungen. Die britische Wirtschaft hatte vielmehr große Probleme, die Folgewirkungen der Weltwirtschaftskrise überhaupt zu verkraften. Allein in der Baumwollindustrie sank die Produktion Ende der dreißiger Jahre auf etwa 50 % der Vorkriegsproduktion. In den traditionellen Industriezweigen Großbritanniens, in der Baumwollindustrie, im Schiffbau und im Kohlebergbau, gab es bis 1935 regelrechte Notstandsgebiete mit hoher Massenarbeitslosigkeit. In ganz Großbritannien schwankte die Arbeitslosenquote zwischen 21,3 % (1933) und 14 % (1938), in den Krisengebieten stieg sie häufig auf 50 % und mehr.

Die britische Wirtschaft konzentrierte sich daher auf die Schaffung neuer Arbeitsplätze in neuen Industrien, in der Auto-, der Elektro- und der Chemieindustrie. Auch in Großbritannien begann in den dreißiger Jahren eine Motorisierungswelle (1938: 2,6 Millionen Pkw), neue Produktionsstätten entstanden und mit ihnen neue Siedlungsgebiete, neue Städte und neue Wohngebiete. Diese Umstrukturierung der britischen Industrie hielt sich jedoch in engen Grenzen und vermochte nichts am generellen Strukturproblem der Wirtschaft des Vereinigten Königreiches zu ändern. Im Gegenteil: jetzt erst recht wurden britische Waren in die zollgeschützten Kolonien und Dominions exportiert, ohne Rücksicht auf ausländische Konkurrenz. Allerdings verlagerten sich die britischen Exporte nun von Baumwollerzeugnissen, Eisen und Stahl hin zu Automobilen, Chemieprodukten und elektrotechnischen Geräten. Britische Industriegüter erzielten gute Preise im Commonwealth und den Kolonien, ohne große Qualitätsansprüche befriedigen zu müssen. Das belebte zwar den Export der britischen Wirtschaft, eine Lösung der Strukturprobleme brachte es aber nicht. Englands Wirtschaft blieb in wichtigen Sektoren, in der Schwerindustrie, im Bergbau und in der Textilproduktion im 19. Jahrhundert stecken, ökonomisch wie technologisch. Die neuen Industrien krochen der britischen Kolonialabhängigkeit auf den Leim und verpaßten die Chance einer durchgreifenden Modernisierung. Allerdings verführten der desolate Zustand der Weltwirtschaft, die Schaffung eigener Einflußzonen durch einzelne Länder und die nach Autarkie strebenden faschistischen Staaten geradezu zu einer solchen Politik. Für Großbritannien war diese Entwicklung insofern verhängnisvoll, weil es seine Strukturschwächen aus dem 19. Jahrhundert nun geradezu zementierte.

Man kann zwar nicht bestreiten, daß Großbritannien in den dreißiger Jahren eine gewisse Prosperität erreichte, die auf neue Industrien und auf staatlich geförderte Wohnungsbaupolitik zurückzuführen war (Verlagerung der Industriebevölkerung von Norden nach Osten). Aber die Massenarbeitslosigkeit blieb und hatte schwere soziale Konsequenzen. Hungermärsche und Demonstrationen der Arbeitslosen waren in den dreißiger Jahren an der Tagesordnung. Da die Regierung außerstande war, das Problem der Massenarbeitslosigkeit zu beheben, versuchte sie, zumindest deren Folgen zu mildern, so zum Beispiel durch eine Ausweitung der Arbeitslosenunterstützung und der Sozialleistungen (Fürsorge, staatliche Krankenversicherung, Wohnungsbau, Kindergärten). Der Ausbruch des Zweiten Weltkriegs und der Übergang der britischen Wirtschaft zur Kriegswirtschaft wirkte daher wie ein plötzlicher Ausweg aus einer Zwickmühle, mit dem die Probleme Großbritanniens mindestens um ein Jahrzehnt verschoben werden konnten.

Das ungleich interessantere Experiment einer Alternative zum Faschismus unternahmen in den dreißiger Jahren die Franzosen. Ihr Versuch, die Auswirkungen des Industrialisierungsschubs der zwanziger Jahre und der Weltwirtschaftskrise von 1929–1932 zu bewältigen, führte zu einem sozialistischen Experiment. Die Voraussetzungen für eine Bewältigung der Probleme standen nicht schlecht, denn Frankreich war durch die Industrialisierungswelle der zwanziger Jahre Europas Automobilhersteller Nummer eins geworden (Citroën produzierte 1936 die beachtliche Zahl von 500 000 Pkw und sicherte sich Ende der dreißiger Jahre zusammen mit Renault immer noch 30 % des europäischen Automarktes). Rückläufige Tendenzen gab es demgegenüber in der wichtigen französischen Textilindustrie, die von der Seidenverarbeitung lebte. Gerade aber in den dreißiger Jahren wuchs die Konkurrenz der preiswerten Kunstseide (Deutschland, Japan und Italien produzierten Millionen Tonnen Kunstfasern) und brachte die französische Seidenindustrie in große Schwierigkeiten. Frankreich besaß nur eine schwache chemische Industrie, die der Seidenindustrie mit einer französischen Kunstfaser nicht aus der Klemme helfen konnte.

Mit anderen Worten: Frankreich befand sich immer noch im Übergang von der alten gemischten Agrar- und Industriewirtschaft in eine moderne Industriegesellschaft. Schon in den zwanziger Jahren zeigten sich die sozialen Folgen dieses Umbruchs, in den dreißiger Jahren wurden sie durch die Weltwirtschaftskrise noch besonders verschärft. So vollzogen sich in Frankreich Verschiebungen in der Bevölkerungsstruktur (über zwei Millionen Erwerbspersonen wanderten aus der Landwirtschaft ab), mußten sich größere Bevölkerungsteile an das großstädtische Leben und die industrielle Arbeit anpassen. Unter solchen Umständen treten soziale Spannungen auf, die sich an der Ausnutzung von Notlagen, den Zwängen industrieller Arbeit und den Interessenkonflikten um die Umverteilung des gesellschaftlichen Reichtums entzündeten. Alle diese Konflikte wurden durch die Weltwirtschaftskrise wie durch ein Brennglas konzentriert und verstärkt. Aus den

Wahlen 1932 gingen die Arbeiterparteien Frankreichs als stärkste politische Kraft hervor. Sie versuchten, die sozialen Probleme und die Auswirkungen der Weltwirtschaftskrise, die Talfahrt der Wirtschaft und die Massenarbeitslosigkeit durch ein Konzept zu lösen, das auf die Erhöhung der Kaufkraft der Massen und auf eine Verkürzung der Wochenarbeitszeit hinauslief. Mehr Kaufkraft in Arbeitnehmerhand sollte den Massenkonsum und damit die Produktion anreizen. Kürzere Arbeitszeit sollte die Arbeit neu verteilen und die Beschäftigungskrise lösen. Doch die französische Wirtschaft war viel zu wenig flexibel, als daß diese Maßnahmen tatsächlich hätten greifen können. Am Ende der dreißiger Jahre war nach einem Urteil von Alfred Sauvy die Kaufkraft der Arbeiter gemessen an Wochenlohn und Ladenpreisen nicht gestiegen, während die Preise um 4 % angezogen hatten. Die Beschäftigungslage verbesserte sich nur unwesentlich. 150 000 Arbeitslose fanden neue Arbeitsplätze und etwa 100 000 Entlassungen wurden verhindert. Der einzige Vorteil für die breiten Bevölkerungsschichten Frankreichs bestand nach Sauvy in mehr Urlaub und kürzerer Arbeitszeit. Doch alles zusammen wirkte als Bremse auf die wirtschaftliche Entwicklung, das Wachstum des Sozialproduktes und den Prozeß der Industrialisierung. Das Sozialprodukt sank um 4 bis 5 %, die Investitionen gingen zurück und das Volksvermögen nahm ab. Es erwies sich als unmöglich, mit veralteten Anlagen im überwiegenden Teil der französischen Industrie mehr zu erzeugen, während gleichzeitig die wöchentliche Arbeitszeit reduziert wurde. Obwohl als Entwicklungsschub gedacht, erreichte die Sozialpolitik der dreißiger Jahre in Frankreich nur Stagnation. So blieb die französische Industrialisierung auf die beispielsetzenden Vorbilder der Automobilproduktion beschränkt. Erst eine 1937 begonnene allmähliche Aufrüstung brachte eine gewisse Belebung der Konjunktur und wirtschaftliches Wachstum. Aber auch damit erreichte die französische Wirtschaft bis zum Einmarsch der Deutschen nicht das Niveau, das sie vor Ausbruch der Weltwirtschaftskrise im Jahre 1929 hatte.

Der Zweite Weltkrieg: Industrialisierung und Inferno. Es war den Europäern in den zwei Jahrzehnten nach dem Ersten Weltkrieg also nicht gelungen, ihre wirtschaftlichen und industriellen Probleme zu lösen. Schon gar nicht vermochten sie ihre vormalige Führungsrolle in der Weltwirtschaft wieder einzunehmen. Daran änderte auch die unbestreitbare industrielle Entwicklung in Frankreich, Großbritannien und

Deutschland während dieser Jahrzehnte nichts. Die Weltwirtschaftskrise von 1929 bis 1932 bewies vielmehr, daß das von den USA in den zwanziger Jahren ausgelöste Wirtschaftswachstum viel zu brüchig und die Führungsrolle der USA im Prozeß der Industrialisierung viel zu schwach war, um die notwendige Neuordnung der westlichen Industriegesellschaften zu leisten. Insoweit war die Abkehr von einem amerikanisch bestimmten Entwicklungsmodell der Industrialisierung, so wie es Nazis und Faschisten im Auge hatten, nicht völlig unberechtigt. Daß sie dabei eine bis dahin unbekannt brutale Unterdrückung der organisierten Arbeiterschaft praktizierten, tat ihrem Entwicklungsmodell offenbar keinen Abbruch (in gewisser Weise war der Nationalsozialismus ja auch eine Bewegung, die die werktätige Bevölkerung auf andere als auf gewerkschaftliche Weise zu integrieren verstand). Nazis und Faschisten schafften es vielmehr, sich mit einem funktionierenden, zumindest nicht versagenden Modell von wirtschaftlichem Wachstum, Industrialisierung, Vollbeschäftigung und Planwirtschaft zu präsentieren. Und zwar ohne die Kaufkraft der Massen zu erhöhen und die Arbeitszeit zu verkürzen. Die französischen Sozialisten hingegen scheiterten 1936–38 bei ihrem Versuch, dasselbe mit dem gegenteiligen Rezept, mit Arbeitszeitverkürzung und Lohnerhöhungen, zu erreichen.

Der Grund für den relativen Erfolg des faschistischen Modells lag neben der Modernisierung und Rationalisierung der Wirtschaft darin, daß sich der Ausbau der Industrie in Nazi-Deutschland von vorneherein auf Hochrüstung und Investitionsgüter konzentrierte, also auf steigende Massenkaufkraft nicht angewiesen war. Im Gegenteil: gerade die niedrigen Löhne wirkten sich unter diesen Bedingungen als Industrialisierungsanreiz aus, und die staatlichen Rüstungsaufträge machten die Produktion lohnend. Die Versuche der Nazis, auf ihre Weise den Massenkonsum anzukurbeln (KdF-Wagen, Volksempfänger), wirken demgegenüber äußerst bescheiden. Die Hochrüstung im Nazi-Deutschland war allerdings nicht Selbstzweck. Sie diente dem militärisch geplanten Versuch, gegen England und die USA ein faschistisches Europa als gleichwertigen, wenn nicht gar überlegenen Wirtschaftsblock aufzubauen, der die vormalige Führungsposition Europas in der Weltwirtschaft wieder einnehmen sollte. Die gewaltsame Zusammenfassung der kontinentaleuropäischen Industriepotentiale unter der Vorherrschaft einer überlegenen Wirtschafts- und Militärmacht Deutschland war nicht einmal völlig aus der Luft gegriffen, denn die zwanziger und dreißiger Jahre hatten die Folgeprobleme des Ersten

Weltkriegs nicht gelöst. Statt dessen waren sie Ausgangspunkt neuer Krisen und der Auslöser neuer Konfrontationen und Konflikte im ökonomischen wie im politischen Bereich. Der Versailler Vertrag, die Auflösung des österreich-ungarischen Vielvölkerstaates mit schweren Minderheitskonflikten in den aus ihm hervorgegangenen Nationalstaaten sowie das politisch-ökonomische Vakuum in Europa blieben Sprengsätze. Nationalsozialisten und Faschisten wiederum machten sich skrupellos daran, diese Widersprüche und Probleme so zu nutzen, wie sie es in ihrer Ideologie gewaltsamer Lösungen sozialer und politischer Probleme längst vorgedacht hatten. Nach dem Siegeszug des Nationalsozialismus in Deutschland und des Faschismus in Italien wurde das Konzept einer gewaltsamen Neuordnung Mitte der dreißiger Jahre dann auch rücksichtslos angegangen. Das Deutsche Reich allein gab zwischen 1936 und 1939 für Rüstung immerhin etwa 40 Milliarden Mark aus, während im Zivilbereich etwa 25 Millionen Reichsmark investiert wurden. Die Schwerpunkte der Investitionen und der Rüstung richteten sich nach einem strategischen Konzept, das auf dem geballten Einsatz von gepanzerten Fahrzeugen, Flugzeugen und Nachrichtentechnik beruhte und die Kriegshandlungen auf wenige Wochen begrenzen sollte, weil die Möglichkeiten der deutschen Industrie ohne eine deutliche Einschränkung der Bevölkerung bei der Versorgung (deren Lebensstandard ja ohnehin nicht sehr hoch war) keine längere Kriegführung zuließ. Der industriell geführte Krieg (Blitzkrieg) war also keine bloß militärische Konzeption, sondern eine strategische, die mit ihren Aktionen sehr genau auf die immer noch begrenzten ökonomischen Möglichkeiten des Deutschen Reiches abgestimmt war. Das Deutsche Reich konnte so Hochrüstung und sogar Kriegführung bis 1942 ohne größere Belastung der Bevölkerung im Konsumbereich verkraften.

1937 begann Großbritannien als Reaktion auf die bedrohliche Entwicklung in Deutschland ebenfalls ein auf fünf Jahre geplantes Rüstungsprogramm, in dessen Verlauf 1,3 Milliarden Pfund Sterling (in etwa 20 Milliarden Reichsmark) ausgegeben wurden. Selbst Frankreich begann Ende der dreißiger Jahre ein Rüstungsprogramm durchzuführen, das sich auf 15 Milliarden Reichsmark belief. Die Vereinigten Staaten rüsteten ebenfalls auf, etwa 30 Milliarden Reichsmark standen zur Verfügung. Die gesamten Rüstungsinvestitionen der in den Zweiten Weltkrieg verwickelten Mächte einschließlich Japan machten bis 1942 rund 150 Milliarden Reichsmark aus. Wohlgemerkt: das sind keineswegs die Kosten des Krieges, sondern nur die Investitionen, die für Kriegsproduktion und Aufrüstung ausgegeben wurden. Die Kosten des Krieges waren ungleich größer. Bis 1944 dürften allein für die Kampfmunition der Alliierten, für Granaten, Bomben und Geschosse, mehr als 600 Milliarden Reichsmark ausgegeben worden sein. Der Munitionsverbrauch der Achsenmächte Deutschland, Japan und Italien belief sich im gleichen Zeitraum auf 400 Milliarden Mark.

Die deutsche Strategie des Blitzkrieges war bis 1942 auch erfolgreich. Sie schuf mit ihren Eroberungen den angestrebten Wirtschaftsraum, die geplante deutsche Vorherrschaft in Industrie und Finanzwirtschaft und den gewollten weltwirtschaftlichen Stellenwert, der auch eine Hegemonie auf dem Weltmarkt möglich machen sollte. In den Feldzügen in Rußland und Nordafrika aber zeigte sich, daß die Strategie, durch schnelle militärische Siege die Wirtschaft nicht allzu stark zu belasten, eben nur so lange halten würde, wie solche Siege sich auch einstellten. In dem Moment, wo lange und mit großem Materialeinsatz geführte Feldzüge durchgehalten werden mußten, brach die Strategie förmlich zusammen. Die Kriegsentwicklung zwang die deutsche Industrie ab 1943, alle wirtschaftlichen und technischen Ressourcen in den Dienst der Kriegführung zu stellen, um den mit dem Fall von Stalingrad einsetzenden Materialkrieg durchstehen zu können. Doch bei einer Konfrontation der industriellen Potentiale in einer Materialschlacht war die Situation des Nazi-Reiches von Anfang an schlecht, weil seine industrielle Leistungsfähigkeit trotz gewisser technischer Fortschritte in einigen Industriezweigen spätestens mit dem Kriegseintritt der USA einer industriellen Übermacht ausgeliefert war. Die technologische und organisatorische Überlegenheit der deutschen Wirtschaft Ende der dreißiger Jahre war ja ohnehin, wie A. S. Milward es genannt hat, nur eine auf Europa bezogene Rationalisierung der Schwächen der deutschen Wirtschaftsposition. Die chemische Industrie mußte die Knappheit an Rohstoffen und Brennstoffen ausgleichen, die Fahrzeug- und Luftfahrtindustrie wiederum die Schwierigkeiten bei der Mobilisierung der Bevölkerung bzw. bei der Aufrechterhaltung der Kriegsproduktion bei voller Truppenstärke. Die Blitzkriegstrategie schließlich war ein Versuch, die schwächeren wirtschaftlichen Möglichkeiten der deutschen Wirtschaft durch eine überlegene Kriegstechnik auszugleichen. In dem Moment, wo dies versagte, mußte sich über kurz oder lang zeigen, daß die USA und Großbritannien zusammen die technologischen Vorsprünge der Deutschen durch konzentrierte Industrialisierung und gezielte Innovation aufholen und damit ihre wirtschaftliche Überlegenheit auch militärisch ausnutzen konnten. Insofern war die völlige Vernichtung des faschistischen Deutschland ab 1943 ökonomisch und technologisch besiegelt.

Dennoch kann man sagen, daß die deutsche Wirtschaft vom Zweiten Weltkrieg profitiert hat. Denn trotz der militärischen Niederlage war er ein wahrer Industrialisierungsmotor, und zwar gerade in der Phase, in der die militärische Niederlage des Deutschen Reiches besiegelt wurde, zwischen 1942 und 1944. Betrug das Wachstum der Industrie in der Phase des Blitzkrieges zwischen 1939 und 1942 20% pro Jahr, dann wuchs es nach 1942 auf über 40%. Das anfänglich geringe Wachstum lag daran, daß der Blitzkrieg ja nur geringe Produktionsleistungen erforderte. Sobald die Kriegsstrategie aber auf Materialkrieg und Massenproduktion überging, begann das industrielle Wachstum in Deutschland steil nach oben zu gehen, und zwar in Zahlenverhältnissen, die nur noch mit den gleichzeitigen Wachstumsraten der US-Wirtschaft verglichen werden können. Daß dieser Industrialisierungsboom weit über das Kriegsende hinauswirkte, ist nur natürlich. Denn obwohl in Deutschland durch Bombardierungen und Kämpfe die großen Städte zerstört wurden (bis zu 85% der Wohnsubstanz wurden vernichtet), blieb die deutsche Industrie weitgehend von Zerstörungen verschont. Nur 15 bis 20% des Industriepotentials wurden zerstört, bei den Maschinenanlagen nur zwischen 7 und 10%. Zudem wurde vieles, was in der Industrie zerstört wurde, noch während des Krieges repariert, so daß man annehmen darf, daß das Ausmaß der Zerstörung des industriellen Potentials bei Kriegsende noch weit geringer gewesen sein dürfte, als es die Zahlen ausweisen. Der Schaden war verglichen mit dem Wachstum der industriellen Kapazität Deutschlands unbedeutend. Am Ende des Krieges war das deutsche Industriepotential größer als jemals zuvor in der Geschichte. Nach dem Krieg sorgte zudem eine auf Schutz der westdeutschen Industrieanlagen ausgerichtete Politik der amerikanischen Militärmacht dafür, daß die vereinbarten Reparationen, die mit Kriegsende hauptsächlich an die Sowjetunion gehen sollten, die die Hauptlast des Krieges getragen hatte, weitgehend unterblieben. So überlebte denn die deutsche Kriegswirtschaft das Kriegsende mit geringen Einbußen. Der Zweite Weltkrieg legte damit die Fundamente dafür, daß sich der Westen Deutschlands nach dem Krieg im «Wirtschaftswunder» für Jahrzehnte an die zweite Stelle in der Weltwirtschaft nach den USA schieben konnte. Auf makabere Weise wurde damit zumindest für Westdeutschland wahr, was die Nationalsozialisten für ganz Europa wollten, als sie Mitte der dreißiger Jahre die Neuordnung der Weltwirtschaft unter deutscher Führung propagierten.

Eine neue Industrienation: die Sowjetunion. Die Auswirkungen des Zweiten Weltkriegs auf die europäische Industrialisierung wären mit dieser Feststellung allerdings nur unvollständig beschrieben. Auch Großbritannien und Frankreich hatten vom Boom während des Zweiten Weltkriegs profitiert, insbesondere die britische Luftfahrtindustrie. Aber die Auswirkungen blieben bescheiden und vermochten vor allen Dingen in Frankreich nichts an den Grundproblemen zu ändern – im Gegenteil. Weitaus wichtiger ist jedoch, daß im Zweiten Weltkrieg eine neue militärische und wirtschaftliche Weltmacht entsteht, die ganz auf einer auf militärische Ziele zugeschnittenen Industrialisierung beruht. Im Zweiten Weltkrieg wurde die Sowjetunion als militärisch-industrielle Gesellschaft geboren und trat in den Prozeß der Industrialisierung ein. Das ist um so erstaunlicher, als die Völker der Sowjetunion zunächst die größten Schwierigkeiten und die denkbar schlechtesten Voraussetzungen dafür besaßen. Rußland war aus dem Ersten Weltkrieg und den Revolutionswirren, dem Krieg gegen die Weiße Armee und den Interventionen, den Säuberungsaktionen und innenpolitischen Krisen geschwächt hervorgegangen, als Hitler das Land überfiel. Die Sowjetunion hatte die größten Kriegslasten und Zerstörungen zu tragen und bei weitem die meisten Opfer in der Zivilbevölkerung zu beklagen. Zeitweise mußten sie den Verlust eines riesigen Territoriums hinnehmen, eines Territoriums zudem, auf dem die wichtigsten landwirtschaftlichen Erzeugergebiete und industriellen Zentren lagen. Die Niederlagen des Jahres 1941 zwangen die Bevölkerung zu einer beispiellosen Mobilisierung ihrer industriellen Produktivkräfte. Die Verteidigung gegen die faschistischen Angreifer erforderte geradezu eine Neuindustrialisierung, die die Rüstungsproduktion zum Rückgrat der Sowjetunion machen sollte. Das Volkseinkommen der Sowjetunion sank während des Krieges auf 88 % der Vorkriegsleistung ab, die Agrarproduktion fiel gar auf die Hälfte ihrer Leistung von 1939. Die gesamte Industrieproduktion der Sowjetunion stagnierte während des Krieges. Die Stahlherstellung und die Energieproduktion gingen drastisch zurück. Allein die Rüstungsproduktion stieg – um 250 %. Während sich die Staatsausgaben von 1939 bis 1945 auf 300 Milliarden Rubel verdoppelten, wuchsen die Militärausgaben der Sowjetunion um nahezu das 40fache. Daß aus dieser Konstellation dennoch eine wahrhafte Industrialisierungswelle entstand, hatte seine Ursachen darin, daß die Sowjetunion den Verlust ihrer industrialisierten Westgebiete einschließlich der Ukraine durch den Aufbau neuer Industrien am Ural ausgleichen mußte. Das bedeutete die Verlagerung von Arbeitskräften und Arbeitsstätten: Fabriken im westlichen Teil der Sowjetunion wurden aufgegeben, noch einigermaßen funktionsfähige Maschinen und Anlagen wurden über den Ural transportiert. Neue Fabriken wurden errichtet und völlig neue Industriezweige entstanden. Für den Krieg mußten Fahrzeuge gebaut werden, nachrichtentechnische Anlagen, elektrotechnische Geräte und elektronische Ausrüstungsgegenstände. Um sich eine Vorstellung über das Niveau der russischen Kriegsproduktion zu verschaffen, muß man sich vorstellen, daß die Sowjetunion während des Krieges nur wenig Waffen importierte und selbst genausoviel Flugzeuge und Panzer produzierte wie das Deutsche Reich. Manche Schätzungen gehen sogar davon aus, daß die Zahl der in Rußland hergestellten Panzer und Flugzeuge sehr viel größer war als in Deutschland. Das alles wurde geleistet auf einem technischen Niveau, das mit der allgemeinen Entwicklung der Industrialisierung in den vierziger Jahren immerhin mithalten konnte, auch wenn es nicht an der Spitze des technischen Fortschritts lag.

Diese Umsiedlung und Umrüstung der sowjetischen Industrie, die die Region des Ural zum wichtigsten Industriegebiet der Sowjetunion machte, war zugleich verbunden mit einer gigantischen Bautätigkeit und der Schaffung völlig neuer Infrastrukturen. Allein während des Krieges entstanden rund 30000 Kilometer Eisenbahn, in etwa die Strecke, die in Großbritannien innerhalb von 80 Jahren gebaut worden war. Für die Sowjetunion bedeutete es eine Erweiterung ihres Vorkriegsstreckennetzes um rund 50%. Während des Krieges wurden 45 Kraftwerke in der Sowjetunion neu gebaut, zehn Hüttenwerke, darunter riesige Stahlwerke in Magnetogorsk. Östlich vom Baikal-See und am Amur entstanden neue Zentren der Metallverarbeitung, so die Städte Petrowsk und Komsomolsk. In Kasachstan und zwischen Wolga und Ural wurden neue Ölfelder erschlossen, die bis 1945 eine Fördermenge von 2 Millionen Tonnen pro Jahr erreichten.

Auch wenn die sowjetische Industrialisierung eine Folge des Krieges war, so erstreckte sie sich jedoch nicht nur auf die Entwicklung von Rüstungsgütern. Eine so massive Industrialisierung, wie sie die Sowjetunion zwischen 1941 und 1945 leisten mußte, läßt sich selbstver-

Sowjetisches Stahlwerk in Magnitogorsk, 1931

ständlich nur bewältigen, wenn zugleich auch Gebiete entwickelt werden, die allgemeine Bedürfnisse befriedigen, so zum Beispiel in der chemischen Industrie, um die Knappheit an Rohstoffen zu überwinden; so in der Produktionstechnologie, um Massenproduktion sinnvoll zu ermöglichen, aber auch in der Nachrichtentechnik, der Elektrotechnik, der Elektronik und der Datenverarbeitung. Aber die Rüstung und von ihr direkt abhängige oder bedingte Produktionszweige dominierten den gesamten Industrialisierungsprozeß der Sowjetunion so umfassend, daß wir die Industrialisierung der Sowjetunion auch nach dem Krieg als Kriegsindustrialisierung bezeichnen müssen. Die Versuche des sozialistischen Rußland, vor dem Zweiten Weltkrieg Anschluß an die Industrialisierung durch Aufbau einer Schwerindustrie zu finden, waren nicht annähernd so erfolgreich wie der Aufbau der Rüstungsindustrie. Es nimmt also kein wunder, wenn über das Kriegsende hinaus die Rüstungsproduktion in der Sowjetunion die alles beherrschende Stellung einnimmt. Man kann sogar davon ausgehen, daß die Rüstungsproduktion, bei der die Sowjetunion tatsächlich hohes Niveau erreicht (beim Flugzeugbau, in der Raumfahrttechnik, in der Nachrichtentechnik), auch der Industrialisierung der Sowjetunion im allgemeinen zugute kommt. Der überragenden Bedeutung der Rüstungsindustrie für die sowjetische Industrialisierung entspricht denn auch die Rolle der Armee im politischen System der Sowjetunion. Sie blieb der Hauptnachfrager für industrielle Güter, sie sicherte sich auch weiterhin den größten Anteil an den Staatsausgaben, und das militärische Establishment behielt seine alles entscheidende Bedeutung sowohl für die sowjetische Politik als auch für die Integrationsfähigkeit der sowjetischen Gesellschaft.

Die Entwicklung der Sowjetunion legte damit einen Grundstein für die dominierende wirtschaftliche und industrielle Rolle, die die Rüstung, die Waffenproduktion und die Rüstungsforschung, in den Nachkriegsjahrzehnten einnehmen sollte. Denn auch in den USA besaß die Rüstung nach dem Zweiten Weltkrieg zentrale Bedeutung, wie wir im folgenden noch sehen werden. Ein erhebliches Stück Industrialisierung der Nachkriegszeit sollte daher Rüstungsindustrialisierung der beiden Supermächte sein. Sie vollzog sich in der Form der «Rüstungsspirale», bei der die Supermächte sich gegenseitig zum Bau immer wirksamerer Massenvernichtungswaffen antrieben bis zu den wissenschaftlich-technischen Overkill-Kapazitäten unserer Tage. Die wichtigsten technologischen Innovationen im Bereich der Elektronik sollten im Zusammenhang mit diesem Systemwettkampf entstehen und zu jenen wissenschaftlich-technischen Veränderungen beitragen, die an der Schwelle einer neuen industriellen Revolution stehen. Hochrüstung und Waffenproduktion setzten sich somit sowohl im Westen als natürlich auch im Osten in einer vorher nie gekannten Weise im industriellen Prozeß fest. Weder vor dem Zweiten noch gar vor dem Ersten Weltkrieg hatte die Rüstung in Friedenszeiten jemals auch nur annähernd eine solche Rolle gespielt. In den Jahren zwischen 1950 und 1980 aber wurde sie zum Motor industrieller Entwicklung und Fehlentwicklung, schuf die Grundlagen der Massenkonsumgesellschaft mit und führte zugleich zur größten Verarmung, die jemals in der Menschheitsgeschichte zu beobachten war.

Literatur

Allgemein

Aldcroft, D. H.: Die Zwanziger Jahre. Von Versailles zur Wall Street 1919–29, in: Geschichte der Weltwirtschaft im 20. Jahrhundert, Bd. 3, hg. von Fischer, W., München 1978

Hardach, G.: Der 1. Weltkrieg 1914–18, in: Geschichte der Weltwirtschaft im 20. Jahrhundert, Bd. 2, hg. von Fischer, W., München 1973

Keynes, J. M.: The End of Laissez Faire, London 1926

Kindelberger, Ch. P.: Die Weltwirtschaftskrise 1929–1939, in: Geschichte der Weltwirtschaft im 20. Jahrhundert, Bd. 4, hg. von Fischer, W., München 1979

Milward, A. S.: Der zweite Weltkrieg. Krieg, Wirtschaft und Gesellschaft 1939–45, in: Geschichte der Weltwirtschaft im 20. Jahrhundert, Bd. 5, hg. von Fischer, W., München 1977

Svennilson, I.: Growth and Stagnation in the European Economy, Vereinte Nationen 1964

Großbritannien

Pollard, S.: The Development of the British Economy 1914–67, London 1969

Youngson, A. J.: Großbritannien 1920–1979, in: Cipolla, C. M., Borchardt, K. (Hg.). Europäische Wirtschaftsgeschichte, Bd. 5: Die europäischen Volkswirtschaften im 20. Jahrhundert, Stuttgart–New York 1980

Deutschland

Aubin, H., Zorn, W. (Hg.): Handbuch der deutschen Wirtschafts- und Sozialgeschichte, Bd. 2: Das 19. und 20. Jahrhundert, Stuttgart 1976

Hardach, K.: Wirtschaftsgeschichte Deutschlands im 20. Jahrhundert, Göttingen 1976

Frankreich

Fohlen, C., Frankreich 1920–1970, in: Cipolla, C. M., Borchardt, K. (Hg.): Europäische Wirtschaftsgeschichte, Bd. 5: Die europäischen Volkswirtschaften im 20. Jahrhundert, Stuttgart–New York 1980

Sauvy, A.: Histoire Economique de la France entre les deux Guerres, Paris 1965–72

Italien

Fuá, G. (Hg.): Lo Sviluppo Economico in Italia, Milano 1969

Ricossa, S.: Italien 1920–1970, in: Cipolla, C. M., Borchardt, K. (Hg.): Europäische Wirtschaftsgeschichte, Bd. 5: Die europäischen Volkswirtschaften im 20. Jahrhundert, Stuttgart–New York 1980

UdSSR

Hauermann, A.: Rußland und Ostmitteleuropa 1920–1970, in: Cipolla, C. M., Borchardt, K. (Hg.): Europäische Wirtschaftsgeschichte, Bd. 5: Die europäischen Volkswirtschaften im 20. Jahrhundert, Stuttgart–New York 1980

Nove, A.: The Soviet Economy, London 1961

12. Kapitel

Der Ford-Effekt

Wirtschaftliche und industrielle Entwicklung im Zeichen des Massenkonsums (1930–1980)

Die These des vorangegangenen Kapitels, daß die wirtschaftliche Entwicklung Europas ohne den Ersten Weltkrieg eine Fortsetzung des großen Booms vom Ende des 19. Jahrhunderts etwa um das Jahr 1920 gebracht hätte, läßt sich am besten durch das Beispiel der wirtschaftlich-technischen Entwicklung in den Vereinigten Staaten erhärten. Nach dem Ersten Weltkrieg übernahmen die USA die Stafette des Industrialisierungsprozesses von den Europäern und sprangen förmlich in die Lücke, die der Ausbruch des Ersten Weltkriegs gerissen hatte. Während die europäische Wirtschaft mit den Folgen der selbstverschuldeten Katastrophe zu kämpfen hatte, entwickelte sich in den Vereinigten Staaten jene Industrie, die ihr Zentrum ohne den Weltkrieg wohl in Europa gehabt hätte: die Automobil-, die Elektro-, Chemie- und Massenkommunikationsindustrie. In den USA wurde mithin umgesetzt, was in seinen Voraussetzungen auf dem alten Kontinent entstanden war. In den USA wuchs der Kapitalismus des 19. Jahrhunderts folglich auch zuerst zur Gesellschaft des Massenkonsums, des Massenwohlstandes heran – weit bevor dies in den europäischen Industriestaaten möglich werden sollte. (Es dürfen Zweifel angemeldet werden, ob die eher obrigkeitsstaatlich als demokratisch verfaßten Nationalstaaten des Kontinents ohne Krieg und Revolution dazu überhaupt willens und fähig gewesen wären!)

Der Erste Weltkrieg stellte somit die entscheidende Zäsur dar, mit der wir die zwei technologisch kaum differenzierbaren Phasen der Industrialisierung des 19. und 20. Jahrhunderts auseinanderhalten können. Nachdem sich die erste Stufe der Industrialisierung hauptsächlich auf den alten Kontinent konzentrierte, beginnt die zweite Stufe der industriellen Veränderung des 19. und 20. Jahrhunderts in den USA als Folge des beschriebenen Macht- und Marktvakuums, das die Europäer mit «ihrem» Weltkrieg in der Weltökonomie des 19. Jahrhunderts erzeugten. Allerdings fand diese neue Industrialisierungsstufe in den USA, dem Neuland der industriellen Revolution des 19. Jahrhunderts, denkbar günstige Voraussetzungen, zum einen in den vorhandenen Ressourcen an Bevölkerung, Rohstoffen und Kapital, zum anderen in dem kontinentgroßen Markt der USA mit seinen pragmatisch-dynamischen Unternehmerpersönlichkeiten. Darüber hinaus erwiesen sich die gesellschaftspolitischen Voraussetzungen – eine offene, demokratisch verfaßte Gesellschaft – als flexibel genug, auch die sozialen Konsequenzen einer Gesellschaft des Massenkonsums zu tragen: soziale Integration großer Bevölkerungsmassen, Nivellierung der Einkommen und schließlich auch pragmatische Partnerschaft von Unternehmern und Gewerkschaften. Der Aufschwung der Vereinigten Staaten nach 1920 hatte also (natürlich) auch etwas mit den eigenen Kräften der amerikanischen Wirtschaft und Gesellschaft zu tun, aber die weltweiten Folgen des Ersten Weltkriegs schufen die Voraussetzungen dafür, daß aus Amerikas unbegrenzten Möglichkeiten auch unbegrenzte ökonomische und politische Macht werden sollte.

American Way of Life. Während sich wirtschaftliches Chaos und Kriegsfolgen lähmend auf die Industrialisierung des Kontinents legten, machten die Vereinigten Staaten in den zwanziger und dreißiger Jahren wohl den entscheidenden Entwicklungsschritt ihrer Geschichte durch. Die USA – bis dahin immer noch eine Agrargesellschaft mit einigen, wenn auch bedeutsamen, industriellen Inseln und einer anpassungsfähigen Infrastruktur – durchbrachen endgültig die Trennmauer zur industriellen Gesellschaft. Die neuen Industrien veränderten Land und Gesellschaft: Von 1920 bis 1930 stieg die Zahl der Personenwagen von 5 auf 30 Millionen. Die Länge der asphaltierten Straßen wuchs auf fast 2 Millionen Kilometer an (also auf mehr als das Doppelte der Schienenstränge aller Eisenbahnlinien auf dem ganzen Globus). Im gleichen Zeitraum wurden etwa 10 Millionen elektrische Haushaltsgeräte hergestellt, vom Staubsauger bis zum Elektroherd. Die Zahl der Radioempfänger stieg von 60 000 auf 14 Millionen. Die Zahl der Eigenheime wuchs so stark an, daß Ende der zwanziger Jahre etwa jeder zweite Amerikaner in einem eigenen Haus wohnte. Gleichzeitig wuchs die Zahl der Einwohner von Großstädten auf rund 70 Millionen Menschen an, was kein Widerspruch zu sein braucht, denn in dieser Zeit entstanden die breitflächig angelegten Großstädte aus Citys und Vorstädten, wofür Los Angeles, San Francisco oder Denver noch heute repräsentative Beispiele sind.

Unter den neuen Industrien nahm die Automobilproduktion aufgrund der Massennachfrage ganz zweifelsfrei die erste Stelle ein. Die Einführung neuer Produktionsverfahren, insbesondere des Fließbandes, war nicht nur für die rasante Steigerung der Automobilproduktion verantwortlich, sondern auch für entsprechend große Marktanteile und damit für die Spitzenstellung der Automobilindustrie im Wirtschaftsleben der USA überhaupt. Ende der zwanziger Jahre machte die Herstellung von Autos ungefähr 20 % des Wertes aller US-Industriegüter aus. Die Automobilfabrikanten wurden zu den wichtigsten Auftraggebern für alle anderen Industriezweige, für die Glasherstellung, die Gummierzeugung, die Stahlproduktion, den Metallhandel und nicht zuletzt natürlich auch für die Ölindustrie. Die rasche Zunahme der Fahrzeugdichte brachte zudem ein völlig neues überregionales und regionales Verkehrssystem hervor, das an die Stelle der alten Eisenbahn-, Kanal- und Wegeverbindungen trat. Der Bau autogerechter Straßen wurde in den zwanziger Jahren geradezu zu einer Infrastruktur-Hysterie gesteigert. Mancherorts betonierten die Stadtväter einfach die Schienen von Eisenbahnlinien zu, um schnell mehr Straßen zu schaffen. Los Angeles verlor dadurch zum Beispiel ein wichtiges öffentliches Nahverkehrsmittel, worunter die Stadt bis heute zu leiden hat.

Hand in Hand damit ging eine tiefgreifende Veränderung der städtischen Siedlungsformen. Die Innenstädte begannen sich zu Dienstleistungszentren zu ballen, Wohnquartiere verlagerten sich mehr und mehr nach außen, dank der Möglichkeit, über gut ausgebaute Straßen in die Innenstadt oder an den Arbeitsplatz zu kommen, während man gleichzeitig draußen, vor der Stadt, wohnte. Da solche Möglichkeiten ausschließlich vom Besitz eines Autos und eines Eigenheimes abhängig waren, wurde dieser Trend zunächst von den einkommensstärkeren Schichten aufgegriffen, während einkommensschwächere Schichten (auch Facharbeiter) in den Zentren verblieben. Durch die Steigerung der Masseneinkommen nach dem Zweiten Weltkrieg zogen dann auch Facharbeiter und untere Angestellte die Eigenheime in den Vorstädten den Mietskasernen innerstädtischer Wohngebiete vor, wodurch diese mehr und mehr zu Elendsquartieren und Slums verkamen. Die Zentren der Innenstädte wiederum erlebten einen gigantischen Bauboom durch den Bau von Kaufhäusern, Bürozentren und Wolkenkratzern. Schon vor dem Ersten Weltkrieg hatte sich das Aussehen der amerikanischen Städte allmählich zu ändern begonnen, in den zwanziger Jahren nahm es nun die für Amerika so typische Form der Hochhaus-Skyline an.

Wachstum und Ausdifferenzierung der Großstädte waren allerdings nicht allein das Resultat der Mobilität durch das individuelle Massenverkehrsmittel Auto und seine städtebaulichen Folgen, ebenso bedeutsam dürfte die Elektrizität gewesen sein. Elektrische Energie war nicht nur für den Wohnungsbau, sondern auch für Betriebsstätten und Bürohäuser von zentraler Bedeutung, so daß man davon ausgehen kann, die Elektroindustrie habe den zweiten Rang im Rahmen der industriellen Entwicklung der USA nach dem Ersten Weltkrieg eingenommen (hinter der Automobilindustrie). Die Stromerzeugung verdreifachte sich in den zwanziger Jahren. Nicht nur für Beleuchtungszwecke wurde mehr Energie gebraucht, auch für den Einsatz von Elektromotoren in der Industrie, im Haushalt und im Büro. Auf der einen Seite entstanden moderne Textilmaschinen, Werkzeugmaschinen und Transferstraßen, auf der anderen Seite Haushaltsgeräte wie Kühlschrank, Staubsauger und Waschmaschine, die in den zwanziger Jahren in immer größerer Anzahl produziert wurden. Um das Jahr 1929, bei Ausbruch der Weltwirtschaftskrise, machte die Herstellung von Produktionsmitteln und Konsumgegenständen mit Elektromotor als Antrieb gut 10 % der gesamten amerikanischen Industrie aus und lag hinter dem Auto unangefochten auf Platz zwei. Der gesamte industrielle Kraftaufwand der amerikanischen Industrie erhöhte sich damit zwischen 1919 und 1929 um gut 50 %, die Produktivität der Arbeitsstunde in der Industrie stieg sogar um 60 %.

Die zwanziger Jahre brachten den Vereinigten Staaten zudem eine tiefgreifende Umwandlung der Wirtschaftsstruktur. Mit dem Wachstum der Städte entstand in den USA ein schnell expandierender Dienstleistungssektor, der einen besonders zukunftsweisenden Wirtschaftssektor umfassen sollte: die Bewußtseins- und/oder Informationsindustrie. Jazz und Unterhaltungsmusik – die wichtigste Zerstreuung der zwanziger Jahre – erlebten einen ungeahnten Aufschwung durch die Schallplatte. Die Zahl der Bands nahm zu, ebenso die Zahl von Firmen, die Schallplatten produzierten und vermarkteten. 1929 überstieg die Zahl der gepreßten Scheiben in den USA schon die 10-Millionen-Grenze. 1927 wurde der Tonfilm eingeführt, der der Filmproduktion bald den ersten Platz im amerikanischen Unterhaltungsgewerbe einbrachte. Bis gegen Ende des Jahrzehnts wurde der Film eines der wichtigsten amerikanischen Exportprodukte. Amerikanische Filmkonzerne sicherten sich die Vorherrschaft über Produktion und Verleih in den USA und in Europa. Entstanden Filme zuerst mehr in handwerklicher Produktion, so brachte der Aufschwung der Unterhaltungsindustrie eine regelrechte Technisierung der Filmherstellung und eine Vertrustung der Filmgeschäfte mit sich. Bei Beginn der Tonfilmära beherrschten nicht mehr als sieben Produktionskonzerne die gesamte amerikanische Filmwirtschaft, also die Filmproduktion, den Filmverleih und auch die Kinos. Der Grund für diese Konzentration war, daß inzwischen die Produktion eines Filmes die Größenordnung industrieller Investitionsvorhaben erreicht hatte (Ende der zwanziger Jahre lagen die durchschnittlichen Produktionskosten eines Tonfilms bei etwa 500 000 Dollar). Konsequenterweise hatte die Filmproduktion fabrikartige Züge angenommen und sich in Großstudios (Hollywood) organisiert. Die Filmgesellschaften waren längst zu Aktiengesellschaften geworden, und die eigentlichen Geldgeber der Filmproduktion saßen in New York. Damit organisierten Bankiers das Filmgeschäft und nicht mehr die Pioniere der ersten Stunde. 1928 waren die großen Filmmogule der Anfangszeit fast sämtliche entmachtet, die Filmproduktion zu einer kommerziellen Betätigung großer Kapitalunternehmen geworden, die zu Beginn der dreißiger Jahre mit etwa 8 % des gesamten amerikanischen Bruttosozialproduktes den drittgrößten Wirtschaftsfaktor darstellte.

Im scharfen Kontrast zum wirtschaftlichen Boom in den genannten Bereichen stand die Strukturkrise, unter der die amerikanische Landwirtschaft zu leiden hatte. Hier wirkten sich die Folgen des Ersten Weltkriegs eher negativ aus. Durch den Krieg war – wie wir sahen – eine riesige Nachfrage nach Nahrungsmitteln entstanden, vor allen Dingen in Europa. Die amerikanische Landwirtschaft hatte sich im Lauf des Krieges darauf eingestellt, diesen Bedarf zu befriedigen. Nach Ende des Krieges aber, als die Nachfrage zurückging, stellte sich für die amerikanische Landwirtschaft das Problem einer massiven Überproduktion, die die Preise zusammenbrechen ließ. Hatte der Bushel Weizen 1917 dem Bauern noch über zwei Dollar eingebracht, so war der Handelspreis um 1930 niedriger als ein Dollar. Dieser Preisverfall war um so verhängnisvoller, als mit der Produktivitätssteigerung und der Ausdehnung der Anbauflächen auch ständig steigende Betriebskosten auf die einzelnen Farmbetriebe durch den Einsatz von Traktoren und Landwirtschaftsmaschinen zugekommen waren. Wie die zwischen 1920 und 1930 abgesetzte Zahl von einer Million Traktoren zeigt, übte die Konkurrenz zwischen großen Farmbetrieben mit hoher Rationalisierungsrate und wirtschaftlich schwachen Kleinbetrieben weiteren Druck auf die Masse der Farmbetriebe aus. Die zwanziger Jahre waren für die amerikanischen Farmer daher eine Dekade schwerer sozialer Spannungen, in deren Verlauf viele ihre Betriebe verloren und eine große Zahl von Landarbeitern arbeitslos wurden. Gegen diese schon weit vor der Weltwirtschaftskrise einsetzende Krise der amerikanischen Landwirtschaft, gegen Verelendung und Armut gab es bis 1932 kein Rezept, auch Selbsthilfebewegungen der Farmer wie die der «Granger» liefen sich tot.

Die ländliche Bevölkerung der USA aber war nach wie vor die größte zusammenhängende Konsumentengruppe. Ein Zurückbleiben bäuerlicher Einkommen, gar soziales Chaos in der Landwirtschaft, setzten folglich dem Wirtschaftsboom der zwanziger Jahre gewisse Grenzen und bargen die Gefahr einer schweren Überproduktionskrise in sich. Und sie kam denn auch: Die ungelösten Strukturprobleme der USA, einer Agrargesellschaft mit Industrieinseln, endeten in einer allgemeinen Wirtschaftskrise. Die Probleme der Landwirtschaft erklären allerdings nur, daß der Boom der Nachkriegszeit auf wackeligen Füßen stand, den explosionsartigen und bis heute nicht schlüssig erforschten Ausbruch der Krise 1929 erklären sie nicht. Die Schwierigkeiten der Landwirtschaft stehen allerdings mit dem Rückgang der amerikanischen Industrieproduktion Ende der zwanziger Jahre, mit der Absatzkrise des Automobils (minus 30 % im Jahr 1929) und dem Rückgang der Gesamtkonjunktur im Krisenjahr (minus 20 %) in direktem Zusammenhang. Ein weiterer Faktor, der für den Ausbruch der Krise wichtig sein dürfte, war die abrupte Unterbrechung der Baukonjunktur aufgrund des Rückgangs von Einwandererzahlen und rückläufiger Geburtenentwicklung – sowie aufgrund von Schwierigkeiten im Kreditwesen, dessen Kleinkredite und billige Hypotheken wesentlich am Boom der Massengüter- und Bauindustrie nach dem Ersten Weltkrieg beteiligt waren. Ende der zwanziger Jahre verknappte sich nun das Geld wegen vielfältiger internationaler Kreditverwicklungen der USA (Folgen des Ersten Weltkriegs), vor allem aber wegen einer geradezu fieberhaften Börsenspekulation, die von Millionen amerikanischer Bürger angeheizt wurde. Sie versuchten mit riesigen, kurzfristig zusammengepumpten Krediten, an der Börse ihren Teil vom großen Glück abzubekommen und – getreu dem amerikanischen Mythos – vom Tellerwäscher zum Millionär aufzusteigen.

Die Krise von 1929 war also eine klassische Anpassungskrise. Ihre Ähnlichkeit mit der großen europäischen Krise Ende der vierziger Jahre des 19. Jahrhunderts ist unübersehbar, die wohl ebenfalls hauptsächlich auf das Herauswachsen der wirtschaftlichen Verhältnisse aus der alten politischen und sozialen Hülle zurückgeführt werden darf. Die Krise von 1929–1932 zeigte die Schwächen der überkommenen Wirtschaftsordnung, sie stellte unter Beweis, daß die Organisation der gesellschaftlichen Arbeit den Potentialen von Wirtschaft und Technik nicht mehr entsprach. Ihre unmittelbaren Auswirkungen waren daher eine Katastrophe: Die Krise schuf Massenelend, Millionenheere von Arbeitslosen (auf dem Höhepunkt zwischen 23 und 30 % Arbeitslose) und eine gefährliche Instabilität der Weltwirtschaft, denn sie erfaßte, wie wir sahen, auch die europäischen Industriegesellschaften mit allen dargestellten Folgen. Ihr Auftreten, aber nicht ihr Verlauf, war deshalb für den Prozeß der Industrialisierung von größter Bedeutung. Sie zwang die Gesellschaft der USA zu einer Reorganisation des gesamten Systems gesellschaftlicher Arbeit, aus der nach dem Zweiten Weltkrieg schließlich das Modell zur Ordnung der sozialen Verhältnisse einer Industriegesellschaft neuen Typs werden sollte.

Der New Deal. Die Neuorganisation, die man durchaus als eine kleine gesellschaftliche Revolution bezeichnen kann, begann 1932 mit der Wahl von Franklin D. Roosevelt zum 31. Präsidenten der USA. Dieser Präsident hatte sich nämlich nichts Geringeres für sein Regierungsprogramm vorgenommen, als die Wirtschaftskrise, die Strukturprobleme der amerikanischen Wirtschaft und die sozialen Probleme der amerikanischen Gesellschaft in einem Aufwasch zu lösen. Daß er diese Politik «New Deal» nannte, was im Deutschen am besten mit «Neuverteilung der Karten» (im Kartenspiel) wiedergegeben werden könnte, belegt, daß die Akteure des New Deal ihre Politik selbst auch als grundlegende Reform einschätzten. In der Praxis bedeutete der New Deal intensive Staatsintervention als Krisenlösung für Wirtschaft und Gesellschaft. Das New Deal-Konzept umfaßte daher neben einem Ankurbeln der Wirtschaft insbesondere Pläne zur Schaffung von Vollbeschäftigung und Beseitigung von Massenarmut. Im Hintergrund der Maßnahmen stand die Vorstellung, daß eine hochindustrialisierte und technisierte

Arbeitslose demonstrieren in Washington, 1932

moderne Wirtschaftsgesellschaft nur noch unter aktiver Beteiligung des Staates funktionieren könne, der dabei sowohl gesetzgeberisch als auch finanzpolitisch die Verantwortung für Vollbeschäftigung, Wirtschaftswachstum, soziale Gerechtigkeit und Fortschritt zu übernehmen hätte – womit der New Deal unter den Bedingungen des Massenkonsums das fortsetzte, was Ende des 19. Jahrhunderts in den europäischen Industriestaaten mit der politischen Emanzipation der Arbeiter und der sozialen Absicherung der Massen schon begonnen hatte.

Natürlich war auch der New Deal nicht im ersten Anlauf erfolgreich. Zunächst hatte die Neuverteilung der Karten eher mit Schwierigkeiten zu kämpfen, denn trotz der direkten Belebung der Wirtschaft (Arbeitsbeschaffungsprogramme), trotz Drosselung der Überproduktion in der Industrie (Arbeitszeitverkürzung und Erhöhung der Löhne) und trotz Sanierung der Landwirtschaft (staatlich prämierte Verminderung der Anbauflächen) gelang es bis 1935 nicht, der Massenarbeitslosigkeit Herr zu werden. Im Gegenteil: nach einer leichten Aufschwungphase brach 1936/37 eine spürbare Rezession mit 12 Millionen Erwerbslosen aus und offenbarte, wo die Schwachpunkte der anfangs sehr oberflächlichen New Deal-Konzeption lagen. Die Wirtschaftskrise muß man daher als Wendepunkt des New Deal verstehen, denn sie zwang die New Deal-Politiker, ihr Modell zu korrigieren, wo es bislang auf falschen Prämissen beruhte. Eine der wichtigsten Schlußfolgerungen aus der Krise war, daß New Deal ohne Kooperation von Unternehmern und Gewerkschaften nicht durchzusetzen war. Daher versuchte die Bundesregierung, den Widerstand von seiten der Unternehmer gegen die New Deal-Politik zu überwinden. Sie verzichtete auf alles, was nach einem antikapitalistischen Zuschnitt des New-Deal-Programms aussah (und in der Tat hatten einige New Deal-Konzepte sehr wohl auch antikapitalistische Planwirtschaftsideen favorisiert).

An erster Stelle bei dieser Revision stand der Verzicht der Regierung auf Entflechtungsmaßnahmen bei großen Konzernen, wozu sie durch eine Reihe von Anti-Trust-Gesetzen eigentlich gezwungen war. Dieser

Obdachlose vor einem New Deal-Plakat, 1937

Verzicht war zugleich ein Zugeständnis an die Unternehmer und ihre «Entschädigung» für die erweiterten Gewerkschaftsrechte durch den National Labor Relations Act von 1935. Dieses Gesetz bekräftigte die Koalitionsfreiheit von 1842, regelte endlich das Streikrecht und untersagte den Unternehmern, Arbeiter durch irgendwelchen Zwang am Eintritt in Gewerkschaften zu hindern, eigene Gewerkschaften zu gründen oder sich in irgendeiner Form in Streiks oder andere gewerkschaftliche Angelegenheiten einzumischen – was sie natürlich trotz Koalitionsfreiheit ein Jahrhundert lang und nicht selten mit Gewalt getan hatten. Der National Labor Relations Act verpflichtete die Unternehmer zudem, mit gewählten Vertretern der Arbeitnehmer über Tarif- und Arbeitsverträge zu verhandeln und dieses zum Ausgangspunkt betrieblicher Regelungen und Entlohnungen zu machen. Hinter dem Verzicht von Roosevelt auf Kontrolle und Entflechtung großer Konzerne verbarg sich eine Art gesellschaftspolitischer Kompromiß: Er lief darauf hinaus, den Gewerkschaften als Organisationsmacht der Arbeitnehmer Verfassungsrang zu geben, nachdem man sie solange bekämpft hatte, und zugleich die Entscheidungsmacht der Unternehmen, die sogenannten Management Rights, nicht länger anzutasten, wenn die Unternehmer bereit waren, die gewerkschaftliche Interessenvertretung als gleichberechtigte Partner bei der Umverteilung des erwirtschafteten Reichtums anzuerkennen. Die Findung dieses Kompromisses, der in der BRD nach 1950 mit dem Namen «Sozialpartnerschaft» belegt wurde, war wohl die folgenreichste Formel des New Deal nach 1937 – im positiven wie im negativen Sinn, wie in den folgenden Kapiteln noch gezeigt werden wird.

Jedenfalls waren die neuen Maßnahmen von Erfolg gekrönt, denn Amerikas Wirtschaft erholte sich nach 1937 schnell, und nun begann auch die Arbeitslosigkeit drastisch zurückzugehen. Mitten in die wirtschaftliche Erholung platzte allerdings eine dem Zweiten Weltkrieg vorhergehende Hochrüstung hinein, als Antwort auf die steigenden politischen und militärischen Spannungen in Europa und Ostasien. Es läßt sich daher nicht mehr feststellen, ob ein reformierter New Deal allein schon zum Wirtschaftsaufschwung geführt hätte oder ob Wirtschaftswachstum und Vollbeschäftigung letztlich auf die Rüstungspolitik zurückzuführen sind. Immerhin lassen sich Krieg und Hochrüstung auch unter New Deal-Gesichtspunkten betrachten, denn mit der Aufrüstung floß nun endlich das notwendige Geld über einen längeren

Zeitraum in die Wirtschaft, um jene nachhaltigen Veränderungen und Belebungen zu erreichen, die der New Deal wirtschaftspolitisch anstrebte. Eine zivile Zielsetzung wäre allerdings wohl kaum in der Lage gewesen, soviel Finanzmittel freizusetzen und alle, die Unternehmer, die Gewerkschaften und die Verwaltung, unter einen Hut zu bringen, wie das die Aufrüstung angesichts drohender Kriegsgefahr vermochte. Gleichviel, ob nun der New Deal auch ohne den Krieg erfolgreich gewesen wäre oder ob die Hochrüstung ihn gerettet hat, fest steht, daß

beides zusammen die materiellen Voraussetzungen für einen einmaligen Kriegs- und Nachkriegsboom in den USA schuf.

Eine wichtige Rolle spielte der Kriegsausbruch auch in der Landwirtschaft. Zwar konnte der New Deal den Farmern aus der Krise helfen, indem er die Preise so anhob, daß sie den Produzenten ein hinreichendes Einkommen sicherten, aber er schuf zugleich das Problem landwirtschaftlicher Überschüsse, die durch diese Subventionierungspolitik zwangsläufig entstehen und mit Steuergeldern beseitigt oder gelagert

Die River Rouge-Fabrik der Ford Company

Sozialer Wohnungsbau in der Bronx, New York, 1935

werden mußten. Daß es dennoch Ende der dreißiger Jahre keine amerikanischen Butter- und Weizenberge gab (wie in der EG heute), lag am Ausbruch des Zweiten Weltkriegs. Denn mit der Mobilisierung der USA und ihrer Verbündeten, namentlich der Sowjetunion, zum totalen Krieg stieg ab 1942 die staatliche Nachfrage nach landwirtschaftlichen Produkten und Nahrungsmitteln in der ganzen Welt und absorbierte große Teile der amerikanischen Überproduktion.

Den Auswirkungen des Zweiten Weltkriegs kommt daher für die Industrialisierung im 20. Jahrhundert eine zentrale Bedeutung zu, nicht aber die entscheidende Rolle: Das Bruttosozialprodukt der USA stieg von 1939 bis 1944 jährlich um mehr als 10 %, die Industrieproduktion wuchs in diesem Zeitraum um 60 %, die Produktivität um 12 %. Es war vor allem ein ungewöhnlich hohes und schnelles Industriewachstum, das sogar die Ergebnisse des Ersten Weltkriegs noch übertraf, in dem die Produktivitätssteigerungen bei 7 bis 10 % jährlich gelegen hatten. Die Ursache für diesen Superboom war, daß sich von 1942 an ein schier unendlicher Strom von Rüstungsgütern von den USA in die ganze Welt ergoß (1945 entfiel ein Drittel der gesamten Industrieproduktion der USA auf Kriegsmaterial) und der größte Produktionszuwachs in Rüstungsbetrieben, im Flugzeug- und Schiffbau, in der Bomben- und Sprengstoffherstellung, in der Metallverarbeitung sowie im Maschinenbau verzeichnet wurde. Ungefähr 60% der Beschäftigten in den USA waren während des Krieges in der Kriegsproduktion tätig, und 18,7 Millionen neue Arbeitsplätze waren durch die Hochrüstung entstanden.

Der Preis dafür war allerdings, daß mit dem Zweiten Weltkrieg die Rüstungsproduktion unwiderruflich zu einem wichtigen, wenn auch nicht alles entscheidenden Faktor der amerikanischen Industrialisierung werden sollte. In Schlüsselbereichen wie in der Elektronik, dem Flugzeugbau und der Nachrichtentechnik war die industrielle Entwicklung der USA fortan von Rüstungsaufträgen abhängig. Damit schlug die amerikanische Wirtschaft einen Weg ein, der etwas Neues in der Geschichte der Industrialisierung darstellte – vergleichbar nur noch

Rüstungsarbeiter, 1939

mit der Industrialisierung der Sowjetunion nach 1942. Nach dem Ersten Weltkrieg setzte überall eine massive Demobilisierung und ein «Zurückschalten» der Rüstungsmaschinerie ein, was natürlich auch darauf zurückzuführen ist, daß der Erste Weltkrieg – anders als der Zweite – kein Industrialisierungsanreiz, sondern eine Industrialisierungsbremse war. Die Hochrüstung blieb ein industrielles Zwischenspiel, und nach 1918 versuchten die amerikanische wie die europäische Industrie ihre zivile Produktion im alten Umfang wieder aufzunehmen. Eine solche Demobilisierung gab es nach dem Zweiten Weltkrieg nicht. Im Gegenteil, die Spannungen und kriegerischen Konflikte nahmen ständig zu. So schien auf lange Zeit ein wachsender Bedarf an Rüstungsgütern vorzuliegen, aus dem durch die politische und militärische Konfrontation der USA und der Sowjetunion eine sich immer schneller drehende Rüstungsspirale entstand. Immer neue Waffen – Atomwaffen und Trägersysteme, Flugzeuge, Schlachtschiffe, Flugzeugträger und schließlich Raketen – wurden produziert, von neuen Generationen mit noch größerer Vernichtungskapazität überholt, die eben-

B 25-Bomber vom Band, Inglewood, Calif., 1942

falls schnell wieder veralteten. Noch waren allerdings die Kosten und die industriellen Folgen dieser Überrüstung nicht erkennbar. Noch sah es so aus, als ob die Rüstung in den ersten beiden Nachkriegsjahrzehnten so etwas wie ein riesiges Konjunkturpolster sein könnte, mit dem die amerikanische Wirtschaft ruhig wachsen konnte, ohne Krisen und wirtschaftliche Durststrecken fürchten zu müssen. Zudem schien die Hochrüstung die Siegermacht Vereinigte Staaten technologisch allen anderen Konkurrenten überlegen zu machen und die fortlaufende Verbesserung von Technologien und die Entwicklung modernster Verfahrenstechniken zu ermöglichen. Rüstung war fast synonym mit Fortschritt; zwischen Europa und den Vereinigten Staaten schien sich in den fünfziger und sechziger Jahren ein unüberwindlicher technologischer Graben (der in den sechziger Jahren vielbeschworene «technology gap») aufzutun, der ein für allemal die wirtschaftlich und technologisch überlegenen USA von Europa zu trennen drohte. Aber wir werden noch sehen, daß die Rolle der Hochrüstung deutlich überschätzt wurde und daß die gleichen Gründe, die in den ersten beiden Nachkriegsjahrzehnten für die Stärke der USA verantwortlich waren, die Ursachen von Krise und Stagnation in den USA wurden.

Pax Americana. Das Wachstum der amerikanischen Industrie durch den Zweiten Weltkrieg wirkte sich in den ersten beiden Jahrzehnten nach dem Krieg als eine in der Geschichte des modernen Kapitalismus wohl einmalige Steigerung des Wohlstandes großer Teile der amerikanischen Bevölkerung aus. Die Realeinkommen stiegen zwischen 1940 und 1970 um 300 Prozent. Der Prozentsatz der Wohnungen mit eigenem Bad stieg auf 70 %, der elektrische Anschluß von Wohnungen und Betrieben erreichte die Nähe der Vollversorgung. Achtzig von hundert amerikanische Haushalte erwarben in den fünfziger Jahren einen Kühlschrank, 1960 besaßen siebenundsiebzig von hundert amerikanische Familien ein Auto. Die Einkommens- und Versorgungsunterschiede der amerikanischen Bevölkerung nivellierten sich deutlich. Immer mehr Amerikaner absolvierten weiterführende Ausbildungen, Hochschulen und Universitäten. Die hygienischen Verhältnisse, die Gesundheitsversorgung und die Altersversorgung verbesserten sich so wirkungsvoll, daß nicht nur jeder vierte, sondern jeder zweite Amerikaner in der Nachkriegszeit die Chance hatte, über siebzig Jahre alt zu werden. Eine wichtige Ursache dafür war zweifellos auch die ständige Verbesserung der Lebensmittelversorgung durch bessere Produkte und neue Konservierungstechniken, durch Frischversorgung und vitaminreiche Kühlkost. Die Nachkriegsjahrzehnte der USA waren also von einer dynamischen Entwicklung in der Landwirtschaft wie in der Industrie gekennzeichnet. Dem Wachstum der Industrie, vor allem aber des Dienstleistungssektors in amerikanischen Städten entsprach eine Konzentrationsbewegung in der amerikanischen Landwirtschaft. Großfarmen mit 1000 Hektar Fläche in der Viehzucht wie im Getreideanbau wurden die Regel. Das ermöglichte eine weitere Technisierung, ja sogar eine Automatisierung der Landwirtschaft (Traktoren, Universalmaschinen, Verarbeitungsautomaten), ohne Massenarbeitslosigkeit und Armut auf dem Lande zu erzeugen (die freiwerdenden Arbeitskräfte fanden ohne große Probleme in anderen Wirtschaftszweigen Arbeit). Steigender Wohlstand, steigender Konsum, bessere Versorgung und die Beherrschung des Weltagrarmarktes durch die USA garantierten den Absatz landwirtschaftlicher Produkte. Die Subventionierung der Landwirtschaft schließlich überbrückte alle sozialen und ökonomischen Spannungen. Amerika erreichte mit großen Schritten das Stadium eines scheinbar problemlosen Wohlstandes.

Die amerikanische Hegemonie war also die wichtigste Säule, die das Wohlstandsgebäude nach dem Zweiten Weltkrieg trug. Anders als nach dem Ersten Weltkrieg traten die USA nun völlig unangefochten an die Spitze von Weltpolitik und Weltwirtschaft. Gestützt auf ihre ökonomische und militärische Vormacht, begannen sie die Weltwirtschaft nach ihren Vorstellungen zu ordnen und alle anderen konkurrierenden Modelle industrieller Entwicklung zu unterbinden. Um internationale Prosperität herzustellen, scheint es wohl notwendig zu sein, daß eine Hegemonialmacht die industrielle Entwicklung bestimmen und damit die Weltverhältnisse eindeutig regeln kann, um stabile Austauschverhältnisse, internationalen Warenfluß und eine funktionierende Weltarbeitsteilung durchsetzen zu können. Diese wirtschaftliche Vorherrschaft der Amerikaner wurde 1944 im Währungsabkommen von Bretton Woods festgeschrieben und zur Rahmenbedingung der Weltwirtschaft gemacht. Der Dollar wurde internationale Leitwährung; die Wall Street in New York, der Internationale Währungsfonds und die Weltbank ersetzten endgültig die City von London als Weltzentrum der Finanzen. Beschränkte sich die Londoner City Ende des 19. Jahrhunderts im übrigen noch auf stabile Handelsvorherrschaft, Goldstandard und den Standortvorteil Londons als Zentrum, so spielten die amerikanischen Finanzkreise doch eine sehr aktive, fast könnte man sagen aggressive Rolle und mischten sich auch politisch in die Weltwirtschaft ein. Das wichtigste Instrument ihrer ökonomischen Einmischung war neben ihrer militärischen Präsenz das Mittel der finanziellen Hilfsprogramme, das die Amerikaner zur Erholung des verwüsteten europäischen Kontinents zum ersten (und einzigen Male) erfolgreich einsetzten. Staatliche Wirtschaftshilfe und direkte Investitionen trugen hier zumindest zur Wiederherstellung kapitalistischer Wirtschaftsverhältnisse bei, obwohl die Weichen nach 1945 in Europa eher in Richtung auf Sozialismus gestellt waren (auch wenn keiner hätte präzisieren können, was darunter zu verstehen sei – doch alle politischen Kräfte waren überzeugt, dic Katastrophe des Zweiten Weltkrieges habe die politische und soziale Unfähigkeit des Kapitalismus ein für allemal bewiesen). Der gigantische Wirtschaftsaufschwung unter Führung der amerikanischen Weltökonomie bewies jedoch das Gegenteil. Gerade die Vereinheitlichung der Weltwirtschaft unter amerikanischer Vorherrschaft ermöglichte einen unvorstellbaren und von niemandem vorhersagbaren wirtschaftlichen Aufschwung zwischen 1950 und 1980. Denn allein die Hegemonie der USA machte es möglich, daß die europäischen Märkte schnell wiederaufblühten und die europäische Industrie durch Technologietransfer, amerikanische Hilfsprogramme und durch private Auslandsinvestitionen (von 1948 bis 1966 jährlich plus 8,8 %) Anschluß an die Weltökonomie finden konnten.

Die innere Stabilität der USA war die zweite Säule, auf der der Wohlstand ruhte. In den fünfziger und sechziger Jahren funktionierte das Zusammenspiel von Unternehmern und Gewerkschaften, von einigen Ausnahmen abgesehen, gut genug, um nahezu alle Rekorde nationalen Wohlstands zu brechen. Angesichts dessen störte es kaum jemanden, daß die Unternehmen der USA gerade in dieser Zeit zu immer größer werdenden Konzernen mit unbegrenzter, auch internationaler Macht aufstiegen. Was gut für General Motors war, schien nach einem geflügelten Wort der fünfziger Jahre auch gut für die USA zu sein. Die Zunahme der Unternehmermacht bescherte der amerikanischen Gesellschaft zwar eine einmalige Kapital- und Machtkonzentration jenseits jeglicher demokratischer Kontrolle: Wenige Großunternehmen beherrschten Preise und Märkte, Wirtschaftszweige und öffentliches Leben durch Ballung wirtschaftlicher und politischer Macht auf der Grundlage konkurrenzloser Größe, personeller Verfilzung und Verflechtung zwischen Unternehmen und politischen Institutionen, aber der wachsende Wohlstand überdeckte alle Zweifel an der gesellschaftspolitischen Richtung, die damit eingeschlagen wurde.

Im Inneren der Unternehmen hatte der Verzicht auf Entflechtung und Kontrolle der Konzerne in der zweiten Phase des New Deal eine dramatische Zunahme des betrieblichen Überwachungsapparates zur Folge, der mit ausgetüftelten Methoden das Ziel der Leistungsmessung und -überwachung verfolgte. Zwischen 1950 und 1970 war dieser Kontrollbereich derjenige Beschäftigungssektor, der am schnellsten wuchs. Ende der sechziger Jahre wurden schließlich von jedem verdienten Dollar 20 Cent für Überwachungsaufgaben ausgegeben. Die Zunahme gewerkschaftlicher Macht (Tarifpartner und Ordnungsfaktor auf dem Arbeitsmarkt) schien jede Wahrnehmung dieses Problems überflüssig zu machen. Und niemand schien sich daran zu stören, daß die Gewerkschaften auf dem Wege der Sozialpartnerschaft zu Juniorpartnern bei der Umverteilung von Zuwächsen und wirtschaftlicher Macht geworden waren. Denn das Resultat dieser Entwicklung war (offenbar) soziale Stabilität, wirtschaftliches Wachstum und steigender Wohlstand. Machtsteigerung auf der einen und (entpolitisierter) Wohlstand auf der anderen Seite schienen eine Art gesellschaftspolitischer Kompromiß zu sein, der die Basis für einen nationalen Konsens der Vereinigten Staaten abgab. Es waren freilich nicht alle in diesen Interessenausgleich eingeschlossen. Im Gegenteil: Frauen, unorganisierte Arbeitnehmer und Minderheiten waren mehr oder weniger direkt aus diesem Wohlstandsideal ausgeschlossen. Hinzu kam, daß sich in der Nachkriegszeit eine charakteristische Verschiebung der Industriezentren vom gewerkschaftlich hochorganisierten Nordosten nach dem unorganisierten Südosten ergab, die dafür sorgte, daß die Zahl der unorganisierten Arbeitskräfte, die sich zu alledem auch noch aus Minderheiten rekrutierten, ständig zunahm. Sie hatten mehr und mehr das Gefühl, von der amerikanischen Gesellschaft gleichsam vor die Tür gesetzt worden zu sein.

Zunehmende Staatstätigkeit schließlich war die dritte Säule, auf der die Nachkriegsprosperität der amerikanischen und der Weltwirtschaft ruhte. Nach dem Zweiten Weltkrieg übernahm der Staat in den USA nämlich weitere wichtige wirtschaftliche Steuerungsfunktionen. Schon mit dem Social Security Act von 1935 hatte der Staat die Verantwortung für die Absicherung der Beschäftigten in allen Not- und Krisensituationen übernommen. Mit dem Employment Act von 1946 schließlich verpflichtete sich der amerikanische Wohlfahrtsstaat ausdrücklich, mit wirtschaftspolitischen Mitteln für Vollbeschäftigung zu sorgen, über die Sozialpolitik die Bürger sozial abzusichern und durch Wohnungsbaupolitik eine vernünftige Versorgung mit Wohnraum zu erreichen. Die Bundesregierung übernahm damit die Aufgabe, gesamtwirtschaftliche Unsicherheit soweit wie möglich zu verringern in der Hoffnung, so schwere wirtschaftliche Depressionen wie die Weltwirtschaftskrise von 1929/32 zu vermeiden.

Nach dem übereinstimmenden Urteil der Wirtschaftshistoriker ist dieses Ziel bis 1966 auch tatsächlich erreicht worden. In der langen Phase wirtschaftlichen Wachstums gab es nämlich sehr wohl Konjunktureinbrüche, die zu schweren Krisen hätten werden können, wenn sie außer Kontrolle geraten wären. Die fünf Konjunktureinbrüche der Nachkriegszeit erwiesen sich als eindämmbar durch staatliche Interventionen (öffentliche Bau- und Förderungsprogramme usw.). Zusätzlich flossen große Summen öffentlicher Gelder direkt in die Kassen der Unternehmer zur Unterstützung einer Reihe von wirtschaftlichen Projekten. So wurden der Ausbau von Atomkraftwerken und die Landwirtschaft systematisch mit staatlichen Mitteln gefördert. Staatliche Investitionen im gesamten Transport- und Kommunikationsbereich sowie für ein immer komplizierteres und teureres System von Infrastrukturen senkten nach Bowles, Gordon und Weisskopf zudem die Kosten der Unternehmer so stark, daß man sie ebenfalls als indirekte Subventionierung bezeichnen könnte.

An erster Stelle der staatlichen Förderung und wirtschaftlichen Steuerung stand die mit dem Zweiten Weltkrieg einsetzende und in den Nachkriegsjahren fortgeführte Hochrüstung. Seit dem Zweiten Weltkrieg haben die USA nicht mehr abgerüstet, sondern eine ständige Ausweitung ihrer Rüstungsausgaben betrieben. Dementsprechend stiegen die amerikanischen Rüstungsausgaben von 13 Milliarden Dollar im Jahr 1950 auf rund 250 Milliarden Dollar 1985 an. Gleichzeitig stieg der Anteil der amerikanischen Rüstung an den weltweiten Rüstungsausgaben von 10 % auf 30 % (1950 gab die Welt 125 Milliarden Dollar für Rüstung aus, 1985 über 600 Milliarden). Die Vereinigten Staaten entwickelten sich mehr noch als die Sowjetunion zu einer gigantischen Schmiede modernster Waffensysteme – auch wenn der Anteil der Rüstungsproduktion am Bruttosozialprodukt in der Sowjetunion ungleich größer war und blieb als in den Vereinigten Staaten. Die immensen Kosten und steigenden Anteile der USA an den Weltrüstungsaufwendungen machen weniger die Kanonen und Panzer aus, sondern teure Flugzeuge, Raketen, Weltraumwaffen, Kommunikationssysteme, Datenverarbeitung und – mit gewissen Einschränkungen – die Raumfahrt. Diese Rüstungsindustrien waren es auch, die das Gesicht der amerikanischen Wirtschaft allmählich mehr und mehr zu prägen begannen, während die alten Industrien der Massenkonsumgesellschaft – wie die Auto- und Stahlindustrie – zunehmend an Bedeutung verloren und zum Teil von europäischen und japanischen Konkurrenten verdrängt wurden.

Zentrale Bedeutung sollte die staatliche Förderung der Rüstung nämlich vorwiegend auf dem Gebiet der Innovationsförderung und Forschung haben, die im Zusammenhang mit Rüstungsprojekten seit dem Zweiten Weltkrieg verbunden war. Zum erstenmal in der Geschichte wurde während des Zweiten Weltkriegs systematische Forschung zum Zweck der Entwicklung von Waffen und ihrer Abwehr betrieben. Die Entwicklung der Atombombe verdanken wir der systematischen Suche nach Massenvernichtungsmitteln. Sie leitete eine neue Dimension von Rüstung ein, nämlich das technologische Wettrüsten zweier nuklearer Weltmächte. 1950 etwa besaß auch die Sowjetunion Atombomben und mit ihr zusammenhängende Waffensysteme, so daß Rüstung nun nicht mehr einfach nur Anhäufen von Waffen bedeutete, sondern, der neuen Logik nuklear gerüsteter Weltmächte folgend, mehr und mehr Entwicklung immer tödlicherer und weitreichenderer Waffensysteme: Flugzeuge, Raketen, abgestufte Gefechtsfeldwaffen, Weltraumwaffen. Rüstung stand also für Produktion von technologischem Fortschritt, gerade in den Bereichen, wo technologische Innovationen sehr großen finanziellen und infrastrukturellen Aufwand erforder(te)n. Der Anteil von Forschung in allen Sparten der Rüstungsindustrie belief sich in den USA daher auf 50 bis 60 % des gesamten Produktionswertes, während sie zum Beispiel in der zivilen Industrie der Vereinigten Staaten bei weit unter 10 % zu liegen pflegte. Mehr als 100 Milliarden Dollar gab die Regierung der USA pro Dekade allein für die Forschungen in Luft- und Raumfahrt aus, für Elektronik, Nachrichtentechnik und Datenverarbeitung. 70 % der Gelder flossen in die Forschungsabteilungen weniger großer Industriekonzerne, denn der Rüstungssektor war von Anfang an besonders hochkonzentiert. Der Löwenanteil dieser Mittel wiederum floß in die Elektronik und Datenverarbeitung, die fast 90 % der gesamten Rüstungskosten in den sechziger und siebziger Jahren ausmachte. Und infolgedessen flossen die Mittel auch direkt in jene Forschungs- und Entwicklungsarbeit, die am Ende zu den bahnbrechenden Innovationen in der elektronischen Datenverarbeitung führen mußten.

Die Kehrseite davon war natürlich, daß ganze Industriezweige vorwiegend oder doch maßgeblich von Rüstungsaufträgen abhängig wurden, so die Luftfahrtunternehmen oder der Schiffbau. Einzelne Unternehmen der Automobilbranche konnten sich angesichts der weltweiten Konkurrenz in den siebziger Jahren nur halten durch gigantische staatliche Aufträge zum Bau von Panzern oder anderer Militärfahrzeuge (Chrysler). Unbestreitbar war und ist der Rüstungssektor in den USA verantwortlich für einen erheblichen Teil der wirtschaftlichen Stabilität und Entwicklungsdynamik der Vereinigten Staaten – und natürlich auch für ein gewisses Maß an Beschäftigung. Der Rüstungsboom in den USA nach 1937 war schon verantwortlich für das Gelingen des New Deal, insbesondere für die Vollbeschäftigung. Erst «Mr. Win the War», so pflegte man in den USA zu sagen, ließ «Mr. New Deal» funktionieren, erst das große Rüstungsprogramm vor dem und im Zweiten Weltkrieg erwies sich als das New Deal-Programm, das wirklich Vollbeschäftigung herstellte. Nach dem Zweiten Weltkrieg setzten Hochrüstung und technologischer Rüstungswettlauf den Vollbeschäftigungseffekt fort. Selbst in der lang anhaltenden Krise der siebziger Jahre erwies sich der Rüstungssektor der USA als einziger Faktor der Stabilisierung.

Sowenig bestreitbar der Beschäftigungseffekt ist, so problematisch sollte er auf Dauer sein. Nicht nur dadurch, daß mit der Rüstungs- und Staatsabhängigkeit vieler Konzerne und ganzer Industriezweige ihre internationale Konkurrenzfähigkeit verlorenging (sie mußten sich ja nicht mehr gegen die Konkurrenz behaupten), die Arbeitsplätze von daher technologisch rückständig, die Arbeitsleistung weniger produktiv und die Arbeitshaltung weniger motiviert waren. Sondern auch, weil die hier entstandenen und erhaltenen Arbeitsplätze in zunehmendem Maße nur hochqualifizierten Arbeitskräften zugute kamen (Wissenschaftlern, Ingenieuren, Technikern) und immer weniger normal Qualifizierten. Der Beschäftigungseffekt der Rüstung wurde selbst Teil des Beschäftigungsproblems und damit der Krise. Denn dort, wo mit der Krise der siebziger Jahre die Probleme auftauchen sollten, bei der Massenarbeitslosigkeit im unteren Teil der Qualifikationspyramide, sorgte auch die Hochrüstung nicht mehr für sichere Arbeitsplätze oder gar für einen nennenswerten Beschäftigungseffekt.

Hauptaufgabe staatlicher Steuerungspolitik im Nachkriegsboom der USA war also die Herstellung von Vollbeschäftigung und damit eines Mindestmaßes an wirtschaftlicher Sicherheit. Das Knüpfen eines sozialen Netzes für alte, arbeitslose und einfach nur verarmte US-Bürger, die Herstellung einer langfristigen Entwicklungs- und Produktions- wie Konsumtionsperspektive und die Stabilisierung von wirtschaftlichem Wachstum, Wohlstand und sozialem Fortschritt für die einzelnen war und blieb – trotz aller Abstriche – das Kernstück staatlichen Wirtschaftshandelns. Das Sozialbudget der USA stieg infolgedessen bis 1966 ständig an und machte auf dem Höhepunkt seiner Expansion fast 50 % des amerikanischen Sozialproduktes aus. Die USA waren zu einem vollwertigen Sozialstaat geworden, auch wenn viele der institutionellen Lösungen weit hinter dem zurückblieben, was nach 1950 in europäischen Sozialstaatskonzepten verwirklicht wurde. Eine Reihe europäischer Kritiker haben deshalb in Zweifel gezogen, ob die USA überhaupt dem Anspruch eines Sozialstaats gerecht werden. Tatsächlich aber war die reale Verbesserung der Lage des größten Teils der amerikanischen Bevölkerung gerade mit der Ausweitung sozialer Leistungen und dem Aufbau sozialer Netze verbunden. Das Beschäftigungsrisiko, das Krankheits- und Invaliditätsrisiko, das die amerikanische Arbeiterschaft seit Ende des 19. Jahrhunderts besonders massiv bedroht hatte, wurde auf ein Minimum reduziert, wenn auch nicht völlig ausgeschaltet. Daß staatliche Vorsorge damit neben der Erwerbsarbeit zu einer beschäftigungsunabhängigen Quelle für den abhängig beschäftigten Teil der Erwerbsbevölkerung wurde, war für die USA etwas völlig Neues und stellte mehr noch als in Europa eine historische Wende in der Sozialgeschichte dieses Landes dar, das seiner Tradition nach eher der aggressiven Selbstbehauptung als dem Solidaritätsprinzip verpflichtet war. Die Einkommen der Arbeitnehmer stiegen zwischen 1948 und 1966 real um 2,1 % jährlich und lagen somit sogar über der Wachstumsrate der amerikanischen Wirtschaft. Die Arbeitslosigkeit sank dramatisch ab und erreichte 3 %, das Einkommen einer vierköpfigen Familie stieg auf durchschnittlich 25 000 Dollar oder etwa 60 000 DM im Jahr. Die Versorgung der amerikanischen Bevölkerung war in den beiden Nachkriegsjahrzehnten etwa doppelt so gut wie die der Europäer, viermal so gut wie die der Japaner, und das Versorgungsniveau der Sowjetmenschen wurde gar um das Zehnfache übertroffen.

«Der industrielle Leitgedanke …

… fordert die Schaffung einer nützlichen Idee und deren Vervielfältigung ins Abertausendfache, bis sie allen zugute kommt.» Ein Wort von Henry Ford.

Als Friedrich der Große den Pfandbrief einführte, wollte er eigentlich nur den Geschädigten des Siebenjährigen Krieges in Schlesien zu Krediten verhelfen. Aber wir sehen: Eine nützliche Idee ist oft nicht aufzuhalten und «vervielfältigt sich ins Abertausendfache».

Pfandbrief und Kommunalobligation

Meistgekaufte deutsche Wertpapiere - hoher Zinsertrag - schon ab 100 DM bei allen Banken und Sparkassen

Verbriefte Sicherheit

Der Wiederaufstieg West- und Mitteleuropas. Eine der auffallendsten Erscheinungen in der Nachkriegszeit war, so hatten wir gesagt, die Expansion der außenwirtschaftlichen Beziehungen der USA. Der Export stieg zwischen 1930 und 1960 um 400%, der Import um 300%, die Integration der amerikanischen Wirtschaft in den Welthandel stieg von 5% des Bruttosozialprodukts auf etwa 15% am Ende der sechziger Jahre. Die Bedeutung der außenwirtschaftlichen Beziehungen lag demzufolge mehr in ihrer Auswirkung auf die Weltwirtschaft als auf die Binnenwirtschaft der Amerikaner, denn mit 15% blieb der Außenhandel doch eine relativ unwichtige Größe. Die Außenwirtschaftsbeziehungen der USA waren daher ein Instrument der Ordnung und Beherrschung der Weltwirtschaft. Dies galt ganz besonders für die amerikanischen Hilfsprogramme für Europa. Deren entscheidende Bedeutung bestand darin, daß sie gerade in der Phase totaler wirtschaftlicher Zerstörung große Mengen Dollar in die gleichwohl technologisch weiterentwickelte europäische Wirtschaft pumpten und die Volkswirtschaften Europas mit gigantischen Devisenvorräten versorgten, um die wichtigsten Rohstoffe und Importgüter aus den USA und den überseeischen Gebieten zu beziehen. Deshalb war der Marshallplan nach Ansicht vieler Historiker in seiner Rolle als Instrument amerikanischer Wirtschaftspolitik tatsächlich ein Rettungsanker für die europäische Nachkriegsgeschichte. Er schaffte überhaupt erst stabile Verhältnisse und ein Mindestmaß an ökonomischer Handlungsfähigkeit. Ohne die Dollar-Milliarden wäre der wirtschaftliche Aufschwung der europäischen Volkswirtschaften nach dem Krieg möglicherweise in der Devisenknappheit hängengeblieben.

Seine langfristig wohl entscheidende Bedeutung besaß der Marshallplan allerdings nicht auf der finanziellen Ebene. Seine Funktion als Weichenstellung für die europäische Nachkriegsgeschichte lag wohl darin, daß er die Europäer zwang, wirtschaftliche Kooperation und Integration statt Abschottung und Konkurrenz zu suchen. Die Amerikaner verbanden ihre Wirtschaftshilfe nämlich mit der Vorstellung, daß ohne eine europäische Wirtschaftsintegration schnell Industrien und Wirtschaftspotentiale wieder entstehen könnten, die erneut eine krisenhafte Überproduktion auf den ohnehin begrenzten europäischen Märkten schaffen würden. Eine solche krisenhafte Zuspitzung der industriellen und ökonomischen Beziehungen in Europa aber wollten die Amerikaner auf jeden Fall vermeiden, da sie gerade der mangelnden Kooperation die Hauptschuld für die europäischen Konflikte und

Kriege gaben. Die Empfängerländer des Marshallplans waren daher mehr oder weniger gezwungen, sich zu einer gemeinsamen europäischen Wirtschaftskommission zusammenzuschließen, der OEEC, die, ergänzt um eine Europäische Zahlungsunion, zur Vorläuferorganisation der Europäischen Wirtschaftsgemeinschaft wurde, die 1957 aus den Römischen Verträgen zwischen der Bundesrepublik Deutschland, Frankreich, Italien und den Benelux-Ländern hervorging.

Die Folgen der Marshallplan-Kredite und der politischen Auflagen darf man wohl als erstaunlich bezeichnen: In den zwei Jahrzehnten nach 1950 übernahm die europäische Wirtschaft wieder eine Führungsrolle in der Weltwirtschaft. 1950 betrug ihr Anteil am Weltinlandsprodukt 37 %, 1969 gut 41 %; der Anteil der USA sank im gleichen Zeitraum von 41 % auf 35 %. Das europäische Wirtschaftswachstum der Nachkriegsjahre war doppelt so hoch wie das der USA: In Europa stieg das Pro-Kopf-Sozialprodukt jährlich um 4,4 %, in den USA um gut 2 %. Der Anteil der Europäischen Gemeinschaft am Welthandel betrug in den sechziger Jahren 24 %, der der Vereinigten Staaten 16 %. Die Spitzenposition der Weltwirtschaft errang die europäische Industrie, deren Anteil an der Weltproduktion von 39 % (1950) auf 50 % Ende der sechziger Jahre anstieg. Jeder zweite Dollar, der 1970 zum Beispiel von der Weltindustrie erwirtschaftet wurde, kam aus Europa, denn keine Weltregion – auch Japan nicht – erlebte in so kurzer Zeit und auf so engem Raume einen so intensiven Industrialisierungsschub wie West- und Mitteleuropa. Dieser Trend, der im übrigen für alle europäischen Länder galt, hatte seine eindeutig benennbaren Träger: Europa stieg zum Weltzentrum der Automobilproduktion, der Massenkonsumgüter, der Chemieproduktion, der Werkzeugmaschinen und der Industrieanlagen auf. In nur zwanzig Jahren stieg die Zahl der zugelassenen Personenkraftwagen in der Europäischen Gemeinschaft von 7,8 auf 80 Millionen Fahrzeuge an. Die Neuproduktion von Personenwagen betrug im Jahre 1950 etwa 1,9 Millionen Fahrzeuge, im Jahre 1970 hatte sie nahezu 8 Millionen erreicht.

Der wichtigste Werkstoff der Automobilproduktion war und blieb Stahl. Der Automobilboom zog daher einen Stahlboom nach sich. Produzierten die führenden Industrieländer Europas um 1950 jährlich noch weniger als 20 Millionen Tonnen Stahl, so war ihre Produktionsleistung im Jahre 1969/70 auf mehr als 100 Millionen Tonnen angewachsen. Ähnliche Wirkungen des Autos zeigten sich natürlich auch beim Erdöl: Hier belief sich der jährliche Import der Europäischen

VWs vor der Verschiffung

Wirtschaftsgemeinschaft Ende der fünfziger Jahre auf wenig mehr als 65 Millionen Tonnen, 1970 erreichte er in der Europäischen Gemeinschaft mehr als 360 Millionen Tonnen. Bei der Steigerung muß natürlich berücksichtigt werden, daß Erdöl Mitte der sechziger Jahre Kohleprodukte bei der Energieerzeugung und bei der Heizung mehr und

Prunkstücke der Konsumkultur: Einkaufszentren und Passagen

mehr zurückdrängte. Von besonderer Bedeutung war schließlich auch die Auswirkung des Automobilbooms auf Straßen- und Städtebau. Allein die Autobahnstrecken in der Bundesrepublik, in Frankreich und in Italien wuchsen in den frühen siebziger Jahren auf ca. 15 000 Kilometer an. Das wirtschaftliche Wachstum der Nachkriegsjahre, der Bau von Trabantenstädten und Neubauvierteln, die Anbindung von Wohngebieten, Industriebezirken und Innenstädten, die sich in Verwaltungs- und Handelszentren verwandelten, an Autobahnen und Schnellstraßen sowie die ständig anhaltende Zuwanderung von Arbeitskräften aus dem ländlichen Bereich und dem Ausland ließ Europas Städte parallel zur Massenmotorisierung anschwellen. So verdoppelte sich Paris auf 7,3 Millionen Einwohner, Rom erreichte die 2-Millionen-Grenze, und die Einwohnerzahl des Ruhrgebiets stieg von 2,5 auf 5 Millionen Menschen an. Lediglich Berlin und London verloren Einwohner. Die beiden Teile Berlins schrumpften auf insgesamt 3,2 Millionen, die Bevölkerung Londons ging auf 8 Millionen Einwohner zurück.

Das Auto nahm in den wichtigsten westeuropäischen Ländern folglich den ersten Platz bei der Liste der ausgeführten Güter ein. In der Bundesrepublik Deutschland machten die exportierten Pkw in den siebziger Jahren rund 17% aller ausgeführten Waren aus. In Frankreich lag die Zahl bei 20%, in Großbritannien und Italien sogar bei über 20%. Schließlich entwickelte sich die Automobilindustrie zum wichtigsten Einzelarbeitgeber, denn gut 20 von 100 Beschäftigten in der Europäischen Gemeinschaft verdienten ihr Geld durch, am und mit dem Auto. Der größte Teil davon war nicht direkt in der Automobilherstellung beschäftigt, sondern im Straßenbau, in Verkehrsbetrieben, in der Kraftfahrzeugreparatur, in der Zulieferindustrie, im Dienstleistungs- und Tankstellengewerbe. Keine Frage: das Automobil entwickelte sich in den wichtigsten europäischen Ländern zum Konjunkturmotor und zum wichtigsten Konsumgut der Nachkriegsjahre. Als solches dürfte es auch mit Sicherheit für das schnelle Wachstum des Bruttosozialproduktes verantwortlich sein, das in den Jahren von 1950 bis 1970 um durchschnittlich 400% in der Europäischen Gemeinschaft gestiegen war.

Das Automobil sicherte ein nahezu krisenfreies Wirtschaftswachstum, das lediglich zweimal, 1958 und 1967, von einer leichten wirtschaftlichen Rezession unterbrochen wurde. Daher brachten die beiden Jahrzehnte zwischen 1950 und 1970 ein bis dahin unbekanntes Maß an Vollbeschäftigung. Die Zahl der Erwerbslosen sank von fast 10% (1950) auf etwa 1% (1970) der Erwerbstätigen in ganz Europa ab. Und trotz der hohen Nachkriegsarbeitslosigkeit reichte das Arbeitskräfteangebot der westeuropäischen Industriestaaten nicht aus, um dieses gigantische Wirtschaftswachstum zu bewältigen. Anfang der siebziger Jahre herrschte trotz einer Bevölkerung von etwa 150 Millionen Einwohnern wachstumsbedingte Knappheit an Arbeitskräften, die nur mit dem Arbeitskräftebedarf in der Wachstumsphase Ende des 19. Jahrhunderts verglichen werden kann. Diesmal waren es etwa 10 Millionen Flüchtlinge und Vertriebene aus den deutschen Ostgebieten und aus der DDR, die den Arbeitsmarkt vergrößerten, sowie eine wachsende Zahl von Arbeitsimmigranten, von denen allein 5 Millionen in die Bundesrepublik kamen, um das Loch im Arbeitsmarkt zu stopfen. Sie stammten in der Regel aus den armen, immer noch landwirtschaftlich zurückgebliebenen Gebieten Südeuropas, eine erhebliche Anzahl von ihnen gar aus außereuropäischen Gebieten, aus der Türkei und Nordafrika.

Das Auto hätte diese Rolle in der Nachkriegszeit allerdings kaum spielen können ohne den gemeinsamen Markt, also ohne die europäische Integration und die sich daraus ergebende Öffnung der Märkte und Absatzmöglichkeiten. Diese Öffnung kam zwangsläufig und insbesondere den größten Automobilproduzenten, den großen Konzernen der Bundesrepublik Deutschland zugute. Freilich wäre diese europäische Integration nicht zustande gekommen, wenn sie allein der deutschen Industrie, namentlich der deutschen Automobilindustrie gedient hätte. Auch andere EG-Staaten sahen ihren Vorteil in der Kooperation. Mindestens aber die beiden größten kontinentalen Wirtschaftsräume, die Bundesrepublik Deutschland und Frankreich, fanden in der Europäischen Gemeinschaft eine Formel, die den Charakter eines stillschweigenden Paktes hatte. Er lief darauf hinaus, westdeutschen Industriewaren jenen europäischen Markt zu verschaffen, den deutscher Imperialismus und deutsches Großmachtstreben in zwei Kriegen nicht hatten schaffen können. Den europäischen Agrarproduzenten Frankreich, Italien und den Benelux-Ländern bot die Kooperation im Gegenzug eine Art europaweite Abnahmegarantie ihrer Produkte und eine Einkommensabsicherung, die die ansonsten unausweichliche Preisschere zwischen Industrie- und Agrargütern in Europa zumindest sich nicht verhängnisvoll öffnen ließ. Dieser heimliche Grundvertrag der europäischen Integration war eine Übernahme von New Deal-Ideen, und er lief ebenfalls – wie wir noch sehen werden – auf die Produktion von landwirtschaftlichen Überschüssen durch Entkoppelung von ländlichen Einkommen und landwirtschaftlicher Produktion hinaus. Die Abschaffung aller Zölle und mengenmäßigen Beschränkungen in den Gemeinschaftsländern, die Einführung eines gemeinsamen Zolltarifs nach außen, die Beseitigung von Hindernissen für den freien Personen-, Dienstleistungs- und Kapitalverkehr, die Einführung einer gemeinsamen Agrarpolitik, eines einheitlichen Wettbewerbsrechtes, die Koordinierung der Wirtschaftspolitik, die Schaffung eines Europäischen Sozialfonds, die Einrichtung einer Europäischen Investitionsbank, die Übertragung internationaler Regelungen an die Europäische Gemeinschaft und die Assoziierung überseeischer Länder schufen vor diesem Hintergrund genau jene Rahmenbedingungen im binnen- wie im außenwirtschaftlichen Bereich, der einzelnen Teilgebieten Europas die notwendigen Hürden für ein schnelles Wachstum wegzuräumen vermochte. Ohne Integration und Kooperation in Europa hätte die Nachkriegsindustrialisierung, hätte der Boom der deutschen, französischen und italienischen Wirtschaft wahrscheinlich nicht in dieser Weise stattgefunden oder wäre in einer schwerwiegenden Krise geendet.

Trotz des EG-Paktes zwischen Landwirtschaft und Industrie ergaben sich für alle westeuropäischen Industrieländer schwerwiegende Veränderungen in der Landwirtschaft – und zwar in Gestalt einer umfassenden Strukturverschiebung zwischen Land und Stadt, in der im Zuge der Nachkriegsentwicklung in Industrie und Dienstleistungssektor neue Arbeitsplätze geschaffen wurden, die Lebensbedingungen sich verbesserten und höhere Einkommen erreicht werden konnten. Allein in den Kernländern der EG verließen in den beiden Jahrzehnten nach dem Krieg über 15 Millionen Menschen die Landwirtschaft und wanderten in die Städte ab in der Hoffnung, Arbeitsplätze zu finden, die sie in der Mehrzahl jedoch nicht in der Industrie fanden, sondern in dem Bereich, den wir etwas vergröbernd «Dienstleistungssektor» nennen. Für die verbliebenen landwirtschaftlichen Betriebe bedeutete diese drastische Abwanderung, diese plötzliche Verminderung des Arbeitskräftepotentials einen geradezu unabweichlichen Zwang zur Technisierung und Spezialisierung. Diese Tendenz sollte geradezu zur wirtschaftlichen und ideologischen Basis der Nachkriegslandwirtschaft werden. Der Prozeß der Modernisierung und Neuausstattung der bäuerlichen Betriebe war Mitte der siebziger Jahre so gut wie abgeschlossen. Den etwa 200000 Traktoren in der EG zu Beginn der fünfziger Jahre standen Ende der sechziger Jahre fast 2 Millionen Traktoren gegenüber. Anfang der fünfziger Jahre war das Leben auf dem Lande fast immer noch mittelalterlich zu nennen: viele Dörfer waren isoliert von der städtischen Entwicklung, die meisten Bauernhäuser ohne Anschluß an Kanalisation und Frischwasserversorgung, in vielen Häusern war die Ausstattung altertümlich: Lehmboden, gußeiserner Herd für Holz, Betten mit Strohsäcken. Mitte der siebziger Jahre hingegen gab es kaum noch einen Bauernhof, der nicht neu gebaut oder modernisiert worden war. Die Ausstattung der bäuerlichen Haushalte mit Fernsehgeräten, Kühlschränken, Waschmaschinen und Automobilen lag sogar leicht über dem gesamtgesellschaftlichen Durchschnitt. Nach zwei Jahrzehnten landwirtschaftlicher Förderungs- und Entwicklungspolitik waren auch die Einkommen der Bauern schnell gestiegen, gleichzeitig änderte sich die soziale Schichtung auf dem Lande völlig. Mit der Völkerwanderung vom Dorf in die Stadt verschwand die bäuerliche Unterschicht, verschwanden die Knechte, Mägde und Handlanger, die Bevölkerungsstruktur konzentrierte sich fast ausschließlich auf den bäuerlichen Familienbetrieb. Der allerdings teilte sich auf in weit auseinanderdriftende Einkommensklassen: einerseits auf die steigende Zahl von Großbauernhöfen mit mehr als 50 Hektar Land, andererseits auf die ebenfalls wachsende Zahl der Nebenerwerbslandwirte, die von den Erträgen ihres Hofes längst nicht mehr leben konnten und ihr Auskommen in industrieller Arbeit oder in Dienstleistungsberufen suchten.

Natürlich verlief die Nachkriegsentwicklung in den wichtigsten europäischen Industriegesellschaften – je nach Ausgangslage bei Kriegsende – nicht deckungsgleich. Wie hätte es auch anders sein können angesichts der völlig unterschiedlichen Industrialisierungsgeschichte. Daran konnte auch die Integration nichts ändern, die ja keine einheitliche Industrialisierung, sondern nur ein allmähliches Zusammenwachsen der Märkte war.

Der Aufstieg der Bundesrepublik Deutschland zum Zentrum der westeuropäischen Industrieproduktion war ohne Frage eine direkte Folge der Kriegsindustrialisierung, wie wir sie im vergangenen Kapitel skizziert haben. In Verbindung mit amerikanischen Hilfsmaßnahmen erwies sich die durch den Krieg vorangebrachte Industrie Deutschlands allen Konkurrenten weit überlegen. Die stabilen Währungsverhältnisse, die mit der Marshallplanhilfe verbunden waren, und die Öffnung der europäischen Märkte taten ein übriges, um das westdeutsche Wirtschaftswunder zu ermöglichen. Seine Grundlagen bestanden im wesentlichen in der Nutzung kriegsbedingter niedriger Löhne und Gehälter, in geringfügigen Investitionen in eine im Grunde intakte und hochproduktive Industrie und in geschickter Ausnutzung der sich öffnenden Märkte, ohne die die deutsche Wirtschaft wahrscheinlich bald an einer schnell eintretenden Überproduktion erstickt wäre. Dem Wirtschaftswunder kam 1953 der Ausbruch des Korea-Krieges entgegen, der die Amerikaner zu einem zeitweiligen Rückzug von gewinnbringenden Märkten zwang und die Lücke der westdeutschen Industrie gleichsam überließ. Mit dem Korea-Boom nahm denn auch das Wirtschaftswunder den richtigen Anlauf: Die Arbeitslosenzahl (1950 immer noch 10 %) sackte auf unter 3 % ab, das Bruttosozialprodukt stieg jährlich um 10 % und vervierfachte sich zwischen 1950 und 1970. Im Verlauf des Korea-Booms kletterte der VW-Konzern mit ca. 30 Millionen Neuwagen zwischen 1948 und 1970 an die Spitze der europäischen Automobilproduktion und schaffte als einziger europäischer Hersteller den Sprung unter die fünf größten Industrieunternehmen der Welt. In diesem Sog wuchs auch die deutsche Chemieindustrie zu neuer Weltgeltung heran, und selbst die deutsche Stahlindustrie, die vom Automobilboom profitierte, vermochte sich in die Weltspitzenposition multinationaler Konzerne zu manövrieren.

Dem Bedeutungsanstieg deutscher Unternehmen auf dem Weltmarkt entsprach eine beispiellose Konzentration der Unternehmen in der Bundesrepublik Deutschland selbst. 1950 beherrschten die zehn größten Unternehmen der einzelnen Wirtschaftsbranchen im Durchschnitt nicht einmal ein Drittel der Märkte. 1960 beherrschten sie 35 %, 1970 fast die Hälfte. Über Konzentration und Gewinnexplosion wurde die Bundesrepublik Deutschland zum extrem exportorientierten Industrieland (1980 = 23 % des BSP). In der Europäischen Gemeinschaft stieg die Bundesrepublik zum Industrieland Nr. 1 auf, denn die meisten Produkte, die in der BRD hergestellt wurden, blieben innerhalb des Gemeinsamen Marktes. Deutschlands Großunternehmen wuchsen zu Euro-Konzernen heran, deren Größe und Konkurrenzfähigkeit sich vor allem an der Beherrschung der europäischen Märkte orientierte. Mitte der sechziger Jahre begannen sogar die größten BRD-Konzerne sich zu Multis zu entwickeln, zum Beispiel das Volkswagenwerk mit seinen Produktionsstätten in den USA, in Mexiko und Brasilien oder die westdeutschen Chemiekonzerne BASF, Bayer und Hoechst mit ihren Tochterfirmen in der ganzen Welt.

Die sechziger Jahre brachten aber auch wichtige Veränderungen im Inneren der Bundesrepublik Deutschland. Die abhängige Erwerbstätigkeit stieg auf nahezu 90 % an, die Arbeitslosigkeit sank auf unter 1 % ab. Mit der Verknappung der Arbeitskräfte stiegen die Löhne und nahm der Einfluß der Gewerkschaften zu (Anstieg der Mitglieder von 5 auf 8 Millionen bzw. auf 40 % der Beschäftigten). Die Bruttolohnquote, also das Einkommen aus unselbständiger Arbeit im Verhältnis zum Volkseinkommen, stieg folglich von 58 auf über 70 % an, die Wohnungsversorgung erreichte die Traumzahl von 30 Millionen Wohneinheiten. 70 von 100 Haushalten in der Bundesrepublik besaßen 1970 ein eigenes Auto, 90 % der Haushalte einen Fernseher, einen Kühlschrank, einen Staubsauger oder ein Radio. Gewinn- und Einkommensanstieg hatten die Bundesrepublik Deutschland zum Musterland der Nachkriegsentwicklung in Europa gemacht mit dichtem Autobahnnetz, funktionalistischen Städten, mit ausgedehnten Eigenheimsiedlungen und einem Grad der Automobilisierung, die dem der USA nur wenig nachstand. Nicht von ungefähr machte die Bundesrepublik den amerikanischsten Eindruck in Europa – im übrigen auch innen- und wirtschaftspolitisch, denn nirgendwo entwickelte sich das Verhältnis von Gewerkschaften und Unternehmern so stark nach amerikanischem Vorbild wie in der «sozialen Marktwirtschaft», die in fast allen Punkten eine Nachschöpfung des New Deal war, in vielem nur durchschlagender, perfekter, fast möchte man sagen: preußischer.

Frankreich hingegen hatte nach dem Zweiten Weltkrieg noch immer an den Strukturproblemen zu leiden, die seine Entwicklung vor dem deutschen Einmarsch 1940 bestimmt hatten. Noch immer dominierte die Landwirtschaft das Bild der französischen Wirtschaft – trotz zweier Industrialisierungsschübe in den zwanziger und dreißiger Jahren. Die Bedeutung der Landwirtschaft in Frankreich war Ende der vierziger Jahre nahezu doppelt so groß wie in der Bundesrepublik Deutschland und viermal so groß wie in Großbritannien. Die weitere Industrialisierung Frankreichs stand daher auch in den ersten Nachkriegsjahren auf der Tagesordnung. Wie nach dem Ersten Weltkrieg, als eine weitverbreitete Inflationsmentalität nach Jahrzehnten der Geldwertstabilität die Industrie ankurbelte, setzte sich auch nach dem Zweiten Weltkrieg ein Aufschwung mit Inflation durch. Wieder verschlechterte die Inflation die Lage der Bauern, schuf Geld für Industrialisierungsprojekte und begünstigte die Spekulation, insbesondere die Boden- und die Devisenspekulation. Daß es überhaupt zu solcher Spekulation kommen konnte, hatte etwas mit der riesigen Dollarspritze von etwa 7 Milliarden Dollar zu tun, die aus dem Marshallplan nach Frankreich geflossen waren und anders als in der Bundesrepublik Deutschland nicht auf eine Industriestruktur traf, die gleichsam auf einen Impuls wartete, sondern auf ein Land, das weitgehend noch der Entwicklung harrte.

Um die Nachkriegsindustrialisierung Frankreichs zu erklären, muß man neben Inflation und amerikanischer Hilfe noch einen dritten Faktor nennen, nämlich die langsame Entkolonisierung, die Aufgabe des französischen Kolonialbesitzes. Auf den ersten Blick sollte man zwar meinen, das habe sich für die französische Wirtschaft eher negativ ausgewirkt, führten die Franzosen doch zwei schwere und verlustreiche Kriege in Indochina und Algerien. Zweifellos litt die französische Wirtschaft in der Nachkriegszeit auch darunter, aber diese Konflikte hatten im Rückblick eine positive Auswirkung auf die französische Entwicklung. Die Entkolonisierung führte zur Repatriierung von französischem Kapital aus den Kolonialgebieten, zum Anstieg der französischen Bevölkerung um einen nicht unerheblichen Teil qualifizierter Arbeitskräfte, und schließlich wurde die französische Wirtschaft gezwungen, sich ganz auf den europäischen Markt zu konzentrieren. Auch wenn der Beitritt Frankreichs zur Europäischen Wirtschaftsgemeinschaft zunächst vornehmlich landwirtschaftliche Motive hatte, so begünstigte die Integration nun auch den industriellen Wandel in Frankreich. Bis 1970 wurde die französische Wirtschaft vollständig auf neue Energieträger, auf Elektrizität, Erdöl und Gas, umgestellt, womit die Franzosen sich endlich aus einer besonderen Klemme befreiten, denn solange Kohle die Energiewirtschaft beherrschte, hatte Frankreich immer unter den zu geringen Kohlelagern und der zu knappen heimischen Energie zu leiden gehabt. Angesichts dessen ist es vielleicht auch verständlich, daß alle französischen Regierungen ab Mitte der fünfziger Jahre den Ausbau von Atomkraftwerken vorantrieben, um Frankreich energiewirtschaftlich soweit wie möglich unabhängig zu machen. Was andererseits die Erzeugung von Konsumgütern betraf, so spielte auch in Frankreich das Auto eine entscheidende Rolle für den gesamten Industrialisierungsprozeß. Zwischen 1949 und 1970 verzehnfachte sich die Zahl der hergestellten Automobile, versechsfachte sich die Produktion von Aluminium, vervierfachte sich die Eisen- und Stahlproduktion, alles in unmittelbarer Folge des Automobilbooms. Eine beachtliche Stellung für Frankreichs Wirtschaft sollte in den fünfziger Jahren auch die Chemieindustrie einnehmen, deren Ausstoß an Chemiefasern zwischen 1949 und 1969 allein um das Fünffache anstieg und mit fast 3 Millionen Tonnen eine durchaus vergleichbare Position einnahm wie Italien und Großbritannien. Wenig entwickelt und daher nicht in vergleichbarem Maße leistungsfähig war und blieb Frankreichs Elektroindustrie, die den heimischen Bedarf mit guten und billigen Haushaltsgeräten kaum zu versorgen vermochte und daher für deutsche, englische und amerikanische Produkte einen lukrativen Markt übrigließ.

Ähnlich wie in Deutschland löste die Industrialisierung der Nachkriegsjahre eine scharfe Konzentration in der Industrie aus. Die Marktbeherrschung durch die zehn größten Unternehmen einer jeden Branche stieg zwischen 1950 und 1970 von weniger als 30 % auf nahezu 65 % des Marktes an. Die Konzentration wurde von der staatlichen Planung geradezu gefördert, um die französische Industrie konkurrenzfähig zu halten, denn die Industriestruktur Frankreichs war immer noch in der Hauptsache von Kleinbetrieben mit autoritärer Unternehmensführung und eher konservativer Mentalität geprägt als von modernen Großunternehmen, von denen die französische Politik erwartete, daß sie die Führungsrolle im Industrialisierungsprozeß übernähmen. Das Bruttosozialprodukt in Frankreich stieg im gleichen Zeitraum denn auch von 87 Milliarden Neue Franc auf 476 Milliarden (in Preisen von 1938), also um fast 600%. Die Industrieproduktion verdreifachte sich, Frankreichs Exportquote stieg bis 1970 auf 18% des Bruttosozialprodukts an. Auch die Ausstattung der französischen Haushalte mit Konsumgütern entwickelte sich zufriedenstellend. 1970 verfügten 50 von 100 französischen Haushalten über ein Auto, 70 über einen Fernseher, einen Kühlschrank, einen Staubsauger und ein Radio. Innenpolitisch aber blieb das Verhältnis von Unternehmern und Gewerkschaften gespannt, nicht zuletzt wegen einer ungebrochenen Tradition des Klassenkampfes und der radikalen Vertretung von Arbeitnehmerinteressen in den französischen Linksparteien – aber wohl auch wegen der staatlich geförderten Konzentrationspolitik. Eine Verbesserung brachte diese Konfrontationspolitik für die französische Bevölkerung allerdings nicht. Die Ergebnisse des wirtschaftlichen Wachstums für die Bevölkerung waren eher Nebenprodukte, und im Vergleich zur Lage der Arbeitnehmerbevölkerung in der Bundesrepublik Deutschland fielen sie nach wie vor recht bescheiden aus.

Großbritanniens Probleme in der Nachkriegszeit rührten vor allem von der Unfähigkeit der britischen Wirtschaft her, jene Strukturprobleme zu lösen, die aus der auf Dauer verhängnisvollen Orientierung der britischen Wirtschaft an Kolonialreich und Commonwealth entstanden bei gleichzeitiger Vernachlässigung der anstrengenden europäischen Märkte. Daran hatte auch die Hochrüstung und die damit verbundene Industrialisierung während des Krieges nichts geändert. Eine Ausnahme bildeten lediglich die Flugzeugindustrie und die Nachrichtentechnik. Hier sollte sich auch nach dem Zweiten Weltkrieg zeigen, wie leistungsfähig die britische Industrie sein konnte (auch was die Weiterentwicklung der Nachrichtentechnik zur elektronischen Datenverarbeitung betraf). Insgesamt aber wurde die britische Wirtschaft auch nach dem Krieg von den Problemen der alten Industrien, von Kohle, Eisen, Schiffbau, Textil- und Eisenbahnwesen bestimmt, denen England seine wirtschaftliche Bedeutung im 19. Jahrhundert verdankte. Die britische Entwicklung wurde damit vor ein schweres Dilemma gestellt. Auf der einen Seite Strukturprobleme einer veralteten, kolonialorientierten Industrie, auf der anderen Seite eine allmähliche Schrumpfung des Kolonialbesitzes und infolgedessen ein zum Teil dramatischer Rückgang der traditionellen Industrien. Die Zahl der Beschäftigten in der Textilindustrie sank bis 1969 um mehr als 60 %, im Bergbau und in der Schiffsindustrie lag der Schwund sogar bei 70 %. Das heißt, Millionen von Arbeitskräften verloren in diesen Zweigen ihren Arbeitsplatz, Tausende von Betrieben machten Pleite, so daß die Wirtschaftspolitik Großbritanniens nicht mit wachstumsbedingten Strukturproblemen zu tun hatte, sondern mit deren Gegenteil, mit dem Fehlen eines ausreichenden wirtschaftlichen Wachstums.

Die Briten versuchten, in den ersten beiden Jahrzehnten nach dem Krieg auf diese Herausforderung mit einer starken Zunahme der Staatstätigkeit zu reagieren. Schon während des Krieges waren Pläne und Vorhaben entstanden, die Vollbeschäftigung und den Strukturwandel durch staatliche Aktivitäten in der Nachkriegszeit zu sichern. Nach 1945 begann die neugewählte Labour-Regierung, den Bergbau, die Eisen- und Stahlindustrie, die Elektrizitätsversorgung, die Eisenbahn und den Güterverkehr auf der Straße zu verstaatlichen. Mit einem gewissen Erfolg, wenn man davon ausgeht, daß in der Nachkriegszeit keine besonders dramatische Arbeitslosigkeit auftrat, obwohl England nicht gerade wenig Strukturprobleme hatte (in den fünfziger und sechziger Jahren lag die Arbeitslosigkeit immer unter 3 %). Die Verstaatlichung konnte den Strukturwandel nicht verhindern (das sollte sie auch nicht), machte ihn aber soweit sozial verträglich, daß er sich nicht als gesellschaftliche Katastrophe auswirkte – was angesichts der Probleme ein gewichtiges Argument sein dürfte. Sie ließ der britischen Wirtschaft damit genügend Spielraum, um sich zu modernisieren, auch wenn das Veränderungstempo dadurch verlangsamt wurde und die Probleme sich bis in die siebziger Jahre hineinschleppten. Am Ende entstand die für die britische Nachkriegssituation so typische Doppelstruktur von rückständiger Altindustrie und expandierenden neuen Industrien, wie Englands Fahrzeugherstellung (Anstieg der Pkw-Produktion von 8 auf 18 Millionen), die elektrotechnische Industrie mit Fernsehgeräten, Radios, Fernmeldeeinrichtungen und Datenverarbeitung und die britische Pharma- und Chemieindustrie, die zum zweitwichtigsten Wirtschaftsfaktor der Insel heranwuchs. Mit neuen Konstruktionen vermochte auch die britische Luftfahrt- und Werftindustrie Anschluß an die Weltmarktentwicklung zu halten (Luftkissenfahrzeuge zum Beispiel). Daher brachten die fünfziger und sechziger Jahre sogar einen deutlichen Aufschwung der britischen Wirtschaft und des britischen Exports – auch wenn Großbritanniens Anteil am Weltexport in den beiden Jahrzehnten insgesamt rückläufig war (1953 = 20 %, 1960 = 15 %). Der Export war allerdings immer noch stark orientiert an den britischen Dominions und am Commonwealth und nur zu einem geringen Teil am langfristig wachsenden europäischen Markt. Als sich im Verlauf der sechziger Jahre die Schwerpunkte der britischen Wirtschaft zwangsläufig nach Europa verlagerten, sank der britische Export auf 10 % ab (bei der Bundesrepublik stieg er im selben Zeitraum auf 20 % an).

Die mangelnde Fähigkeit der britischen Gesellschaft, ihre Strukturprobleme zu lösen, hatte auch im Unternehmensbereich und auf der Seite der Gewerkschaften Folgen. Natürlich vollzog sich auch in der britischen Wirtschaft neben der Verstaatlichung eine scharfe Konzentration, aber die britischen Großunternehmen entstanden nicht aus denselben Gründen wie auf dem Kontinent. Waren sie hier so etwas wie eine Zusammenfassung der ökonomischen Kapazität für den größeren Rahmen des europäischen und Weltmarktes, so spielten sie in Großbritannien eher die Rolle einer Risikorückverlagerung, indem die meisten britischen Großbetriebe sich auf die verschiedensten Industriezweige und Industriegruppen verteilten, um aus der wirtschaftlichen Größe eine höhere Flexibilität bei der Umgestaltung zu gewinnen. Konzentration im klassischen Sinne vollzog sich hingegen in der chemischen Industrie, in der Petrochemie und der Computerindustrie, die ähnlich wie die anderen Industriebranchen des Kontinents Exportpositionen, ja sogar Weltmarktpositionen einzunehmen trachteten. Ähnlich wie die Unternehmen verharrten auch die britischen Gewerkschaften in überkommenen Strukturen, die es praktisch verhinderten, daß Chancen und Möglichkeiten einer britischen Variante von Sozialpartnerschaft hätten ausgeschöpft werden können. Die wirtschaftlichen Entwicklungsmöglichkeiten Großbritanniens blieben daher gerade in den Jahrzehnten des großen Zuwachses beschränkt. Die britische Wirtschaft konnte den Entwicklungsschub der anderen Länder nicht einfach mitmachen, sie war nicht finanzstark und flexibel genug, um eine Industrialisierungsphase durchstehen zu können. Das Bruttosozialprodukt verdoppelte sich in den beiden Nachkriegsjahrzehnten zwar, doch war der Zuwachs ungleich kleiner als in den vergleichbaren Ländern Europas. Er war in den Strukturproblemen des Landes steckengeblieben, Großbritannien blieb das «Sorgenkind» der europäischen Industrialisierung.

Der europäische Wiederaufstieg in den beiden Jahrzehnten nach dem Krieg führte dazu, daß die europäische Wirtschaft ihre Vorkriegsschwäche bis 1970 weit hinter sich ließ. Zwar hatten die Amerikaner immer noch die leistungsstärkste Volkswirtschaft der Welt (nicht zuletzt wegen der überragenden Bedeutung ihrer Rohstoffindustrie und ihrer Landwirtschaft), aber der Vorsprung gegenüber den europäischen Ländern war von Jahr zu Jahr kleiner geworden. Im Welthandel und in der Weltindustrieproduktion wurden die USA gar mühelos von den Europäern überflügelt. Die Europäer vermochten jedoch die Vormachtstellung der Amerikaner in der Weltwirtschaft nicht zu brechen. Das lag nicht zuletzt daran, daß sie die führende Rolle des amerikanischen Dollars in der Weltwirtschaft nicht außer Kraft setzen konnten. Zwar gab es mit Gründung der Europäischen Gemeinschaft die Hoffnung, den Dollar durch eine neue, gesamteuropäische Währung ablösen zu können, aber diese Hoffnung blieb unrealistisch. Mit dafür ausschlaggebend war ohne Zweifel die Tatsache, daß die Amerikaner in den fünfziger und sechziger Jahren die europäische Wirtschaft mit ihrer riesigen Auslandsinvestitionsmasse kontrollierten und beherrschten. Hinzu kam, daß die USA bis in die siebziger Jahre hinein den europäischen Volkswirtschaften in der Entwicklung neuer Technologien weit überlegen waren und ihre Spitzenposition damit stabilisieren konnten. Nach wie vor schließlich waren die Amerikaner die militärische Vormacht der westlichen Welt, und auch damit stärkten sie ihre wirtschaftliche Spitzenposition. Endlich dürfte auch die Rolle der großen, multinational operierenden amerikanischen Konzerne ausschlaggebend gewesen sein, daß die USA trotz des Verlustes an industrieller Energie und ihres Ranges als Welthandelsmacht Nr. 1 ihre Führung – die Führung durch ihre Währung – nicht aufgeben mußten. Einer der größten Konzerne der USA, der Automobilkonzern General Motors, beispielsweise hatte längst soviel Macht und Einfluß wie ganze Staaten und Regierungen, belief sich sein jährlicher Umsatz Mitte der sechziger Jahre doch schon auf einige Milliarden Dollar mehr als der Haushalt der Bundesrepublik Deutschland. Ähnliche Bedeutung nahmen die amerikanischen Konzerne im Ölgeschäft ein, die Mitte der sechziger Jahre den gesamten internationalen Energiehandel kontrollierten und die Preise nach Belieben diktieren konnten. Sie machten damit den Dollar zur Energiewährung, insoweit zumindest der Ölmarkt Dollarmarkt war und blieb. Dasselbe galt und gilt für die großen amerikanischen Firmen der Elektronik und der elektrotechnischen Branche. Kein anderer

Konzern beherrschte so eindeutig seine Branche wie der amerikanische Büromaschinen- und Computerhersteller IBM in den fünfziger und sechziger Jahren den Weltmarkt für Büromaschinen und elektronische Datenverarbeitung. Damit bestimmten die Multis praktisch, was auf den Weltmärkten geschah, obwohl sie nur einen relativ kleinen Anteil zum Welt-Gesamthandel beitrugen – und wenn sich diese Herrschaft auch nur auf die Stabilisierung der Weltwährung, des Dollar, richtete. Ende der sechziger Jahre hatte sich also ein neues Bild der Industrialisierung ergeben. Der Industrialisierungsgürtel, der sich im 19. Jahrhundert von Europa auf die USA ausgedehnt hatte, umfaßte nun nach Krise, Depression und Reorganisation der Weltwirtschaft die USA, die Europäische Gemeinschaft, Japan und den pazifischen Raum. Herzstück dieses Industrialisierungsgürtels aber blieben die USA und die Europäische Gemeinschaft. In den Zentren, vor allem in West- und Mitteleuropa, hatte sich eine engverflochtene Weltwirtschaft formiert, deren Hauptcharakteristikum ein bis dahin unbekanntes Maß an Industriewachstum mit allen Folgen war. Der Prozeß der Industrialisierung hatte seinen (vorläufig) endgültigen Höhepunkt erreicht und begann an die Grenzen seines Wachstums zu stoßen. Das Wachstum verlangsamte sich, in der natürlichen Umwelt wurden die Wunden unübersehbar, die ihr eine gigantische Industrie geschlagen hatte, und der New Deal-Kapitalismus fiel in eine langanhaltende Krise, die die gleichen Ursachen hatte wie das Wirtschaftswunder nach 1945.

Osteuropa von 1950 bis 1970. Wir können uns bei der Betrachtung des industriellen Wiederaufstiegs der Europäer nach 1950 allerdings nicht nur auf West- und Mitteleuropa beschränken. Denn auch die Staaten Osteuropas – bei Kriegsende zum Teil noch reine Agrargesellschaften wie in Polen, Rumänien, Bulgarien, Ungarn – erlebten einen massiven Industrialisierungsprozeß, der Osteuropa zusammen mit der Europäischen Gemeinschaft zur wachstumsstärksten, produktivsten und ökonomisch wichtigsten Weltregion machen sollte. Er verlief aber nach dem Modell, das für die kritische Wertung von Industrialisierung überhaupt eher eine negative Bedeutung hat. Industrialisierung bedeutete Aufbau des Sozialismus. Damit wich sie zwar vom westlich-kapitalistischen Konzept ab, brachte aber keine eigenständige Alternative zuwege. Im Gegenteil, das sozialistische Industrialisierungskonzept orientierte sich an der Produktion von Massengütern, am Bau von Autos, Fernsehgeräten, Kühlschränken, Flugzeugen, am Wohnungsbau und am Ausbau der Städte ebenso wie im westlichen Teil Europas. Es beschleunigte ebenso die Herausbildung von Lohnarbeit – wenn auch in verstaatlichten Betrieben –, von großen Industriestädten und konzentrierten Industrieanlagen (Kombinaten), mit allen sozialen und ökologischen Folgen, die wir auch an der Industrialisierung des Westens noch feststellen werden. Dabei griff der Aufbau des Sozialismus tief in die Gesellschaftsstruktur der Länder ein, ohne damit wirkliche Fortschritte erreichen zu können, und bescherte Osteuropa einen primär ideologisch und machtpolitisch motivierten Weg der Industrialisierung.

Nun könnte man sagen, daß sich eine nähere Betrachtung des sozialistischen Aufbaus daher eigentlich erledige. Doch so einfach kann man sich die Sache nicht machen, obwohl die Bedeutung der osteuropäischen Entwicklung zweifellos nicht entscheidend oder beispielhaft für den Prozeß der Industrialisierung im hier behandelten Zeitraum ist. Denn einerseits spielen die Konzepte des sozialistischen Aufbaus auch außerhalb der osteuropäischen Staaten immer noch eine erhebliche Rolle, andererseits hat die Industrialisierung Osteuropas durch die sozialistischen Gesellschaften sich nicht unerheblich konsolidiert, so daß sie den Prozeß der Industrialisierung auch in Zukunft mitbestimmen und damit selbst Rahmenbedingungen der zukünftigen Entwicklung setzen werden. Das Besondere an diesem Modell, das im übrigen in ähnlicher wirtschaftlicher Kooperation verlief wie in der Europäischen (Wirtschafts-)Gemeinschaft, war und ist kurz gesagt, daß die Industrialisierung weniger nach dem Prinzip der Modernisierung der Produktionsmittel als vielmehr nach dem der Konzentration großer Massen von Arbeitskräften in Kombinaten verfährt. Folglich konnten die Entwicklung der Produktionsmittel und Technologien gegenüber der Entwicklung in den westlichen Ländern rückständig bleiben, da ein Einsparungseffekt von Arbeitskräften durch Rationalisierung oder Automaten und eine damit verbundene Verschiebung der Arbeitsbevölkerung von der Industrie zu den Dienstleistungssparten unerwünscht waren. Die Volkswirtschaften Osteuropas liegen daher technologisch nicht von ungefähr je nach Bereich unterschiedlich weit hinter den westlichen Ländern zurück. Die industrie-praktische und politische Doktrin der osteuropäischen Industrialisierung, das sozialistische Modell nach sowjetischem Vorbild, sah die Stärkung des Industrieproletariats und der Schwerindustrie vor aus Gründen, die einerseits etwas mit dem Modell einer proletarischen Gesellschaft zu tun haben (in der der

Dienstleistungsarbeiter als unsicherer Kantonist gilt), zum anderen mit den spezifischen Industrialisierungsbedürfnissen der osteuropäischen Vormacht Sowjetunion. Sie nämlich betrieb und lenkte die Industrialisierung Osteuropas ganz wesentlich nach ihren rüstungspolitischen Vorgaben, weil die Hochrüstung nach dem Zweiten Weltkrieg geradezu von lebensnotwendiger Bedeutung für die Sowjetunion war.

Die Konzentration auf Schwerindustrie und Rüstungsgüter hatte wiederum oft ungewollt zur Folge, daß die Versorgung der Bevölkerung mit Konsumgütern nicht in den Vordergrund des Industrialisierungskonzeptes trat. Der Massenkonsum war zwar Planungsziel, konnte aber kaum verbessert werden, zumindest gemessen an den Produktionszielen. Sein Ausbleiben machte die Arbeitskräfte allerdings wiederum billig, billig genug, um die Kombination von Arbeitskraft mit rückständigen, arbeitsintensiven Technologien doch wieder sinnvoll werden zu lassen. Es ist selbstverständlich, daß ein Industrialisierungskonzept, das in wesentlichen Punkten einer marktgesteuerten Industrialisierung zuwiderlief, auf umfassender staatlicher Planung mit vorausgreifenden Plänen beruhte, zu deren Durchsetzung die Verstaatlichung der gesamten Industrie, der Landwirtschaft und der Immobilien nötig war. Diese Verstaatlichung des privaten Besitzes war in Osteuropa etwa um 1950 abgeschlossen, mit einer leichten Verzögerung in der DDR und mit unterschiedlicher Konsequenz in der Landwirtschaft. Die Planwirtschaft in Osteuropa betrieb konsequent und systematisch die Verschiebung ökonomischer Schwerpunkte von der Landwirtschaft in die Schwerindustrie. Besonders erfolgreich war das Konzept in den ersten zehn Jahren allerdings nicht. Zwar wuchsen die Volkswirtschaften Osteuropas zwischen 1950 und 1970 schnell an (zwischen 200 und 400 %), aber die Massenkaufkraft blieb weit hinter dem zurück (plus 50 bis plus 150 %); die Arbeitszeiten waren hoch, die Arbeitsbedingungen schlecht und die Lebensqualität niedrig.

Hinzu kam, daß die Verstaatlichung der Landwirtschaft kein Erfolg war. Die sozialistische Planung hatte bei ihrer Kollektivierung im Grunde ignoriert, welche Bedeutung das private Eigentum der Bauern an ihrem Land gerade in Osteuropa hatte, wo die Befreiung der Bauern aus Abhängigkeiten gerade erst stattgefunden hatte (s. 11. Kapitel). Widerstand der Bauern gegen die Kollektivierung, vor allem schleichender Boykott der staatlichen Agrarwirtschaft durch mangelnde Arbeitsleistung und ähnliches waren im Ergebnis dazu angetan, schwerwiegende Versorgungsprobleme in den Volkswirtschaften Osteuropas zu erzeugen. Der Prozeß der Industrialisierung, besonders die technologische Entwicklung, blieb folglich trotz Wirtschaftswachstum weit hinter den Maßstäben der kapitalistischen Länder West- und Mitteleuropas zurück. Allgemein wird geschätzt, daß dieser Rückstand in der DDR, der Sowjetunion und der ČSSR, also in den technisch entwickelten Ländern Osteuropas, 20 Jahre beträgt und in den rückständigeren Ländern wie Polen, Ungarn und Rumänien gar 40 Jahre ausmacht. War der technische Rückstand in der ersten Nachkriegszeit eine Chance zur Beschäftigung aller Arbeitskräfte beim Aufbau der Industrie, so wurde er nach 1960 durch das Wirtschaftswachstum der vergangenen Jahre auch für die Industriegesellschaften Osteuropas zum Problem. Allmählich nämlich verknappte sich das Arbeitskräfteangebot, insbesondere in der DDR, die in den fünfziger Jahren Millionen qualifizierter Arbeitskräfte als Flüchtlinge an die Bundesrepublik verloren hatte. Deshalb wurden ab Mitte der sechziger Jahre in der Sowjetunion, der DDR und anderen sozialistischen Ländern enorme Anstrengungen unternommen, um den technologischen Fortschritt zu forcieren (die Parole hieß: «Anschluß an das Weltniveau»). Die Erfolge dieser Kampagne blieben allerdings beschränkt, weil die Abschottung von der westlichen Industrialisierung auch den Transfer von Kapital und Technologien von West nach Ost unmöglich machte. Dieser Widerspruch zwischen Planungswirtschaft, technischer Anpassung und Versorgungsmängeln mußte Ende der sechziger Jahre zwangsläufig zu großen Schwierigkeiten führen, in den weniger entwickelten Volkswirtschaften gar zu schweren Versorgungsengpässen, die wiederum Spannungen und politische Konflikte nach sich zogen.

Es gab viele Versuche, eine Art «Reformkommunismus» zu betreiben, mehr Liberalität, aber auch schnellere technologische Entwicklung zu ermöglichen. Die meisten Reformwege scheiterten an dem Problem, daß die geforderte ökonomische Entwicklung, die Liberalisierung und die Steigerung der Motivation der Arbeitsbevölkerung auch die politische Liberalisierung voraussetzte. Diese aber war im System der europäischen Volksdemokratien aus innen- und außenpolitischen Gründen nicht zu erreichen (wo dennoch der Versuch unternommen wurde, endete er zumeist unter den Ketten sowjetischer Panzer). Lediglich die Volkswirtschaften Osteuropas, die die technologische und die ökonomische Modernisierung von der Frage der politischen Liberalisierung abkoppeln konnten, erreichten eine gewisse Verbesserung der wirtschaftlichen Situation (insbesondere in der Deutschen

Demokratischen Republik). Auch in Osteuropa nämlich sollte es der deutsche Teilstaat sein, der zum bestimmenden wirtschaftlichen Faktor heranwuchs. Angesichts der industriellen Entwicklung des Deutschen Reiches vor und nach 1942 kann dies nicht überraschen, denn auch für die DDR galten ähnliche Voraussetzungen wie für die Bundesrepublik Deutschland. Auch die sozialistische Industrialisierung profitierte schließlich vom Kriegsvorsprung der deutschen Industrie, allerdings erst nach einer dramatischen Anlaufzeit von zehn Jahren, in denen die Sowjetunion jährlich etwa 10 bis 15 % des Bruttosozialproduktes absaugte, um ihre eigene Wirtschaftsentwicklung zu finanzieren (wozu sie sich nach den Bestimmungen des Potsdamer Abkommens von 1945 im Recht wähnte). Die Reparationsleistungen an die Sowjetunion wurden folglich allein von der Bevölkerung der DDR geleistet, die nach Einstellung der Demontagen in Westdeutschland, von wo aus bis 1948 ebenfalls Industrieanlagen an die Sowjetunion geliefert wurden, allein die Lasten des Potsdamer Abkommens zu tragen hatte. Die Abwanderung von Millionen von Flüchtlingen aufgrund der unerträglichen Lage während dieser ersten zehn Jahre tat ein übriges, um die wirtschaftliche und soziale Lage in der DDR zu verschlechtern. Erst mit den sechziger Jahren, nach dem Bau der Berliner Mauer, änderte sich die Situation allmählich, konnte die chronische Knappheit an Arbeitskräften ausgeglichen und durch technischen Fortschritt kompensiert werden, liberalisierte sich die Planwirtschaft und entwickelten sich die einzelnen Wirtschaftssektoren so günstig, daß ein beachtliches Wirtschaftswachstum einsetzen konnte.

Die Industrialisierung Osteuropas erzeugte in den sechziger Jahren auch eine gewisse Liberalisierung des Außenhandels, in dem die DDR ebenfalls eine führende Rolle einnahm. Sie war dank ihres besonderen Verhältnisses zur Bundesrepublik quasi ein assoziiertes Mitglied der Europäischen Wirtschaftsgemeinschaft (für das EG-Mitglied Bundesrepublik Deutschland gilt die DDR bekanntlich als Inland). Die politischen und weltanschaulichen Differenzen zwischen West- und Osteuropa verhinderten jedoch eine weitergehende Integration, was insbesondere den Kapital- und Technologietransfer in Europa gerade in der Phase des größten Wachstums behinderte, als Kapital und Technologie besonders knapp waren. Dadurch ergaben sich vor allem in der Sowjetunion und der DDR besondere Möglichkeiten der Entwicklung eigener Technologien, gleichsam abgeschottet von der übrigen technologischen Entwicklung. Wegen der zentralen Rolle von Rüstung,

Rüstungsforschung und Rüstungsproduktion in der sowjetischen Wirtschaft lagen solche Eigenentwicklungen vor allem im Bereich der Raketentechnik, der Luftfahrt, der Radioteleskopie, der Chemie und der Werkstofftechnologie. In den Nachkriegsjahren gab es eine eigene Entwicklung selbst in der Datenverarbeitung. Die technologischen Eigenleistungen der Sowjetunion und der osteuropäischen Wirtschaft blieben jedoch hinter dem Niveau anderer Industrieländer zurück. In der Produktion von Konsumgütern vergrößerte sich der technische Abstand zwischen Ost- und Westeuropa weiter, eine Liberalisierung des Technologie- und Kapitaltransfers in Richtung Osten sollte die Lücke schließen. Die Sowjetunion und einige RGW-Länder (Rat für gegenseitige Wirtschaftshilfe, COMECON) öffneten sich für westliche Produktionseinrichtungen und Industriefirmen, beispielsweise in der Automobiltechnologie. Die italienischen Fiat-Werke zum Beispiel exportierten die Produktion bestimmter Modelle samt Fabriken und Produktionsstraßen nach Polen und in die Sowjetunion, der französische Automobilproduzent Renault belieferte Rumänien. Allerdings, was hier exportiert wurde, waren Technologien, die von den westeuropäischen Muttergesellschaften längst nicht mehr genutzt wurden. Man exportierte jeweils die vorletzte Automobilgeneration, die den eigenen Fabrikaten auf den europäischen Märkten auf keinen Fall Konkurrenz machen konnte.

So ist das Bild der osteuropäischen Industrialisierung durch und durch uneinheitlich. Zum einen müssen wir im betrachteten Zeitraum für die gesamte Staatengruppe des RGW ein beachtliches Wirtschaftswachstum von 300 % feststellen. Es lag damit in der Wachstumsrate weit über dem Zuwachs der USA, Kanadas, der EG und Japans, deren Bruttosozialprodukt um gut 100 % stieg. Lediglich die Bundesrepublik und Japan hatten ein höheres Wirtschaftswachstum aufzuweisen. Das gesamtwirtschaftliche und industrielle Niveau aber lag im Westen ungleich höher und war 1970 etwa doppelt so hoch wie in der UdSSR und etwa fünfmal so hoch wie in den osteuropäischen Staaten ohne Sowjetunion. Die Sowjetunion, die militärische und ökonomische Vormacht des Ostblocks, war denn auch der eigentliche Gewinner dieser wirtschaftlichen Entwicklungsphase, von der Deutschen Demokratischen Republik einmal abgesehen. Die im Mittelpunkt der Planwirtschaft stehende Schwerindustrie wuchs von 1940 bis 1970 je nach Branche um mehr als das Zehnfache. Die Kohleproduktion stieg von 165 000 auf 670 000 metrische Tonnen, die Eisenproduktion von 48 300 auf

845 000 Tonnen und die Stahlerzeugung von 18 300 auf 126 000 Tonnen. Einen großen Aufschwung erfuhr auch die sowjetische Textilindustrie, die, um Moskau zentriert, im gleichen Zeitraum um das Vier- bis Fünffache wuchs. Insgesamt stieg die Industrieproduktion um 200 %, die Herstellung von schwerindustriellen Gütern aber wuchs um 400 %, während die Herstellung von Konsumgütern unter einer Steigerungsrate von 200 % lag. Das durchschnittliche Einkommen einer sowjetischen Arbeitnehmerfamilie stieg von 1940 bis 1970 um gut 100 %, der durchschnittliche Lohn eines russischen Arbeiters stieg von ca. 50 Rubel auf 95 Rubel.

Die Zahlen machen deutlich, daß die industrielle Entwicklung Osteuropas und der Sowjetunion das Konzept der Bevorzugung der Schwerindustrie, der arbeitskraftorientierten Technologien und des niedrigen Lebensstandards für die Bevölkerung im großen und ganzen durchgehalten hat – trotz einiger Versuche, der Konsumgüterindustrie einen größeren Spielraum zu geben. Gleichzeitig führte die industrielle Entwicklung zu einem bei aller Abschottung von der kapitalistischen Weltwirtschaft doch beachtlichen Pragmatismus mit allmählicher Liberalisierung und einer gewissen Öffnung gegenüber westlichem Kapital und westlicher Technologie. Die Strukturprobleme der osteuropäischen Länder, die Kriegsschäden, die übergewichtige Bedeutung der Rüstung, Reparationszahlungen an die Sowjetunion, politische Probleme im Inneren aufgrund mangelnder Liberalität, kurz: Die «Arme-Leute-Variante der Industrialisierung» (Zabermann) führte zu einem deutlichen Zurückbleiben der Masseneinkommen hinter dem wirtschaftlichen Wachstum, andererseits waren auch die Gesellschaften Osteuropas auf dem Weg zur Massenkonsumgesellschaft, ohne die inneren – selbstproduzierten – Probleme, die sich aus dem Mißverhältnis von Planwirtschaft und Massenkonsumorientierung ergaben, zu lösen. Von den sozialen und ökologischen Folgen der Industrialisierung wollen wir dabei ganz absehen. Die osteuropäischen Gesellschaften stellten insofern einen wichtigen Bestandteil der industriellen Entwicklung Europas dar. Sie waren und bleiben aber wegen ihrer besonderen Abschottung und einer auf Dauer sehr problematischen Industrialisierung (Betonung der Arbeitskraft statt der Technologie) nicht in der Lage, eine konkurrenzfähige Variante zur Industrialisierung der westlichen Gesellschaften zu entwickeln. Gleichzeitig muß man aber betonen, daß wir nicht wissen, ob ein anderer Weg als der der Abschottung überhaupt zu einer nennenswerten Industrialisierung der Länder des RGW geführt hätte. Die Abschottung kann man unter gewissen Umständen als Chance zur Industrialisierung begreifen. Das Schicksal weniger entwickelter Länder in Westeuropa wie Spanien, Griechenland, Portugal und auch Italien zeigt jedoch, daß auf Dauer die größeren Chancen in einem Weg liegen, der die Industrialisierung nicht unter Ausschluß der übrigen Welt voranzutreiben sucht. Es ist zudem zweifelhaft, ob die Sowjetunion und die Staaten Osteuropas beim eingeschlagenen Weg überhaupt in der Lage sein werden, einen funktionsfähigen Beitrag zur Bewältigung der kommenden industriellen Entwicklung abzugeben. Die immer noch vorhandene Überbetonung des Arbeitskraftarguments, die mangelnde Liberalisierung und die vielen ungelösten sozialen Probleme lassen massive Zweifel daran zu. Ein nachahmenswertes Modell der Industrialisierung vermochte der sozialistische Aufbau nicht zu bieten, weder politisch noch ökonomisch oder technologisch – trotz oder gerade wegen einer bemerkenswerten Rüstungs- und Raumfahrttechnologie.

Der Fall der Hegemonie. In den fünfziger und sechziger Jahren schien das Wirtschaftswunder der westlichen Industriegesellschaften eine neue Ära wirtschaftlicher und gesellschaftlicher Entwicklung eingeleitet zu haben, in der alle sozialen, wirtschaftlichen, technischen, ja alle globalen Probleme lösbar zu sein schienen. Die Auswirkungen des Nachkriegsbooms, das wirtschaftliche Wachstum und die Veränderung der Lebensverhältnisse waren so stark, die politischen Instrumente und Techniken des New Deal so überzeugend, daß die westlichen Industriegesellschaften glaubten, nicht noch einmal in eine so große Katastrophe wie die Weltwirtschaftskrise und den Zweiten Weltkrieg geraten zu können. Heute wissen wir, daß es dabei nur um eine lange Aufschwungphase mit besonderen Wachstumserfolgen ging, die im übrigen keineswegs so einmalig war, wie sie den Zeitgenossen erschien. Mindestens ebensolang und tiefgreifend war schließlich auch der wirtschaftliche Aufschwung zwischen 1860 und 1910, den wir mit ebensolcher Berechtigung ein Wirtschaftswunder genannt haben wie die Zeit zwischen 1945 und 1970.

Mitte der siebziger Jahre endete das Nachkriegswunder schließlich mit einer Krise, die sich als so schwierig und langwierig erwies, daß sie mit den Instrumenten der sozialen Marktwirtschaft bzw. des inzwischen gereiften New Deal zwar gebremst, aber nicht bewältigt werden konnte. Noch immer ist in der wissenschaftlichen Diskussion unklar, was denn eigentlich die Krise ausgelöst hat, die nicht als plötzlicher Börsenkrach, als überraschend sich manifestierende Überproduktion, als Massenverelendung oder als industrielle Wachstumsstörung auftrat, sondern als langanhaltende Stagnation mit schleichender Inflation und dem allmählichen Absterben ganzer Industrien. Und solange die Ursachen nicht gedeutet sind, bleibt auch unklar, wie die Industriegesellschaften aus Inflation, Krise und Stagnation wieder herauskommen wollen. Vielleicht aber erübrigt sich auch das Nachdenken über Wege aus der bisherigen Krise, denn mitten in die wirtschaftliche und industrielle Stagnation der siebziger Jahre fiel ab 1972 (dem Jahr der Entdeckung des Mikrochips) eine technologische und industrielle Revolution, die die siebziger Jahre zur wichtigsten Dekade seit Jahrhunderten werden ließ. Die Umrisse einer industriellen Neugestaltung werden erkennbar, von der wir zwar wissen, daß sie revolutionär ist, deren Auswirkungen wir hier nicht einmal annähernd beschreiben können (vgl. 4. Buch).

Gleichwohl können wir eine Reihe von Merkmalen erkennen, die aus historischer Sicht für das Ende des Nachkriegswunders, also für Krise und Stagnation, verantwortlich zu machen sind (immerhin liegen die Ursachen für das Ausbrechen dieser Krise schon mehr als 20 Jahre zurück). Die tiefgreifenden Umbrüche in der Nachkriegsentwicklung setzten natürlich nicht erst in dem Moment ein, als die Krise ausbrach, sondern weit vorher. Sie gehen ironischerweise – oder sagen wir besser bezeichnenderweise – zurück auf dieselben tragenden Elemente, von denen das wirtschaftliche Wachstum und der Wirtschaftswunderboom bestimmt waren, nämlich auf die alles beherrschende Hegemonie der USA, die Politik des New Deal, die wachsende Staatstätigkeit, die Sozialpartnerschaft, den technologischen Fortschritt und nicht zuletzt die prägende Bedeutung der Rüstung. Mitte der sechziger Jahre nämlich wurde zumindest jene Struktur tief erschüttert, auf der die Vorherrschaft der USA – und damit auch die Prosperität der Weltwirtschaft – aufbaut. Die Säulen, auf denen die Weltwirtschaft ruht, stehen nicht einfach nebeneinander, sie bilden vielmehr ein wechselseitig in Beziehung stehendes, sich stützendes und zugleich gestütztes System. Die militärische Stärke der USA basierte auf ihrer wirtschaftlichen Macht und der wirtschaftliche Vorrang der USA wiederum auf der militärischen Vorherrschaft.

Auf den ersten Blick scheinen die Vereinigten Staaten nach 1945 also nichts anderes getan zu haben, als die Rolle der Briten in der Weltwirtschaft einzunehmen. In der zweiten Hälfte des 19. Jahrhunderts legte die britische Hegemonie ja auch das Fundament für die weitgehend ungestörte Prosperität zwischen 1860 und 1910. Auch sie ruhte ja sowohl auf der wirtschaftlichen als auch auf der militärischen Überlegenheit Großbritanniens, die – wie wir im 11. Kapitel gesehen haben – für nachwachsende Industriestaaten keineswegs nachteilig war. Im Gegenteil: unter der britischen Hegemonie gelang es den USA und dem Deutschen Reich sogar, Großbritannien in einer ganzen Reihe von modernen Industriezweigen weltwirtschaftlich zu überflügeln und dabei von der Stabilität, die die Hegemonie garantierte, zu profitieren. Für die USA sollte es sich jedoch als ungleich schwieriger herausstellen, eine vergleichbare Rolle auf Dauer zu spielen. Die militärische Hegemonie der USA (heute müßte man sogar hinzufügen: die Hegemonie einer Macht) war nämlich in dem Moment praktisch beendigt, als mit den USA und der Sowjetunion zwei Mächte existierten, die Atomwaffen als Instrumente der Abschreckung benutzten. Abschreckung machte die Waffensysteme mehr und mehr zu einem politischen denn zu einem militärischen Druckmittel, weil das Ziel der Abschreckung ja war und ist, dem jeweiligen Gegner klarzumachen, daß sich ein Einsatz militärischer Mittel nicht lohnt, wenn er nicht seine völlige Vernichtung riskieren will. Die Abschreckung war jedoch von etwas abhängig, das die Nuklearstrategen «Glaubwürdigkeit» nennen und in etwa bedeutet, die Waffensysteme, eher die ganze Rüstung, muß so gestaltet sein, daß die Abschreckung militärisch wie technisch tatsächlich machbar scheint. Dieser Gedanke wiederum impliziert, daß Nuklearmächte einander niemals deutlich überlegen bzw. unterlegen sein dürfen, weder in Gestalt von Waffen noch von Technologien. Jede Hegemoniepolitik muß daher einen mehr oder weniger unaufhaltsamen Rüstungswettlauf auslösen, der immer größere Mittel zu verschlingen droht.

Die nukleare wie konventionelle Rüstung der Großmächte und das Engagement ihrer Industrie im Rüstungsbereich entwickelte sich über Jahrzehnte hinweg folglich so, als wäre längst ein Materialverschleiß und ein Krieg zwischen ihnen ausgebrochen, denn Jahr um Jahr veralteten Waffensysteme im Milliardenwert, weil neue Waffensysteme vermeintlich neue Bedrohung schufen bzw. neue Bedrohung durch entsprechende Abschreckung egalisieren mußten. Immer größere und wichtigere Teile der Ökonomie der Supermächte konzentrierten sich auf die Herstellung von Rüstung, was in den USA zumindest dazu führte, daß die heimischen Märkte ab Mitte der sechziger Jahre von

Exporten der Europäischen Gemeinschaft und Japans überschwemmt wurden (der Marktanteil ausländischer Produkte verdreifachte sich in den siebziger Jahren). Mit der steigenden Hochrüstung drehten sich die Verhältnisse, wie sie nach 1914 entstanden waren, zumindest teilweise um: Nach und nach verdrängten die Europäer aufgrund der Hochrüstung der Amerikaner die USA aus der weltwirtschaftlichen Spitzenposition. Die Aufrechterhaltung der nuklearen Hegemonie der USA geriet so in Widerspruch zum Verlust wirtschaftlicher Vorherrschaft der amerikanischen Industrie.

Die militärische Vorherrschaft der USA mußte sich unter den Bedingungen der nuklearen Konfrontation mit der Sowjetunion ebenfalls neu definieren. Etwa ab Mitte der fünfziger Jahre, als die Sowjetunion über ein glaubwürdiges nukleares Potential verfügte, war es den Vereinigten Staaten nicht mehr möglich, ihre militärische Macht zur Aufrechterhaltung einer internationalen Wirtschafts- und Währungsordnung so effektiv wie vorher einzusetzen. Jede Intervention nämlich wurde direkt oder indirekt zu einer Konfrontation mit der nuklearen Gegenmacht und schloß von daher die Gefahr einer atomaren Eskalation ein. Die militärischen Möglichkeiten der USA, als Sheriff der kapitalistischen Weltwirtschaft aufzutreten, waren damit deutlich begrenzt. Dies zeigte sich besonders in jenen Teilen der Welt, die nach 1950 – oft nach langen blutigen Revolutionen – ihre Unabhängigkeit vom Kolonialismus erlangt hatten und sich oft genug für sozialistische Modelle der gesellschaftlichen Entwicklung entschieden. Die Konflikte, die mit der Entkolonialisierung dieser Dritten Welt ausbrachen, führten schließlich vor, daß die amerikanische Hegemonie in den sechziger Jahren unterhöhlt war. Im Koreakrieg konnten die Vereinigten Staaten noch demonstrieren, daß sie willens und in der Lage waren, ihre Vormachtstellung überall auf der Welt militärisch zu verteidigen und die Ausbreitung sozialistischer Staaten in Asien auf China zu begrenzen.

In den folgenden Konflikten, der algerischen Revolution Ende der fünfziger Jahre und in der kubanischen Revolution Anfang der sechziger Jahre, mußten die Vereinigten Staaten die Erfahrung machen, daß es ihnen trotz militärischer Überlegenheit nicht mehr gelingen konnte, ihre Macht auch tatsächlich einzusetzen. Den Schlußpunkt dieser Erfahrungen setzte der Vietnamkrieg, den das amerikanische Militär verloren geben mußte, weil sie nicht einmal ihre ganze konventionelle Rüstungsmacht mehr einsetzen konnten. In den sechziger Jahren erwies es sich als immer schwieriger, proamerikanische Regierungen in Ländern der Dritten Welt zu stützen, um amerikanische Kapitalinteressen zu sichern und multinationalen Konzernen eine Operationsbasis zu geben. Die nukleare Konfrontation der beiden Weltmächte demonstrierte vielmehr den faktischen Machtverlust der USA.

Ende der sechziger Jahre verschärfte sich die Konkurrenz zwischen der amerikanischen Wirtschaft und der europäischen bzw. japanischen. Der amerikanische Binnenmarkt war längst zu einem lukrativen Absatzgebiet ausländischer Konkurrenz geworden, manche Hersteller überflügelten gar amerikanische Großunternehmen im eigenen Land, weil sie bessere Produkte herstellten. Auch hier dürfte die Rolle der Hochrüstung oder, genauer, die sich immer schneller drehende Schraube der Hochrüstung von starkem Einfluß gewesen sein. Damit wird deutlich, daß die Rüstung auch oder gerade für die kapitalistische Führungsmacht keineswegs positiv im volkswirtschaftlichen Sinne war. Die Hinwendung der amerikanischen Wirtschaft zur Rüstungsproduktion und der schleichende Materialkrieg des Wettrüstens manövrierte die USA nämlich in eine vergleichbare Situation, wie sie die Europäer während des Ersten Weltkriegs erlebt hatten: So wie die USA und Japan in die mit dem Krieg und der Rüstungsproduktion zwischen 1914 und 1918 aufgelassenen Märkte drangen, so stießen nun europäische und japanische Unternehmen in jene Marktbereiche vor, die die amerikanische Wirtschaft notwendigerweise freigeben mußte. Es ist nur konsequent, daß diese Konkurrenz mit den europäischen und japanischen Herstellern am schärfsten auf dem Automobilmarkt stattfand, also in jenem Wirtschaftsbereich, der ohne Zweifel die entscheidende Bedeutung für die gesamte wirtschaftliche Entwicklung des wohlfahrtstaatlichen Kapitalismus seit 1930 spielt. Und es ist sicher kein Zufall, daß die beiden Volkswirtschaften, die in den fünfziger und sechziger Jahren am wenigsten im Rüstungsbereich engagiert waren, die Bundesrepublik Deutschland und Japan nämlich, in diesem Konkurrenzkampf um die Vorherrschaft im Weltautomobilmarkt die entscheidende Rolle spielten. Nichts dokumentiert den Niedergang der amerikanischen Hegemonie deutlicher als die Tatsache, daß die Wirtschaft der USA auf ihrem ureigensten Feld, auf dem Gebiet der Automobilindustrie, nahezu kampflos die Führungsrolle abgeben mußte, ohne das verlorene Terrain bis heute auch nur ansatzweise zurückerobern zu können.

Der Machtverlust der Hegemonialmacht USA wirkte sich weltwirtschaftlich auch auf das so überaus sensible Problem der Energie- und

Rohstoffversorgung aus. Eine der wichtigsten Aufgaben, die die USA als Hegemonialmacht der Weltwirtschaft wahrzunehmen hatten, war es ja, die reibungslose Versorgung der Weltwirtschaft mit Rohstoffen und Energie zu sichern. Das bedeutete wiederum angesichts des gigantischen Automobilbooms ab den fünfziger Jahren, daß die Weltversorgung mit Erdöl zu sichern war, also der Hauptnervenstrang der expandierenden Nachkriegswirtschaft. Bis gegen Ende der sechziger Jahre konnten die großen, multinationalen Energiekonzerne, die bis auf wenige Ausnahmen alle Unternehmen amerikanischen Ursprungs waren, auf dem Weltenergiemarkt schalten und walten, wie sie wollten – gestützt auf die ständige Interventionsdrohung der amerikanischen Armee im Falle eines schweren Interessenkonflikts zwischen amerikanischen Ölmultis und nationalen Regierungen in den Ölländern. Die Politik der USA demonstrierte dies mehrmals drastisch mit verschiedenen militärischen Operationen im Vorderen Orient, die zum Ziele hatten, keine Veränderungen in der Ordnung des Weltenergiemarktes zuzulassen. Anfang der siebziger Jahre aber erlaubten die veränderten Machtverhältnisse, daß sich die Organisation der erdölproduzierenden Länder (OPEC) erfolgreich gegen das Preisdiktat der Multis durchsetzen konnte, ja sogar die Ölquellen im Vorderen Orient und in der Karibik verstaatlichen konnte, ohne mit politischen und wirtschaftlichen Sanktionen rechnen zu müssen. Im Gegenteil, der Konflikt der OPEC-Staaten mit den Ölmultis führte – wie wir noch sehen werden – zu einer dramatischen Erhöhung der Ölpreise um 300 % und einer damit verbundenen erheblichen Schwächung der Leitwährung des Weltwährungssystems, des Dollars, der auf dem Ölmarkt als einziges Zahlungsmittel akzeptiert wird.

Ebenfalls in die Mitte der sechziger Jahre fällt die Erschütterung der innenpolitischen Stabilität der USA, das Auseinanderbrechen jener Wachstumskoalition aus Unternehmen, Gewerkschaften und Staat, die in den vierziger und fünfziger Jahren die ökonomische Stärke der USA mitbestimmt hatte. Der Grund dafür war, daß Mitte der sechziger Jahre in den USA neue soziale Probleme entstanden, die von jenen gesellschaftlichen Gruppen, sozialen Schichten und Bevölkerungsteilen ausgingen, die im großen sozialpartnerschaftlichen Konzept des New Deal nicht berücksichtigt waren und die angesichts der großen sozialen Fortschritte der amerikanischen Arbeiterschicht und Mittelschichten nun ihrerseits ihre Rechte gegenüber dem amerikanischen System reklamierten. Solche Ausgeklammerten waren vor allen Dingen die Farbigen und die Angehörigen ethnischer Minderheiten, die nach 1945 in die USA eingewandert waren. Zu diesen Ausgeklammerten aber gehörten vor allen Dingen auch die Frauen und die ständig wachsende Zahl der an den amerikanischen Universitäten studierenden jungen Menschen, die mit den Lebensverhältnissen und Alltagsauffassungen der Erwachsenenwelt im Konflikt lagen. All diese «Ausgegrenzten» verstanden sich selbst als Opfer des amerikanischen Systems und identifizierten sich allein aus diesem Grunde schon in gewisser Weise mit den Opfern der amerikanischen Hegemonialmacht in der Dritten Welt. Deshalb warfen sie ihr moralisches Engagement als kritische Öffentlichkeit in die Waagschale gegen die Unterdrückung und Ausbeutung der Völker der Dritten Welt, vor allem aber gegen die Führung des rücksichtslosen Hegemonialkriegs der USA in Vietnam. Ihr Protest gegen soziale Benachteiligung und gegen rücksichtslose Machtausübung der USA war also selbst ein Element der Schwächung der amerikanischen Hegemonie. Er war zugleich aber auch das Ende des großen gesellschaftlichen Konsens. Denn wollte man den Aufstand der zu kurz Gekommenen verstehen, dann muß man sich klarmachen, daß 40 von 100 Arbeitskräften in den USA von den Segnungen des New Deal seit 1945 wenig mitbekommen hatten. Sie waren nicht gewerkschaftlich organisiert, hatten keine festen Jobs und mußten ihr Leben mit Gelegenheitsarbeiten fristen, zum Teil auf gefährlichen Arbeitsplätzen, unter unzumutbaren Bedingungen und zu äußerst niedrigen Löhnen. Frauen, Angehörige ethnischer Minderheiten und junge Arbeitskräfte waren unverhältnismäßig stark auf solche Jobs angewiesen, sie stellten andererseits auch eine unverhältnismäßig große Gruppe der Arbeitslosen und verloren häufig ihre Jobs. Zwischen ihnen und den gut organisierten Arbeitnehmern in den Großbetrieben klaffte eine beträchtliche Lücke im Hinblick auf Einkommen und soziale Sicherheit. Die Prosperität der fünfziger und sechziger Jahre hinterließ infolgedessen beachtliche Armutsinseln in bestimmten Gebieten (zum Beispiel in den Appalachen) und in bestimmten Bevölkerungsschichten (namentlich bei den farbigen Amerikanern). Letztere hatten die geringsten Ausbildungschancen, die schlechtesten Arbeitsplätze, bei ihnen herrschte die höchste Arbeitslosigkeit, und in vielen Bundesstaaten der USA wurden ihnen immer noch die Bürgerrechte verwehrt. Mitte der sechziger Jahre entstanden breite Protestbewegungen gegen diese Form von Rassismus, gegen Armut, ungerechte Arbeitsverteilung, gegen die Benachteiligung der Frauen und gegen die Verweigerung von Bürgerrechten.

Sie alle stürzten – verknüpft mit dem breiten Protest gegen den Vietnamkrieg – das innenpolitische System der USA in beachtliche Instabilität. Der 35. Präsident der USA, Lyndon B. Johnson, als Präsident der Demokratischen Partei dem New Deal verpflichtet, reagierte darauf mit einem Programm, das man als eine Art finanzieller Super-New Deal bezeichnen könnte, mit einer enormen Steigerung der staatlichen Ausgaben für die Beseitigung sozialer Ungerechtigkeiten, für die Verbesserung der medizinischen Versorgung und sozialen Absicherung. Der Effekt dieser neuen Sozialpolitik war eine erhebliche Steigerung der Einkommen bei den Schichten und Gruppen, die bislang von der Wachstumskoalition ausgeschlossen waren und die nun auch einen rechtlich verbrieften Anspruch auf steigendes Einkommen, Arbeitsplatzsicherheit, verbesserte Arbeitsbedingungen und bessere Wohnverhältnisse hatten. Die Politik des Super-New Deal und die von ihr geförderten Schichten der vormals Ausgeklammerten zogen damit einen Scheck auf ein wirtschaftliches Wachstum, das mindestens so groß hätte ausfallen müssen wie in den beiden vorangegangenen Jahrzehnten, um die damit festgeschriebenen Ansprüche an den amerikanischen Sozialstaat auch tatsächlich finanzieren zu können. Reibungslos hätte dieser Super-New Deal allerdings erst mit steigenden Wachstumsraten funktionieren können, also unter einer Prämisse, die zu diesem Zeitpunkt schon längst nicht mehr gegeben war.

Ende der sechziger Jahre sah es trotz mancher außenpolitischen Schlappe der USA noch keineswegs nach einer Krise des Systems aus, eher nach einer ungebrochenen Stärke des amerikanischen Kapitalismus und seiner wohlfahrtsstaatlichen Organisationshülle. Nicht nur der Kern des gesellschaftlichen Konsenses, Großunternehmen und gewerkschaftlich organisierte Arbeitnehmerschaft, kamen in den Genuß der Umverteilung des Reichtums, sondern auch jene bislang sozialstaatlich zu kurz gekommenen Schichten wurden nun integriert. Zudem löste der Vietnamkrieg Ende der sechziger Jahre einen wirtschaftlichen Aufschwung aus, der über die Probleme der Weltwirtschaft zunächst hinwegzutäuschen vermochte, schien er doch zu versprechen, daß das erforderliche Wirtschaftswachstum für die neue Sozialpolitik auch tatsächlich einträte. Ohne direkte Mobilisierung der amerikanischen Armee – der Vietnamkrieg war während seines gesamten Verlaufs eine Art verdeckter Krieg, weil er ohne Zustimmung des amerikanischen Kongresses geführt werden mußte – kostete der Krieg etwa 150 Milliarden DM, die als Aufträge an die amerikanische Wirtschaft zu

Ausrüstungszwecken gegangen waren. Finanziert wurde dieses Projekt zwar durch rein inflationäre Maßnahmen, durch eine Erhöhung der Staatsausgaben ohne die entsprechende Steuererhöhung, aber eine wirtschaftsbelebende Wirkung hatte er zunächst doch. Hinzu kam, daß die Wirtschaftsankurbelung der vorangegangenen Jahre die amerikanischen Unternehmen mit einer Flut von Steuererleichterungen und -befreiungen beglückt hatte, mit dem Effekt, daß auf dem Höhepunkt des Vietnambooms so gut wie kaum ein Unternehmer noch Steuern zahlte (einige der größten Unternehmen zahlten laut Bowles u. a. Ende der sechziger Jahre bestenfalls 2–3 % Steuern auf ihren Umsatz).

Der inflationär bezahlte Vietnamboom traf zudem keine darniederliegende Wirtschaft an. Er wurde nicht etwa geführt, um die Industrie der USA anzukurbeln. Er wurde geführt und finanziert in einer Zeit wirtschaftlicher Konjunktur und erzeugte folglich eine zusätzliche Nachfrage, die fast ausschließlich auf ein ohnehin schon knappes Angebot traf. Der Effekt der Kriegsausgaben in den USA war also ein doppelter. Er trieb die meisten amerikanischen Verbraucherpreise und natürlich auch die Preise für Rüstungsgüter in die Höhe, gleichzeitig verbesserte der Krieg die Absatzchancen ausländischer Unternehmer aus Japan und Europa, die direkt vom amerikanischen Boom profitierten und nach einer kurzen Krise Mitte der sechziger Jahre einen tollen Aufschwung in die siebziger Jahre mitmachten. Die Aufblähung der Staatsausgaben durch steigende Rüstungs- und Sozialausgaben bei sinkenden oder zumindest doch nicht steigenden Staatseinnahmen (siehe Steuererleichterungen für die Unternehmen) und der dadurch verursachte gesamtwirtschaftliche Preisauftrieb lösten in den USA (später auch in Europa) eine Welle von Arbeitskämpfen aus, mit denen sich die amerikanischen Arbeitnehmer gegen den Geldverfall des Dollars zur Wehr zu setzen begannen. Der Kampf um die Umverteilung der Kriegskosten nahm dabei so scharfe Züge an, daß er das Modell der Sozialpartnerschaft auch zwischen Gewerkschaften und Unternehmen auf Dauer beschädigte. Denn der gewerkschaftliche Kampf traf nun auch die Ausläufer der Protestbewegung der Ausgegrenzten, trug wieder klassenkämpferische Elemente in die Arbeitskämpfe und ließ diese an manchen Stellen so radikal werden, daß sich gelegentlich antikapitalistische Töne einmischten. Die amerikanischen Unternehmen gaben, nicht selten gedrängt durch die Bundesregierung, diesen Arbeitskämpfen schließlich nach und konzedierten erhebliche Einkommensgewinne, weitgehende Anpassung der Einkommen an die Preisentwicklung, sogar eine Art Inflationsklausel – auch wenn diese in den USA niemals so weit ging wie in einigen europäischen Ländern. Zusammen mit den gesteigerten Leistungen des Sozialbudgets stieg die Kaufkraft der amerikanischen Bevölkerung weiter an und in bis dahin noch nicht gekannte Höhen. Die Lohnarbeitergesellschaft schien zu triumphieren.

Die Unternehmen der USA reagierten darauf allerdings mit einer Strategie, die man aus heutiger Sicht als den Schlußpunkt der ökonomischen und sozialen Zusammenarbeit von Lohnarbeit und Kapital in der Nachkriegsepoche bezeichnen könnte: mit einer beispiellosen Steigerung der Unternehmenskonzentration und der Unternehmensmacht. In Zahlen sah das etwa so aus: 1910 umfaßten die Aktiva der 200 größten Industrieunternehmen der USA knapp ein Drittel aller vorhandenen Aktiva. 1954 waren es schon 50,4 %, 1972 ca. 60 %. Was den Wertzuwachs, also die tatsächliche Leistung eines Unternehmens für das Wirtschaftswachstum, betraf, so hatten die 200 größten Unternehmen der USA 1947 einen Anteil von 30 % an diesem Zuwachs, 1972 von 43 % und 1980 von über 50 % – mit steigender Tendenz. Ganz besonders profitierten davon wiederum die 50 größten Unternehmen, deren Konzentrationswachstum überproportional ausfiel. Ihr Anteil stieg von etwa 15 % im Jahre 1947 auf 30 % im Jahre 1972 an und lag am Beginn der achtziger Jahre bei etwa 40 %. Die Folge dieser Konzentration war eine massive Steigerung der Marktmacht der großen Unternehmen, auch wenn sie nicht mehr als monopolartige «Trusts» auftraten, sondern flexibel als organisierte Anbietermacht mehrerer Unternehmen, als Oligopole, oder gar als multinationale Konzerne. Der Haupteffekt dieser Konzentration war neben der gestiegenen Marktmacht der Unternehmer eine inflationstreibende Interventionskapazität und Praxis der großen Konzerne. Sie holten sich über die Preise wieder, was auf der Konsumentenseite gerade erst durch Einkommen in Arbeitnehmerhand gewonnen war, und verschärften ihre innerbetrieblichen Unternehmerbefugnisse ebenfalls wie nie zuvor in der amerikanischen Geschichte: denn nie zuvor wurde soviel Geld für Managementberatung, Managementtechniken, Rationalisierungsmaßnahmen und Überwachungstechniken in den Unternehmen ausgegeben wie zwischen 1970 und 1980. Was sich Ende der sechziger Jahre anbahnte, wurde auf den einfachen Nenner «Lohn-Preis-Spirale» gebracht. Dies bedeutete nichts anderes, als daß sich gestiegene Einkommen in Arbeitnehmerhand (durch Tarifabschlüsse und Sozialleistungen) mit dem ständigen Preisauftrieb durch gesteigerte Monopolmacht der Unternehmen gegenseitig hochschaukelten und zweistellige Inflationsraten hervorbrachten.

Die hausgemachte Inflation verschärfte sich, als die ölexportierenden Länder der OPEC mit ihrer 300%igen Ölpreissteigerung den größten Schritt der siebziger Jahre machten und ihn im Verlauf des Yom-Kippur-Kriegs zwischen Israel und Ägypten 1973 mit einem Ölembargo durchsetzten, was ihnen unter funktionierenden Hegemonialbedingungen nicht gelungen wäre. Am Ende des langen Wachstums von Wirtschafts-, Unternehmer- und Gewerkschaftsmacht stand ein gesellschaftspolitisches Patt: Zur Inflation bei Preisen und Löhnen, zu einem Stillstand des wirtschaftlichen Wachstums, das von seinen 10%igen Höhen auf durchgängig +/− 1% in den siebziger Jahren absank, gesellte sich die politische Unfähigkeit, den Knoten zu durchhauen, entweder durch drastische Lohnsenkungen bei der Arbeitnehmerseite oder aber durch drastische Eingriffe in die Unternehmermacht, um Konzentration und Preispolitik in den Griff zu bekommen. Hätte eine der beiden Seiten, hätten sich die Unternehmer mit Lohnsenkungen durchsetzen können oder Arbeitnehmer und Verbraucher mit Preiskontrollen, wäre vielleicht vermieden worden, was folgte: Da keine der beiden Seiten sich durchsetzen konnte, herrschten Inflation, Stagnation und Krise.

Die Krise der siebziger Jahre. Drei Jahrzehnte lang waren in den USA Unternehmergewinne, Löhne, Gehälter und Sozialleistungen gleichzeitig gestiegen. Anfang der siebziger Jahre nun war dieses Wachstum vorbei. Die Industrieproduktion sank, die Gewinnerwartung der Unternehmer ging bei steigenden Preisen zurück, Löhne und Sozialleistungen schossen um 6,5 Milliarden Dollar in die Höhe, durch die plötzliche Verteuerung der Energie 1974 allein um 2,5 Milliarden Dollar, bis 1979 jährlich um 2,5% des Bruttosozialprodukts. Die Prosperität mündete ab Mitte der siebziger Jahre in die größte Krise seit Kriegsende. Hauptleittragende der Krise waren wiederum alle jene, die im alten New Deal-Konzept schon zu spät gekommen waren: die Frauen, die Jugendlichen, die Farbigen, die Alten, die Einwanderer usw. usf. Die schärfsten Einbrüche gab es in der Automobilindustrie, wo die ausländische Konkurrenz den amerikanischen Herstellern Prozent um Prozent Marktanteil abzunehmen begann und sie in eine tiefe Absatz- und Produktionskrise stürzte. Zwangsläufig griff die Krise damit von der Automobilindustrie auch auf andere Industriezweige über, die mehr als 50 Jahre vom Autoboom gelebt und vorangetrieben worden waren. Die Industriezentren des amerikanischen Nordwestens, die Produktionsstätten des Automobils, des Stahls und der Kohle, verloren schnell an Bedeutung, und es wirkte wie ein Requiem auf das Automobil, daß die großen Industriestädte der Automobilära, Milwaukee und Detroit, auf dem Höhepunkt der Krise Mitte der siebziger Jahre Armenküchen aufmachen mußten, um Automobilarbeitern mindestens eine warme Mahlzeit am Tag zukommen zu lassen.

Gleichzeitig mit der Krise vollzog sich in den USA aber auch ein tiefgreifender Strukturwandel. In dem Maße nämlich, wie die alten Industriezentren in Schwierigkeiten gerieten, begann im Südwesten der USA so etwas wie eine Neugruppierung der industriellen und wirtschaftlichen Potentiale der Vereinigten Staaten. Denn die Dekade der Krise war in den USA zugleich Ansatzpunkt einer Umstrukturierung der gesellschaftlichen, ökonomischen, sozialen und politischen Verhältnisse. Hochrüstung und militärische Forschung bildeten dabei gleichsam den Kern der Veränderung, denn sie erwiesen sich gerade in der Krise als Stabilisierungselement. Je mehr die klassischen Industrien des 19. und 20. Jahrhunderts in die Krise gerieten, um so deutlicher begannen die neuen Industriezweige, die direkt oder eng mit der Rüstungsentwicklung zusammenhingen, das ökonomische und soziale Gesicht der USA neu zu prägen. Ende der siebziger, Anfang der achtziger Jahre entstanden jährlich Hunderttausende neuer Arbeitsplätze in der wachsenden Rüstungsindustrie, die mit einem gigantischen Etat von 250 Milliarden Dollar jährlich zum alles beherrschenden Wirtschaftsbereich für die gesamte US-Wirtschaft wurde. Neue Arbeitsplätze und neue Industrialisierungschancen eröffneten sich aber auch in der Elektronik und im Computerbereich, dessen dynamische Entwicklung zu einer der wichtigsten Sparten der amerikanischen Wirtschaft, ja auch direkt wie indirekt der Rüstungsentwicklung wurde. Die Auswirkungen, die ökonomischen wie sozialen Veränderungen werden wir noch ausführlich im 14. Kapitel betrachten.

In gewisser Weise kann die Krise der siebziger Jahre *selbst* als Prozeß der Umstrukturierung begriffen werden. Die USA wiesen von allen westlichen Industrieländern Anfang der achtziger Jahre am ehesten Züge einer neuen Gesellschaft auf, die auf einer neuen Industrie- und Wirtschaftsstruktur basiert: Anwachsen des Dienstleistungsbereiches; Dominanz von Luft- und Raumfahrt, von Elektronik und Informationsverarbeitung; allmähliches Absterben älterer Industrien und der darauf beruhenden Sozialstrukturen (so machten Industriearbeiter um 1980 in den USA kaum noch 15 % der Erwerbspersonen aus). Die Zahl neuer, kleiner Selbständiger und Gewerbetreibender in hochmodernen Technologien, Informationsbereichen und Dienstleistung nahm ständig zu und begann die Zahl der Industriearbeiter zu übertreffen. Problematisch daran war und ist, daß sich diese Entwicklung so eindeutig unter dem Vorzeichen (staatlicher!) Rüstungsexpansion vollzieht, und zwar nicht nur deswegen, weil diese Entscheidung immer noch ein bemerkenswertes Stagnationssignal ist. Mit der Entstehung neuer Industrien und Produkte hat sich die Produktivität menschlicher Arbeit dermaßen gesteigert, daß nur ein entsprechendes ökonomisches Wachstum den produktiven Möglichkeiten gerecht werden kann, die mit den neuen Technologien verbunden sind. Der industriellen Revolution der siebziger und achtziger Jahre fehlte aber ein entsprechendes Expansionsfeld industrieller und wirtschaftlicher Art, wie es die zweite industrielle Revolution des 19. Jahrhunderts in Gestalt der Expansion der Infrastruktur (im 19. Jahrhundert) und des Massenkonsums (im 20. Jahrhundert) besaß. Noch ist nichts in Sicht, was wohl für die neuen Technologien die Rolle der Eisenbahn und des Automobils einnehmen könnte. Lediglich im Rüstungssektor gibt es eine Anwendungsmöglichkeit für die neuen Produktivkräfte – und zwar in nennenswertem, ja sogar in prägendem Umfang. Für andere Wirtschafts- und Industriezweige gilt dies keinesfalls. Die neuen Produktivkräfte haben sich bisher allein als Destruktivkräfte durchgesetzt. Dies ist weder logischer noch sinnvoll, weshalb man den Eindruck nicht los wird, daß die neuen Produktivkräfte nur mangels Alternativen im Rüstungssektor «geparkt» sind und auf eine dynamische Anwendung noch warten. Daher scheint es mit Fug und Recht fraglich, ob die mit der Hochrüstungswelle der achtziger Jahre von den USA ausgehende Wiederbelebung der Weltkonjunktur wirklich der Beginn einer neuen Ära ist oder nicht doch eine letzte Phase einer alten Epoche, vergleichbar vielleicht mit dem Aufschwung der Baumwollindustrie im England des 18. Jahrhunderts, die wir als letzte Entwicklungsstufe der alten Industrie und als Einstiegsbewegung in die industrielle Revolution des 19. Jahrhunderts dargestellt haben. Das gilt im übrigen auch wirtschaftsgeschichtlich, denn die Rüstungskonjunktur der achtziger Jahre hat nicht nur industriell Schönheitsfehler, sie ist auch in wirtschaftlicher Hinsicht mehr als fragwürdig: Das Handelsministerium der USA rechnet für das Jahr 1984 mit einem Fehlbetrag in der Handelsbilanz von mehr als 10 Milliarden Dollar. Die Leistungsbilanz schloß 1983 mit einem Minus von 40,8 Milliarden Dollar ab, denn das große Rüstungsprogramm verschlingt nahezu alle staatlichen Mittel und ein Drittel des amerikanischen Kreditvolumens. Deshalb wollte man in den USA sein Geld anlegen, deshalb stieg die Nachfrage nach Dollars, verteuerte sich die amerikanische Währung, verteuerten sich amerikanische Exporte und verbilligten sich gleichzeitig die Importe aus dem Ausland. Hinsichtlich Leistungsbilanz und Budgetdefizit sehen die Schätzungen der amerikanischen Haushaltsbehörde für die Jahre 1985 bis 1987 noch düsterer aus. Auf den europäischen Kreditmärkten werden die USA, die bis in die achtziger Jahre hinein das größte Gläubigerland der Weltwirtschaft waren, bereits als Schuldner ins Auge gefaßt. Das reichste Industrieland der Welt könnte Ende der achtziger Jahre sogar wieder zum größten Schuldnerland werden und selbst noch die am höchsten verschuldeten Länder Süd- und Mittelamerikas überflügeln. Es sind vor allem die Europäer, die die privaten und öffentlichen Ansprüche der Amerikaner finanzieren und denen das Investitionskapital entzogen wird, das der Kontinent dringend benötigen würde, um seinen eigenen Rückstand in einer Reihe von Zukunftsindustrien auszugleichen und auf technologischem Gebiet mit den USA konkurrenzfähig zu bleiben. Noch schlimmer ergeht es den Ländern in Lateinamerika, die ihre wirtschaftlichen Probleme mit hohen Auslandskrediten, vor allem mit hohen Krediten in den USA, bezahlen und die von der geradezu inflationären Zins- und Dollarentwicklung hart getroffen werden. Dies treibt den Schuldendienst der verschuldeten Entwicklungsländer ständig in die Höhe, verschärft ihre soziale Lage und führt nicht selten zu schweren wirtschaftlichen Krisen, ja sogar zum Ruin in den ärmsten der armen Ländern.

Die Krise der europäischen Industriegesellschaften. Die Krise der amerikanischen Industriegesellschaft erwies sich somit doppelt problematisch für alle anderen Länder – insbesondere aber für die Industrieländer Europas. Deren Abhängigkeit von den USA als Kapital- und als Absatzmarkt, die zwei Jahrzehnte lang dafür verantwortlich war, daß die westeuropäischen Industriegesellschaften ihren Vorsprung gegenüber den USA wettmachen und sie in einigen Bereichen sogar überflügeln konnten, führte nun dazu, daß die europäische Industrialisierung im Geleitzug mit der amerikanischen in die Krise steuerte. Anfang der siebziger Jahre schwappte die amerikanische Inflation nach Europa über, wo die wichtigsten Volkswirtschaften Ende der sechziger Jahre noch vom Vietnamboom profitiert hatten, wie 15 Jahre zuvor vom Koreaboom. Nachdem Mitte der siebziger Jahre eine leichte Rezession mit einem kurzfristigen Anstieg der Arbeitslosigkeit auf 2,5 % (BRD) bis 4,5 % (Belgien) ausgestanden war, erreichte das wirtschaftliche Wachstum der westeuropäischen Volkswirtschaften Anfang der siebziger Jahre den höchsten Stand in der Nachkriegszeit. In der Bundesrepublik verdoppelte sich die Industrieproduktion, in Frankreich und Belgien stieg sie durchschnittlich um 30 bis 40 % an. Die Arbeitslosigkeit sank auf ihren Tiefpunkt. Geldwertstabilität und Kurse der europäischen Währungen erreichten ihren Höhepunkt. Doch dieser Boom war schon angeknackst von der Krisenauswirkung der amerikanischen Vietnam-Wirtschaft. Die inflationäre Finanzierung des Krieges und das Ansteigen der Dollarflut ließen nämlich die Inflation auch in Europa auf Touren kommen. Zwischen 1968 und 1972 flossen gut 10 Milliarden im festen Wechselkurs stehende, aber total überbewertete Dollar nach Europa, zwischen 1972 und 1975 waren es mehr als 50 Milliarden Dollar. Die festen Wechselkurse, die auf Paritäten des Weltwirtschaftsabkommens von Bretton Woods (1944) beruhten, machten es immer lukrativer, den inflationären Dollar in harte europäische Währungen umzutauschen, um so von der Wechselparität des Dollars zu profitieren. Zunächst versuchten die westeuropäischen Staaten die Wechselkurse durch Abwertung des Dollars aufzufangen bzw. der inflationären Entwicklung gegenzusteuern. 1971 gaben sie schließlich das Wechselkursmodell auf und die Wechselkurse des Dollars frei. Damit verzichteten sie im Grunde auf die Leitfunktion des Dollars für mehr als ein Jahrzehnt.

Anfang der siebziger Jahre kam es zu Währungsturbulenzen, wozu die springflutartige Preiserhöhung der Erdölländer sicher beigetragen hatte. Die Hauptlast der Preisexplosion für Öl, das inzwischen zum wichtigsten Energieträger für Verkehr, Industrie und Hausbrand geworden war, hatten allerdings nicht die USA, sondern die Europäer zu tragen, denn sie waren vor allem vom arabischen Öl abhängig, und für sie stiegen die Preise in einem Jahrzehnt um mehr als das Dreifache an. Gegenüber den OPEC-Ländern geriet die Europäische Gemeinschaft in ein deutliches Defizit. 1974 betrug das Zahlungsdefizit der Bundesrepublik allein 15 Milliarden DM, gleichzeitig drang arabisches Kapital nun zügig in die europäische Wirtschaft, wo es zum größten Teil in Gestalt sogenannter Petro-Dollars (Öl wurde und wird in Dollars bezahlt) Anlage in stabilen europäischen Währungen bzw. Industrieanlagen suchte. Inflationäre Dollars strömten nun weiter in großer Menge in die europäischen Länder und brachten auch in Europa die Inflation auf Touren. Die Kostensteigerungen, insbesondere in der Energieversorgung, zogen nun massive Lohnsteigerungen nach sich, diese wieder Preiserhöhungen usf.

In den wichtigsten Ländern der Europäischen Gemeinschaft hatten sozialdemokratische Regierungen den Ausbau des Sozialstaates Ende der sechziger Jahre noch weiter vorangetrieben als die Johnson-Administration Mitte der siebziger Jahre in den USA. Mit ehrgeizigen Reformen, die ganz dem Geist der Wachstumsjahrzehnte entsprungen waren, wurde der Verantwortungsrahmen des Sozialstaats auf nahezu alle gesellschaftlichen Bereiche ausgedehnt, auf das Erziehungswesen, auf das Gesundheitswesen, auf den Kulturbereich und selbst auf die Kunst. Der Ausbau des Sozialstaates sorgte dafür, daß Mitte der siebziger Jahre etwa ein Drittel des Familienbudgets einer durchschnittlichen Arbeitnehmerfamilie von staatlichen Leistungen direkt oder indirekt entgeltlich oder unentgeltlich finanziert wurde. Gleichzeitig verbreitete sich auch in Europa eine den amerikanischen Verhältnissen durchaus vergleichbare Konzentrationswelle bei den Unternehmen, die auch hier vergleichbare Möglichkeiten schuf, um die wachsende Kaufkraft breiter Schichten von Einkommensbeziehern über Preisbildung abzuschöpfen. Die Folgen in Europa waren natürlich denen vergleichbar, die wenige Jahre zuvor in den Vereinigten Staaten aufgetreten waren: Stagnation und Inflation.

Infolge der Stagnation sank in Europa zum erstenmal seit 25 Jahren der Bedarf an Arbeitskraft wieder; und Mitte der siebziger Jahre sahen sich die europäischen Industriegesellschaften mit einer eigenartig langlebigen Massen-Sockelarbeitslosigkeit konfrontiert. Eine Vollbeschäftigungslücke von 8–10 % der Erwerbstätigen mit besonders nachteiligen Auswirkungen für einzelne Bevölkerungsgruppen, die ihrerseits wichtige Zielgruppen des Sozialstaats waren: Arbeitnehmer mit schlechter Qualifikation, Frauen und vor allen Dingen Jugendliche, die unter den Bedingungen der Stagnation so lange keinerlei Aussicht auf Beschäftigung haben sollten, wie jeder freiwerdende Arbeitsplatz krisenbedingt wegfiel. 50 % der 12 Millionen Arbeitslosen in der Europäischen Gemeinschaft Anfang der achtziger Jahre waren infolgedessen Jugendliche oder junge Arbeitssuchende. Eine entsprechende Wachstums- und Innovationsindustrie vom Ausmaß des amerikanischen Rüstungssektors gab es in Europa, namentlich in der Bundesrepublik Deutschland, nicht. Schon in den sechziger Jahren hatte sich angedeutet, daß sich hier langfristig ein technologisches Problem, ein Graben zwischen Europa und den USA hinsichtlich der Spitzentechnologien auftun könnte. In den späten sechziger Jahren hatte man Befürchtungen dieser Art beiseite schieben können, denn die europäischen Industriegesellschaften versprachen auch ohne Rüstungs- und Raumfahrtindustrie gut in der Lage zu sein, dem amerikanischen Kapitalismus Paroli zu bieten – wofür das starke Wachstum Ende der sechziger Jahre Beweis genug zu sein schien. Die europäischen Länder konnten die USA zwar ökonomisch einholen und überflügeln – je mehr die USA in die Krise steuerten, um so deutlicher –, an die spitzentechnologische Entwicklung konnten sie damit jedoch nicht anknüpfen.

Ende der siebziger Jahre bekamen die europäischen Industriegesellschaften vielmehr zu spüren, daß sie in wichtigen Bereichen wie der Elektronik und der Datenverarbeitung den Anschluß erst gar nicht gesucht, geschweige denn gehalten hatten. Im Gegensatz zu den USA deutete sich für Europa Ende der siebziger Jahre an, daß ein den USA vergleichbarer Strukturwandel nicht einmal ansatzweise vorbereitet war. Die europäischen Industriegesellschaften mußten lernen, was es heißt, wenn in einer stagnierenden industriellen Entwicklung technologische Veränderungen Raum greifen, ohne daß damit zugleich ein tiefergehender Strukturwandel verbunden ist. Die besonders hartnäckige und langlebige Arbeitslosigkeit, die wir in Europa seit Ende der siebziger Jahre kennen, hat nämlich zu einem erheblichen Teil auch damit zu tun, daß neue Technologien in Europa zur Rationalisierung eingesetzt werden, also Arbeitsplätze vernichten, während Industrien, in denen die neuen Technologien entwickelt werden, die also zumindest ein gewisses Äquivalent für die wegrationalisierten Arbeitsplätze leisten könnten, in Europa, und hier insbesondere auch in der Bundesrepublik, fehlen. Per Saldo ist die Auswirkung des technischen Fortschritts auf Europa mithin in zweierlei Hinsicht negativ: auf dem Arbeitsmarkt wie auch im Hinblick auf die strukturelle Abhängigkeit der europäischen Industrie von den Vereinigten Staaten.

Doch gleichviel, ob strukturell oder technologisch bedingt, für eine Gesellschaft, die das Sozialstaatsprinzip ganz wesentlich mit Vollbeschäftigung gleichsetzen muß, war und ist die Dauerarbeitslosigkeit mehr als eine Krise. Sie ist eine Herausforderung, die an die Substanz des Sozialstaats selbst gehen sollte. Besonders gravierend war zudem, daß die Krise tatsächlich nicht mit den herkömmlichen Mitteln des Krisenmanagements mehr zu beheben war, daß das Krisenmanagement oft selbst die Krise zu verschärfen schien. Dies wurde insbesondere für viele sozialdemokratische Regierungen zum Problem, da sie Sozialismus unterdessen ganz mit dem Sozialstaatsprinzip gleichzusetzen begonnen hatten. Zwar versuchten sich die verschiedenen Regierungen – fast müßte man sagen: trotzig – an Modellen der Wirtschaftsankurbelung nach bewährtem Muster, doch die Vollbeschäftigungslücke blieb, ja, sie zeigte sogar Tendenzen, sich weiter zu öffnen. In gewisser Weise verschlimmerte sich die Lage dadurch noch, daß Industrieunternehmen (indirekte) Subventionen und Förderungsmaßnahmen geradezu angedient wurden, in der Absicht, damit für eine Ausweitung der Produktion und für mehr Arbeitsplätze zu sorgen, während die meisten Unternehmen solche Hilfsmaßnahmen in der Regel nutzten, um zu rationalisieren, womit zumindest keine neuen Arbeitsplätze entstehen konnten. Ironischerweise förderte die Wirtschaftspolitik der siebziger Jahre auf diese Weise (unbeabsichtigt) den Einstieg in die industrielle Neuorganisation auch in Europa.

Anfang der achtziger Jahre also sah sich der Wohlfahrtskapitalismus, das Modell des Sozialstaates (speziell in der sozialdemokratischen Ausbauvariante) auch in Europa in einer tiefen Krise. Die Tatsache, daß alle staatlichen Maßnahmen Vollbeschäftigung und soziale Gerechtigkeit nicht mehr garantieren konnten, dürfte für das Sozialstaatsmodell auf längere Sicht nicht ohne Folgen bleiben. Um sozialstaatliche Leistungen umfassender Art auch in Zukunft leisten zu können, müßten Wachstumsraten von nahezu jährlich 10 % eintreten, die doch gerade durch Stagnation und Sozialstaatskrise so gut wie unmöglich gemacht werden. Es ist also keineswegs sicher, daß die Grenzen des Sozialstaats nicht gar die Grenzen der Sozialstaatsära sind. Schauen wir auf die neuen Technologien, die mit der Revolution der Mikroelektronik auf uns zukommen, schauen wir auf Industrieroboter und computergestützte Produktionsverfahren, dann muß man die Frage nach dem Ende des Sozialstaatsmodells ziemlich ernst nehmen. Es ist nämlich durchaus möglich, daß sich die Krise des Sozialstaats überschneidet mit dem Ende einer Industrialisierungsepoche, die vor 150 Jahren begonnen hat und deren höchste Entwicklungsstufe der Sozialstaatskapitalismus in der Nachkriegszeit war. Keineswegs ausgeschlossen ist, daß die Krise der siebziger Jahre nicht in einer tiefgreifenden Depression mündet, aus der so schnell kein neuer technischer

Entwicklungsschub samt damit verbundenem wirtschaftlichem Boom herausführen kann.

Ähnlich wie im frühen 19. Jahrhundert ist noch nicht klar, wovon die große Zugkraft für eine wirtschaftliche und soziale Entwicklung ausgehen soll. Bislang ist es jedenfalls nicht gelungen, eine «Wachstumslokomotive» ausfindig zu machen. Nicht gelungen ist es bisher auch, einigermaßen Ordnung in die Weltwährungsordnung zu bringen. Es sieht nicht so aus, als könne ohne weiteres eine neue Weltwährungsordnung aus sich heraus entstehen, weil ein weltweiter Konsens über Weltarbeitsteilung und Weltmarktordnung mehr denn je problematisch scheint – von einer hegemonialen Lösung wie 1914 oder 1945 sind wir weit entfernt. Alles deutet sogar darauf hin, daß hegemoniale Ordnungsmächte für die Weltwirtschaft und die Weltindustrieentwicklung schlechterdings nicht mehr zu haben sein werden. Ebensowenig ist es aber auch gelungen, die Folgen der siebziger Jahre, die Folgen des großen wirtschaftlichen Wachstums in der Dritten Welt zu beheben: Verschuldung und Verarmung dieser Weltregion durch Inflation, Schuldenexplosion und Krise. Die Verschuldung der Dritten Welt droht einen neuerlichen Wirtschaftszusammenbruch auszulösen, der um ein Vielfaches heftiger und chaotischer ausfallen könnte als der spekulationsbedingte Zusammenbruch der New Yorker Börse 1929. Die Länder des Realen Sozialismus befinden sich ebenfalls in einer durchaus kritischen Lage. Auch wenn alle Verantwortlichen in Wirtschaft und Politik Verhältnisse wie 1929/30 verhindern wollen, ist es nicht sicher, daß Zusammenbrüche solcher Art auch tatsächlich verhindert werden können. Wie wir noch sehen werden, gehören zu der Krise der siebziger Jahre auch die Krise der Ökologie und die dramatische Bevölkerungsexplosion in der Dritten Welt. Von diesen beiden Faktoren gehen zusätzliche, gefährliche sozioökonomische und politische Bedrohungen aus, die selbst zum Auslöser wirtschaftlicher und sozialer Katastrophen werden können.

Wir können folglich eine schwere und tiefgreifende Krise der Weltwirtschaft in den kommenden Jahren nicht ausschließen. Aber auch ohne den Ausbruch einer großen Krise werden Stagnation und Inflation, Grenzen des Wachstums, globale Instabilität und die völlig unübersehbare Entwicklung der dritten industriellen Revolution krisenhafte Zuspitzungen unseres Wirtschafts- und Gesellschaftssystems mit sich bringen, ganz zu schweigen von den Gefahren, die von der ökologischen Katastrophe und von der Bevölkerungsexplosion der Dritten

Welt ausgehen. Angesichts dessen wäre eine neue Konjunktur ohne tiefgreifenden Wandel, die alle Probleme löst, eher überraschend als plausibel. Wir stehen wohl tatsächlich am Scheitelpunkt einer krisenhaften Umstrukturierung, möglicherweise am Endpunkt eines Industrialisierungsprozesses. Auf jeden Fall aber am Beginn einer neuen, dynamischen und noch weitgehend unübersehbaren industriellen Neuorientierung. Die Fülle der Probleme, die wir heute haben, zwingen uns daher förmlich, nach Auswegen zu suchen. Und diese Auswege führen nach vorn.

Literatur

Wirtschaft und Gesellschaft allgemein

Aldcroft, D. H.: Die zwanziger Jahre. Von Versailles zur Wall Street, 1919–1929. Geschichte der Weltwirtschaft im 20. Jahrhundert, Bd. 3, hg. von Fischer, W., München 1978

Hardach, G.: Der Erste Weltkrieg. Geschichte der Weltwirtschaft im 20. Jahrhundert, Bd. 2, hg. von Fischer, W., München 1977

Kindleberger, Ch. P.: Die Weltwirtschaftskrise 1929–1939. Geschichte der Weltwirtschaft im 20. Jahrhundert, Bd. 4, hg. von Fischer, W., München 1973

Milward, A. S.: Der Zweite Weltkrieg, Wirtschaft und Gesellschaft 1939–1945. Geschichte der Weltwirtschaft im 20. Jahrhundert, Bd. 5, hg. von Fischer, W., München 1977

OECD: Basic Statistics on Industrial Production, 1913–1960, Paris 1962

Der Spiegel, Werbung, Märkte, Manager. Eine Auswahl der in den Jahrgängen 1971–1983 erschienenen Berichte zum Thema Wirtschafts- und Sozialpolitik, Unternehmen, Manager, Märkte, Produkte, Handel, Werbung, Bauen, Wohnen, Verkehr, Geld, Finanzen, Automobile, Luftfahrt, Touristik, Hamburg 1971 bis 1983

Vereinigte Staaten

Bowles, S., Gordon, D. M., Weisskopf, Th. E.: Beyond the Waste Land. A Democratic Alternative to Economic Decline, New York 1983

Mitchell, B.: Depression Decade. From New Area through New Deal, White Plains 1976

Soule, G.: Prosperity Decade. From War to Depression, 1917–1929, White Plains 1976

Europa

Aldcroft, D. H.: Economic History of Europe, London 1979

Ambrosius, G.: Das Wirtschaftssystem, in: Benz, W. (Hg.): Die Bundesrepublik Deutschland. Geschichte in drei Bänden, Band 1: Politik, Frankfurt/M. 1983

Eggebrecht, A., Fleming, J., Meyer, G., Müller, A. v., Oppholzer, A., Paulinyi, A., Schneider, H.: Geschichte der Arbeit. Vom Alten Ägypten bis zur Gegenwart, Köln 1980

Fohlen, Cl.: Frankreich 1920–1970, in: Cipolla, C., Borchardt, K. (Hg.): Europäische Wirtschaftsgeschichte, Bd. 5: Die Volkswirtschaften im 20. Jahrhundert, Stuttgart–New York 1980

Hardach, K.: Deutschland 1914–1970, in: Cipolla, C., Borchardt, K. (Hg.): Europäische Wirtschaftsgeschichte, Bd. 5: Die Volkswirtschaften im 20. Jahrhundert, Stuttgart–New York 1980

Svennilson, I.: Growth and Stagnation in the European Economy (United Nations), Genf 1945

Strizek, H., Hammers-Strizek, G.: Europäische Einigung. Bilanz und Perspektiven, Bonn 1984

Youngson, A. J.: Großbritannien 1920–1970, in: Cipolla, C., Borchardt, K. (Hg.): Europäische Wirtschaftsgeschichte, Bd. 5: Die Volkswirtschaften im 20. Jahrhundert, Stuttgart–New York 1980

13. Kapitel

Moderne Zeiten

Zur Organisation der gesellschaftlichen Arbeit im 20. Jahrhundert

Die industrielle Revolution des 19. Jahrhunderts, ausgelöst zwischen 1820 und 1850, schuf eine Gesellschaftsformation, die in Technik und der Ökonomie des späten 20. Jahrhunderts ihre Vollendung erreicht hat. Das ist vergröbert die These des ganzen dritten Buches. In diesem Kapitel möchte ich belegen, daß wir derzeit das vorläufige Ende dieser Epoche erleben, denn die Fundamente, auf denen unser spezieller Gesellschaftstypus steht – wirtschaftliches Wachstum und Massenkonsum –, sind in fataler Weise auch verantwortlich für eine eigentümliche Form von Krise, für Stagnation und Inflation. Und das heißt, daß die Ordnung, welche für mehr als fünf Jahrzehnte den größten Industrialisierungsschub der Geschichte der Menschheit begründet hat, am Ende ihrer größten Entfaltung in Widerspruch mit sich selbst zu geraten scheint. Wenn dem aber so ist, dann haben wir es in der Tat mit einer Krise zu tun, die nur noch durch einen umfassenden Neuanfang gelöst werden kann.

Wir interpretieren also auch die Sozialordnung des modernen Kapitalismus – Sozialstaat und Wohlfahrtskapitalismus – als Fortentwicklung der Grundlagen, die mit der industriellen Revolution im 19. Jahrhundert gelegt wurden. Wir verstehen sie als eine durchgängige Konzeption für die gesamte Entwicklung des Kapitalismus von 1830 bis auf den heutigen Tag. Etwas überstrapaziert könnte das Argument bedeuten, daß die ökonomische und soziale Verfassung des Wohlfahrtsstaates schon 1830 hätte gefunden und praktiziert werden können, und die moderne Gesellschaft hätte sich den Umweg revolutionärer Strömungen, Kriege und Konflikte sparen können. Man verfällt sicher nicht in Geschichtsdeterminismus, wenn man davon ausgeht, daß am Ende nur

Charlie Chaplin am Fließband in «Modern Times», 1936

eine Form der Organisation gesellschaftlicher Arbeit und eine Lösung der sozialen Frage mit der Produktivkraftentwicklung des 19. und 20. Jahrhunderts vereinbar und verbindbar war: das große, bürokratisch geführte kapitalistische Unternehmen, die Massenlohnarbeit und die Indienstnahme des Staates für die Zwecke der sozialen Sicherung überall dort, wo die alte Sozialordnung der mittelalterlichen Industrie zerschlagen war und keine neuen Strukturen an ihre Stelle treten konnten. Alle anderen Lösungsmodelle, von der Maschinenstürmerei über autoritäre Diktaturen bis hin zu fundamentalistischen Revolutionsvorstellungen, waren zwar gut gemeint, aber nicht realisierbar.

Man muß den Aufbau des neuen Sozialsystems allerdings wohl ebenso als «Lernprozeß» begreifen wie den Prozeß der Industrialisierung selbst – und insofern waren die historischen Entwicklungsschritte, die von der einsetzenden industriellen Revolution des 19. Jahrhunderts bis zur Entwicklung des Sozialstaates geführt haben, eben unvermeidlich. Erst die gravierenden und schmerzlichen Erfahrungen von Krisen, Elend und Krieg, aber auch drohende soziale Unruhen und Revolutionen brachten alle Beteiligten zur Einsicht in die Notwendigkeit eines gesellschaftlichen Konsenses, der im übrigen schon

Mitte des 19. Jahrhunderts von weitsichtigen Zeitgenossen vorausgesehen wurde (zum Beispiel in der Idee des «sozialen Königstums» von Lorenz von Stein, einem preußischen Sozialphilosophen) und gelegentlich sogar von konservativen Politikern praktiziert worden ist. Daß am Ende also nur eine reformistische Lösung praktikabel und möglich war, läßt nun nicht den Schluß zu, daß sie allein mit den objektiven Bedingungen gesellschaftlicher Arbeit unter der Voraussetzung der zweiten industriellen Revolution vereinbar gewesen wäre. Aber ganz offenbar hat sie sich unter allen denkbaren Lösungen als die praktikabelste, anpassungs- und differenzierungsfähigste erwiesen.

Re-Proletarisierung, Revolution und Reform. Das erklärt sicher auch, warum sich innerhalb der Arbeiter- und Gewerkschaftsbewegung der reformistische Weg durchgesetzt hat (zumindest aufs Ganze gesehen) und nicht der revolutionäre. Allerdings bleibt paradox, was wir schon im zweiten Buch festgestellt haben, warum angesichts der Verbesserungen in der Einkommenssituation, der Verkürzung der Wochenarbeitszeit, der ersten gesetzgeberischen Maßnahmen zum Ausbau eines modernen Sozialstaats, angesichts des Ausbaus im Bildungswesen und der bescheidenen Öffnungstendenzen der bürgerlichen Gesellschaften vor dem Ersten Weltkrieg das 20. Jahrhundert dennoch eine Kette von Revolutionen, Aufständen und sozialen Revolten erlebte. Die Ursachen für diesen Zusammenhang sind vielschichtig. Ein Grund aber ist sicher auch in der sozioökonomischen Entwicklung, im Prozeß der Industrialisierung zu Beginn dieses Jahrhunderts zu suchen. Und das bedeutet, daß dieselbe Ursache, die die sozioökonomische Krise des 20. Jahrhunderts ausgelöst hat, auch für diese Entwicklung verantwortlich sein dürfte: der Erste Weltkrieg. Er führte nämlich nicht nur zu einer verminderten Wettbewerbsfähigkeit der europäischen Volkswirtschaften, sondern auch zu einer massiven Verschlechterung der sozialen Lage in den Industriestaaten, die in den Krieg verwickelt waren. Wenn man davon ausgehen kann, daß die letzten beiden Jahrzehnte vor Ausbruch des Ersten Weltkriegs tatsächlich eine spürbare Verbesserung der sozialen Lage der arbeitenden Bevölkerung gebracht haben, sogar eine gewisse Integration der Arbeiterklasse in das politische System, dann wurde diese Entwicklung durch den Verlauf des Krieges geradezu in ihr Gegenteil verkehrt.

Wie wir schon im 11. Kapitel sehen konnten, war der Erste Weltkrieg gedacht und geplant als eine mehr oder weniger blutige militärische

Kampagne von einigen Monaten, nicht jedoch als ein Menschen und Material verschlingender Stellungskrieg, der die wirtschaftliche Kraft der an ihm beteiligten Industrienationen brechen würde. Genau so aber entwickelte er sich nach wenigen Monaten. Für die Bevölkerung bedeutete dies, daß sie nun die ganzen Lasten des Krieges aufgebürdet bekam, als Frontsoldaten oder als Arbeitskräfte. Sie mußten die ungeheuren militärischen und wirtschaftlichen Belastungen mit ihrem Leben bzw. mit ihrem Lebensstandard bezahlen. Waren Handwerker, Angestellte und Industriearbeiter gerade wegen der für sie spürbaren sozialen Leistungsfähigkeit des Vorkriegssystems noch voller Patriotismus in den Krieg gezogen, so mußten sie nun erfahren, daß sie diesen Krieg mit der Aufkündigung sozialer Errungenschaften bezahlen würden. Die Arbeitszeit wurde verlängert, die Löhne gekürzt, die Arbeitsbedingungen verschärft, Frauen, oft auch Kinder, in die Produktion eingegliedert. In Deutschland und Rußland, aber auch in Frankreich und England brachen schwere Versorgungskrisen aus, 1915 und 1916 regelrechte Hungersnöte und Versorgungskatastrophen.

Verglichen mit den Lebensbedingungen vor dem Ersten Weltkrieg brachte der Kriegsverlauf in allen europäischen Ländern eine regelrechte «Re-Proletarisierung» mit sich, also einen Rückfall in Arbeits- und Lebensverhältnisse, die man aufgrund der industriellen Entwicklung und der gewerkschaftlichen Auseinandersetzung schon überwunden geglaubt hatte. Der Erste Weltkrieg bedeutete für Europa daher eine folgenschwere Wende in der politischen und sozialen Entwicklung. Vor dem Krieg schien alles darauf hinzudeuten, daß der Kapitalismus, so wie er in der Mitte des 19. Jahrhunderts entstanden war, durch konsequente Reformarbeit der Arbeiterbewegung tatsächlich allmählich so umgestaltet werden konnte, daß die arbeitenden Menschen in ihm auch ohne blutige Revolution in Wohlstand, sozialer Sicherheit und politischer Mitbestimmung leben konnten. Diese Vorstellungen des Reformismus hatten sich in nahezu allen europäischen Ländern durchgesetzt, namentlich in der deutschen Sozialdemokratie. Sie besaßen eine gewisse, vielleicht sogar zwingende Plausibilität. Von diesem Krieg versprach sich die Führung der Gewerkschaften und der Sozialisten sogar eine endgültige Anerkennung der Arbeiterbewegung – schien er doch nur mit und nicht gegen die Arbeiterklasse führbar zu sein. Die Auswirkungen des Krieges, die soziale Verelendung und die Zerstörungen schienen nun aber gerade denen recht zu geben, die schon immer davon ausgegangen waren, daß Kapitalismus mit Verarmung, Elend, mit Hungerlöhnen und harten Arbeitsbedinungen, mit Krieg und Not verbunden sei. Die Dauer des Krieges, Tod, Zerstörung, Leid und Not ließen die Positionen derer gerechtfertigt erscheinen, die nach wie vor an einer internationalen, pazifistischen Politik festgehalten hatten und deren politischer Weg sich nun für viele doch als der richtige herauszustellen schien. Eine zunehmende politische Radikalisierung der Arbeiterbewegung war das Resultat dieser Einsichten, ganz besonders in den Ländern, die am meisten von den Kriegsfolgen betroffen waren, also in Frankreich, Deutschland und in Rußland. Die Radikalisierung zog eine Spaltung der Arbeiterbewegung in Europa nach sich: Die radikalen Kräfte trennten sich während der Kriegszeit von den reformistischen. In Deutschland geschah dies an der Frage, ob man den Krieg durch die Bewilligung weiterer Kredite finanzieren sollte, in Rußland an der Frage, wie die Zukunft des zusammenbrechenden zaristischen Rußland aussehen sollte, ob reformistisch, kapitalistisch oder kommunistisch.

Obwohl manchem Verantwortlichen der Vorkriegszeit die Bedrohungen bewußt waren, die von einem Weltkrieg der europäischen Staaten ausgehen würden, war das Kriegsende schrecklicher, als alle – selbst die linke Kritik – vorhersehen konnten: Es fegte die alten, aristokratischen Eliten der europäischen Länder und deren obrigkeitsstaatliche Verfassungen hinweg. An ihre Stelle traten meist von der Arbeiterbewegung getragene und beherrschte politische Systeme. Allerdings nur in Rußland konnte sich ein revolutionäres System durchsetzen, in den anderen Ländern blieb die politische und soziale Struktur trotz Revolution und trotz Machtbeteiligung der Arbeiterbewegung eher marktwirtschaftlich-kapitalistisch und reformistisch. In der Sowjetunion allein entwickelte sich das System des «Realen Sozialismus», in den anderen Ländern blieben kapitalistische Strukturen erhalten – ergänzt um eine Reihe wichtiger sozialer Errungenschaften der Arbeiterbewegung. Wie wir gesehen haben, waren die zwanziger und dreißiger Jahre jedoch von starken sozialen Spannungen und Unruhen in Europa gekennzeichnet, sozusagen die «Folgekosten» des Ersten Weltkrieges und seiner Rückwirkungen auf die europäische Ökonomie. Der Hauptverlierer des Ersten Weltkrieges, das Deutsche Reich, hatte zudem massive Kriegsreparationen zu bezahlen, die ihn wirtschaftlich und sozial überlasteten und die Lage der arbeitenden Bevölkerung immer schlechter werden ließen. Das politische Spektrum in der deutschen Bevölkerung polarisierte sich: Auf der einen Seite gewannen kommunistische Vorstellungen bei Arbeitern und Intelligenz an Einfluß, auf der anderen Seite flüchteten Kleinbürger, Militärs, Nationalisten in die Arme faschistischer Bewegungen und verhalfen ihnen zur Macht – bis zur Katastrophe im Zweiten Weltkrieg.

Die konservative Revolution des New Deal. Die Befreiung von Faschismus und Nationalismus machte in Europa den Weg frei für die Übernahme jenes Modells gesellschaftlicher Entwicklung, das seine Wurzeln in der konservativen Revolution in England bzw. in der Bismarckschen Politik der Sozialversicherung einerseits und in den reformistischen Traditionen der Arbeiterbewegung andererseits hatte und in den USA nach der Weltwirtschaftskrise von 1929–1932 erfolgreich praktiziert worden war. Lediglich in Osteuropa entstand nach dem Zweiten Weltkrieg ein radikal antikapitalistisches Modell, die Übertragung des Sozialismus sowjetischer Prägung auf Länder wie Polen, die Tschechoslowakei, Ungarn, Rumänien und die spätere DDR. Nach herkömmlichem Sprachverständnis wäre revolutionär nur dieses Konzept, eben das des realen Sozialismus zu nennen. Was in den USA und nach 1945 in den westeuropäischen Industriegesellschaften entstand, könnte hingegen bestenfalls als «reformistisch» gelten, weil es auf der einen Seite nichts an den Markt- und Eigentumsverhältnissen änderte, auf der anderen Seite aber die Arbeiterbewegung förmlich in das System des Kapitalismus als staatstragendes Element integrierte. Beim näheren Hinsehen erweist sich die Sache jedoch als sehr viel komplizierter. Die revolutionäre Umgestaltung der kapitalistischen Gesellschaft ging nämlich nicht so sehr von den radikalen, planwirtschaftlichen Versuchen in Osteuropa aus, als vielmehr von jenen Veränderungen, die die Grundverfassung der kapitalistischen Gesellschaft, also Markt-, Eigentums- und Verfügungsrechte, unangetastet ließen und statt revolutionärer Umgestaltung partnerschaftliche Regelungen anstrebten zwischen Lohnarbeit und Kapital. Sie waren es, die zu den Verbesserungen in der sozialen Lage, den wirtschaftlichen Verhältnissen, der sozialen Sicherheit und der politischen Emanzipation der abhängig Beschäftigten führten, die wir vor allem im 12. Kapitel skizziert haben. Die reformistischen und sozialpartnerschaftlichen Verhältnisse führten zu einer bis dahin undenkbar geltenden Versorgung der Massen mit Massenkonsumgütern, Wohnraum und öffentlichen Gütern (Gesundheitsversorgung, Bildungswesen) und damit zu einer entscheidenden Entproletarisierung der proletarischen Existenz.

Das real-sozialistische Industrialisierungskonzept mit seiner Betonung des Faktors Arbeit vermochte genau dies alles nicht zu leisten. Es blieb in einer Mangelökonomie mit politischer Unfreiheit und Einschränkungen der gewerkschaftlichen Koalitionsfreiheit stecken.

Es hat lange gedauert, bis die europäische Arbeiterbewegung, insbesondere die linkssozialistischen Parteien, sich vom Proletarisierungsschock des Ersten Weltkriegs, der zwanziger Jahre und der Weltwirtschaftskrise soweit erholt hatten, daß sie diese Zusammenhänge politisch verarbeiten konnten – obwohl sie vor dem Ersten Weltkrieg mit der Reformismusdebatte schon einmal vergleichbare Positionen eingenommen und politisch durchzusetzen versucht hatten. Es war mit den radikalen Traditionen der Arbeiterbewegung eben nur schwer zu vereinbaren, daß ein von Konservativen getragenes, von Unternehmern und Arbeitern gleichermaßen betriebenes Modell erfolgreicher sein sollte als das Konzept der sozialistischen Revolution. Dabei könnte man mit einem gewissen Recht sogar davon sprechen, daß der New Deal, der Sozialstaat und der Wohlfahrtskapitalismus tatsächlich ein historischer Kompromiß zugunsten der Arbeiterklasse waren und die umfassende Verbesserung ihrer Lebensbedingungen zur Folge hatten. Angesichts der sozialen Probleme nach dem Ersten und Zweiten Weltkrieg könnte er durchaus als revolutionäre Umgestaltung der modernen Gesellschaft begriffen werden. Er löste sozialistische Forderungen unter den Bedingungen der Nachkriegszeit ab 1948 ein und leistete einen praktischen Beitrag zur Emanzipation der Arbeiterklasse.

Die eigentliche Ursache für dieses begriffliche und reale Verwirrspiel um Sozialismus und Revolution liegt natürlich auch in dem, was man die gesellschaftliche Grundstruktur von Lohnarbeit und Arbeitsmarkt nennen könnte, die wir im neunten Kapitel schon ausführlich erörtert haben. Ich meine die Tatsache, daß Lohnarbeit als funktionierendes Massenerwerbsmittel bestimmte Leistungen von einer Gesellschaft erfordert, wenn sie tatsächlich für Millionen, ja für 80–90% aller Erwerbspersonen taugen soll. Solche Leistungen sind die Regeneration der Arbeitskraft, die soziale Sicherung im Krankheits- oder Invaliditätsfall, sichere Erwerbsgrundlagen durch Vollbeschäftigung, aber auch Koalitionsfreiheit und Gewerkschaftsrechte, Mitbestimmungsrechte im Betrieb und Demokratie, also eine rechtliche Absicherung der Lohnarbeit im System des modernen Kapitalismus. Das ist es, was die Lebensumstände unter dem Verhältnis der Lohnarbeit soziologisch gesehen verlangen, und es ist zugleich die Lösung dessen, was im 19. Jahr-

Betriebsratswahlen bei Ford, 1942

Arbeiterfamilie des New Deal, 1942

hundert die Messer-und-Gabel-Frage genannt wurde. Das heißt nichts anderes, als daß die Emanzipation der Lohnarbeit im Kapitalismus gleichzusetzen wäre mit einer sozialen Organisation von Lohnarbeit und Kapital, die solchen Ansprüchen gerecht wird. Die Lösung der sozialen Frage des 19. Jahrhunderts, die Emanzipation der Arbeiterklasse, ist also nicht etwas, was die kapitalistische Gesellschaft sprengen müßte, etwas, das ihre revolutionäre Aufhebung verlangen würde, sondern die *Vollendung* der kapitalistischen Gesellschaft im Sinne von Massenproduktion und Massenkonsum. Die Gesellschaft also, die die weitestgehende Integration des Faktors Arbeit auf der rechtlichen, auf der sozialen und der politischen Seite umfaßte, ohne daß dadurch die Eigentumsverhältnisse verändert würden, könnte man infolgedessen auch als die höchste Entwicklungsstufe der industriekapitalistischen Gesellschaft vom Typ der zweiten industriellen Revolution nennen.

Das Modell des Sozialstaats. Der technische Fortschritt des 20. Jahrhunderts, die moderne Arbeitswelt, die ökonomische Entwicklung und die Schritte zur Absicherung des Existenzrisikos der Masse der Lohnarbeiter, gleichzeitig ihre Integration in das politische und soziale System der modernen Gesellschaft gehörten also von Anfang an zusammen. Deshalb muß die Entstehung der Lohnarbeitergesellschaft in der Tat als die entscheidende sozialpolitische Wendung, als soziale Revolution des 20. Jahrhunderts begriffen werden. Sie bildete sozusagen den Schlußstein in der Architektur einer neuen Gesellschaft, deren Fundamente industriell, ökonomisch und sozialpolitisch in der industriellen Revolution des 19. Jahrhunderts gelegt wurden. Das System der sozialen Sicherheit war und ist also mehr als nur der Aufbau eines neuen, universellen sozialen Netzes. Es kommt dem Aufbau eines Verfassungs- und Staatsverständnisses gleich, das als politisches und soziales System der modernen Gesellschaft endlich an die Stelle der alten Sozialordnung treten konnte. Dieses neue Verfassungs- und Staatsverständnis bestand im wesentlichen in einer Erweiterung und Konkretisierung der am Beginn der kapitalistischen Entwicklung stehenden Verkündung der Menschenrechte, wie sie beispielhaft in der amerikanischen Verfassung formuliert wurden. Ging es in dieser amerikanischen «Bill of Rights» noch um abstrakte Menschenrechte, also um die Sicherung der Freiheit des Individuums und um den Aufbau eines gerechten Gemeinwesens, so konkretisiert das Modell des Sozialstaats im 20. Jahrhundert die Menschenrechte als Rechte des abhängig arbeitenden

Menschen, für die Freiheit und Gerechtigkeit ohne soziale Absicherung keine Bedeutung haben können. Man darf sich dies als Weg von mindestens zwei Stufen vorstellen, wovon die erste Stufe die Verkündung allgemeiner Menschenrechte, vornehmlich die neue Ökonomie des entfesselten Kapitalismus regelt, dessen Freiheits- und Rechtsansprüche festschreibt, während die Herausbildung des Sozialstaats als zweite Stufe das System der sozialen Absicherung der Rechte der arbeitenden Menschen regelt, absichert und festschreibt.

Diese Rechte ergänzen den Grundrechtekatalog um mindestens sieben Punkte: um das Recht auf Arbeit bzw. Vollbeschäftigung, um das Recht auf materielle Absicherung der Familie im Falle von Krankheit, Invalidität, Alter und Tod, um die Gleichberechtigung der Geschlechter, um das Recht auf gewerkschaftliche Koalitionsfreiheit, um das Streikrecht, um das Recht der politischen und wirtschaftlichen Mitbestimmung und um das Recht auf allgemeine, freie und uneingeschränkte politische Betätigung im Rahmen einer parlamentarischen Demokratie.

Angesichts der Auflösung und Zerschlagung aller anderen Gewalten durch die staatliche Macht, die mit dem Absolutismus und später mit dem modernen Verfassungsstaat entstand, angesichts der Trennung von Staat und Gesellschaft in der zweiten industriellen Revolution konnte die Lösung der sozialen Probleme *nur durch den modernen Staat* erfolgen. Es war daher konsequent, wenn der Bismarcksche Obrigkeitsstaat oder auch das konservativ regierte England Ende des 19. Jahrhunderts die soziale Verantwortung für jene Bürger und Untertanen übernahmen, die sich soziale Sicherheit aus eigener Kraft nicht leisten konnten. Schließlich war es dieser Staat, der im Zuge der Auflösung der alten Ordnung von autonomen Stadtrepubliken, Zünften und Kirchen, freien Kantonen und Gemeinden die Verantwortung für die soziale Einbindung des einzelnen übernommen hatte, um so die Freiheit eines unbegrenzten und unbehinderten marktwirtschaftlichen Systems garantieren zu können. Folglich konnten es nur der bürokratische Obrigkeitsstaat oder dessen demokratischer Nachfolger, der moderne Verfassungsstaat, sein, die das Erbe der sozialen Verantwortung antreten mußten und damit gleichzeitig Garant für Funktionsfähigkeit und Fortexistenz des sozialen Netzes wurden. Der schon erwähnte preußische Sozialphilosoph Lorenz von Stein wollte mit der «sozialen Monarchie», die ihm als Fortentwicklung der Monarchie des 19. Jahrhunderts vorschwebte, nichts anderes als einen Staat, der sich ausdrücklich dafür verantwortlich erklärte, daß die Wirtschaft floriert, daß die soziale Absicherung der Bürger gesichert ist und der soziale Friede auf der Basis eines Klassenausgleichs erhalten werden kann. Steins Vorstellungen griffen seiner Zeit nicht nur weit voraus, sie benannten auch den eigentlichen Angelpunkt des Konzeptes: Das Modell des Sozialstaates kann nicht funktionieren, es sei denn auf der Basis eines tragfähigen Konsenses zwischen den Lohnarbeitern auf der einen, den Unternehmern auf der anderen Seite und dem Staat als der dritten, gleichsam steuernden Größe in dieser Machtkonfiguration.

Wie die Geschichte zeigt, war die Analyse richtig, denn in der Tat können wir auf ein funktionsfähiges und prosperierendes industrielles Gemeinwesen verweisen, wie wir auch auf diesen Konsens zurückgreifen können, den man in der deutschen sozialpolitischen Tradition zum Beispiel «Sozialpartnerschaft» nennt. Die sozialpartnerschaftliche Prämisse ist oft als fromme Illusion abgetan worden, weil als verbrieft galt, daß Lohnarbeit und Kapital aufgrund der völlig unvereinbaren Interessenlagen nie zu einem solchen Konsens in der Lage sein dürften. Aber selbst wenn man die Bedeutung des Interessengegensatzes zwischen Lohnarbeit und Kapital um nichts schmälern will (und unsere Geschichte liefert viele Beispiele für die Richtigkeit einer solchen Annahme), muß man doch festhalten, daß daraus nicht geschlossen werden darf, Lohnarbeit und Kapital könnten nicht ein gemeinsames Interesse am Aufrechterhalten und reibungsarmen Funktionieren einer industriellen Marktwirtschaft haben. Im Gegenteil, die Geschichte des 20. Jahrhunderts zeigt, daß es diesen Konsens geben kann, wenn bestimmte Bedingungen vorausgesetzt sind, so zum Beispiel ein stetiges wirtschaftliches Wachstum, aus dem die Einkommensansprüche der Arbeitnehmer und der Unternehmer umverteilt werden können. Marktwirtschaft als Wirtschaftsform der Unternehmerentscheidung über Kapitalinvestition und Ansiedlung von Arbeitskräften wird damit zur Voraussetzung gemacht für eine wirtschaftliche und soziale Entwicklung, die beiden Seiten zugute kommen soll, ebenso wie die Anerkennung der organisierten Macht der Arbeitnehmer und die Tarifautonomie, das heißt die alleinige Entscheidungskompetenz von Unternehmern und Arbeitnehmerorganisationen, Tarifverträge, Löhne und Gehälter auszuhandeln. Institutionalisiert wird dieser Konsens wiederum durch die Rolle und die Funktion, die der Sozialstaat in diesem Spiel einnimmt. In diesem Sinn trat der moderne Verfassungsstaat mit dem New Deal und mit dem Aufbau des Sozialstaatsmodells in

Europa in drei verschiedenen Erscheinungsformen auf: als *Interventionsstaat* für das wirtschaftliche Wachstum, als *Sozialstaat* für die Sicherung des einzelnen und als *Lohnarbeiterstaat* für die Gesamtheit aller lohnabhängig Beschäftigten zur Wahrung und Absicherung ihrer sozialen und politischen Interessen.

Der **Interventionsstaat** übernimmt ausdrücklich die volle Verantwortung für das Recht auf Arbeit und für Vollbeschäftigung, indem er sich selbst zum Garanten des wirtschaftlichen Wachstums und damit für die Schaffung von Arbeitskräften macht. Dies geschieht in der Regel auf der Grundlage bestimmter rechtlicher Vereinbarungen, aber auch auf der Grundlage eines wirtschafts- und sozialpolitischen Konzeptes, das in erster Linie darauf beruht, staatliche und geldpolitische Mittel zu verwenden, mit denen die wirtschaftliche Entwicklung gesteuert, das heißt gebremst oder beschleunigt werden soll. Die unternehmerische Entscheidung wird durch die Wirtschaftspolitik hingegen nicht tangiert. Nach wie vor bleibt privates Unternehmertum angetastet, ist Kapitaleignern und Unternehmern Plazierung des Kapitals und der Arbeit überlassen, auch innerbetriebliche Herrschaftsrechte stehen ihnen und dem Management zu. Die private unternehmerische Entscheidungsmacht hat damit einen entscheidenden Einfluß auf Erfolg und Mißerfolg der staatlichen Wirtschaftspolitik, insofern dem einzelnen Unternehmer bzw. dem einzelnen Management die Möglichkeit gegeben wird, durch seine Aktivität oder seine Verweigerung das wirtschaftspolitische Konzept zum Scheitern zu bringen. Dies ist eine Schwachstelle des Sozialstaatsmodells, denn das Unternehmerhandeln muß sich in der sozialstaatlichen Interventionspolitik nicht immer nach den staatlichen Vorgaben richten, die staatliche Wirtschaftspolitik selbst aber ist auf Gedeih und Verderb darauf angewiesen, daß die Unternehmen auch tatsächlich die politisch gewollte und inhaltlich gemeinte Politik mittragen und mitfördern. Die Politik des Sozialstaats einerseits und das Konzept der Sozialpartnerschaft andererseits beruhen, wie wir im 12. Kapitel sowohl für die USA wie für die europäischen Staaten zeigen konnten, zudem immer auch auf einer Stärkung der Unternehmermacht. Das heißt, ob die wirtschaftspolitische Intervention des Staates gelingt oder nicht, hängt letztendlich vom Verhalten der Unternehmer immer ein bißchen mehr ab als von dem aller anderen Beteiligten – den abhängig Beschäftigten und dem Staat. Auch dies konnten wir an der Geschichte des New Deal von 1933–1937 nachweisen.

Ein weiterer Schwachpunkt des Sozialstaatsmodells ist darin zu sehen, daß die Stärkung der Unternehmermacht im Interventionsstaat nicht ohne Rückwirkungen auf die staatliche Wirtschaftspolitik bleibt. Angesichts der großen Bedeutung, die einzelne Unternehmer für das staatliche Wirtschaftshandeln haben – und diese Bedeutung nimmt zu, je mehr die Unternehmenskonzentration große, oft multinational operierende Konzerne entstehen läßt –, besteht natürlich die Gefahr, daß sich die Kräfteverhältnisse von Unternehmen, Staat und organisierter Lohnarbeit geradewegs verkehren und der Interventionsstaat in eine Art Konzernstaat umgekippt werden soll. Das beste Beispiel dafür dürfte jener Wirtschaftssektor sein, in dem die Verflechtung von Staat und Wirtschaft am deutlichsten zutage tritt, die Rüstungsindustrie. Wir haben im 10. und im 12. Kapitel dargelegt, welche Bedeutung der Rüstungssektor besitzt. Angesichts dieser Verflechtung der Interessen leuchtet ein, daß die geballte Unternehmensmacht hier besonders intensiv die Beeinflussung des Interventionsstaates durchspielt, und wir können am Beispiel der Rüstung auch leicht nachweisen, daß und wie solche Indienstnahme der staatlichen Instanzen stattfindet. So besteht nicht der geringste Zweifel, daß die führenden Konzerne in den USA zum Beispiel direkten Einfluß auf die Entscheidung der Rüstungspolitik in allen Einzelheiten und auf allen Ebenen nehmen. Sie entwickeln oft mit der Verteidigungsbürokratie die Konzeptionen der Waffensysteme, planen die Rüstungsausgaben und treten gemeinsam politischen und staatlichen Gremien, Ausschüssen, dem Parlament und auch der Öffentlichkeit als Interessenpartner gegenüber auf. Hohe Offiziere wechseln in die Konzernetagen, und führende Manager finden sich immer wieder in wichtigen Positionen der Rüstungspolitik wieder. Die Einflußnahme aber geht weiter: Viele militärische Aufträge werden normalerweise ohne Ausschreibung mit einem Spezialisten ausgehandelt, was den Lieferanten in eine geradezu monopolartige Stellung gegenüber der Verwaltung bringt. Die militärische Geheimhaltung begründet darüber hinaus eine Verschleierung der näheren Umstände, unter denen Aufträge für solche Rüstungsprojekte gegeben werden bzw. werden müssen. Angesichts der riesigen Summen bei Rüstungsaufträgen kann man davon ausgehen, daß nicht unerhebliche Bestechungsgelder in die Taschen von Politikern und Militärs wandern. Gelegentlich aufgedeckte Skandale in verschiedenen westlichen Industriegesellschaften geben natürlich keinen erschöpfenden Überblick über das Ausmaß, lassen aber ahnen, was es heißt, wenn der moderne Interventionsstaat zum Konzernstaat wird.

In anderen Wirtschaftsbereichen dürfte es ungleich schwieriger sein, eine solche Einflußnahme nachzuweisen. In jüngster Zeit mehren sich allerdings die Zeichen, daß auch hier, im Energiesektor, bei der chemischen Industrie, bei Großinvestoren und Banken ähnliche Verhältnisse herrschen wie im militärisch-industriellen Komplex. Von daher ist die Vermutung tatsächlich nicht allzu weit hergeholt, der staatliche Interventionsbereich könnte in der einen oder anderen Form von der Macht der Unternehmen umfunktioniert werden. Eine Reihe von Sozialstaatstheoretikern hat daher schon früh vermutet, im Grunde könne ein wirklich funktionierender Interventionsstaat nicht mit der Unternehmermacht leben und müsse zumindest die wichtigsten privatwirtschaftlichen Bereiche verstaatlichen, um eine sinnvolle Interventionspolitik ins Werk setzen zu können. Andere Theoretiker wiederum sehen im Konzernstaat überhaupt das Wesen des sozialstaatlichen Kapitalismus und halten die anderen Aspekte, wie Sozialstaat und Lohnarbeitergesellschaft, für eine Art Feigenblatt der Großkonzerne. Beide Auffassungen führten allerdings an den Realitäten des Sozialstaates vorbei, der beides ist: sowohl an den Unternehmer- wie an den Arbeitnehmerinteressen orientiert und soviel wert wie das Machtgleichgewicht, das zwischen beiden Positionen herrscht.

Der **Sozialstaat** übernimmt die ausdrückliche Verantwortung für die «Reproduktion der Arbeitskraft» in all den Fällen, in denen der Arbeitsmarkt das Existenzrisiko eines lohnabhängig Beschäftigten nicht ausgleicht, also im Krankheitsfall, im Invaliditätsfall, im Falle des Alters und in einer Reihe von Sonderfällen, die aufgrund bestimmter Bedingungen wie Arbeitslosigkeit, Umschulungserfordernissen usw. auftreten. Dazu gehört auch die Absicherung der Erwerbstätigen mit ausreichendem und preiswertem Wohnraum, sei es in Gestalt der Schaffung von Wohneinheiten durch Mietwohnungsbau oder durch Förderung von Eigenheimbau in Arbeitnehmerhand (einer Wohnform, die sich sowohl in den USA als auch in Westeuropa wachsender Beliebtheit erfreut). Ferner übernimmt der Staat die Verantwortung für den Ausbau und die Funktionsfähigkeit eines an den Erfordernissen des Arbeitsmarktes orientierten Bildungswesens, dessen Leistungen wichtige Voraussetzungen für Erfolg und Mißerfolg auf dem Arbeitsmarkt sind und von daher ebenfalls ein Existenzrisiko darstellen.

Das entscheidend Neue an der Übernahme des sozialen Risikos im Sozialstaat besteht darin, daß die Lebensrisiken des einzelnen Beschäftigten nicht mehr ausschließlich und allein vom Verkauf seiner Arbeitskraft abhängig waren und sind. Solange eine lohnabhängige Erwerbsform ausschließlich auf den Verkauf ihrer Arbeitskraft verwiesen ist, was sie mit ihrer Erwerbstätigkeit an Einkommen und Sicherungsmöglichkeiten schaffen kann, so lange kann man sie auch als «proletarische Existenz» bezeichnen. Proletarisch heißt dabei nichts anderes, als allein auf seine Arbeitskraft angewiesen zu sein. Diese Proletarisierung hebt der Sozialstaat in nicht unerheblicher Weise auf – und zwar von Anfang an, also in dem Moment, wo die ersten sozialen Leistungen für den einzelnen zur Verfügung gestellt werden, die nicht mit Erwerbsarbeit verbunden sind. Neben die Erwerbsarbeit tritt als Einkommensquelle im Sozialstaat also die staatliche Leistungsgarantie und schafft damit völlig neue Lebens- und Konsumbedingungen für Lohnarbeiter. Der Einfachheit halber wollen wir diesen Leistungsanspruch «Soziallohn» nennen, der sowohl direkte Zahlungen an den Arbeitnehmerhaushalt umfaßt als auch sachliche Leistungen, wie zum Beispiel unentgeltlicher Schulbesuch, Lehr- und Lernmittelfreiheit, Leistungen im Gesundheitswesen, in kulturellen Einrichtungen u. ä. Nehmen wir alle Leistungen zusammen, dann hat sich der Soziallohn ständig erhöht und macht heute in allen westlichen Industriegesellschaften einen beachtlichen Teil des Einkommens aus. Wenn man die Sozialleistungsquote, also den Anteil der Sozialleistungen am Bruttosozialprodukt, als Indikator für den Soziallohn nimmt, dann läßt sich zeigen, daß in Deutschland zum Beispiel diese Quote von 1913 bis 1950 von 3 auf 17 % gestiegen ist, im Zeitraum von 1950 bis 1975 auf 32 %. Noch deutlicher läßt sich das Anwachsen der sozialen Leistungen an den staatlichen Transferzahlungen, also an den Leistungen der Sozial-, Unfall- und Arbeitslosenversicherung, der Stipendien für Studenten und Schüler, der Beamtenpensionen, des Kindergeldes usw. feststellen. 1913 machten Transferzahlungen in Deutschland nur 13 % der öffentlichen Ausgaben aus, 1978 waren es in der Bundesrepublik über 50 %. Ein Viertel aller Privateinkommen speiste sich 1981 in der Bundesrepublik also aus Sozialleistungen. Dem stehen auf der anderen Seite natürlich steigende Belastungen durch Steuern und Abgaben gegenüber, die in den meisten sozialstaatlich verfaßten Gesellschaften durchschnittlich etwa zwischen 40 und 45 % des Einkommens aus unselbständiger Arbeit ausmachen. Darin enthalten sind sowohl Steuern als auch Abgaben an die verschiedenen Leistungsträger der sozialen Sicherung. Der Sozialstaat ist teuer, aber auch eminent leistungsfähig.

Der **Lohnarbeiterstaat** übernimmt die ausdrücklich verfassungsmäßige und rechtliche Absicherung dieses Systems, sowohl der Arbeitnehmerseite als auch des sozialen Netzes mit all seinen Einrichtungen im einzelnen. Zu den verfassungsmäßigen Grundlagen gehören dabei nicht nur die Absicherung des Rechtes auf gewerkschaftliche Koalitionsfreiheit, das Streikrecht und Regeln für die Durchführung von Streik- und Widerstandsmaßnahmen, sondern auch eine staatlich garantierte Autonomie bei den tariflichen Vereinbarungen zwischen Lohnarbeit und Kapital. Das bedeutet, daß das eingangs erwähnte gemeinsame Interesse von Lohnarbeit und Kapital an Erhaltung der sozialen Marktwirtschaft, an wirtschaftlicher Stabilität und industriellem Wachstum gleichsam Staatsziel geworden ist. In allen Industriegesellschaften sozialstaatlicher Verfassung finden wir daher eine mehr oder weniger weitreichend verankerte Sozialpartnerschaft zwischen Lohnarbeit und Kapital, die ja nichts anderes bedeutet als die gemeinsame Überzeugung und Praxis der Tarifparteien, die wirtschaftliche und soziale Entwicklung auf der Grundlage einer Art Zugewinngemeinschaft zu regeln: in ihr wird der durch wirtschaftliches Wachstum erwirtschaftete Reichtum als Gewinn, als Lohneinkommen und staatliche Sozialleistung umzuverteilen versucht. Diese Entwicklung ist historisch besonders bedeutungsvoll, denn damit werden Gewerkschaften nicht nur Ordnungsfaktoren, sondern erstmals in der neueren Geschichte ausdrücklich Partner von Unternehmern und Staat in allen wirtschaftlichen und politischen Fragen, die für die wirtschaftliche und industrielle Entwicklung von Bedeutung sind. Andererseits schließt sie auf seiten der Gewerkschaften ein, daß diese das Prinzip der privaten Entscheidung über Produktionsmittel und Arbeitskräfte akzeptieren, also die Herrschaft oder die Managementrechte des privaten Kapitals.

Die Gewerkschaften werden damit praktisch in alle politischen Entscheidungen und Entscheidungsstränge miteinbezogen, sie werden ebenso wie das organisierte Unternehmertum Bestandteil des sozialstaatlichen Konstruktionsprinzips. Diese Entwicklung ist oft kritisiert worden als Aufgabe des revolutionären Anspruchs der Arbeiterbewegung. Aber wie wir schon eingangs gezeigt haben, geht diese Kritik von der Annahme aus, die Besserung der sozialen und ökonomischen Lage der arbeitenden Bevölkerung ließe sich nur durch revolutionäre Veränderungen der Eigentumsverhältnisse bewerkstelligen. Tatsächlich aber gibt es für diese Vermutung keine stichhaltigen Anhaltspunkte. Politisch-praktisch kann man weder sagen, daß die Arbeiterbewegung notwendig revolutionär war oder sein müßte, noch kann man objektiv davon ausgehen, daß revolutionäre Eigentumsveränderungen die soziale Lage der arbeitenden Bevölkerung nachhaltiger verändern könnten, als es der Reformismus des Sozialstaatsprinzips bislang getan hat. Insofern ist wohl richtig, was schon um die Jahrhundertwende von Eduard Bernstein über diese Kritik gesagt wurde: Sie erhalte eine radikale Phrase aufrecht, sei aber nicht eine wirklich treffende Kritik. Eine Entwicklung des Lohnarbeiterstaates, so besagt die These, mit der Integration der organisierten Arbeiterbewegung in das Sozialstaatskonzept lasse eine Art korporative Gesellschaft entstehen, in der (die Spitzen von) Staat, Unternehmertum und Gewerkschaften tatsächlich bestehende Widersprüche unter den Teppich kehren und gemeinsame Herrschaftsinteressen austragen könnten. An dieser Kritik dürfte richtig sein, daß das Konstruktionsprinzip des modernen Sozialstaats tatsächlich auf einer neuen, die Interessengegensätze überwindenden Kooperation von Staat, Unternehmen und Gewerkschaften beruht. Das entspricht auch tatsächlich den objektiven Gegebenheiten einer industrie-kapitalistischen Gesellschaft, so wie sie sich seit etwa 150 Jahren in Europa und in USA entwickelt hat.

Interventionsstaat, Sozialstaat und Lohnarbeiterstaat sind jedoch nicht nur die Säulen des Systems, sie sind auch seine Achillesferse. Denn nur wenn die wirtschaftspolitische Intervention Vollbeschäftigung und Wachstum garantieren kann, ist der Sozialstaat in der Lage, seine Aufgaben wahrzunehmen, nur dann kann von einer reibungslosen Sozialpartnerschaft die Rede sein, von der die «friedliche Koexistenz» zwischen Kapital und Arbeit abhängig ist. Funktioniert der Dreiklang nicht, kommt eine Säule des Systems gar ins Wanken, dann droht dem ganzen System Einsturzgefahr. Das gilt insbesondere dann, wenn eine der Seiten des sozialpartnerschaftlichen Konsenses zu stark wird. Das muß nicht unbedingt die Unternehmerseite sein (Stichwort: Konzernstaat), das kann selbstverständlich auch die Seite der Arbeit sein. Der Wegfall des Beschäftigungsrisikos und des proletarischen Existenzwagnisses im funktionierenden Sozialstaat stärkt die Macht der Interessenvertretung der Lohnarbeit ungemein, weil Arbeit bei Vollbeschäftigung knapp ist, die Einkommen steigen und die Macht der Gewerkschaften zunimmt. Gewerkschaftliche Ansprüche gegenüber dem Sozialstaat setzen sich folglich leichter durch, seine Leistungen steigen und mit ihnen die Vertretungsmacht der Gewerkschaften. Es ist absehbar, von welchem Zeitpunkt an in diesem Modellfall die Einkommen schneller und zu Lasten der Profite wachsen können, zu welchem Zeitpunkt also die Unternehmer anfangen, steigende Einkommen mit steigenden Preisen statt mit größerem Produktionseinsatz zu beantworten, um ihre Profitrate zu stabilisieren. Das Wachstum der Arbeitnehmermacht führt also dazu, daß eine Art tarifpolitisches Wettrüsten beginnt, die Unternehmerseite ihre Machtpositionen ausbaut. Ihr bleibt dazu ein wichtiges, im Grundkonsens der Sozialpartnerschaft ausdrücklich verankertes Instrument, das Managementrecht. Hier bedeutet es eine Förderung der Unternehmenskonzentrationen, der Interessen an Marktbeherrschung durch wenige große Unternehmen, ein Drängen auf Preisabsprachen und andere Strategien der Preiskontrolle. Ab einem gewissen Zeitpunkt besteht also in jeder sozialpartnerschaftlichen Konstruktion das Problem, daß die wachsenden Einkommen durch Preisinflation und die gestiegenen Preise durch Lohninflation in Konflikt geraten. Die Folge davon ist die beschriebene Stagflation und über kurz oder lang auch die Wiederkehr von Massenarbeitslosigkeit und der Verarmung von Randgruppen. Diese Arbeitslosigkeit aber entsteht unabhängig vom Konjunkturverlauf und kann also auch nicht mit den Instrumenten der Konjunkturpolitik bekämpft werden. Der Interventionsstaat muß vor der Massenarbeitslosigkeit kapitulieren und sie als strukturbedingte Dauerarbeitslosigkeit hinnehmen.

Genau bei diesem Problem werden die Grenzen der sozialstaatlichen Lösungsmöglichkeit deutlich. Verschwindet die strukturelle Arbeitslosigkeit nämlich nicht relativ schnell wieder, dann beginnt sie als Dauerarbeitslosigkeit einen krisenhaften Teufelskreis auszulösen: Der Sozialstaat muß steigende Kosten zur Finanzierung der Arbeitslosigkeit aufbringen, in der Regel über eine relativ hohe Verschuldung des Staates. Wächst die Arbeitslosigkeit, steigen die staatlichen Kosten, wachsen die Verschuldungsraten der Staaten, steigen die Zinsen, werden Kredite teurer, sinkt die Investitionsneigung weiter, können weitere Arbeitslosigkeit und damit neue Belastungen für den Sozialstaat auftreten oder aber er muß drastische Kürzungen der sozialen Leistungen in Kauf nehmen und neue Formen des sozialen Elends. Gerade ein besonders erfolgreicher Sozialstaat steht in Gefahr, in das beschriebene krisenhafte Dilemma zu geraten, aus dem heraus es bislang keinen erkennbaren Ausweg gibt. Das alles wäre vielleicht anders, wenn ein erheblicher Teil der Unternehmen nicht privat entscheiden und handeln könnte, also keine preispolitischen Konsequenzen aus der Einkommenssteigerung ziehen könnte. Eine Lohnarbeitergesellschaft aber ist und bleibt eine kapitalistische Wirtschaft, ja, sie wird erkauft mit einer Stärkung der Unternehmensmacht an einem strategisch entscheidenden Punkt, dem Managementrecht, so daß die Entwicklung des Sozialstaates in eine stagnative Krise gewissermaßen unausweichlich und im Konstruktionsprinzip selbst angelegt ist. Ob andererseits die Aufhebung der Unternehmerrechte durch Verstaatlichung bestimmter Schlüsselbereiche – wie Banken, Schwerindustrie oder andere Industrien – wirklich ein Heilmittel gegen die Stagnation wäre, bleibt eine weitgehend theoretische Frage. Dabei würde die Linie des sozialpartnerschaftlichen Konsenses natürlich verlassen und auf eine neue sozialpolitische Konstellation hingearbeitet, von der man allerdings bezweifeln kann, ob sie angesichts der Machtverhältnisse in einer Lohnarbeitergesellschaft überhaupt verwirklicht werden könnte. Die Schwierigkeiten einer verstaatlichten Industrie und dann wohl über kurz oder lang auch planwirtschaftlich organisierten Industriegesellschaft seien hier nur angedeutet – ihre Probleme haben wir am Beispiel des Realen Sozialismus schon hinreichend skizziert (vgl. Kapitel 12).

Die drei Säulen des Wohlfahrtsstaates sind miteinander verbunden und bedingen sich sogar. Dies ist der Schwachpunkt der Konstruktion, der wie von selbst Krisen auslösen kann. Die Erwartung der sechziger und siebziger Jahre, das Sozialstaatsmodell könne immerwährende Prosperität und soziale Stabilität bringen, erwies sich als zu naiv. Weder kann das Sozialstaatskonzept die soziale Gerechtigkeit auf Dauer garantieren noch so etwas wie dauerhaften sozialen Frieden bringen. Gerät es an die hier skizzierte innere Grenze, brechen neue Interessenkonflikte zwischen Lohnarbeit und Kapital aus, mit neuen Kampflinien und neuen Kampfformen, die beide Seiten erst noch lernen müssen. Ob das nun bedeutet, daß die Epoche des Sozialstaats ausklingt, oder ob man mit einem bescheideneren Modell leben muß, das das Beschäftigungsproblem mit neuen Strategien löst (zum Beispiel Arbeitszeitverkürzung, kürzere Lebensarbeitszeit, weniger Lohn, mehr unentgeltliche Arbeit), das alles kann theoretisch kaum geklärt werden, denn es hängt von ganz anderen Faktoren ab als von der Funktionsfähigkeit des Sozialstaates. Entscheidend für seine Zukunft dürften weitere Krisenerscheinungen des modernen Kapitalismus sein oder aber die technologisch-industrielle Entwicklung der siebziger Jahre, die eine völlig neue Richtung in der Entwicklung der Produktivkräfte bedeuten und zu ganz anderen gesellschaftlichen Formen führen könnte, die das Modell des Sozialstaates nicht weniger radikal in Frage stellen.

Der Typus der «Lohnarbeitergesellschaft». Auch wenn das Modell des wohlfahrtsstaatlichen Kapitalismus keine immerwährende Prosperität versprechen kann, hat es in den Jahrzehnten nach dem Zweiten Weltkrieg eine bis dahin nicht für möglich gehaltene Entwicklung ausgelöst. Wir konnten beobachten, wie die kapitalistischen Länder Europas, aber auch die osteuropäischen Staaten aus dem Chaos des Zweiten Weltkriegs herausfanden und fast wieder an ihre Vorstellung aus der Zeit vor dem Ersten Weltkrieg anknüpfen konnten, wir sahen, wie sich die Einkommens- und Versorgungsverhältnisse in allen diesen Ländern trotz unterschiedlicher Ausgangsbedingungen verbesserten und einander anglichen. Noch um die Jahrhundertwende verdienten die oberen 5 % der USA zwanzigmal soviel wie die unteren 20 %, in Deutschland waren es gar fünfzigmal soviel. Ende der siebziger Jahre war der Abstand der oberen 5 % von den unteren 20 % auf das fünf- bis siebenfache geschrumpft. Gleichzeitig stiegen die staatlichen Transferleistungen, also die tatsächlichen Leistungen des Sozialstaats von 3,1 auf 36 % des Bruttosozialprodukts. Mit anderen Worten: der Aufbau von Sozialstaatsmodellen hat in allen westlich-kapitalistischen Industriegesellschaften eine beachtliche Nivellierung der Einkommensverhältnisse mit sich gebracht. Dem Massenproduktions-Kapitalismus ist es dadurch gelungen, eine auf hohem Niveau angesiedelte Versorgung der Haushalte mit Gütern des alltäglichen Konsums und der langfristigen Versorgung sicherzustellen, die in allen anderen Gesellschaften der Vergangenheit als Privileg gehobener, ja höchster Einkommensschichten gegolten haben dürfte. Nahezu jeder Haushalt (mehr als 90 %) verfügt über Pkw, Kühlschrank, Elektroherd, Waschmaschine, Fernseher, Telefon und Radio. Die Versorgung mit Kleidung ist ebenso wie die Versorgung mit Lebensmitteln mehr als ausreichend. Die moderne Landwirtschaft hat das Gespenst des Hungers – das sich der Nachkriegsgeneration in Europa noch einmal deutlich in Erinnerung gebracht hat – aus der Lohnarbeitergesellschaft vertrieben. Armut in ihrer krassesten Form ist zu einem Randphänomen der Sozialpolitik geworden. Massenarmut, wie sie für die europäischen Gesellschaften in den zwanziger und dreißiger Jahren noch durchaus typisch war, kann vorerst als gebannt gelten.

Die Versorgung mit Wohnraum – noch in den zwanziger Jahren und während der Weltwirtschaftskrise eines der drängendsten Probleme der westlichen Industriegesellschaften – kann ebenfalls als gelöst gelten. Die sozialstaatliche Wohnungsbaupolitik hat gar zu einem relati-

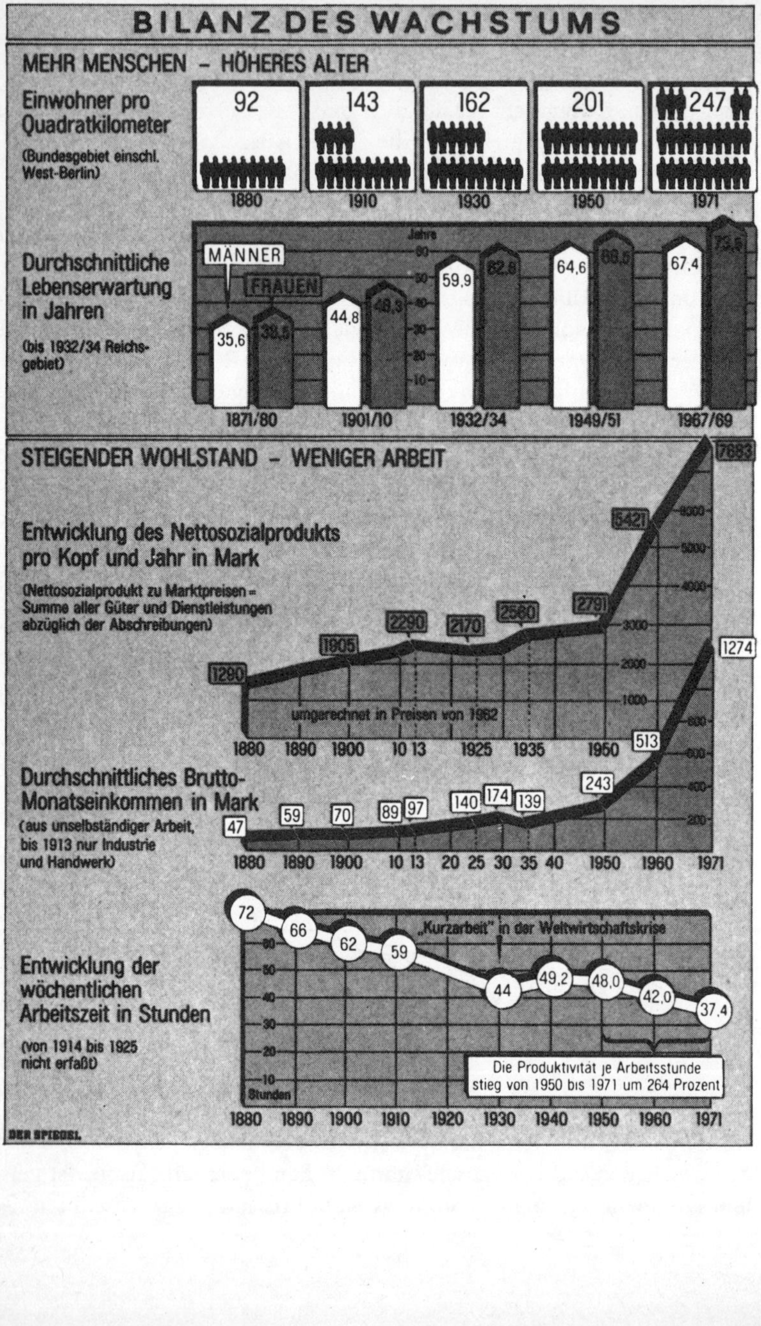
BILANZ DES WACHSTUMS
MEHR MENSCHEN – HÖHERES ALTER
Einwohner pro Quadratkilometer
(Bundesgebiet einschl. West-Berlin)
92
143
162
201
247
1880
1910
1930
1950
1971
Durchschnittliche Lebenserwartung in Jahren
(bis 1932/34 Reichsgebiet)
MÄNNER
FRAUEN
Jahre
35,6
38,5
44,8
48,3
59,9
62,8
64,6
68,5
67,4
73,5
1871/80
1901/10
1932/34
1949/51
1967/69
STEIGENDER WOHLSTAND – WENIGER ARBEIT
Entwicklung des Nettosozialprodukts pro Kopf und Jahr in Mark
(Nettosozialprodukt zu Marktpreisen = Summe aller Güter und Dienstleistungen abzüglich der Abschreibungen)
1290
1805
2290
2170
2560
2791
5421
7683
umgerechnet in Preisen von 1962
1880
1890
1900
10 13
1925
1935
1950
Durchschnittliches Brutto-Monatseinkommen in Mark
(aus unselbständiger Arbeit, bis 1913 nur Industrie und Handwerk)
47
59
70
89
97
140
174
139
243
513
1274
1880
1890
1900
10 13
20 25 30 35 40
1950
1960
1971
Entwicklung der wöchentlichen Arbeitszeit in Stunden
(von 1914 bis 1925 nicht erfaßt)
„Kurzarbeit" in der Weltwirtschaftskrise
72
66
62
59
44
49,2
48,0
42,0
37,4
Stunden
Die Produktivität je Arbeitsstunde stieg von 1950 bis 1971 um 264 Prozent
1880
1890
1900
1910
1920
1930
1940
1950
1960
1971
DER SPIEGEL

ven Überangebot an Wohnraum geführt, obwohl die Nachfrage nach Wohnraum selbst bei sinkender Bevölkerungszahl gestiegen ist, denn die Zahl der Haushalte wird ständig größer, weil immer mehr Einzelpersonen über einen eigenen Hausstand und einen eigenen Haushalt verfügen (Ende der siebziger Jahre waren dies gut 25 % aller Haushalte). Vor allem der Anteil von Eigenheimen an der Gesamtzahl der Wohneinheiten ist drastisch angestiegen: 60 % in den USA und 40 % in der Bundesrepublik Deutschland. Vollbeschäftigung, Massenkonsum und Sozialstaat haben so zu einer Verstädterung beigetragen, die alles bisher Dagewesene übertrifft. Nie zuvor haben so viele Menschen in Städten gelebt, und niemals in unserer Geschichte haben Menschen in so gigantischen Stadtregionen wohnen müssen wie in der Mitte des 20. Jahrhunderts. Die Ausdehnung von städtischen Ballungsgebieten war vor allen Dingen Ergebnis der verkehrstechnisch möglichen und wohnungsbaupolitisch geförderten Zersiedlung. Heute leben rund 80 % der Menschen in den westlichen Industriegesellschaften in großen Städten und ihren Ballungsräumen. Fast zwei Drittel aller Amerikaner siedelt in drei großen Stadtregionen, den sogenannten Megastädten, zwischen Boston und Washington, zwischen Chicago und Milwaukee sowie zwischen San Diego und San Francisco. Die Mehrzahl der Westeuropäer lebt in Stadtregionen und Ballungsgebieten wie dem Ruhrgebiet, dem Großraum London, Groß-Paris und dem Dreieck Mailand–Turin–Genua. Dazu kommen weitere Großstadtregionen mit geringeren Einwohnerzahlen, die sich um Stadtgründungen aus der Antike und dem frühen Mittelalter gebildet haben.

Nie zuvor jedenfalls dürfte es eine so gute Versorgung der Massen mit «öffentlichen Gütern» gegeben haben wie im Rahmen des Sozialstaatskonzeptes: Gesundheitswesen und Bildungssystem sollten hervorgehoben werden, auch die medizinische Versorgung der Bevölkerung war noch nie so umfassend – bei aller Kritik, die man am Gesundheitswesen anbringen kann. Die Sterblichkeit war in der gesamten Menschheitsgeschichte noch nie so gering und die Alterserwartung noch nie so hoch. Das hat völlig neuartige Probleme zur Folge: Ende der siebziger Jahre war schon jeder vierte Mensch in den sozialstaatlich verfaßten Gesellschaften des Westens über 65 Jahre alt. Unter der Annahme weiter steigender Lebenserwartung werden Ende der achtziger Jahre schon 30 % der Bevölkerung über 65 Jahre alt sein. Ende der neunziger Jahre dürfte fast jeder zweite Mensch in diesen Staaten zu den Alten gehören.

Für das Bildungswesen gilt, daß zum erstenmal in der neueren Geschichte eine Gesellschaftsordnung es geschafft hat, allen Menschen einen Schulbesuch zu ermöglichen und eine allgemeine Vermittlung von Kulturtechniken und Bildungsinhalten zu leisten. Mehr noch: das öffentliche Bildungswesen schuf dabei so etwas wie einen für alle offenen Bildungsweg – der Chance nach, natürlich nicht immer real. Das ist zwar nichts anderes als die Anwendung des freien Arbeitsmarktprinzips auf die Ausbildung, aber es ist doch auch zugleich das höchste jemals erreichte Niveau gesellschaftlicher Anstrengungen für Bildung und Ausbildung. Das war wiederum keineswegs einfach, denn traditionellerweise sind Bildung und der Zugang zu Bildungseinrichtungen und höheren Qualifikationen ein wohlgehütetes Minderheitenprivileg, das in der Regel zäh gegen jede Konkurrenz von unten verteidigt wird. Der Sozialstaat aber hat dieses Bildungsmonopol beseitigen können und offene Bildungssysteme mit einem vergleichsweise hohen Maß an Durchlässigkeit und Bildungschancen geschaffen. Man muß sich wohl klarmachen, was das heißt, wenn große Industriegesellschaften in etwa achtzig Jahren vom faktischen Analphabetismus in einen Zustand übergehen, in dem gut die Hälfte aller unter Fünfundvierzigjährigen eine Hochschulberechtigung besitzt, also Abitur oder einen vergleichbaren Abschluß. In dreißig Jahren wird der weit überwiegende Teil der Bevölkerung Abitur oder höhere Bildungsabschlüsse aufweisen, und gerade diese Entwicklung wird die Nivellierung der Schichten, die durch die Einkommensnivellierung schon begonnen hat, stärker beeinflussen als das sauer verdiente Geld.

Ohne Frage ist der Hintergrund all dieser Nivellierungstendenzen in der großen sozialen Strukturveränderung durch die lohnabhängige Erwerbsarbeit zu sehen. Denn auch das dürfte einmalig sein, daß eine Gesellschaft in ganz überwältigendem Maße von einer einzigen Erwerbsform bestimmt wird, die bei aller Verschiedenheit von Arbeit und Einkommen doch mehr Vereinheitlichendes gemein hat als Trennendes. Außer vielleicht in der Zeit der feudalen Hörigkeit hat es in den letzten tausend Jahren keine solche Monostruktur von Beschäftigung gegeben. Heute sind über 90 % der Erwerbstätigen lohnabhängig beschäftigt, sei es als Arbeiter, sei es als Angestellte oder als Beamte. Selbstverständlich ist diese Strukturverschiebung nicht zu trennen von den anderen ökonomischen und technologischen Faktoren, die die Entwicklung des Industriekapitalismus in den letzten fünfzig Jahren bestimmt haben. Aber sie ist doch wohl der entscheidende Faktor, von dem die anderen abhängig waren oder bestimmt wurden, sei es nun das neue soziale System, sei es die Massenproduktion und der Massenkonsum oder das, was man «Emanzipation durch Integration der Arbeiterklasse» nennen könnte. Zugleich ist diese Strukturverschiebung hin zur Massenerwerbstätigkeit in lohnabhängiger Form universell, denn sie erfaßt alle modernen Gesellschaften in gleicher Weise und in diesen wiederum alle Erwerbstätigen, also Männer wie Frauen.

Dieses Ansteigen der Zahl abhängig Beschäftigter hat im wesentlichen zwei Quellen: Zum einen ist die Zahl selbständig wirtschaftender Bauern und ihrer Hilfskräfte seit 1880 ständig zurückgegangen. Erzeugte die Landwirtschaft gegen Ende des Jahrhunderts mit 40% immer noch den wichtigsten Anteil an der Produktion des Bruttosozialproduktes, so lag sie 1980 in der Bundesrepublik nur noch bei 5%. Gleichzeitig ist die Zahl der landwirtschaftlichen Betriebe von nahezu 3 Millionen auf unter 500000 gesunken, die Zahl der insgesamt dort Beschäftigten macht weniger als 5% aller Erwerbstätigen aus. Zum anderen ist der Anteil weiblicher Arbeitskräfte an der Gesamtzahl aller erwachsenen Frauen nach der Jahrhundertwende ständig gestiegen. Dies ist zurückzuführen auf den Boom der Industrialisierung, das Entstehen von Büroberufen, die Expansion des Dienstleistungsbereichs und die Übernahme von «Männerberufen» durch Frauen (Handel, Banken, bestimmte Handwerke). Der Anstieg der weiblichen Beschäftigungsquote ist aber auch ein Beleg für das stärkere Bedürfnis von Frauen, in einer Gesellschaft beruflich integriert zu sein, deren vorherrschende gesellschaftliche Selbstverwirklichungsform die abhängige Beschäftigung ist, gleichgültig ob in der Fabrik oder im Büro.

Aber gleichviel, aus welchen Quellen sich die ständig gewachsene Anzahl der abhängig Beschäftigten auch ergeben haben mag, die Tatsache des gigantischen Zuwachses der Lohnarbeit allein ist von großer Bedeutung. Die moderne Gesellschaft wandelt sich damit zu einer von den Bedingungen der Lohnarbeit bestimmten Gesellschaft. Nicht nur quantitativ, wie wir sahen, sondern auch qualitativ. Schon die Ausweitung der formalen Demokratie durch das Prinzip des allgemeinen und gleichen Wahlrechts und die Festschreibung der Koalitionsfreiheit gab der kapitalistischen Produktionsweise «laboristische» Züge, das heißt Züge, die von den Interessen und Bedürfnissen der Arbeit (lat. labor) bestimmt waren. Die volle Integration der Lohnarbeiter in das moderne Staatssystem durch Sozialstaat und Interventionsstaat, die Lösung der sozialen Frage des 19. Jahrhunderts und ihre Institutionalisierung im System der sozialen Sicherung, die Festschreibung des sozialpartnerschaftlichen Konsenses als Staatsziel, der Aufstieg der Gewerkschaften von einer wie auch immer gearteten Gegen- und Ordnungsmacht innerhalb der Arbeiterklasse zum dominierenden gesamtgesellschaftlichen Machtzentrum neben Staat und Unternehmertum sind unverkennbar laboristische Züge dieser Gesellschaft. Die Entdeckung des Lohnempfängers als Konsumenten, der hohe Massenkonsum mit seiner nivellierenden Wirkung auf Einkommen und soziale Schichtung, das Automobil als Massenverkehrsmittel, die zentrale Rolle der Versorgung der lohnabhängigen Massen mit hochwertigen öffentlichen Gütern und schließlich die deproletarisierende Wirkung, die die Sozialstaatsgarantien haben, machen auch das Wirtschaftssystem der modernen Gesellschaft laboristisch. Ja selbst die kapitalistische Ökonomie im engeren Sinne, also der Bereich des unternehmerischen Managements, die Entscheidung über Kapital und Arbeit hat längst laboristische Züge angenommen. Die dem Sozialstaatskonzept zugrunde liegenden ökonomischen Leitvorstellungen wie Vollbeschäftigung oder Wohlstand für alle begrenzt selbstverständlich die unternehmerische Entscheidungsfreiheit und verweist auch sie auf die Ansprüche der Lohnarbeit. Diese Leitvorstellungen waren es auch, die einen wachsenden Anspruch auf inner- und überbetriebliche Mitbestimmung auf seiten der Arbeitnehmer begründeten und in einigen Ländern Europas ein laboristisches Moment bis in die Entscheidungszentren des Managements hineintrugen.

Die Folgen des Wachstums: Ökologische Probleme. Wäre da nicht die Erwähnung einer Achillesferse im Sozialstaatskonzept, könnte der Eindruck entstehen, hier sollte von einem paradiesischen Modell geredet werden. Doch dem ist nicht so. Es ging vielmehr darum, sich noch einmal klarzumachen, welch große Erfolge der sozialstaatliche Kapitalismus in den letzten 100 Jahren verzeichnen konnte, um zu begreifen, was heute und in Zukunft auf dem Spiel steht. Denn wie im 12. Kapitel ausgeführt, befindet sich der Sozialstaatskapitalismus, die ganze auf ihm ruhende Ordnung der Lohnarbeitergesellschaft, seit geraumer Zeit in einer bedrohlichen Krise. Sie hat ihre Ursachen freilich anders als andere Krisen der letzten 150 Jahre im überaus großen Erfolg, nicht im Mißerfolg der Lohnarbeitergesellschaft.

Das gilt zunächst und zuallererst für das hohe Wirtschaftswachstum, denn es ist das Ausgangsfundament, auf dem Sozialstaat und

Technik ohne menschliches Maß?
Dampfhammer der Bethlehem Iron Company, 1891

Lohnarbeitergesellschaft ruhen. Aus seinen Erträgen wurden und werden schließlich die Leistungen bezahlt, die das besondere Umverteilungsschema des Sozialstaats ausmachen. Erst mit hohem wirtschaftlichem Wachstum konnten auch scheinbar unmögliche Dinge möglich gemacht werden: die gleichzeitige Steigerung von Löhnen und Gewinnen und staatlichen Ausgaben. Die Lohnarbeitergesellschaft beruht also auf einem fundamentalen Konsens über das ganz große Wirtschaftswachstum, das Unternehmer, Gewerkschaften und Staat einig macht. So banal es klingt: dies ist der entscheidende Angelpunkt der modernen Gesellschaft, der all die Segnungen des modernen Kapitalismus, die Massenproduktion, das Ansteigen der Löhne, den Massenkonsum, das Gesundheits- und Ausbildungswesen, die Versorgung mit Wohnraum, die soziale Absicherung usw. usf. ermöglichen kann und ermöglicht.

Geschwindigkeit und Tendenz des Wachstums seit 1950 aber haben Folgen, die die gesamte Gesellschaft und ihre Lebensräume zu vernichten drohen und den Versuch einer modernen Gesellschaft auf der Basis industrieller Produktion in einer globalen Katastrophe enden lassen könnten. Die nach wie vor wichtigste Bedrohung geht von den Folgen des Wachstums im ökologischen Bereich aus, vom Massenkonsum und seinen Auswirkungen, vom Massenverkehr, von den städtischen Ballungsgebieten, vom Auto, vom Tourismus und natürlich auch von der Massenproduktion. Sie alle bedrohen die Lebenswelt von Pflanzen und Tieren, verschmutzen die Luft, zerstören die Wälder, belasten die Flüsse usw. usf. Natürlich hat die industrielle Entwicklung schon immer Belastungen der Natur mit sich gebracht. Aus den mittelalterlichen Industriezentren Oberitaliens wissen wir von übelriechenden Gewässerverschmutzungen und Farbrückständen, gleiches wird aus den Industriestädten Mittelenglands im frühen 19. Jahrhundert berichtet. Die Ballungszentren der Schwerindustrie verschmutzten die Luft und die Umwelt sicher stärker, als dies Druckereien, Hüttenbetriebe und Stahlwerke heute tun. Der Schadstoffausstoß einer Lokomotive im 19. Jahrhundert war im Vergleich zur Umweltverschmutzung, die von einem Automobil ausgeht, unvergleichlich viel größer. Gleichwohl war das Ausmaß der Umweltverschmutzung insgesamt bis in die Mitte des 20. Jahrhunderts hinein eine Größe, die man glaubte vernachlässigen zu können. Die Anzahl der Fabrikschlote, der Häuser, Autos und Lokomotivschornsteine zum Beispiel, die Umweltverschmutzungen verursachten, war letztlich doch so gering, daß der Gesamtausstoß auch in

Wachstumsproblem: verstopfte Straßen

der nächsten Umgebung von Industriezentren nicht sehr nachteilig bemerkbar war. Die Natur schien in der Lage, solche Verschmutzungen zu verkraften und abzubauen. Erst der riesige Boom zur Massenkonsumgesellschaft nach dem Zweiten Weltkrieg, erst das rasante, vom Auto ermöglichte Anwachsen und Ausufern der Städte zu Bevölkerungszusammenballungen von 10 Millionen Menschen und mehr, brachte jenes Maß an Umweltbelastung durch Industrie und Massenverkehr, durch Abfall und Lärm mit sich, das unseren Lebensraum zerstört und auf eine Umweltkatastrophe hinausläuft. Auch die moderne Landwirtschaft ist ursächlich an der Umweltzerstörung beteiligt: durch Anpassung an die Nachfrage und unter dem ökonomischen Druck, immer höhere Erträge produzieren zu müssen, ging sie mehr und mehr dazu über, Anbaumethoden zu intensivieren, sich durch den Einsatz von Maschinen zu rationalisieren und zu spezialisieren.

Besonders letzteres hat den Nachteil, daß die neuen, großen Anbauflächen mit einer einzigen Kultur extrem anfällig für Schädlinge werden. Hektargroße Obstplantagen oder ganze Weizenanbauregionen bilden natürlich den idealen Lebensraum für Schädlinge aller Art. Ihre Bekämpfung gehört deshalb heute ebenso zur modernen Landwirtschaft wie der Traktor oder das elektrische Licht. Mit der Schädlingsbekämpfung aber ist eine weit über den eigentlichen Zweck hinausgehende Umweltvergiftung verbunden. Insektenvertilgungsmittel werden als Atem-, Berührungs- oder Fraßgifte in den Handel gebracht. Sie besitzen eine große Wirkungsbreite und oft eine lange Wirkungsdauer. Besonders bekannt und berüchtigt dafür ist das Gift DDT geworden, in letzter Zeit auch das Gift Dioxin. Solche Gifte, nachdem man sie zur Schädlingsbekämpfung ausgesprüht hat, gelangen in den Boden und in die natürlichen Wasserläufe, wo sie sich weitgehend der Kontrolle entziehen. Gifte können von Bäumen und Pflanzen aufgenommen werden, sich in den Nahrungsmitteln konzentrieren und so in den Nahrungskreislauf hineingelangen, bis sie schließlich beim Endverbraucher landen, der sich Biß für Biß vergiftet.

Die industrielle Produktion und die modernen Konsumgüter vom Auto bis zur bequemen Ölheizung erzeugen in den städtischen Ballungsgebieten fast noch verheerendere Umweltbelastungen: Ein Kilo wiegt der Schmutz, den unsere Industrien, Haushalte und Autos jeden Tag pro Bundesbürger in die Luft schicken. 20 Millionen Tonnen Staub und Giftstoffe aller Art gelangen aus den Schornsteinen der Industrie und Haushalte, aus den Auspuffrohren der Kraftfahrzeuge und aus anderen Quellen jährlich in den Luftraum der Bundesrepublik. Das sind im Durchschnitt 80 Tonnen über jedem Quadratkilometer oder – da im Mittel 240 Menschen auf einem Quadratkilometer Fläche der Bundesrepublik leben – 330 Kilo pro Einwohner im Jahr. In Ballungsgebieten ist diese Menge weitaus größer. 2,5 Millionen Tonnen des jährlichen Schadstoffausstoßes bestehen aus Staub, 5 Millionen Tonnen aus Schwefeldioxid, 8 Millionen Tonnen aus Kohlenmonoxid, mehr als 2 Millionen Tonnen aus Stickoxiden und 8000 Tonnen sind Bleiverbindungen, die vorwiegend aus Autoabgasen stammen. Dazu kommen Schwefelwasserstoff und Kohlenwasserstoff, zusammen über 1 Million Tonnen, dann das ungiftige Kohlendioxid, kommen aber auch versprühte Insektenvertilgungsmittel oder gasförmige Chlor- und Fluorverbindungen. An Wasservorräten stehen in der Bundesrepublik 170 Milliarden Kubikmeter, davon 16 Millionen Kubikmeter als Grund- und 38 Milliarden Kubikmeter als Oberflächenwasser zur Verfügung. Gegenwärtig werden pro Jahr etwa 15 Milliarden Kubikmeter Trink- bzw. Nutzwasser verbraucht. Bis zum Jahr 2000 wird dieser Bedarf nach Schätzungen auf 34 Milliarden Kubikmeter ansteigen. Mehr als die Hälfte dieser Menge muß aus Oberflächenwasser unserer verschmutzten Gewässer entnommen werden. In den Wohngemeinden der Bundesrepublik fallen heute täglich 14 Millionen Kubikmeter Abwässer an. Dazu kommen etwa 27 Millionen Kubikmeter Industrieabwässer. 25 % der kommunalen und 7 % der industriellen Abwässer werden völlig ungereinigt in Seen und Flüsse geleitet. Dem stehen 23 % kommunaler und 20 % industrieller Abwässer gegenüber, die eine biologische Vollreinigung erfahren.

In den westlichen Industriegesellschaften fallen pro Jahr einige Milliarden Tonnen Müll an. Ungefähr 10 % davon ist Hausmüll, er stammt aus Haushalten, Gewerbebetrieben mit hausmüllähnlichen Abfällen und von der Straße. Der Rest der Müllawine ist sogenannter Sondermüll, wozu Bauschutt ebenso gehört wie Klärschlamm aus Kläranlagen, wie ca. 60 Millionen Autowracks pro Jahr und die Abfälle aus landwirtschaftlichen Betrieben, aus Massentierhaltung oder aus Schlachthöfen. Und dieser Müllberg nimmt jährlich zu, obwohl es

Müllhalde: Die Reste des Wohlstands werden zur ökologischen Gefahr

in den meisten Industriegesellschaften immer noch keine hinreichende Müllentsorgung gibt. Für die Hälfte der Einwohner in den Industriestaaten zum Beispiel gibt es bis heute noch keine Müllabfuhr – der Müll wird irgendwo hingekippt. Die Zahl der Müllplätze in der Bundesrepublik Deutschland zum Beispiel wird auf 50000 geschätzt, nur etwa 3000 davon sind so angelegt, daß die Müllablagerungen nicht die Umwelt gefährden, zum Beispiel das Grundwasser vergiften. Nur ein Fünftel des Mülls in der Bundesrepublik Deutschland wird verbrannt, womit der überwiegende Teil des jährlich produzierten Abfalls und Mülls ein dauerhaftes Beseitigungsproblem darstellen wird. Und diese Bilanz gilt für alle Industriegesellschaften. Man muß sogar sagen, daß die Bundesrepublik bei der Müllbeseitigung relativ viel unternommen hat, in anderen Industrieländern sind die Probleme der Müllwirtschaft schon jetzt wesentlich drängender. In weniger entwickelten Ländern droht eine Müllkatastrophe: Gigantische Müllgebirge umgeben schon heute die Millionenstädte der Dritten Welt, von einer geregelten Deponiewirtschaft kann hier überhaupt nicht die Rede sein. Gifte und Krankheitserreger, Öl und Chemikalien jeder Art sickern aus diesen ökologischen Zeitbomben ungehindert in Grund- und Oberflächenwasser, dringen in die Luft ein, werden über die Nahrungskette in die Nahrungsmittel eingeschleppt mit Folgen, die unabsehbar sind und in der Dritten Welt wahrscheinlich auch nicht aufgehalten werden können.

Folgen des Wachstums: Krise der Dritten Welt. Die skizzierten Folgen des Wachstums führen vor allen Dingen in den Ländern zu schweren Krisen, die den Schritt zur Industriegesellschaft, zur Massenproduktion und zum Massenkonsum noch gar nicht getan haben. Das gigantische Nachkriegswachstum von Wirtschaft und Industrie hat nämlich der überwiegenden Mehrzahl der Länder, die wir zu den Entwicklungsländern oder zur Dritten Welt zählen, keine Verbesserungen gebracht, obwohl die meisten Staaten Afrikas, Asiens und Südamerikas mit der Befreiung aus der Kolonialherrschaft und dem Aufschwung der Weltwirtschaft große Hoffnungen auf die Industrialisierung setzten und sich von ihr eine Lösung ökonomischer und sozialer Probleme erhofften. Lediglich einige asiatische Länder wie Südkorea, Taiwan und Hongkong sowie Brasilien und Argentinien kann man von diesem Urteil ausnehmen. Sie schafften aus unterschiedlichen Gründen den Anschluß an den Prozeß der Industrialisierung, wenn auch ohne Tiefenwirkung auf Massenwohlstand und Massenkonsum. Im Gegenteil, in Ländern wie den genannten vollzog sich eine scharfe Spaltung zwischen der Masse immer mehr verarmender Menschen auf dem Lande und in den Slums der Städte auf der einen Seite und einer kleinen wirtschaftlichen Oberschicht auf der anderen Seite.

Die Fixierung der Kolonien auf landwirtschaftliche und Rohstoffproduktion, wie sie während der Kolonialepoche vor dem Ersten Weltkrieg geherrscht hatte, erwies sich – wie wir schon im 11. Kapitel gesehen haben – als verhängnisvoll. Allein gestützt auf den Export weniger, in Monokultur angebauter landwirtschaftlicher Produkte oder Rohstoffe, waren die Entwicklungsländer auf die schwankenden Markterlöse ihrer Primärerzeugnisse angewiesen. Diese wiederum wiesen mit zunehmendem Industrialisierungsboom ständig nach unten. Die Weltmarktpreise für Nahrungsmittel, landwirtschaftliche Produkte und Rohstoffe jeglicher Art sanken, weil das Angebot aufgrund wachsender Produktivität der Landwirtschaft und der Rohstofferzeugung ständig stieg, die Nachfrage weniger stark wuchs und die Industrieprodukte den Primärprodukten gegenüber immer teurer wurden. So blieben denn auch hoffnungsvolle Entwicklungsansätze in den sechziger Jahren hängen. Anstatt sich zu verbessern, verschlechterte sich die Lage der Entwicklungsländer so sehr, daß sie den Krisenphänomenen der heraufziehenden siebziger Jahre vollkommen ausgeliefert war. Gerade die ärmsten der armen Entwicklungsländer waren es, die am meisten von der Verteuerung des Öls, von den Währungsturbulenzen der siebziger Jahre, den steigenden Schuldzinsen für die wachsende Verschuldung, den ökologischen Auswirkungen der industriellen Produktion, den Vergiftungen und Gefährdungen und nicht zuletzt der in ihren eigenen Gesellschaften tickenden sozialen Zeitbombe, der wachsenden Bevölkerung, getroffen wurden.

Langfristig dürfte das Bevölkerungsproblem sicher die größte Herausforderung für die Entwicklungsländer darstellen. Bislang sind keine Strategien erkennbar geworden, mit denen dieses bedrohliche Problem gelöst werden könnte. Europa erlebte im 19. Jahrhundert ebenfalls einen starken Bevölkerungsschub – die europäische Bevölkerung hatte sich in einem Jahrhundert nahezu vervierfacht (von 200 auf 800 Millionen) –, aber dieser Schub hatte sich gerade in der Kolonialisierungsphase auf der ganzen Welt ausbreiten können, vor allen Dingen aber auch in die Vereinigten Staaten. Am Ende der Expansionsphase des 19. Jahrhunderts, kurz vor dem Ersten Weltkrieg, stagnierte die Bevölkerungszahl in Europa und den USA schließlich. Das war ganz wesentlich auf die steigende soziale Sicherheit zurückzuführen, die sowohl die Auswanderungswellen eindämmte als auch die Geburtenrate zurückgehen ließ nach der Faustregel: Je unsicherer die soziale Lage, desto größer der Versuch, sich über Kinder soziale Absicherung zu schaffen. Die Schere, die sich in den Entwicklungsländern zwischen der wachsenden Armut auf der einen Seite und der immer besser werdenden Versorgung auch im Gesundheitsbereichs auf der anderen Seite in den sechziger und siebziger Jahren öffnete, löste hier eine Bevölkerungsexplosion aus, die man mit den Bevölkerungsentwicklungsschüben der vergangenen Jahrhunderte kaum vergleichen kann. Anders als bei den demographischen Entwicklungen der Vergangenheit ist nicht erkennbar, wohin sich diese Bevölkerungsexplosion ausbreiten soll, wo die Menschen leben und wovon sie sich ernähren sollen, ohne zum Beispiel die ökologischen Grundlagen ihrer Existenz zu gefährden – von den ökonomischen ganz zu schweigen. Bis zum Jahr 2000 wird die Weltbevölkerung um 55 % von 4,1 auf 6,3 Milliarden ansteigen, wenn die Prognosen realistisch sind. Wie hoch das Bevölkerungswachstum auch immer sein wird, 92 % des gesamten Bevölkerungswachstums wird so oder so in den Entwicklungsländern stattfinden. Von 6,3 Milliarden Menschen, die für das Jahr 2000 erwartet werden, dürften 5 Milliarden in der Dritten Welt leben. Während ein Drittel der Menschen in den Industriegesellschaften ein Alter über 65 Jahren erreicht haben dürfte, wird die Mehrzahl der Menschen in den Entwicklungsländern unter 25 Jahre alt sein.

Dieses Wachstum hat dramatische Konsequenzen: Die Bevölkerungslawine wird kaum auf dem Lande Arbeit und Auskommen finden. Die Menschen werden ihren Lebensunterhalt in den Städten suchen, weshalb die Bevölkerung der großen Städte und Metropolen in der Dritten Welt ins Unvorstellbare steigen dürfte. Schon heute leben in Mexico City 12 Millionen Menschen, um das Jahr 2000 werden das aller Voraussicht nach 30 Millionen Einwohner sein. Mindestens 10 Städte der Dritten Welt werden dann über 15 Millionen Einwohner haben, 400 Städte der Dritten Welt werden Mehr-Millionenstädte sein, in denen Millionen und aber Millionen von Menschen in Slums und Stadtrandsiedlungen, in Favellas und Wellblechhütten leben müssen. Das wiederum hat katastrophale Folgen für die Trinkwasserversorgung, für die Abwasser- und Abfallbeseitigung, für Gesundheit und Ernährung, vor allem aber für soziale Sicherheit und Lebensstandard.

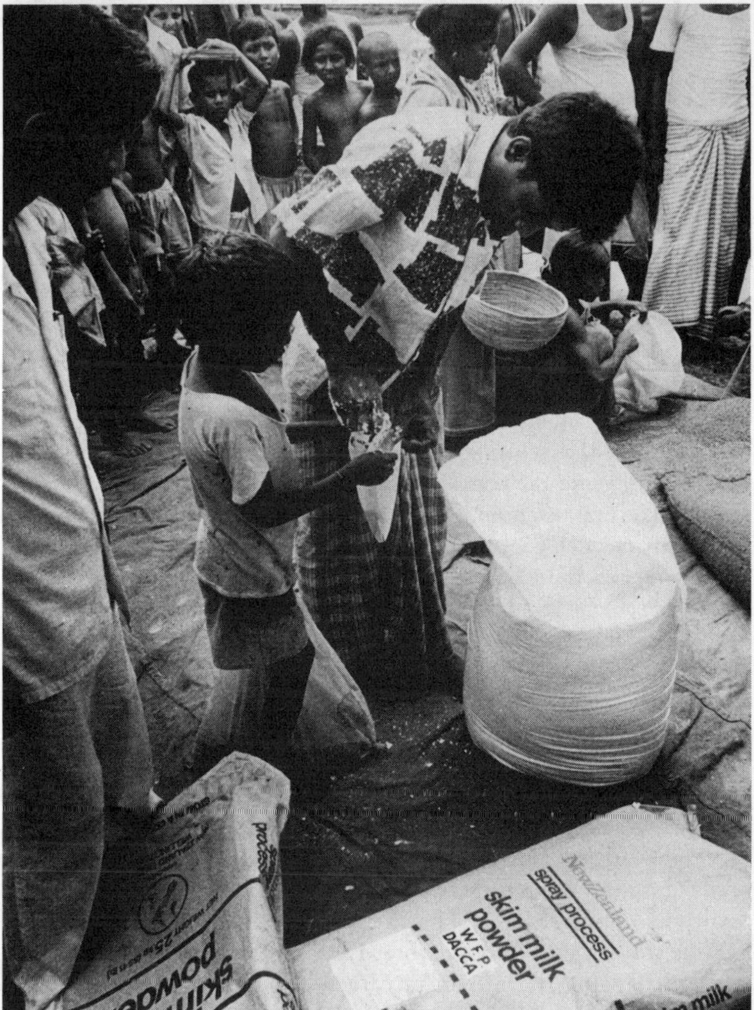

Überbevölkerung und Unterernährung in Bangladesh

Die Entstehung von 10-Millionen-Städten in der Dritten Welt hat unweigerlich die Kanalisierung, die Eindämmung und Veränderung von Flußläufen und Bächen zur Folge. Die Wasserrückhaltefähigkeit der natürlichen Landschaft wird dadurch weitgehend zerstört, die unter normalen Bedingungen Wasser in erheblichen Mengen wie ein Schwamm zurückhalten kann. Die Überschwemmung ganzer Landstriche und Überflutungen von Stadtregionen werden die Folgen sein. Sie treffen insbesondere wieder diejenigen, die in diesen Städten in den Slums wohnen. Viele der 10-Millionen-Städte der Dritten Welt liegen als Hafenstädte an Küsten. Die Auswirkung der Bevölkerungsexplosion in diesen Städten trifft vor allem Küstengebiete und die ökologisch meist sehr empfindlichen Lebensräume an Flußmündungen, an denen sich viele Hafenstädte befinden. Die Bevölkerungsexpansion hat jetzt schon zu erheblichen Verschmutzungen dieser Küstenregionen geführt, ebenso wie zur Zerstörung von Sumpf- und Marschgebieten, die wichtige Lebensräume für vom Aussterben bedrohte Tierarten sind. Wird die Bevölkerung wachsen, wird sich der Zerstörungsradius ausweiten, rücksichtslos auch gegenüber ökologischen Argumenten.

Der Versuch, die schnell wachsenden Bevölkerungsmassen zu ernähren, wird seinerseits schwerwiegende Folgen haben: Die Überdüngung wird weiter zunehmen, gleichzeitig aber auch der primitive Ackerbau durch Rodung von Wald ohne Dünger oder Fruchtfolge, der die Böden schnell erschöpft. Gleichzeitig wird die Bevölkerungslawine das Siedlungsgebiet immer weiter ausdehnen, der Wald wird auch hier weichen müssen. Pessimistische Schätzungen (zum Beispiel in: «Global 2000») gehen daher davon aus, daß Waldbestand und Nutzholzfläche in der Dritten Welt bis zur Jahrhundertwende um 40 % schrumpfen werden. Pro Kopf werden die Waldbestände der Dritten Welt sogar um 63 % zurückgehen. Auch weniger pessimistische Schätzungen (zum Beispiel die Studie «The Resourceful Earth») können nicht umhin festzustellen, daß die tropischen Wälder in ihrer Existenz extrem bedroht sind. Bei beiden Schätzungen ging man allerdings davon aus, daß die Wälder nur durch Rodung und Abholzen gefährdet sind. Inzwischen wissen wir aber, daß die Luftverschmutzung ein ganz wesentlicher Faktor für das Verschwinden und Absterben der Wälder ist. Wenn es stimmt, daß die Bevölkerung der Dritten Welt in zunehmendem Maße in riesigen Millionenstädten leben wird, dann ist davon auszugehen, daß der Automobilverkehr gerade in diesen Städten sprunghaft anwachsen dürfte. Die Gefahren, die von einer 30-Millionen-Stadt mit vielleicht 20 Millionen Autos aller Art für tropische Wälder ausgeht, ist dementsprechend. Wir rechnen immerhin mit zwanzig 10-Millionen-Städten, 400 Mehr-Millionen-Städten, insgesamt vielleicht mit zwei Milliarden Menschen, die in Riesenmetropolen der Dritten Welt leben mit den entsprechenden ökologischen Folgen. Die Gefährdung der ökologisch labilen tropischen Wälder ist extrem hoch, die Chancen und Möglichkeiten, sie zu retten, sind dagegen außerordentlich gering. Deshalb dürfen die Gefahren, die vom Sterben der Regenwälder ausgehen, nicht geringgeschätzt werden. Waldverluste können eine empfindliche Störung der Ozonschicht nach sich ziehen und damit den natürlichen Schutz vor tödlichen Strahlungen aus dem Weltraum vermindern.

Waldverluste und Bevölkerungswachstum können zudem schlimme Wasserknappheit verursachen. Mit dem Wald gehen die Wasservorräte zurück, mit der Bevölkerungslawine aber nimmt der Wasserbedarf ständig zu. Nach Schätzungen wird er in den nächsten 20 Jahren zwischen 200 und 300 % steigen. Ein großer Teil der erhöhten Nachfrage nach Wasser wird sich in den Entwicklungsländern ergeben, wo Süßwasser für menschlichen Gebrauch und als Nutzwasser in der Landwirtschaft schon heute in vielen Gebieten sehr knapp ist. Selbst die optimistischen Ansätze in «The Resourceful Earth» gehen nicht davon aus, daß das Problem der Wasserknappheit zu lösen ist, obwohl die Studie leichte Verbesserungen in der Wasserversorgung der letzten zehn Jahre sieht und davon ausgeht, daß sich die Wasserförderung weiter steigern läßt.

Bevölkerungswachstum und Umweltbelastung, Waldsterben und Wasserverknappung können aber auch zu Klimaveränderungen führen, über deren Ausmaß sich die Klimaforscher allerdings nicht einig sind. Immerhin ist der CO_2-Gehalt der Erdatmosphäre in den letzten 100 Jahren um etwa 15 % gestiegen und wird in den kommenden 20 Jahren um weitere 35 bis 40 % zunehmen. Die bedrohlichste der möglichen, wenn auch umstrittenen Folgen wäre eine Erwärmung der Erde, die die Eiskappen an den Polen zum Schmelzen bringen könnte und zur Überschwemmung der Küstenregionen führen müßte. Das träfe vor allem die Dritte Welt, denn hier leben die meisten Menschen in Regionen, die von den Fluten besonders bedroht wären. Eine andere Folge wäre eine Zunahme der Hitze und Dürre in den tropischen Regionen. Dürrekatastrophen, Hungerepidemien und Massensterben wären die unausweichliche Folge. Hinzu käme eine schnelle Ausbreitung der Wüsten, die wichtige landwirtschaftliche Anbaugebiete im Sand versinken lassen würde.

Aber auch ohne solche Endzeitvisionen ist die Lage der Dritten Welt am Ende der Wachstumsphase der Nachkriegsepoche eine Katastrophe. Das Wirtschaftswunder hat keinerlei Entwicklungsimpulse für die Dritte Welt gebracht, und es wird, wenn sich nicht Grundlegendes ändert, auch in Zukunft keine Entwicklungsimpulse geben – im Gegenteil. Die Weltwirtschaft nach 1945 war und ist offensichtlich unfähig, Entwicklungsbedingungen für die Entwicklungsländer zu schaffen. Die Voraussetzungen dafür waren und sind prinzipiell nicht ausgeschlossen. Die wachsende Bevölkerung, die immensen Rohstoffvorräte und der steigende Bedarf auf der einen Seite , die mit dem industriellen Wachstum nach 1945 verbundene Kapitalakkumulation in den Industrieländern, der technische Fortschritt in Industrie und Landwirtschaft auf der anderen Seite hätten eine Entwicklung in der Dritten Welt prinzipiell möglich machen müssen. Der Ausbau der Infrastruktur in Südamerika, Afrika und Asien hätte gigantische Projekte mit langfristigen Investitionszielen und entsprechenden Gewinnen erlauben müssen. Dem Ausbau der Infrastruktur hätte leicht eine Expansion der Märkte in der Dritten Welt folgen können, auf die mit wachsender Produktion und steigenden Dienstleistungen in den sich entwickelnden Gebieten hätte geantwortet worden können. Die Voraussetzungen auch dafür waren günstig: das Angebot an Arbeitskräften groß, die Kosten für Arbeit niedrig, gleichwohl die Nachfrage und der Bedarf an Konsumgütern nach oben nahezu unbegrenzt. Einer Weltwirtschaft mit so schnell wachsenden Bevölkerungszahlen wie in den letzten 30 und in den kommenden 50 Jahren dürfte die Nachfrage nach industriellen Gütern schlechterdings ja nicht ausgehen. Der technologische Fortschritt, die steigende Produktivität, die wachsende Vielfalt der Produkte und ihr ständig sinkender Preis belegen zudem, daß die Industriegesellschaften in der Lage sein müßten, diesen Nachfrageberg auch mit Gütern bewältigen zu können, die sich tatsächlich absetzen lassen.

Eine solche «logische» Entwicklungschance aber hatte die Dritte Welt nach 1945 nicht. Die Tatsache, daß der Kolonialismus des späten 19. und frühen 20. Jahrhunderts die überseeischen Gebiete zu riesigen Rohstoff- und Agrarfarmen machte, Infrastrukturausbau und soziale Entwicklung ganz diesem Zweck untergeordnet hatte, nahm den befreiten Kolonialgebieten später ein gut Teil ihrer Entwicklungschancen. Der plötzliche Zusammenbruch des Weltwirtschaftssystems durch den Ersten Weltkrieg, der Zerfall der europäischen Hegemonie, die jahrzehntelang währenden Turbulenzen der Weltwirtschaft bis hin zum Ausbruch des Zweiten Weltkriegs und schließlich der schnelle Zerfall der amerikanischen Hegemonie in der Nachkriegszeit verbauten den Entwicklungsländern vielmehr eigene Wege, innerhalb einer funktionierenden Weltwirtschaft aus der einseitigen Fixierung auf Landwirtschaft und Rohstoffe herauszukommen. Aber selbst unter der Voraussetzung, daß alle Länder der Dritten Welt eine bescheidene Phase wirtschaftlicher Entwicklung durchlaufen können – und viele haben trotz der widrigen Umstände Beachtliches geleistet –, werden die Entwicklungsansätze von der Bevölkerungslawine zunichte gemacht. Die Bevölkerungszunahme verläuft nicht nur schneller als jedes denkbare wirtschaftliche Wachstum, sie ist zugleich mit anhaltenden und folgenschweren ökologischen wie ökonomischen Zerstörungen gekoppelt, die sich längst in Problemdimensionen abspielen, für die bisher keine Lösungen bereitstehen. In den Städten der Dritten Welt wird sich also Armut und Elend dieser Erde konzentrieren. Das Pro-Kopf-Einkommen in unterenwickelten Ländern in Afrika, Asien und Südamerika wird im Schnitt nicht mehr als 1300 DM pro Kopf/Jahr betragen. Zum Vergleich: Das Pro-Kopf-Einkommen in Westeuropa wird bis zum Jahre 2000 selbst bei pessimistischen Prognosen auf 25 000 DM steigen. Diese Verschlechterung in den Einkommensverhältnissen hängt auch damit zusammen, daß die ärmsten Entwicklungsländer am härtesten von der Verteuerung der Energie und den Folgen der weiteren wirtschaftlichen Konzentration in den Industrieländern betroffen sind. Die Nahrungsmittelproduktion in den Entwicklungsländern, die auch in den nächsten zwanzig Jahren den wichtigsten Erwerbszweig dieser Länder ausmachen wird, kann weder die notwendigen Erlöse bringen, um die wachsenden Energiekosten und die wachsenden Preise für Industriegüter zu bezahlen, noch wird sie mit dem Anstieg der Bevölkerung Schritt halten können.

Die Nahrungsmittelproduktion wird bis zum Jahre 2000 um 22 % wachsen, die Bevölkerung in den Entwicklungsländern um 55 %. Mit anderen Worten: Wenn auch nur der schlechte Lebensstandard von 1980 gehalten werden soll, dann wird sich die Nahrungsmittelproduktion um das Doppelte des Betrags steigern müssen, den selbst optimistische Schätzungen für möglich halten. Wenn überhaupt mehr Nahrungsmittel produziert werden können, dann nur durch ertragssteigernde, energieintensive Techniken. Mehr Land kann jedenfalls nicht bebaut werden. Im Gegenteil, die Fläche kultivierbaren Landes wird bis zum Jahre 2000 nicht zunehmen – wenn sie nicht ohnehin durch Klimaverschlechterungen zurückgeht. Mit anderen Worten: gerade in den Entwicklungsländern, die die größte Menge landwirtschaftlicher Erzeugnisse produzieren müssen, wird der Energieimport am größten sein, wird mehr Kunstdünger, mehr Chemie und erheblich mehr Wasser für künstliche Bewässerung benötigt werden. Die Landwirtschaft der Dritten Welt wird folglich in noch höherem Maße als heute vom Erdöl abhängig sein bzw. von der Versorgung mit primärer Energie. Gerade das aber wird die gesamtwirtschaftliche Lage, wird die Versorgung und den Lebensstandard der Entwicklungsländer weiter negativ beeinflussen. Der wachsende Energiebedarf wird also die Kosten erheblich in die Höhe treiben, die landwirtschaftlichen Erträge damit begrenzen und die Erlöse auf einem sehr niedrigen Niveau halten. Allein aus diesem Grund wird verständlich, warum viele Entwicklungsländer ihre Hoffnung auf eine schnelle und flächendeckende Errichtung von Atomkraftwerken setzen, denn sie könnten aus dem ärgsten Dilemma helfen, vorausgesetzt, sie liefern tatsächlich billigen und technisch günstigen Strom. Entsorgungsprobleme, Sicherheitsprobleme und andere Risikoabwägungen werden dahinter zweifelsfrei zurückgestellt werden: Die Risiken von Wiederaufbereitung und Entsorgung radioaktiven Mülls werden also drastisch zunehmen. Die Alternative einer ökologisch verantwortbaren Entwicklung, gar das, was man in den entwickelten Industriegesellschaften unter dem Thema «Versöhnung von Arbeit und Umwelt» diskutiert, ist in Ländern mit riesigem Bevölkerungswachstum, mit Hunger, Seuchen und Epidemien, mit krassen Klassenunterschieden, Massenarbeitslosigkeit und gigantischen Metropolen aus verslumten Vorstädten eine bestenfalls akademische Möglichkeit. Sehr viel wahrscheinlicher ist, daß die Menschen in diesen Ländern zuerst an ihr Überleben im ganz unmittelbaren Sinne denken und das längerfristige Überlebensproblem dieser kurzfristigen Perspektive opfern müssen. Es ist einfach nur realistisch anzunehmen, daß die Mehrzahl der Menschen nach dem Prinzip «Nach mir die Sintflut» handelt und sie damit überhaupt erst heraufbeschwört.

Geht die Epoche der zweiten industriellen Revolution zu Ende? Die Krise der siebziger Jahre mit ihren drei wesentlichen Merkmalen «Krise des Sozialstaats», «Krise der Ökologie» und «Krise der Dritten Welt» hat also eine andere Qualität als die vielen vorangegangenen

Arbeitslose demonstrieren

Krisen, einschließlich der großen Weltwirtschaftskrise von 1929/32. Sie dauert schon fast zehn Jahre und unterscheidet sich allein dadurch von allen früheren Krisen. Sie kennt auch keine dramatischen Zuspitzungen, die zu explosiven Ausbrüchen führen und darauf schließen lassen, daß hier eine «Reinigungskrise» am Werk ist, nach deren Bewältigung der Industrialisierungsprozeß auf höherem Niveau weitergehen kann. Sie hat vielmehr deutliche Züge einer Stagnation, was durch Dauer und schleichenden Charakter unterstrichen wird. Sie bringt den sozialstaatlichen Kapitalismus und die von ihm hervorgebrachte Lohnarbeitergesellschaft in ein echtes Dilemma: Wirtschaftswachstum oder Vollbeschäftigung, Krise des Arbeitsmarktes oder Krise der sozialen Sicherung, Wirtschaftskrise oder Umweltkrise, Verarmung der Dritten Welt oder Verarmung der Industriegesellschaft? Ein Stagnationsdilemma aber, insbesondere ein solches, daß durch die selben Faktoren heraufbeschworen wird, die die Prosperität eines Systems ausmachen, ist ein typisches Merkmal für das allmähliche Auslaufen einer Epoche. Die inneren Selbstheilungskräfte sind in einem solchen Fall entweder erschöpft oder sie blockieren sich gegenseitig – wie im Falle der Sozialstaatskrise. Fällt ein solches Stagnationsdilemma zudem mit schweren äußeren Krisen zusammen, wie das bei der Umweltkrise und der Bevölkerungsexplosion der Fall ist, dann kann aus der Stagnation schnell eine lang anhaltende Depressionsphase entstehen. Die Probleme, vor die uns die zweite industrielle Revolution gestellt hat, ähneln bei allen Unterschieden doch in unübersehbarer Weise den Ursachen für die große Depressionsphase im späten Mittelalter und der frühen Neuzeit, die ebenfalls wegen innerer Stagnationsprobleme und äußerer Krisen ausbrach.

Insofern ist die Vorstellung, die Epoche der zweiten industriellen Revolution komme mit der Krise der siebziger Jahre zu Ende, nicht völlig falsch. Es ist gerade der für die zweite industrielle Revolution so typische Innenausbau, die Expansion der Infrastruktur mit ihrer extrem hohen Energieverschwendung und extrem negativen Energiebilanz, die geradewegs in die Umweltkrise führt. Wenn sich aber dadurch das Dilemma von wirtschaftlichem oder biologischem Überleben stellt, ist der Prozeß der darauf basierenden Industrialisierung auf ein unüberwindliches Hindernis gestoßen. Debatten über die Versöhnung von Arbeit und Umwelt sind deshalb zwangsläufig Diskussionen über eine andere Form des Wirtschaftens. Ebenso deutlich führt der wachsende Reichtum der Menschen, der mit der industriellen Revolution des 19. Jahrhunderts verbunden ist, geradewegs in die Bevölkerungsexplosion, denn auch in den armen Ländern der Dritten Welt wirkt sich der Industrialisierungsprozeß der Industriegesellschaften noch als Wachstum von Einkommen und Lebenschancen aus, die ebenfalls Ursache für die schnelle Vermehrung der Erdbevölkerung sind. Wenn sich aber dadurch das Dilemma von wirtschaftlichem oder biologischem Überleben stellt, ist der darauf basierende Wachstumsprozeß der modernen Industriegesellschaft an seinen selbst erzeugten Grenzen angelangt.

Nun haben wir im vorangegangenen Kapitel gesehen, daß auch die so erfolgreiche Gesellschaft des sozialstaatlichen Kapitalismus in eine stagnative Krise geraten ist, die etwas mit dem inneren Konstruktionsprinzip des Sozialstaats, mit seiner «Achillesferse» zu tun hat. Wenn aber der Sozialstaat durch sein eigenes Wachstum, seinen Erfolg also, dazu führt, daß Einkommensverbesserungen und Ausschaltung des sozialen Risikos der Lohnarbeit in Inflation und Produktionsrückgang sowie stagnierendem Wirtschaftswachstum enden und überwunden geglaubte Arbeitslosigkeit erzeugen, sogar das Gespenst der Armut wieder aufleben lassen, dann kommt auch die Lösung der sozialen Frage in der Gesellschaft der zweiten industriellen Revolution an unüberwindliche Grenzen. Sozialstaat und Kapitalismus sind offenbar nur so lange miteinander vereinbar, wie es ein lang anhaltendes Wirtschaftswachstum gibt. Genau das jedoch verändert die Bedingungen, die den Konsens des Sozialstaats ausmachen, und führt mittelfristig geradewegs in die Krise des Sozialstaates und in die Krise des Wachstums hinein. Ein Sozialstaat aber ohne Kapitalismus, etwa ein solcher, der mit Verstaatlichung der Wirtschaft die Preistreiberei bremsen will, ist, wie die Ostblockländer zeigen, auf Dauer nicht wettbewerbsfähig, weil er den Faktor Arbeit nicht wirksam durch Industrialisierung, also durch Automation und Rationalisierung, ersetzen kann, will er nicht auch sein Vollbeschäftigungsversprechen brechen.

Auch wenn die Probleme der Umwelt und der Dritten Welt wegen der eigentümlichen Konjunkturzyklen politischer Themen in den Industriestaaten des Westens nicht mehr so aktuell sind wie noch vor fünf oder sechs Jahren, haben sich die Ausgangsbedingungen für Krisen und Stagnation eher verschlechtert als gebessert – und diese Feststellung gilt auch dann,wenn man nicht in allen Punkten pessimistischen Prognosen folgt und statt dessen auch kleine Verbesserungen der Lage als positive Trends zur Kenntnis nimmt. Die Gefahren, die von der Bevölkerungsexplosion ausgehen, sind nicht gebannt, auch wenn die Weltbevölkerung langsamer anwachsen sollte, als manche Prognosen annehmen. Das Bevölkerungswachstum bringt besondere Gefahren mit sich, insofern es wie ein Beschleuniger auf alle denkbaren Katastrophen, auf ökonomische, soziale und ökologische, wirkt, was auch den Ausbruch von Kriegen zur Lösung der Probleme nicht ausschließt. Die Verschlechterung der Lebensverhältnisse in der Dritten Welt bedroht immer mehr die Weltwirtschaft insgesamt. Währungskrise, Ölpreisschock und ständige Verteuerung der Industriegüter sowie die wachsende Verschuldung der Entwicklungsländer drohen zu einem regelrechten Zusammenbruch der Weltwirtschaft zu führen, aus dem sich im übrigen auch die Ostblockländer nicht heraushalten könnten, da sie ja ebenfalls hoch verschuldet und auf westliches Kapital angewiesen sind.

Genausowenig gebannt sind – trotz aller inzwischen unternommenen Maßnahmen – die Gefahren einer globalen Umweltkatastrophe. Der beste Beweis dafür ist das gleichzeitige Waldsterben in europäischen Industriestaaten (wegen der Schadstoffemmissionen aus Pkw und Industrieanlagen) und tropischen Ländern (durch Rodung). Eng damit zusammen hängen die Gefahren für Klima und Atmosphäre, die in ihrer Bedrohlichkeit eher gewachsen als gesunken sind, seit in den Industriegesellschaften darüber diskutiert wird. Da helfen auch keine kleinen Erfolge in der Umwelttechnologie. Wenn unsere Wirtschaft wirklich ökologisch ausgerichtet sein soll, dann müßte sie sich in einem Ausmaß ändern, das mit keinem der vorhandenen Mittel und mit keiner der zur Zeit realisierbaren Strategien bewältigt werden könnte. Vor allem aber wären weitere Wachstumsschäden auf Grund «konventioneller» Industrialisierungsschübe in in der Dritten Welt oder auch in den Industriestaaten für die zukünftige Entwicklung der Ökologie verheerend. Wenn man realistisch ist, muß man aber mit solchen Schäden rechnen, denn industrielles Wachstum ist notwendig, um in den Industrieländern Vollbeschäftigung und in den Entwicklungsländern soziale, wirtschaftliche und industrielle Entwicklung zu ermöglichen. So stellt sich denn die fatale Alternative: entweder mehr Wachstum oder mehr ökologische Sicherheit. Von einer einfachen Versöhnung zwischen Ökonomie und Ökologie sind wir realistisch betrachtet weiter denn je entfernt.

Die zweite industrielle Revolution hat uns auf Grund ihrer wirtschaftlichen und sozialen Leistungsfähigkeit in die Situation gebracht, drei Ziele gleichzeitig verfolgen zu müssen, von denen bestenfalls immer nur zwei miteinander vereinbar sind und dem jeweils dritten widersprechen: Erhalt der sozialstaatlichen Ordnung, Entwicklung der Dritten Welt und Rettung beziehungsweise Wiederherstellung der Umwelt. Was auch immer getan wird, es kommt unweigerlich zu unauflöslichen Widersprüchen zwischen den Zielvorgaben – solange die herkömmlichen Mittel angewandt und auf globale Ziele beschränkt bleiben: Ohne Industrialisierung keine Entwicklung der Dritten Welt bei anhaltender Bevölkerungsexplosion. Ohne Industrialisierung keine Aussicht auf weiteres Wachstum und damit auch keine Lösung der Sozialstaatsprobleme. Mit Industrialisierung aber keine schnelle Rettung der Umwelt, denn Industrialisierung heißt in der Dritten Welt beispielsweise Zunahme der Massenmotorisierung und ein Anwachsen der Autolawine auf eine Milliarde Autos in den nächsten 15 Jahren. Da es nach aller Erfahrung unrealistisch wäre, wollte man die Zunahme der Zulassungszahlen in der Dritten Welt mit einem Zuwachs an schadstoffarmen Autos gleichsetzen, dürften die Auswirkungen einer solchen Industrialisierungswelle ökologisch gesehen einer Katastrophe gleichkommen.

Wir könnten die Liste solcher Problemlösungen, die das Zieldreieck unserer Industriegesellschaften ins Wanken bringen, beliebig fortsetzen. Sie laufen alle auf dasselbe Dilemma hinaus: die Potentiale der Industrialisierung des 19. und 20. Jahrhunderts sind offenbar erschöpft; die vom weiteren Ausbau der inneren Industrialisierung – Massenkonsum, Massenverkehr und Massenkommunikation – und der deswegen negativen Energiebilanz ausgelösten Probleme kann der Übergang auf ein neues Niveau der Industrialisierung nicht aus der Welt schaffen. Entweder wir kehren die Entwicklungstendenzen um und finden zugleich für sie einen Zielpunkt außerhalb des alten Industriesystems, oder unser seit 150 Jahren unternommene Versuch, die Probleme der modernen Massengesellschaften mit mehr Arbeit und mehr Organisation zu lösen, endet im Chaos. Das heißt mit anderen Worten, daß die Epoche der zweiten industriellen Revolution tatsächlich und unausweichlich zu Ende geht. Das wechselreiterische Prinzip, auf dem sie beruht, wird durch die drei Krisen der Gegenwart (Ökologie-, Dritte-Welt- und Sozialstaatskrise) aufgedeckt. Bevölkerungswachstum, Sozialstaatsabbau und Waldsterben zwingen sie gleichermaßen zum Offenbarungseid.

Daß dennoch alle Zusammenbruchsvisionen unangebracht sind, liegt allein daran, daß das Ende der Epoche der zweiten industriellen Revolution durch neue Technologien herbeigeführt wird, die seit etwa dreißig Jahren entstehen und sich Mitte der siebziger Jahre zu einem tiefgehenden technologischen Wandel verdichtet haben. Parallel zur Stagnation der «alten» Industriegesellschaft reift eine neue industrielle Revolution heran, die in mancherlei Hinsicht neue Tendenzen setzt, die einen Ausweg aus der chaotisch-depressiven Situation der Industriegesellschaften darstellen könnten. Wie wir im vierten Buch noch sehen werden, umfassen sie in der Tat Momente, der Wachstumsfalle zu entgehen – vorausgesetzt, man weiß sie richtig zu verwenden. Andererseits bieten sie langfristig Chancen, die Erde als begrenzten Lebensraum zu entlasten und durch die Expansion unseres Handlungsraumes eine Lösung vieler Probleme auch bei herkömmlichen Trends zu sichern. Noch «überwintern» eine Reihe dieser Technologien im Bereich militärischer Hochrüstung. Aber wir sind Zeugen ihrer allmählichen Herauslösung aus dieser Destruktivkraft. In der Informationsverarbeitung haben sie seit Mitte der siebziger Jahre zu einer schnell wachsenden Industrie geführt, in den achtziger und neunziger Jahren wird auch die zivile Raumfahrt zu einem wachsenden Wirtschaftszweig werden.

Unsere Lage ist also ambivalent. Auf der einen Seite stehen wir vor großen Problemen, die leicht in verheerende Katastrophen umschlagen können. Niemand sollte nach den geschichtlichen Erfahrungen mit der Krise der mittelalterlichen Industrie und der Wechselwirkung zwischen der Großen Pest von 1348/49 (einer ökologischen Katastrophe, wenn man so will) und dem gesellschaftlichen Zerfall die Rolle ökologischer Katastrophen unterschätzen. Sie können das Ende oder doch einen Jahrhunderte währenden Zusammenbruch mit einem totalen Richtungswechsel in Wirtschaft und Gesellschaft zum Negativen hin bedeuten.

Auf der anderen Seite kommt eine technologische Revolution auf uns zu, die ganz neue ökonomische, vor allem aber auch ganz neue soziale Entwicklungsmöglichkeiten bereithält und mit ihnen womöglich auch Wege aus den unauflöslich erscheinenden Widersprüchen der gegenwärtigen Krise. Das bedeutet, daß wir vor radikalen Veränderungen der gesellschaftlichen Organisation von Arbeit oder der Organisation von gesellschaftlicher Arbeit stehen. Eine Wahl werden wir dabei kaum haben, denn mit den Methoden der letzten 50 Jahre werden wir uns nur tiefer und heilloser in die Probleme verstricken. Ein Patentrezept für das Neue gibt es natürlich nicht, aber man kann doch immerhin die Potentiale einer Reihe von Technologien einschätzen, gesellschaftliche Folgen bedenken und Perspektiven entwickeln, die mehr sind als nur Science-fiction und verläßlicher als vorschnell prognostizierte Untergangsperspektiven. Diese Entwicklungsperspektiven sollen auf ihre Bedingungen, Leistungen und Chancen hin im letzten Abschnitt dieses Buches untersucht werden.

Literatur

Struktur des Sozialstaates

Hentschel, V.: Geschichte der deutschen Sozialpolitik 1880–1980, Frankfurt 1983
Moosdorf, S. (Hg.): Sorge um den Sozialstaat. Bilanz nach 100 Jahren, Stuttgart 1982
Lutz, B.: Der kurze Traum immerwährender Prosperität. Eine Neuinterpretation der industriekapitalistischen Entwicklung im Europa des 20. Jahrhunderts, Frankfurt–New York 1984

Sozialstaat und Lohnarbeitergesellschaft

Baran, P. A., Sweezy, P.: Monopolkapitalismus, Frankfurt 1967
Bowles, S., Gordon, D. M., Weisskopf, Th. E.: Beyond the Wasteland. A Democratic Alternative to Economic Decline, New York 1983

Hardach, G.: Der Erste Weltkrieg, Geschichte der Weltwirtschaft im 20. Jahrhundert, Bd. 2, hg. von Fischer, W., München 1977
Kleinsteuber, H.: Die USA. Politik, Wirtschaft und Gesellschaft, Hamburg 1984
Matzner, E.: Der Wohlfahrtsstaat von morgen, Frankfurt–New York 1982
OECD: The Welfare State in Crisis, Paris 1981
Thurow, L. C.: Die Null-Summen-Gesellschaft. Einkommensverteilung und Möglichkeiten des weltwirtschaftlichen Wandels, München 1981

Umweltkrise, Dritte Welt, Postmoderne

Bahrdt, H. P.: Die moderne Großstadt. Soziologische Überlegungen zum Städtebau, Reinbek 1961
Council on Environmental Quality: Global 2000. Der Bericht an den Präsidenten, Frankfurt 1980
Lawrence, R. C.: Can America Compete? The Brookings Institutions, Washington D. C. 1984
Simon, J. L., Kahn, H. (Hg.): The Resourceful Earth. A Response to Global 2000, Oxford–New York 1984
SIPRI. Rüstungsjahrbuch 1981/82, hg. vom Stockholm International Peace Research Institute, Reinbek 1981

4. Buch

Die industrielle Revolution des 21. Jahrhunderts

14. Kapitel

Künstliche Intelligenz und künstliches Leben

Wissenschaftliche und technologische Grundlagen der dritten industriellen Revolution

Auch wenn gelegentlich diskutiert wird, ob der in den siebziger und achtziger Jahren dieses Jahrhunderts einsetzende technologische Wandel die Bezeichnung einer industriellen Revolution verdient, scheint es mir außer Zweifel, daß wir Zeitgenossen der dritten fundamentalen Umwälzung der Technostruktur unserer industriellen Welt sind. Eine solche Umwälzung greift selbstverständlich folgenschwer in das wirtschaftliche und soziale Leben ein und stellt fast alle Organisationsformen gesellschaftlicher Arbeit in Frage, die im Verlauf der industriellen Revolution des 19. und 20. Jahrhunderts entstanden sind. Auch in dieser Hinsicht verdient die Umwälzung der Technostruktur im ausgehenden 20. Jahrhundert das Prädikat einer industriellen Revolution.

Dies ist natürlich ein vorauseilendes Urteil, denn noch können wir die gesamte Entwicklung der dritten industriellen Revolution nicht einmal annähernd überschauen. Wir sind bei der Betrachtung vielmehr auf Bruchstücke und bisherige Ansätze angewiesen, so als ob wir das Wachstum eines Baumes, seine Ausmaße und seine Wirkungen auf die Umwelt nach dem Aussehen eines kleinen Schößlings beurteilen müßten. Wie jeder weiß, ist dies eine durchaus erlaubte und erprobte Vorgehensweise, vorausgesetzt, daß man einige Anhaltspunkte zur Beurteilung an der Hand hat. Man gewinnt solche Beurteilungshilfen in der Regel durch den Vergleich mit anderen Studienobjekten; etwa mit dem Wachstum anderer Pflanzen oder – wie bei unserem Thema – mit der Entwicklung anderer industrieller Revolutionen und deren Auswirkungen.

Am Beginn der Betrachtung stehen daher wieder die technologischen

Veränderungen, denn von ihnen, so haben wir bei der Darstellung der vorangegangenen Industrialisierungsepochen gesehen, gehen die ursächlichen Impulse für industrielle Revolutionen aus. Allerdings erst, wenn eine Reihe von wirtschaftlichen und sozialen Rahmenbedingungen entstanden sind, die die Voraussetzung für eine industrielle Revolution mitliefern. Die Umwälzung der Technostruktur hat daher in der Regel eine oft kuriose Vorgeschichte, an der im nachhinein die elementaren Strukturen der technischen Umwälzung besonders gut zu studieren sind. Wer hätte von den Zeitgenossen des 17. oder 18. Jahrhunderts zum Beispiel gedacht, daß Denis Papins Dampfboot, mit dem er um 1680 auf der Weser herumexperimentierte, oder Savarys und Newcomens Dampfmaschinen einmal das Kernstück einer industriellen und sozialen Revolution größten Ausmaßes sein würden? Nicht einmal der Wattschen Dampfmaschine war anzusehen, welche Folgen die neue Energieerzeugung für Wirtschaft und Gesellschaft haben sollte – obwohl diese Maschine schon sehr viel Aufsehen erregte und die Phantasie der Zeitgenossen zu Zukunftsvisionen anregte. Erst die Verknüpfung der Dampfkraft mit dem Verkehrsmittel der Eisenbahn einerseits und dem automatischen Webstuhl anderseits, erst der Ausbau einer neuen Welt von Infrastruktur und Industrie und die dadurch ausgelöste Transformation der gewachsenen sozialen Strukturen lösten die Dynamik aus, die wir die industrielle Revolution des 19. und 20. Jahrhunderts genannt haben. Ist diese Initialzündung, diese Amalgamierung von neuen Technologien und Infrastrukturen allerdings einmal geschehen, dann wird eine Lawine von sich bedingenden und sich gegenseitig beschleunigenden Veränderungen losgetreten, die die Welt der Industrie als Gesamtprozeß vollständig umwälzen und verändern kann.

Die «Geburt des doppelt wirkenden Computers». Die industrielle Revolution des Mittelalters wurde ausgelöst durch die Fusion neuer Technologien mit einer neuen Wirtschaftsweise. Die industrielle Revolution des 19. und 20. Jahrhunderts verknüpfte neue Energiemaschinen mit industriellen Produktionsmitteln und neuen Verkehrstechniken. Die industrielle Revolution, deren Zeitgenossen wir sind, besteht in der revolutionären Veränderung der Informationsverarbeitung und ihrer Verknüpfung mit allen bisherigen Produkten und industriellen Verfahren sowie mit neuen Produkten, Kommunikationsstrukturen und Infrastruktureinrichtungen. Wir stehen heute genau an dem Punkt, wo die Bestandteile der industriellen Revolution sich miteinander zu ver-

Babbages
«Analytical Engine»

ändern beginnen, vergleichbar mit den Bedingungen kurz nach den ersten Kreuzzügen oder am Vorabend des großen Eisenbahnbooms. Die Technik des Computers, dem in der Informationsverarbeitung die gleiche Rolle zukommt wie der Dampfmaschine im 19. Jahrhundert oder Webstuhl und Spinnrad im 12. Jahrhundert, hat das Experimentierstadium hinter sich. Sie hat industriell und infrastrukturell anwendbare Lösungen gefunden, die zugleich auch wirtschaftlich und soziologisch sinnvoll sind. Was noch fehlt, ist die tatsächliche Verknupfung der Elemente der dritten industriellen Revolution zu einer umfassenden *«Produktionsweise»*.

Damit geht eine lange Vorgeschichte der Informationsverarbeitung zu Ende, die nicht minder eindrucksvoll und kurios ist als die der Dampfmaschine. Es gibt sogar deutliche Parallelen in der Geschichte beider Techniken, so daß der Vergleich manchmal durchaus erhellend ist. So könnte man die ersten Experimente von Savary oder Newcomen durchaus in Analogie setzen zu den ersten Gehversuchen mit Computern, wie wir sie von der Mitte des 19. Jahrhunderts bis in die fünfziger Jahre unseres Jahrhunderts nachzeichnen können. Sicher hat die Informationsverarbeitung noch ältere Wurzeln – in gewisser Weise hat der Mensch schon mit dem ersten Alphabet, den ersten Zahlensymbolen

Informationsverarbeitung betrieben. Auch hat er sich stets Hilfsmittel gebaut, von denen der Abakus oder die Rechenmaschinen im 17. und 18. Jahrhundert besonders hervorzuheben wären. Aber erst der britische Mathematiker Charles Babbage fügte 1834 alle Anregungen und Vorbilder der Vergangenheit zu einer Maschine, zur Analytical Engine, zusammen. Dieses Gerät mit seinen Zahnrädern, Lochkartenlesern, Druckern und Speichern kann man mit Recht als den ersten programmgesteuerten Rechner der Menschheitsgeschichte bezeichnen – ein wunderbares Gerät, das bis zu 1000 fünfzigstellige Dezimalzeichen verarbeiten konnte und von seiner ganzen Konstruktion her so etwas wie ein Urbild des Computers war.

So spektakulär die Analytical Engine auch war, so erfolglos blieb sie. In ihrer ganzen Perfektion und Schönheit aber war sie eine Herausforderung für alle nachfolgenden Generationen von Erfindern und eine wahre Fundgrube zur Lösung von Problemen der Datenverarbeitung. Denn die Analytical Engine enthielt schon nahezu alle Grundprinzipien der Datenverarbeitung. Babbage verwendete keinen Analogrechner (wie den Rechenschieber) sondern eine digital arbeitende Maschine, die alle Informationen, Daten oder Meßwerte in Ziffern und in logischen Schrittfolgen verarbeitete. Er entscheid sich bei der Informationsverarbeitung durch Ziffern für ein aus zwei Zeichen (0 und 1) bestehendes, binäres Zahlensystem, das es ermöglichte, für die Datenerfassung Lochkarten zu verwenden und die Informationsübertragung auf zwei Werte zu reduzieren (kein Loch = 0, Loch = 1). Und schließlich entwickelte Babbage die Idee der Programmsteuerung durch eine getrennte Programmeinheit: Anders als in früheren Rechenmaschinen mußte die Steuerungstechnik für die Rechenoperation nicht in der Maschine selbst eingebaut werden, sie wurde der Maschine ihrerseits als Programm über Lochkarten mitgeteilt. Das Konzept der Analytical Engine war also kühn und vorausschauend, nur mit den technologischen Mitteln des 19. Jahrhunderts nicht zu lösen. Der Rechner von Babbage scheiterte nicht an seiner Konzeption, sondern an den unvollkommenen technischen Mitteln seiner Zeit.

Ein halbes Jahrhundert später bestätigte sich die technische Konzeption durch die Arbeiten des spanischen Ingenieurs Leonard Torres y Quevero, der noch vor dem Ersten Weltkrieg eine Babbage-Maschine unter Verwendung elektromechanischer Bauteile konstruierte. Mit Telefonrelais funktionierte nun, was zu Babbages Zeiten mit rein mechanischen Mitteln nicht funktionieren konnte. Georg Stibbitz, ein deutscher Mathematiker, der in den zwanziger Jahren ebenfalls eine Babbage-Maschine mit Telefonrelais baute, wies wenig später nach, daß unter Zuhilfenahme der Boolschen Algebra auch die digitale Programmierung eines Rechners richtig konzipiert und sogar mathematisch begründbar war. Wie weitblickend Babbages Vorschlag war, Lochkarten zu verwenden, zeigte die massenhafte Verarbeitung statistischer Daten Ende des 19. Jahrhunderts. Hermann Holerith hatte für die Volkszählung in den USA 1890 Maschinen entwickelt, die die Fülle statistischer Angaben mittels Lochkarten in eigens dafür konstruierten Zahlwerken verarbeiten konnten. Holerith systematisierte und perfektionierte die Datenverarbeitung über Lochkarten, er baute eine eigene Firma (die spätere IBM) auf und vermarktete seine Maschinen weltweit.

Ende der dreißiger Jahre also waren die wichtigsten Komponenten der Informationsverarbeitung bis zu einer gewissen Perfektion entwikkelt, die digitale Rechentechnik, die Verwendung von Relaisschaltungen, die Programmiergrundlagen und das System der Lochkarten, so daß der erste Schritt auf dem Weg zum elektronischen Rechner getan werden konnte, auch wenn man keines der Geräte der dreißiger und vierziger Jahre ernsthaft als «Computer», also als selbständigen, programmgesteuerten Rechner mit eigenem Programmgedächtnis bezeichnen darf. Der entscheidende Fortschritt der zu Beginn des Zweiten Weltkriegs in Deutschland und in den USA gebauten Rechner, zum Beispiel des MARK I (1944) und des ENIAC (1945), lag denn auch nicht in der Weiterentwicklung der technischen Konzeption des Computers, sondern in der Verwendung besserer elektronischer Bauteile, wie sie in der Kriegswirtschaft bei der Entwicklung des Radar und beim Bau der Atombombe entwickelt wurden (elektronische Schalter, Impulsgeber und Vakuumverstärkerröhren). Damit wurden erstmals selbständig rechnende Maschinen gebaut, auch wenn die Geräte noch riesig groß, langsam und in jeder Hinsicht unwirtschaftlich und unpraktisch waren. MARK I war 16 Meter lang, 35 Tonnen schwer und benötigte sechs Sekunden für die Multiplikation zweier zehnstelliger Zahlen (daß das immer noch recht schnell war, merkt man, wenn man versucht, die Multiplikation mit der Hand auszuführen). Trotzdem – oder gerade deshalb – sprachen sie die Phantasie der Zeitgenossen an, und nahezu jeder, der die Rechnerurahnen zu Gesicht bekam, glaubte die Technologie der Zukunft, ein Elektronengehirn, kennengelernt zu haben. In Wirklichkeit waren die Rechner von Babbage bis zum ENIAC technologisch exotische und spektakuläre Einzelstücke ohne jede wirtschaftlich-technische Bedeutung – wie die ersten Dampfmaschinen im 18. Jahrhundert auch.

Der Durchbruch zum Computer, der Entwicklung der Wattschen Dampfmaschine vergleichbar, geschah erst in den fünfziger Jahren. Der Watt der Datenverarbeitung, der den Rechenautomaten zum Computer werden ließ, war der ungarisch-amerikanische Mathematiker John von Neumann. Durch seine Entwicklungsarbeiten bekam der Computer jenes Aussehen, das er auch heute noch hat, sei er ein Großrechner, ein Personal Computer oder auch nur ein kleiner Taschenrechner. Man nennt diese Architektur von daher nicht selten auch eine «von-Neumann-Maschine» und versteht darunter einen Universalrechner, dessen Programm nicht jedesmal von neuem über Lochkarten oder Lochstreifen eingelesen werden muß, sondern in einem maschineneigenen Gedächtnis und in einer maschineneigenen Sprache gespeichert wird. Ein Computer ist also eine Maschine, die Rechenoperationen unter eigener Kontrolle und ohne Eingriffe des Benutzers durchführen kann, weil sie auf das in ihrem Gedächtnisspeicher befindliche Programm selbständig und automatisch zurückgreifen kann, wann immer sich die Aufgabenstellungen ähneln oder wiederholen. Der Computer rechnet nicht einfach nur Zahlen zusammen, sondern er kann eingegebene Daten selbständig erarbeiten. In dem Moment, wo Daten, Programme und schon erarbeitete Ergebnisse im Gedächtnis einer Maschine gehalten und gleichzeitig von einer zentralen arithmetischen Operationseinheit bearbeitet werden können, ist der Schritt vom Rechner zum Computer getan. Und genau diesen Schritt tat John von Neumann am 27. Januar 1948 mit dem IBM-SSEG (Selecting Sequence Electronic Calculator), dem ersten «echten Computer» der Geschichte.

Die Computertechnologie hatte jedoch noch erhebliche Probleme, die mit der Verwendung von Vakuumröhren und Telefonrelais als Gedächtnisspeicher und arithmetischer Operationseinheit zusammenhingen. Röhren waren extrem störanfällig und wenig verläßlich, was für programmgesteuerte Informationsverarbeitung natürlich einen gefährlichen Nachteil bedeutet. Sie zwangen die Konstrukteure zudem dazu, Apparate von riesigen Dimensionen zu bauen, die riesige Mengen von Energie verbrauchten und große Hitze erzeugten, während ihre Leistungen vergleichsweise gering waren. Deshalb wurde von Anfang an versucht, andere Speichertechniken zu finden. Schon 1945 wurde die Verwendung von kleinen, mit Drähten verbundenen Eisenringen, sogenannten Ferritkernen, diskutiert, die einen «Magnetkernspeicher» ergeben sollten, in dem die halbzentimetergroßen Ferritkerne durch magnetische Ladung/Nichtladung Informationen festhielten. Erstmalig verwendet wurde ein solcher Ferritkernspeicher 1949 im Rahmen eines Computerprogramms der Stanford-Universität. Die erste kommerzielle Anwendung eines Kernspeichers gelang 1954 mit dem IBM-Rechner 704 (und weniger erfolgreich mit dem UNIVAC C 1103 A). Der neue IBM-Computer zeigte sofort die enorme Leistungssteigerung der neuen Speichertechnik. Hatte der erste Computer 1948 kaum Platz für 150 Zeichen im Kernspeicher, so wies der IBM 704 eine Kapazität von 4000, später von 32000 Zeichen auf. Das entspricht immerhin einer Steigerung von ca. zwei Zeilen auf knapp zehn Seiten Text vom Umfange dieses Buches. Zudem war die neue Speichertechnik extrem schnell: Brauchte MARK I 1944 noch 0,6 Sekunden für eine Addition, so lag sie beim IBM 704 nun bei 0,000024 Sekunden.

Mit diesen Werten war die von-Neumann-Maschinengeneration erst wirklich vollständig. Sie verfügte über einen Hochgeschwindigkeitsrechner, der große Datenmengen sicher verarbeiten konnte und deshalb eine wirklich einsetzbare Computertechnik für Wissenschaft und Wirtschaft darstellte. Der praktische Einsatz wiederum brachte ständig neue Erfahrungswerte mit neuen Verbesserungen der Technologie und Programmierung mit sich. Für den 704 von IBM wurde die erste funktionsfähige Programmiersprache entwickelt (FORTRAN). Der Bildschirm wurde als Dialoginstrument eingesetzt und Drucktechnik in Qualität und Geschwindigkeit verbessert. Wichtigen Einfluß hatte die Entwicklung der ersten Computergeneration auch auf das Programmieren selbst. Mit FORTRAN konnte man komplexer programmieren und leichter einsetzbare Programme entwickeln. Weitere Programmiersprachen mit speziellen Einsatzgebieten kamen hinzu (einfachere Versionen für das Studium, intelligentere für hochwissenschaftliche Probleme usw.). Vor allem aber entwickelten sich immer mehr Programmierhilfen, Diagnoseprogramme für die Fehlersuche, und schließlich kamen erste kommerzielle Standardprogramme auf, die es den wissenschaftlichen und kommerziellen Anwendern ermöglichen sollten, ihre Datenverarbeitungsprobleme nicht aufwendig neu und selbst programmieren zu müssen, sondern schon vorhandenes Wissen leicht und problemlos nutzen zu können. Dank dieser Entwicklung weitete sich der Einsatz von Computern in Wissenschaft und Wirtschaft schnell aus, doch die damals vermutete Eroberung des Büros durch das Elektronengehirn fand nicht statt. Die Computerhersteller der ersten Generation hingen Ende der fünfziger Jahre tatsächlich der Vorstellung nach, ihre Computer würden die gesamte Büroarbeit revolutionieren und ebenso «industrialisieren», wie es das Fließband mit der handwerklichen Arbeit in der Fabrik getan hatte. Aber solche Visionen blieben Spekulation. Der Computereinsatz fand ganz anders statt, als es der Theorie von der Büroindustrialisierung entsprach. Und das hatte gute Gründe, denn der Computer war immer noch viel zu wenig entwickelt, zu schwer zu bedienen und zu teuer. Zwar war aus der Computerherstellung längst eine Industrie mit großen Umsätzen und Gewinnen geworden, doch der Computer war und blieb eine aufwendige Konstruktion, die nur als Großanlage einsetzbar war. Er war daher in den fünfziger und frühen sechziger Jahren nur in wenigen Forschungslabors, Unternehmenszentralen und in der Rüstungsforschung zu finden sowie bei der Steuerung von Raketen, Bombereinsätzen und Radar.

Die Entwicklung der «Hochdruck-Diode». Der ersten Generation des Computers erging es technologie-, wirtschafts- und sozialgeschichtlich durchaus so wie der doppelt wirkenden Dampfmaschine von James Watt. Auch sie blieb in ihren Einsatzmöglichkeiten äußerst beschränkt, weil das Gerät zu groß, zu teuer, zu schwerfällig und zu kompliziert zu bedienen war. Es gab ein paar wichtige zentrale Aufgaben, für die man die Dampfmaschine zu Beginn des 19. Jahrhunderts einsetzen konnte, aber diese Bereiche blieben ebenso beschränkt wie die des Computers in Forschung und militärischer Rüstung. Der Computertechnologie fehlte die Entwicklung einer kleinen, leistungsfähigen und einfachen Technologie – vergleichbar dem Übergang zur Hochdruckdampfmaschine am Vorabend der industriellen Revolution des 19. Jahrhunderts –, um technologisch und wirtschaftlich eingesetzt werden zu können. Seit den vierziger Jahren wurde daher an Projekten gearbeitet, die auf kleinere und leistungsfähigere Informationsverarbeitungsmaschinen zielten. In den fünfziger Jahren konzentrierten sich die Versuche auf die Entwicklung einer völlig neuen Speichertechnik, die sich am sogenannten Feldtransistor-Effekt orientierte, der schon in den zwanziger Jahren von einem deutschen Physiker namens Lilienthal als Patent angemeldet worden war.

In den Laboratorien der Bell Company wurde seit Mitte der vierziger

Jahre an der sogenannten Halbleitertechnik gearbeitet, um diesen Feldtransistor-Effekt praktisch realisieren zu können, der – wenn er funktionieren sollte – eine geradezu phantastische Weiterentwicklung des Computers zu kleineren und besseren Maschinen erlaubt hätte. Theoretisch war das alles ganz einfach: Halbleiter waren schon lange als Stoffe bekannt, die weder als elektrische Leiter (wie Kupfer) noch als Isolatoren (wie Glas) wirkten – vorausgesetzt, daß sie nicht chemisch rein, sondern mit Spuren anderer Stoffe vermischt waren. Man wußte auch, daß Halbleiter, wenn man ihre Kristalle aufeinanderpackt, eben wegen ihrer besonderen physikalischen Eigenschaft als Verstärker im Sinne des Feldtransistor-Effektes wirken konnten. Halbleiter-Substanzen wie Silizium und Germanium waren seit Mitte des 19. Jahrhunderts bekannt und im Sand bzw. in Kieselsteinen nachgewiesen. Man wußte sogar, daß die Kristalle solcher Halbleiter künstlich erzeugt werden können und daß man ihr Wachstum technisch beschleunigen kann. Das Problem war nur, daß alle zu Versuchszwecken gebauten Transistoren nicht so funktionierten, wie sie es der Theorie nach sollten. 1947 konnte das Problem zwar einigermaßen zufriedenstellend gelöst werden, als John Bardeen eine Versuchsanordnung durchführte, bei der ein Germanium- und ein Silizium-Plättchen aufeinandergelegt und an dünne Drähtchen angeschlossen wurden, die mit dem Germanium verbunden waren (das Versuchsobjekt konnte einfließenden Strom tatsächlich verstärken und wurde Weihnachten 1947 als Tonverstärker in einem Radio vorgeführt). Im physikalisch exakten Sinne war aber noch lange nicht klar, wie ein Feldtransistor eigentlich funktioniert. Deshalb war es auch unmöglich, präzise arbeitende Transistoren in Serie herzustellen und als Verstärker zu verwenden. Erst 1950 gelang es William Shockley, den Feldtransistor-Effekt physikalisch exakt zu beschreiben und einen Transistor zu bauen, der einen industriell herstellbaren Verstärker in Zentimetergröße abgab. Der Bell-Konzern, genauer die Firma AT&T, erhielt das Patent auf den Feldtransistor, und William Shockley den Nobelpreis für Physik.

Interessanterweise versuchte AT&T nicht, dieses Patent für sich allein zu nutzen. Für 25 000 Dollar konnte man vielmehr einen Transistor in Lizenz nachbauen, für die Verwendung von Transistoren in Hörgeräten war die Nutzung des Patents einer langen Tradition der Firma Bell entsprechend kostenfrei, da sie sich seit den Tagen ihres Gründers Graham Alexander Bell stets besonders um Hörhilfen gekümmert hatte. Es sollte jedoch noch zehn Jahre dauern, bis man Tran-

Die zweite Generation der elektronischen Datenverarbeitung im Büro

sistoren auch als Verstärker und Speicher in Computer einbaute. Der volltransistorisierte Computer wurde erst 1959 bei IBM gebaut. Diese 1401, 1620 und 1790 genannten Maschinen markieren daher die Geburtsstunde einer zweiten, auf der Transistortechnik basierenden Computergeneration. Sie machte den Computer kleiner, schneller und billiger. Er konnte nun auch sinnvoll auf bestimmte Zwecke hin entwickelt werden: große Rechner für militärische und strategische Aufgaben, mittlere Rechner für wissenschaftliche und Verwaltungszwecke und kleinere Rechner für den wirtschaftlichen Einsatz. Der Computer war nicht länger auf das Großlabor und die Unternehmenszentrale beschränkt; mit der zweiten Generation begann Anfang der sechziger Jahre die weltweite Ausbreitung des Computers in Universitäten, Forschungsstätten und auf allen Ebenen der Verwaltung. Nun wurde auch der Computermarkt eine nennenswerte Größe mit erheblichen Umsätzen und Gewinnen, beherrscht von wenigen Großunternehmen wie IBM. In den sechziger Jahren nahm IBM fast 60 % des Computermarktes ein, der Wettbewerbszweite, die RAND-Gesellschaft, 12,1 %.

Je mehr die Computertechnik in Wirtschaft, Verwaltung und Wissenschaft vordrang, um so wichtiger wurde es, für bestimmte Programmieraufgaben Programmpakete und Standardprogrammsysteme anzubieten und mitzuverkaufen. Anfangs waren es die Computerhersteller selbst, die solche Programmpakete als «Software» mitlieferten. Später entwickelten sich eigene Unternehmen, die sich auf die Entwicklung von Software spezialisierten, so daß neben dem Computer nun auch ein Software-Markt entstand. Schnell zeigte sich, daß der Bedarf und die Einsatzmöglichkeit von Software noch viel entwicklungsfähiger waren als der Markt für die Datenverarbeitungsmaschinen. Bald verschob sich die Preisrelation zwischen den Kosten für Maschinen und den Kosten für Programme. Stand am Anfang die Computertechnik mit 80 % der Kosten im Vordergrund, so hatte sich Ende der sechziger Jahre das Verhältnis schon umgekehrt. Computer kosteten in der mittleren Größenordnung zwischen 65 000 und 150 000 Dollar; um einen Rechner aber in der Luftfahrtindustrie für die Unterstützung der Flugzeug- bzw. Raketenkonstruktion einzusetzen, bildete Software im Wert von 300 000 bis 400 000 Dollar nicht die Ausnahme, sondern die Regel.

Die Mikroelektronik setzt den Computer auf die Schiene. Trotz der Halbleitertechnik und trotz des schnell wachsenden Marktes blieb die Datenverarbeitung in den sechziger Jahren eine Angelegenheit von Wissenschaft und Verwaltungszentralen. Computer waren gleichbedeutend mit Hochtechnologie und hoher Wissenschaftlichkeit. Noch immer fehlte die gestaltende Auswirkung auf die Lebenswelt der Menschen. Man hörte spektakuläre Dinge von Computern: Die Landung des Apollo-Raumschiffs auf dem Mond wäre gar nicht denkbar gewesen ohne die großen Computer der NASA. Die strategische Planung interkontinentaler Raketen- und Bombereinsätze beruhte auf Großrechnern, die als Herzstück der Verteidigungssysteme in irgendwelchen geheimnisvollen Bunkern zu finden waren. In den Forschungsstätten und Universitäten entstanden Rechenzentren, in denen die wissenschaftliche Arbeit von Physikern, Mathematikern, Wirtschaftswissenschaftlern und Soziologen verarbeitet wurde. Computerspezialisten in Firmen, Forschungsstätten und Universitäten, die die Großanlagen zu betreuen hatten, umgaben sich mit ihren Kenntnissen nicht selten wie Hohepriester mit geheimnisvollen Formeln.

Die Faszination, die von Computern in den fünfziger und sechziger Jahren ausging, war tatsächlich größer als die reale Bedeutung, die der Datenverarbeitung zukam. In ihrer konkreten technischen und wirtschaftlichen Nutzung blieb die Entwicklung der Datenverarbeitung beschränkt, solange es keine überzeugende Verbindung von Datenverarbeitung mit Produktionstechnologie und Infrastruktur gab. Deshalb stand die Computertechnologie trotz aller Erfolge noch ganz am Anfang ihrer Entwicklung. Wissenschaftler und Ingenieure hatten nicht einmal die Umrisse jener Möglichkeiten erfaßt, die mit der Halbleitertechnik verbunden waren. In den Computern der zweiten Generation wurden Transistoren lediglich als verkleinerte Röhren eingesetzt. Noch vermochte niemand zu sagen, wie weit der Verkleinerungseffekt in der Halbleitertechnologie gehen würde, wo die physikalischen Grenzen lagen und was die Miniaturisierung überhaupt leistete. Unklar war auch, ob Transistoren nur anstelle von Röhren oder auch als Speichermedium verwendet werden konnten. All diese Fragen sollten in einem faszinierenden technologischen und wissenschaftlichen Entwicklungsschub gelöst werden, der sich in Formen abspielte, die allen bisher gewohnten Maßstäben widersprachen. Seit dem Bau der Atombombe galt es in der Wissenschaftspolitik und auch in der Wissenschaftssoziologie als ausgemacht, daß nur die große Systemforschung, die Zusammenfassung geballter Finanzkraft und wissenschaftlicher Kompetenz in großen Forschungsteams technischen Fortschritt sichern könne. Nur staatliche Programme in der Hochrüstung oder mit dem Staat kooperierende Großkonzerne (wiederum vor allem im Rüstungssektor) wurden für fähig gehalten, solche Systemforschung auch tatsächlich bewältigen zu können. Nicht zuletzt die Entwicklung des Computers und des Transistors belegte diese These, für die es nach Theorie und Erfahrung keine Alternative zu geben schien. Doch die epochemachenden Lösungen in der Computertechnologie wurden nicht in großen Konzernen oder in Großlabors der Systemforschung erdacht, sondern in den Labors und Fabrikationsstätten vieler kleiner Unternehmer auf dem Boden einer ehemaligen Obstplantage der Stanford-Universität. Ende der siebziger Jahre stand dort die Wiege der dritten industriellen Revolution: Silicon Valley. Alles begann, nachdem sich William Shockley von Bell getrennt hatte und an die Stanford-Universität zurückging, wo er gleichzeitig eine kleine Elektrofirma aufbaute, um die technischen Möglichkeiten seiner Erfindungen kommerziell zu verwerten. Die Stadt Palo Alto mit der Stanford-Universität eignete sich für die Firmengründung besonders, denn seit Anfang der fünfziger Jahre hatten sich viele Absolventen der Universität mit eigenen Patenten selbständig gemacht und sich im späteren Silicon Valley mit ihren Firmen angesiedelt. Als Shockley Mitte der fünfziger Jahre nach Palo Alto kam, konnte er auf eine reiche dezentrale und selbständige wissenschaftliche wie unternehmerische Infrastruktur zurückgreifen. Sie gab den Rahmen ab für das vielleicht folgenreichste Projekt dieses Jahrhunderts – selbst im Vergleich zu Atomtechnik und Raumfahrt: die Weiterentwicklung der Halbleitertechnik zur Mikroelektronik.

Die Wissenschaftler und Ingenieure konnten allerdings in den fünfziger Jahren nicht ahnen, daß sie eine Revolution in der Informationsverarbeitung und in der industriellen Produktionsweise allgemein auslösen sollten. Ihre Ziele waren zunächst primär wissenschaftlich und technologisch bzw. ökonomisch. Es begann mit der Herstellung eines auf Minimaße verkleinerten Schaltkreises aus Transistoren und Schaltungen auf einem Halbleiter-Plättchen (dem Chip). Möglichst geringe Ausmaße waren gefordert, um die Transistorschaltung in eine Minifunkstation für Raketen bauen zu können, denn das Geld zur Weiterentwicklung der Halbleiter-Technik kam auch hier im wesentlichen aus den Taschen der Rüstungsforschung bzw. -industrie. 1968 gelang es der Firma Texas Instruments, einen miniaturisierten Schaltkreis für die Minute-Man-Rakete zu bauen, die Transistoren auf Streichholzkopfgröße zu verkleinern und verschiedene Transistoren und Widerstände auf einem Plättchen von der Größe einer Zigarettenschachtel unterzubringen. Die Bedeutung dieser Entwicklung lag allerdings weniger in der Verbesserung der Radiotechnik (obwohl bald billige Transistorradios den Markt überschütteten) als vielmehr im Bau des integrierten Schaltkreises, der von nun an Maßstäbe in der Weiterentwicklung der Halbleitertechnik setzte. Allerdings war dieser erste integrierte Schaltkreis noch sehr primitiv: Die Transistoren waren mit Drähten verbunden, Widerstände und Transistoren bildeten noch richtige Klötze, die Verläßlichkeit der Schaltung war gering und führte immer wieder zu spektakulären Störungen bei amerikanischen Raketenstarts in den sechziger Jahren. Die Mitbewerber von Texas Instruments entwickelten daher ein System, bei dem alle Transistoren und Widerstände aus Silizium hergestellt und die Vernetzung in das Silizium-Plättchen eingegossen wurde, um mehr Sicherheit zu gewährleisten. Man verkleinerte die Transistoren folglich so, daß sie in das Chip-Plättchen eines integrierten Schaltkreises eingebaut werden konnten – auch wenn die Zahl der Transistoren am Anfang noch sehr klein war. In den sechziger Jahren wurde dann daran gearbeitet, Transistoren und Schaltungen so zu verkleinern, daß sie nur noch mit dem Mikroskop zu erkennen waren – entworfen auf 1000fach vergrößerten Schalttafeln und selbst schon mit Hilfe von Computern entwickelt. Das Ergebnis: 1970 entstand bei Fairchild ein integrierter Schaltkreis auf einem Chip mit der Fläche eines halben Quadratzentimeters, der 1000 Transistoren enthielt, mit denen man digitale Informationen von bis zu vier Schreibmaschinenseiten speichern konnte (8000 Bit oder 1 Kilo-Byte). Bis 1975 setzte ein wahrer technologischer Boom in der Vergrößerung der Kapazitäten des Chips ein, an dessen Ende 1975 ein von Intel gebauter Chip stand, der 20000 Transistoren aufwies bzw. eine Speicherkapazität von 20 Kilo-Byte oder 80 Schreibmaschinenseiten Digitalinformation. Seit den frühen achtziger Jahren wird sogar an einem sogenannten Mega-Chip gearbeitet, der 250000 Transistoren und eine Speicherkapazität von 500 Schreibmaschinenseiten haben soll.

Ihre erste kommerzielle Anwendung fand die neue Halbleitertechnologie, die Mikroelektronik, als Prozessoren im Taschenrechner, als Speicher in Schreibautomaten für den Buch- oder Zeitungssatz und als Zeitcomputer in sogenannten Digitaluhren. Was die Chips für die kommerzielle Anwendung so interessant machte, war eine ganz verblüffende Eigenschaft: Die Leistungsfähigkeit des Plättchens nahm ständig zu, die Kosten aber sanken unaufhörlich – so als ob der Preis eines Volkswagens von 8000 Mark in wenigen Jahren auf 80 Pfennig fallen würde, während seine Qualität vom Golf zum Rolls-Royce ansteigt. Da lag es förmlich in der Luft, Chips nicht nur in Gebrauchsgegenständen, sondern auch in der Informationsverarbeitung zu verwenden. Allerdings bedurfte es dazu einer elementaren Richtungsänderung in der Computertechnologie. Um die Mikroelektronik nämlich aus dem Gefängnis des Großrechners zu befreien und ihre enormen Möglichkeiten zu nutzen, die im Großrechner wahrlich verschwendet waren, mußte eine grundlegende Tendenzumkehr in der Informationsverarbeitung einsetzen, die die Intelligenz nicht mehr im großen Rechner konzentriert, sondern in das jeweilige Produkt dezentralisiert. So wie man mit einem Chip eine Uhr «intelligent» machen kann, mußte es auch möglich sein, die «Intelligenz» des Großrechners zu dezentralisieren und an den einzelnen Arbeitsplatz, auf den Computer-Terminal zu übertragen, der seit den frühen sechziger Jahren aus Bildschirm und Schreibmaschinentastatur bestand. Der intelligente Terminal, der vom Großrechner unabhängige intelligente Computerarbeitsplatz – das war die wirklich vorantreibende Idee der Computertechnologie.

1976 vollzogen die Gründer des sprichwörtlichen Stanford-Garagen-Unternehmens, der «Apple Company», Job und Wosniak, den entscheidenden Schritt, um die Informationsverarbeitung endgültig auf die Schiene zu setzen – so wie Stephenson mit der auf Räder und Schienen gesetzten Dampfmaschine die Tore zur zweiten industriellen Revolution geöffnet hatte. Sie bauten die neue Chip-Generation zu einem funktionsfähigen Rechner im Format einer Einkaufstasche zusammen, packten Monitor, Tastatur, Drucker hinzu und ließen sich als externe Datenspeicherung eine flexible Diskette (Floppy Disc) einfallen, um Daten und Programme einlesen bzw. abspeichern zu können. Sie entwarfen damit die Architektur des Personal Computer, einer kleinen Universalmaschine für Datenverarbeitung und Datenkommunikation. In den folgenden zehn Jahren entwickelte sich aus dieser Grundidee eine neue Technologie, die zum Katalysator der dritten industriellen Revolution werden sollte. Der Personal Computer wurde nicht nur ein kommerzieller Erfolg (fünf Millionen PCs in nur zehn Jahren), er veränderte in kurzer Zeit nicht nur die bis dahin gültige Datenverarbeitungstechnik (Verwischung der Grenzen zwischen kleiner und mittlerer Datentechnik sowie neue Geschwindigkeits- und Speicherbedingungen für Großrechner), er sollte auch ganz neue Voraussetzungen für die Datenverarbeitung in Verbindung mit der Produktionstechnik und Kommunikation schaffen und damit fundamentale Voraussetzungen für die Umwälzung unserer industriellen Produktionsweise.

Mit dem PC verließ der Computer schnell seinen bisherigen Elfenbeinturm und breitete sich in allen Lebens- und Arbeitsbereichen aus. Nicht einmal die Apple-Gründer Job und Wosniak hatten den Boom vorhergesehen. Sie dachten nicht daran, daß für ihren kleinen Universalcomputer eines Tages selbständige Software und fertige Nutzerprogramme existieren könnten, die für wenig Geld aus einem fremdartigen Spielzeug für Egg-Heads ein leicht bedienbares Instrument des Alltagslebens machen konnten. Entwickelt hatten seine Schöpfer den PC, um die Segnungen des Großrechners dem Fachmann auf den Schreibtisch oder ins Labor zu stellen. Deshalb nahmen sie an, der Benutzer werde das Maschinchen selbstverständlich selber programmieren.

Der Markt allerdings, der sich seit 1976 für den Personal Computer auftat, setzte ganz andere Maßstäbe und machte aus dem PC den Computer für jedermann – leicht zu bedienen, ohne Programmierkenntnisse, ohne die geringste Ahnung von Informatik, durch fest installierbare Software-Pakete, die den Computer zum Gebrauchsgegenstand machen. Vorausgesetzt, der Nutzer ist in der Lage, sich an Spielregeln zu halten und sich auf einer Speisekarte (Menü) im Restaurant zurechtzufinden. Die Programme verlangen heute nicht mehr, als daß man die gewünschten Aufgaben, die der Computer übernehmen soll, aus einem Auswahlmenü wählen und sich an die Bedienungsregeln halten kann. Die richtige Software macht aus dem Computer auf diese Weise zum Beispiel eine vollautomatische Schreibmaschine mit elektronischem Zettelkasten und automatischem Aktenordner. Mit der automatischen Schreibmaschine kann man erfolgreich Texte entwickeln, Standardbriefe ohne Mühe immer wieder reproduzieren, kopieren, umgruppieren, Texte endlich ohne Schere und Klebestift erstellen und schließlich alles fein säuberlich durch den Drucker zu Papier bringen lassen – so oft und so fehlerfrei, wie man will. Wer möchte, kann Texte bearbeiten, wie ein Grafiker oder Setzer es tut, und sein eigenes Druck-Layout anfertigen. Wenn es von hochwertigen Laser-Druckern angefertigt wird, die für den Personal Computer zu erschwinglichen Preisen zu haben sind, dann liefern sie Druckvorlagen, die sich in der Qualität nicht von den professionellen Produkten der Verlage und Druckereien unterschieden. Die richtige Software kann den Personal Computer aber auch zum automatischen Lohnbuchhalter, zum Finanzberater, zum Steuerbevollmächtigten und zum ärztlichen Gebührenabrechnungsautomaten machen, wenn die Software vorher von der Ärztekammer geprüft und für die Abrechnung der Honorare und Krankenscheine genehmigt ist. Die Software verwandelt den Computer in ein elektronisches Zeichenbrett, auf dem gemalt, Trickfilme animiert und Konstruktionen entwickelt werden können, wie es in den sechziger Jahren nur mit den teuersten Großrechnern in der Luft- und Raumfahrtindustrie machbar war. Andere, nicht einmal teure Software macht den Computer zum Spielzeug, zum Simulator oder zum ernstzunehmenden Schachpartner. Und wenn man genügend Geld hat, kann man sich schließlich die Software kaufen, die den Personal Computer befähigt, alle diese Funktionen auf einmal wahrzunehmen, zu einem vollwertigen automatischen Partner zu werden, mit dem man via Datenübertragungstechniken mit anderen Datenstationen, mit Personal Computern und Großrechnern bzw. mit elektronischen Service-Angeboten, wie dem Btx der Post, kommunizieren kann.

Supercomputer und künstliche Intelligenz. Gleichwohl: die Mikroelektronik in Gestalt von Personal Computern und produktintegrierten Chips ist bei der Geschwindigkeit der Veränderung nur eine Zwischenstufe auf dem Weg in die dritte industrielle Revolution, aber sie ist wohl die entscheidende Weichenstellung für die Zukunft. So wie der Elektromotor die Dampfkraft, wie das Auto die Eisenbahn abgelöst und damit die industrielle Revolution des 19. und 20. Jahrhunderts erst richtig auf Touren gebracht haben, so wird auch die Informationsverarbeitung ihre «Siemens-Schwelle», also die Weiterentwicklung der technologischen Generation mit anderen Mitteln, haben. Auch sie wird ihren vollen Charakter erst mit neuen technologischen Lösungen und Sprüngen in der Verfahrenstechnik entfalten, nur daß alles viel schneller geht und daher etwas klarer und deutlicher vorhersehbar ist als im späten 19. und frühen 20. Jahrhundert.

Die erste «Siemens-Schwelle» der Informationsverarbeitung dürfte in der Weiterentwicklung der Speicher zu suchen sein: Für das Ende der achtziger Jahre eröffnen sich noch viel umfassendere Möglichkeiten der Datenverarbeitung, nach denen derzeit in der Grundlagenforschung für neue Speichermedien gesucht wird (synthetische Metalle, neue Silizium-Kombinationen und sogenannte Supraleiter). Gelingt diese Kombination von neuen Speichermedien und neuen Leitern, dann könnten Computer entstehen, die sich im billiardsten Bruchteil einer Sekunde ansprechen lassen und eine Speicherfähigkeit haben, die wir uns nicht einmal im Traum vorstellen können. Die Speicher müßten allerdings bei Temperaturen nahe dem absoluten Nullpunkt, also in flüssigem Helim um, gelagert werden, was die Herstellung nicht gerade billig macht. Technologisch wäre ein solcher Super-Computer sehr attraktiv, ob er aber auch ökonomisch attraktiv sein kann, steht in Frage. Die Grundlagenforschung in Physik, Biophysik und Biochemie geht deshalb weiter. So ist die Rede davon, Computer mit der Technik der Holographie zu entwickeln. Eine immense Steigerung der Speicherfähigkeit für die Informationsverarbeitung wäre die Folge. Diese optische Datenverarbeitung mit Laserlicht besäße revolutionäre Fähigkeiten: Zerreißt man beispielsweise eine Fotografie, dann enthält das jeweilige Teilstück auch nur den entsprechenden Teil des Bildes als Information. Zerschlägt man aber den Bildträger in der dreidimensionalen holographischen Darstellung, dann hat man immer ein komplettes Bild auf jedem Bruchstück, denn die Teilstücke enthalten stets alle Informationen, wie klein sie auch immer sein mögen. Könnte man diese Eigenschaften für die Datenverarbeitung nutzen, dann ließe sich eine Mega-Menge von Informationen als dreidimensionale Bilddarstellung speichern. Die Daten wären wie in einem gigantischen Telefonbuch verzeichnet und könnten Seite für Seite abgerufen oder gelesen werden.

Es wäre aber auch denkbar, die Daten binär zu verkoden und als binäre Informationen in einem Hologramm zu speichern. Eine Seite im holografischen Telefonbuch würde dann nicht aus Bildern und Schriftzeichen bestehen, sondern aus einer unendlichen Zahl von hellen und dunklen Punkten, die für eine binär kodierte Information stehen. Der Vorteil wäre derselbe, nämlich, daß die verkodeten Seiten in der riesigen Fülle eines dreidimensionalen Datensatzes untergebracht und abgerufen werden könnten. Doch das alles sind bis heute nur theoretische Überlegungen und experimentelle Entwürfe. Zwar gibt es einige Prototypen für holographische Datenverarbeitung in der Forschung, die zeigen, wie ein solches Gerät in Zukunft aussehen könnte (man verwendet Lithium-Niobit als Speichermedium, einen holographischen Datenkomposer mit Laser, der die Informationen erzeugt, einen Detektor, eine Matrix und eine holographiefähige Datenausgabestation). Aber es vermag niemand zu sagen, ob die Prototypen wirklich jemals in der Lage sein werden, gespeicherte Daten verläßlich und schnell zu verarbeiten. Zweifel sind angebracht, weil bestimmte Probleme der holographischen Datenverarbeitung bis heute nicht gelöst sind. Ein Problem ist das verläßliche Wiederfinden der gespeicherten Daten, vielleicht die wichtigste Voraussetzung für Datenverarbeitung. Denn es nützt ja nichts, wenn man eine große Menge von Zeichen und Informationen speichern kann, sie aber nicht wiederfindet oder nur in verstümmelter Form. Ein weiteres Problem der holographischen Datenverarbeitung ist die Geschwindigkeit, mit der die Daten verarbeitet und wiedergefunden werden können. Nach heutigen Maßstäben wäre eine holographische Datenspeicherung und -verarbeitung einfach zu langsam. Zwar könnte man eine Menge Daten speichern, benötigte aber viel Zeit dafür, die Daten zu verarbeiten. Deshalb wäre ein holographischer Computer einem mikroelektronischen Gerät allein schon aus Geschwindigkeitsgründen weit unterlegen. Gelänge es jedoch, einen vergleichbaren technischen Standard auch mit der Holographie zu erreichen, dann würden sich bahnbrechende Möglichkeiten andeuten. In Speichereinheiten von der Größe einer Streichholzschachtel ließen sich Datenmengen unterbringen, wie sie bisher in der Informationsverarbeitung völlig unbekannt sind. Man könnte beispielsweise die gesamte amerikanische Kongreßbibliothek, die größte Bibliothek der Welt, in der Westentasche mit sich herumtragen. Computer könnten auf diese Weise eine nahezu unbegrenzte Wissensbasis erhalten und völlig autonom über Datenbanken und Prozeßwissen verfügen. Roboter könnten «intelligent» werden, selbständig komplexe Aufgaben wahrnehmen und unser ganzes System der Güterproduktion in ihre automatischen Hände nehmen.

Allerdings würden die heute vorhandenen Software-Programme nicht ausreichen, um solche Möglichkeiten zu nutzen. Dessen eingedenk wird ein Thema wieder aktuell, das die Computerentwicklung schon von Anfang an begleitet hat, nämlich die Verwirklichung von «künstlicher Intelligenz». Der Computer könnte mit den sich abzeichnenden Speichermedien von einem universellen Rechner mit festem Programm zu selbständig entscheidenden, sich selbst programmierenden und mit dem Menschen im Dialog stehenden Maschine aufsteigen, der vielleicht zum erstenmal in der Industriegeschichte das Attribut einer intelligenten Maschine ohne Anführungszeichen beigemessen werden könnte. Künstliche Intelligenz oder «Expertensysteme», das ist denn auch die Kurzbezeichnung, mit der in der wissenschaftlichen Diskussion die zweite «Siemens-Schwelle», die Programmentwicklung der Zukunft, bezeichnet wird. Wir müssen uns darunter sehr komplexe Computer-Programme vorstellen, die in der Lage sind, das Wissen menschlicher Experten aufzunehmen und dem Benutzer zur Verfügung zu stellen. Man erwartet von ihnen, daß sie mit dem Benutzer in dessen natürlicher Sprache kommunizieren, auch reden können und verstehen, was er meint, wenn er ihnen Befehle gibt oder Fragen stellt, die weder besonders maschinengerecht noch logisch oder konsistent formuliert sind. Die Maschine, so erwartet man vom Expertenprogramm, muß in der Lage sein, mit dem Benutzer die möglichen Lösungen seiner Problemstellungen zu finden, so daß der menschliche Dialogpartner dem Expertensystem sagen kann, was er will, die Maschine aber verschiedene Alternativen oder kontroverse Problemlösungen aufzeigt. Es kommt allerdings nicht nur darauf an, daß die Maschine das gesprochene Wort oder eine Frage ohne weitere Hinweise versteht, sondern auch darauf, daß sie den gemeinten Sinn, den intendierten Zweck, verstehen und verfolgen kann. Expertensysteme erfordern also sowohl ein semantisches Verständnis der Benutzereingabe und eine korrekte Deutung des Sinngehalts, als auch eine dem Expertenwissen vergleichbare Faktenkenntnis sowie Kenntnisse über den wissenschaftlichen Umgang mit Fakten (Theoriewissen).

Inzwischen gibt es auf der Welt schon mehrere hundert Programme der künstlichen Intelligenz – und alle wichtigen Soft- und Hardware-Hersteller arbeiten konzentriert an der Weiterentwicklung. Da aber bei der gegenwärtigen Computertechnologie die Speicherkapazität – insbesondere bei kleineren Rechnern – begrenzt ist, sind auch den Expertenprogrammen und der künstlichen Intelligenz relativ enge Grenzen gesetzt. Bisher finden sich Expertensysteme hauptsächlich in Projekten der amerikanischen Rüstungsforschung, wobei zuallererst an das Raketenabwehrsystem im Weltraum, die strategische Verteidigungsinitiative der USA, zu denken wäre. Sie finden sich aber auch in Forschungslabors verschiedener Universitäten und in den Entwicklungsabteilungen der privaten Wirtschaft. Aus Gründen der Speicherkapazität bleibt die Anwendung künstlicher Intelligenz in technischen, wissenschaftlichen und militärischen Bereichen noch auf Großrechner mit hoher Zugriffsgeschwindigkeit beschränkt. Aber das dürfte nur eine Zwischenstation sein, denn mit neuen Speichermöglichkeiten, wie etwa der Holographie, werden auch das Expertensystem und die künstliche Intelligenz von morgen den Weg zur Dezentralisierung und Autonomisierung des kleinen Rechners bzw. des Handhabungsautomaten antreten.

Im japanischen Industrieministerium (MITI) ausgearbeitete Konzepte zur Entwicklung der künstlichen Intelligenz sehen daher vor, in den neunziger Jahren intelligente Handhabungsautomaten für die industrielle Produktion zu entwickeln, die vollautomatische Handwerker bzw. Facharbeiter der computerintegrierten Automation sein könnten. Die Universalität solcher Expertenroboter wird sich nicht mehr auf wenige Handreichungen in einigen Branchen beschränken, wie es derzeit der Fall ist. Ein solcher Expertenroboter wird überall zu finden sein, wo menschliche Arbeit durch einen künstlichen Handwerker ersetzt werden kann: in der Off-Shore-Technik, in der Energieversorgung, in der Kommunikationstechnik, in der Landwirtschaft, bei Entsorgung und Müllbeseitigung, bei der Eroberung des Weltraums und nicht zuletzt bei einer dezentralen Produktion von Gütern.

Es ist aber auch sehr wohl möglich, daß sich Supraleitungstechnologie und holographische Datenverarbeitung als Sackgassen erweisen. Einige Wissenschaftler sprechen mit guten Gründen davon, daß die Mikroelektronik bald an die Grenzen des technologisch und ökonomisch Machbaren kommen wird. Wäre das der Fall, dann bliebe auch die künstliche Intelligenz zunächst nur ein technologischer Traum, wie es schon viele gegeben hat. Die Arbeit an der Weiterentwicklung der Datenverarbeitung findet daher auch auf Gebieten statt, die von der Mikroelektronik ganz wegführen. Setzen wir einmal um, was derzeit an theoretischen Vorstellungen über Alternativen zur Mikroelektronik entwickelt wird, dann tut sich für die Zukunft eine geradezu verblüffende Entwicklungsperspektive auf. Hinter der Erforschung der künstlichen Intelligenz und der neuen Speichermedien werden die Konturen einer Informationsverarbeitung deutlich, die nicht mehr auf Halbleiter, sondern auf biogenetisch erzeugte Moleküle als Steuer- und Speicherelemente zurückgreift. In der Forschungsliteratur und in den Labors der großen EDV-Konzerne (IBM zum Beispiel) wird an biogenetischen Herstellungsprogrammen großer künstlicher Moleküle gearbeitet, die die Eigenschaften eines Verstärkers oder Transistors bekommen sollen. Sollte dies gelingen, könnten Bioingenieure aus ihnen biologische Schaltugen «zusammenbauen». Strukturgene könnten Proteine als Baustoffe eines Computers herstellen, Kontrollgene die gezielte Vernetzung steuern. Es wäre denkbar, den gesamten Bauplan eines Biocomputers in Form von Genen zu kodieren und auf diese Weise in Erbinformationen von «Computer-Bakterien» einfügen. Diese wiederum wären in der Lage, Computerschaltkreise wachsen zu lassen, so wie der Joghurt aus Frischmilch Dickmilch werden läßt. Die theoretischen Vordenker der Molekularelektronik stellen sich vor, daß das so gezüchtete Netz von Biomolekülen wie ein Chip in der Halbleitertechnologie eingesetzt werden kann. Man könnte die Moleküle mit Proteinen auf einen Träger kleben, auf eine Art «Bio-Chip», und in Computer oder Roboter einbauen wie heute den Mikro-Chip. Der Computer erhielte damit eine hochkomplexe biologische Struktur, die unendlich weit über das hinausgeht, was an Komplexität und Leistung mit der Halbleitertechnik zu erreichen wäre. Ein Biocomputer würde die Größenverhältnisse der Mikroelektronik bei zweidimensionaler Anordnung um ein Millionenfaches, bei dreidimensionaler Anordnung sogar um das Billionenfache unterschreiten. Auch preislich wäre eine solche Technologie interessant, denn das, was ihn so schnell und leistungsfähig machen würde, der Bio-Chip nämlich, den gäbe es praktisch umsonst. Konkret gesprochen: Die Molekularelektronik könnte den Personal Computer von heute zum sehenden und sprechenden Universalgenie der Informationsverarbeitung von morgen machen und damit ein System entwickeln, das in nahezu alle unsere Produktions- und Kommunikationssysteme eingesetzt werden kann. Und das alles für den Preis, der einem Facharbeitermonatslohn entspricht. Die Informationsverarbeitung würde damit einen Sprung tun, der nun wirklich mit einer Siemens-Schwelle zu vergleichen ist und qualitative Auswirkungen hätte, die wir uns schon überhaupt gar nicht mehr vorstellen können. Dies alles ist jedoch nicht Realität, nicht einmal gesicherte Erkenntnis der Grundlagenforschung, sondern theoretische Annahme. Sie ist aber keineswegs theoretischer, als es die Annahme des Herrn Lilienthal aus dem Jahre 1926 war, als er das Feldtransistor-Effekt-Patent anmeldete. In wenigen Jahren hat die Mikroelektronik sich technologisch verwirklicht und zu einer totalen Veränderung unserer Produktionsverhältnisse geführt. Unterstellen wir einmal nur die gleiche Entwicklungsgeschwindigkeit (wahrscheinlich wird es schneller gehen), dann ist die Vermutung doch nicht falsch, daß aus den jetzigen Vorüberlegungen zur Grundlagenforschung in spätestens 50 Jahren ein neuer technologischer Schub entstehen kann, der dann zweifelsohne alles bisher Dagewesene in den Schatten stellen wird.

Informationsverarbeitung und Automation. Stellvertretend für das Vordringen der Informationsverarbeitung in der industriellen Produktion steht heute – und das mit Recht – der computergesteuerte Handlungsautomat, den man publikumswirksam übertrieben auch «Industrieroboter» nennt. Natürlich könnten auch andere Beispiele als Beleg dienen, wie zum Beispiel die computergesteuerte Werkzeugmaschine oder die von einem Chip betriebene Uhr, das Auto mit vollelektronischer Zündung oder elektronischen Bremsen, das «intelligente» Telefon, die computergesteuerte Waschmaschine und andere Beispiele mehr. Der Industrieroboter aber steht zu Recht im Mittelpunkt, weil er die konsequenteste Lösung der Automation und einen technologischen Vorposten der künftigen Entwicklung darstellt. Seit Mitte der siebziger Jahre beobachten wir das allmähliche Vordringen automatischer Handhabungsautomaten in der Automobilindustrie, wo sie zunächst Einsatz beim Schweißen und Lackieren fanden, nicht aber in der Endfertigung und Montage. In ihrer Frühzeit waren das rechte Ungetüme, die als Einlegeautomaten bei Stanzen oder Bohrmaschinen benutzt wurden. Sie waren reichlich primitiv, insofern sie nur ein oder zwei Bewegungen verrichten konnten. Komplizierter sind die Anforderungen an Beweglichkeit und Intelligenz, seit Roboter beim Schweißen, Lackieren oder Entgraten eingesetzt werden oder – wie in den letzten Jahren immer häufiger – gar bei der Endfertigung von Karosserien, Motoren und Getrieben, die in der Zwischenzeit schon regelrecht für die Roboterfabrikation entwickelt werden (die Endmontage in Halle 54 bei VW oder die Fully Integrated Robotized Engine, der FIRE Motor bei FIAT).

Ende 1982 gab es nach Zählungen des von der amerikanischen Regierung ins Leben gerufenen Büros für technologische Folgenabschätzung 50000 Roboter auf der Welt, 98 % davon in der Automobilindustrie (Schweißroboter, Lackierer, Montierer und Pressen). Die meisten Roboter wurden in Japan festgestellt (über 60 %), gefolgt von den USA (13 %) und der Bundesrepublik Deutschland (9 %). In Japan stehen 70 % der eingesetzten Roboter in Klein- und Mittelbetrieben, wo sie vor allem als Materialbehandler, Lackierer, Schweißer und Monteur eingesetzt werden. Jeder zweite Roboter auf der Welt, mindestens 21000, vermutlich aber mehr als 25000, wurden also in kleinen und mittleren Betrieben gezählt – ein wichtiger Hinweis auf die Strukturbedingungen des Einsatzes von Informationsverarbeitung in der industriellen Produktion. Für 1990 sagen die Schätzungen des Büros rund 150000 Roboter im industriellen Einsatz voraus, für das Jahr 2000 werden mehr als eine Million Roboter im industriellen Einsatz erwar-

CNC-Maschine

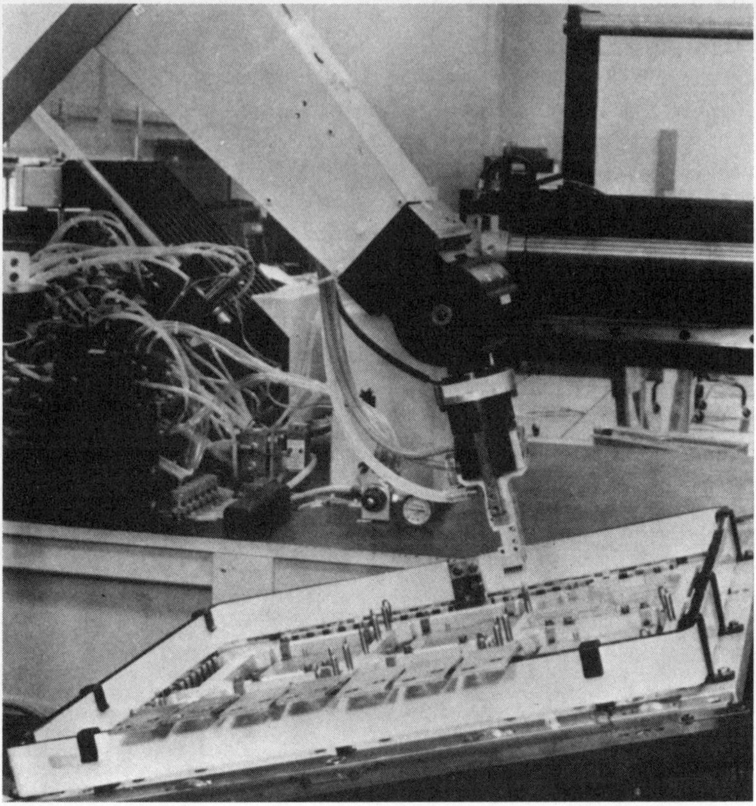

Automatische Produktion mit Industrieroboter

tet, 600000 davon in Japan, über 100000 immerhin in der Bundesrepublik Deutschland. Man geht bei solchen Schätzungen davon aus, daß die Roboter in 20 Jahren mehr Fähigkeiten besitzen als heute, aber man unterstellt keineswegs große technologische Entwicklungsschübe, wie sie gleichwohl denkbar wären bei Veränderungen in der Informationsverarbeitung. Komplexere Einsatzmöglichkeiten von Robotern außerhalb der Fabrikarbeit liegen zukünftig in der Forschung, in der Raumfahrt, bei der Entschärfung von Waffen, bei der Müllbeseitigung, bei der Nahrungsmittelverarbeitung, im Forstgewerbe, in der Landwirtschaft, in der Fischerei, im Bergbau und in großen Meerestiefen. Für noch anspruchsvollere Aufgaben ist die Weiterentwicklung von Intelligenz und Umweltwahrnehmung auf optischer, akustischer und taktiler Grundlage notwendig, die den Roboter seine Umwelt auch ohne menschliche Interpretation und Programmierung sehen, hören und ertasten läßt. Die Technologie der Computerwahrnehmung ist schon gut entwickelt, sehende, hörende und fühlende Roboter gibt es schon als Prototypen – und in wenigen Jahren sicher auch als Serienprodukte. Die Steigerung der Roboterintelligenz wiederum ist von der weiteren Software-Entwicklung und natürlich von der Speichertechnik abhängig, die sich im Computerbereich in den nächsten 20 Jahren sicher noch viel schneller entwickeln wird als die Robotertechnik selbst. Gelingt es, neue Speichertechniken und Verarbeitungsformen zu entwickeln (Holographie oder Biocomputer), tun sich auch für Roboter ungeahnte Möglichkeiten des Einsatzes auf. Mit wachsender Intelligenz und steigender Komplexität der Roboter wird es bald keine Grenze zwischen menschlichen und technischen Einsatzmöglichkeiten geben.

Ein wichtiger Schritt auf dem Weg dahin ist derzeit die computerunterstützte Entwurfsarbeit und ihre Integration in die Steuerung von automatischen Werkzeugmaschinen und Robotern. Die Rede ist vom computerunterstützten Design (CAD), das die Fähigkeiten zur Datenhaltung und optischen Informationsverarbeitung des Computers für ein eigenes Konstruktions- und Zeichenprogramm nutzt, bei dem der Ingenieur nur gewisse Rahmendaten setzt, der Computer aber Konstruktion und dreidimensionale Darstellung nahezu selber verrichten kann. Manche CAD-Programme lassen es gar zu, daß die entworfenen Produkte durch Computersimulation getestet und erprobt werden, so als wären sie schon fertige Prototypen. Bislang gab es solche Entwurfssysteme nur in der Luft- und Raumfahrt und bei den großen Automobilmultis – zu teuer und zu aufwendig war der Einsatz solcher Projekte. Seit ein paar Jahren werden CAD-Programme auch für Personal Computer entwickelt und angeboten, womit computerunterstütztes Entwerfen auch für kleinere und mittlere Unternehmen, Ingenieure oder Architekten von Bedeutung wird, um sich erfolgversprechend um Projekte und Produkte bewerben zu können. Es hängt jedoch vieles davon ab, ob es gelingt, das Computerdesign mit computerunterstützter Fertigung zu verbinden und in ein Gesamtkonzept einzupassen, das vom computerunterstützten Design über die Herstellung von Stücklisten und die Anfertigung von Profilen bis hin zur Steuerung einer vollautomatischen Produktion geht, die am Bildschirm entworfene Einzelstücke ohne Reibungsverlust direkt produzieren kann. Der Entwurfs- und Produktionsvorgang beginnt bei der Entwicklung eines dreidimensionalen geometrischen Modells. Dieses Modell durchläuft eine Simulationsphase, in der der Entwurf analysiert und getestet wird. Danach erfolgt die endgültige, die Feinabstimmung und Reinzeichnung, die alle Konstruktionen im Detail umfaßt und die notwendigen technischen Angaben für die Stücklisten enthält. Diese wiederum werden von den automatischen Herstellungsmaschinen abgefragt, in Produktionsprozesse umgesetzt, deren Produkte am Ende von Robotern in einer vollautomatischen Endsequenz zusammengesetzt werden.

Durch das Zusammenwachsen von Computerdesign, CNC-Maschinen und Industrierobotern zeichnet sich ein «flexibles Produktionssystem» oder «Flexible Manufacturing System» (FMS) ab. Die Einsatzmöglichkeiten eines solchen Systems sind unbegrenzt, sowohl was die technische als auch was die betriebliche Seite betrifft. Nehmen wir zur Illustration ein Beispiel, das nicht aus dem hochtechnischen Industriebereich kommt und auf den ersten Blick eher in die Welt der Kunst und nicht der Industrie gehört. Aber auch die Arbeit des Mode-Designers, des Haute-Couturiers, ist mit CAD und FMS zu revolutionieren. Seine Kleiderentwürfe kann ein Computer auf dem Bildschirm in verschiedenen Stoffarten, Mustern und Farbabstimmungen vorführen, er kann das Schnittmuster entwerfen, die Stoff- und Zubehöranweisungen aufstellen und das Ganze dann von einem vollautomatischen Oberbekleidungsroboter zuschneiden und nähen lassen. Entwerfen und schneidern fallen unverkennbar zusammen – auch wenn der Mode-Designer vorerst nur ein Modellstück anfertigen läßt, um es auf einer Modenschau zu präsentieren. Hat es jedoch diese kritische Schwelle durchlaufen, kann er mit kleinen Änderungen als Prêt-à-porter in Serie gehen und industriell produziert werden (in großer Stückzahl zu kleinem Preis). Gleiches gilt für den Industrie-Designer wie für den Ingenieur, der einen neuen Pumpenmotor entwickelt, für den Elektroniker, der neue Speicher baut, usw. Ganze industrielle Komplexe und die sie ermöglichende Arbeitsteilung herkömmlicher Art fallen weg. Was bislang die Struktur einer Branche oder eines Gewerbes hatte, reduziert sich auf eine Mensch-Maschine-Beziehung und gleicht in Zukunft eher dem Autofahren als industrieller Arbeit vom heutigen Typus. Da liegt es nahe, diesen Formwandel als Wiederanknüpfung an handwerkliche Strukturen zu begreifen – was uns sicher Schwierigkeiten machen würde (wie gehen denn «Handwerk» und «Hochtechnologie» zusammen?), wenn wir nicht aus der Industriegeschichte des Mittelalters wüßten, daß Handwerk und Industrie keine Gegensätze zu sein brauchen.

Wieweit aus vorhandenen flexiblen Produktionssystemen eine umfassende vollautomatische Fabrikation wird, hängt allerdings davon ab, wie sich sogenannte Management- und Planungsinformationssysteme entwickeln und mit der Automation verbinden lassen. Noch ist es so, daß Management und technische Organisation in zwei völlig verschiedenen betrieblichen Abteilungen und damit auch in verschiedenen Datenverarbeitungsnetzen bearbeitet und betreut werden müssen. Schon in einem mittleren Unternehmen erreichen dafür einsetzbare Computerprogramme eine Größe, die komplexe Computersysteme voraussetzen, um die Datenfülle effektiv zu nutzen. Ein computergestütztes Planen und Wirtschaften verlangt demgegenüber die direkte und indirekte Kooperation zwischen allen Informationsebenen eines Unternehmens, vom Management über die Produktentwicklung bis hin zur Produktion. Solche Integration und Koordination von Entwicklungsplanung, Design, Fertigung und Management auf der Basis eines Computersystems, das erst wäre wirklich computerintegrierte Automation. Aber eine solche Integration gibt es noch nicht, weder als Programm noch als Technologie. Aber es wird derzeit von den verschiedensten Software-Herstellern an einem System gearbeitet, das sowohl die vollautomatische Produktion vom Design bis zur Endfertigung umfaßt, als auch die gesamte betriebswirtschaftliche Kalkulation und Kontrolle, die Verwaltung, die Buchhaltung, die Lagerhaltung und die Vermarktung, also die gesamte Funktion von Fabrik und Büro in einem integrierten Programmpaket. Es ist wohl nur noch eine Frage von wenigen Jahren, bis solche Programme selbst für kleine Rechner auf den Markt kommen werden. Spätestens dann wird sich die ökonomische und soziologische Ausgangslage für die automatische Produktion ändern. Eine vollautomatische Fabrik mit integrierter Betriebswirtschaft stellt unsere bisherigen betrieblichen Organisationsschemata, unsere Arbeitsteilung und Erwerbsarbeit radikal in Frage. Denn gestützt auf die immer schneller wachsende Leistungsfähigkeit von Hochleistungs- und Biocomputern können in Zukunft schon wenige Personen Fabriken quasi als Familienbetriebe führen. Sollten sich zudem die Kosten weiter so entwickeln wie bisher und mit jeder Innovation ein Preissturz verbunden sein, dann ist es nicht nur nicht auszuschließen, sondern sehr wahrscheinlich, daß der Industriebetrieb von morgen ein Kleinbetrieb, vielleicht sogar ein Familienbetrieb sein wird.

Automation und Telematik. Die computerintegrierte Vollautomation kann allerdings nicht ohne die Entwicklung einer neuen Informations-Infrastruktur begriffen werden. Denn seit es möglich ist, Informationen digital zu verarbeiten und zu übermitteln, beginnen beide Technologien, sich aufeinander zuzubewegen. Deshalb wird immer häufiger von «Telematik», von der Verquickung von Telekommunikation und Informatik gesprochen. Alle Informationen nämlich, ob Ton, Bild oder Daten, lassen sich als eine Reihe von Bits begreifen und auch als solche übermitteln – unabhängig von der ursprünglichen Quelle oder Form, in der die Information entsteht. Als digitale Signale sind Informationen gegen Qualitätsverlust geschützt und lassen sich in großer Menge und Geschwindigkeit über große Distanzen übermitteln, sei es durch Kabel, sei es über Rundfunk oder Richtfunk – weltweit über Satelliten. Diese sind ein besonders gutes Beispiel dafür, wie sich das Fernmeldewesen durch die Verquickung von Datenverarbeitung und Nachrichtentechnik verändert hat. 1965 übertrug ein Nachrichtensatellit 240 Telefonverbindungen, 1980 waren es 12000. 1975 betrugen die Kosten eines Telefonschaltkreises im Satelliten etwa 22000 Dollar, heute kosten sie 800. Bis Ende der achtziger Jahre wird sich die Zahl der Fernseh- und Telekommunikationssatelliten auf mehrere hundert erhöht haben, jeder mit etwa 100000 Telefonschaltkreisen versehen, was einem Gesamtangebot von über 50 Millionen Telefonschaltungen entspricht. Bei der Kostenentwicklung auf dem Sektor der Mikroelektronik ist davon auszugehen, daß ein Schaltkreis Ende der achtziger Jahre zwischen 20 und 30 Dollar erfordern wird. Eine ähnliche Kostenentwicklung gilt auch für die Empfangsstationen am Boden, die in den sechziger Jahren noch Millionenbeträge kosteten, während kleine Parabolantennen, die inzwischen gebaut werden und eine durchaus vergleichbare Leistung haben, schon für 200 Dollar zu haben sind. Ende der achtziger Jahre wird mit einem Kostenaufwand pro Parabolantenne zwischen 50 und 80 Dollar gerechnet. Damit kann die weltumspannende Datenkommunikation von einer eher wissenschaftlich und militärisch orientierten Nutzung zu einer alltäglichen Angelegenheit werden, die sowohl von der technischen Seite (Angebot an Schaltungen) als auch von der wirtschaftlichen Seite (Kosten pro Telefongesprächseinheit) sehr interessant zu werden verspricht, denn über einen Satelliten ist es technisch nahezu dasselbe, ob man ein Ortsgespräch führt oder ob man von Osnabrück mit Hamburg oder mit San Francisco telefoniert. Die Kosten eines weltumspannenden Telekommunikationssystems nähern sich damit allmählich denen des Ortsverkehrs an.

Mit dieser Entwicklung wird die Telekommunikation sowohl technisch wie wirtschaftlich allen anderen Datenübermittlungssystemen überlegen sein – zumal via Satellit nicht nur Telefongespräche übermittelt werden können, sondern auch Rundfunk- und Fernsehprogramme, Computerdaten, elektronische Poststücke, Fotokopien und Faksimiles, Buchprüfungs- und Buchhaltungsdienste, kurz, jede Art von Datenkommunikation. Sie kann gleichzeitig, parallel und völlig gleichwertig übermittelt werden, denn digitalisiert handelt es sich auch bei den unterschiedlichsten Datenquellen während der Übermittlung immer um denselben Datenfluß. Da die Sendegeschwindigkeit so groß ist, daß sich zum Beispiel 100 Seiten Text pro Minute weltweit übermitteln lassen, wird dies insbesondere für die professionelle Datenkommunikation in Wirtschaft und Politik von zentraler Bedeutung werden. Eine andere, in ihren Folgewirkungen ebenfalls höchst interessante Nutzungsmöglichkeit der weltweiten Telekommunikation wird in sogenannten Videokonferenzschaltungen gesehen, die es möglich machen, daß Menschen an den verschiedensten Orten der Erde gleichzeitig über Bild und Ton in einer Konferenzsitzung zusammenkommen, ohne den sonst üblichen Aufwand an Reisezeit und Geld. Schon jetzt ist abzusehen, daß weltweit operierende Firmen diese Möglichkeit trotz der zur Zeit noch sehr hohen Kosten für sich entdecken. Werden die Zahl der Telekommunikationseinrichtungen wie prognostiziert steigen und die Kosten entsprechend sinken, ist mit einer völligen Umstellung zumindest des professionellen Datenverkehrs zu rechnen – was im übrigen nicht nur kommunikationstechnische und -wirtschaftliche, sondern auch erwerbsstrukturelle und betriebliche Konsequenzen haben wird.

Eine solche weltumspannende Telekommunikation ist allerdings nur denkbar, wenn bei allen drei Stationen des Datenflusses, beim Empfänger, beim Sender und bei der Satellitenstation, eine voll integrierte Computersteuerung möglich ist. Das wiederum heißt, daß sowohl Datenempfänger wie -vermittler und Sendestation ein um so höheres Maß an Intelligenz in immer kleineren Einheiten haben muß, je größer der Datenfluß und je bedeutsamer die Telekommunikation für das gesamte wirtschaftliche und politische System wird. Wir stoßen damit auf die dritte Dimension der Computerintegration nach computerintegrierter Automation und computerintegrierter Produktion: auf die Verlagerung von maschineller Intelligenz in die Datenkommunikation bzw. in die technischen Einrichtungen des Datenübermittlungssystems. Das System der Informationsverarbeitung ist damit nahezu komplett. Und es läßt sich eine Verbindung herstellen zwischen der Datenverarbeitung am Computer (zum Beispiel in Gestalt computerunterstützter Entwurfsarbeit), der Datenverarbeitung in einer vollautomatisierten Produktion (über computergesteuerte Werkzeugmaschinen und Roboter), die Verarbeitung von Daten zu Dienstleistungszwecken (Programme, Datenbanken, Servicesysteme wie BTX) und der weltumspannenden Datenkommunikation und -übermittlung, die es möglich macht, nahezu gleichzeitig alle datenverarbeitenden Systeme dieser Erde in einem universellen Kommunikationsprozeß über Daten und Informationen verfügen zu lassen. Denn es ist vom Standpunkt der Datenverarbeitung und -kommunikation immer dasselbe, ob Daten im Computer, in der Automation, im Dienstleistungssystem oder im weltumspannenden Datenaustausch verarbeitet werden. Mit anderen Worten: wir erleben mit diesem Vorgang die Entstehung und Ausbreitung eines völlig neuen Infrastruktursystems, das die Transmission von Daten an die Stelle der Beförderung von Gütern und Personen setzen kann.

Die Auswirkungen dieser neuen Infrastruktur der Informationsverarbeitung verändern folglich über mittlere Frist alle Formen des Austauschs und damit auch alle bisher gültigen Formen der Arbeitsteilung in Produktion, Handel und Dienstleistung. Ich möchte diese vielleicht etwas sibyllinisch klingende Feststellung an einem Beispiel aus der Nähe der Informationsverarbeitung erläutern: Die wichtigste Technologie der gegenwärtigen Informationsverarbeitung und -verteilung ist immer noch die Herstellung von Druckerzeugnissen, zum Beispiel von Tageszeitungen. Sie liefern Informationen, allerdings nur in Gestalt eines Stückgutes, der Zeitung nämlich. Wer die Informationen haben will, die die Redaktion verarbeitet hat, muß sich ein Druckerzeugnis kaufen, das in einer hochtechnisierten und konzentrierten industriellen Produktion (Verlag und Druckerei) erstellt und über ein kompliziertes und zugleich kostspieliges Verteilungssystem (Vertrieb) vermarktet wird. Die neue Informationstechnik mit Computer, Glasfaser oder Satellit wird diese Ordnung in wenigen Jahren völlig verändern. Aber nicht, weil das gedruckte Wort durch den Bildschirm ersetzt wird, zu vorteilhaft ist das gedruckte Wort als Informationsträger und als unersetzbarer Bestandteil unserer kulturellen Evolution. Die Veränderung wird die Erstellung und Verteilung des gedruckten Wortes betreffen, also gerade die Bereiche, wo die größten technischen und ökonomischen Probleme des graphischen Gewerbes heute und in Zukunft liegen werden. Heute schon macht die Informationsverarbeitung allenfalls 10 bis 15 % Kosten eines Druckerzeugnisses aus, Druck und Weiterverarbeitung werden bei 30 bis 40 % der Kosten liegen, der Rest (50 bis 60 %) entsteht durch die Verteilungskosten des Produktes, die um so höher werden, je mehr die Verarbeitung von Informationen zentralisiert und konzentriert wird.

Denn: Informationen und Literatur müssen weder so gedruckt noch insbesondere so verteilt werden, wie das seit gut 500 Jahren der Fall ist. Gerade weil Buch und Zeitung durch nichts zu ersetzen sind, ihre Bedeutung sogar wächst, die Distribution (und Lagerung) gleichzeitig immer teurer und technisch wie ökonomisch immer problematischer wird, hält die Entwicklung der Telematik eine geradezu phantastische Veränderungsmöglichkeit des Druckmediums bereit: Über ein universelles Kommunikationsnetz können die Informationen einer Zeitung oder einer Zeitschrift verteilt werden wie eine Rundfunk- oder Fernsehsendung, während durch die Technologie der Datenempfangsstation das Druckerzeugnis beim Empfänger hergestellt werden kann. Computerunterstütztes Design und Layout ermöglichen es, das komplette Seitenlayout von Zeitung und Zeitschrift in jeder Qualität am Bildschirm zu entwickeln und über das Kommunikationssystem kostengünstig zu übermitteln. Die Technik der Laserdrucker bei Datenempfangsstationen macht es parallel dazu möglich, jeden gewünschten Text in jeder beliebigen Layout- und Bildqualität wiederzugeben – gleichzeitig und zum selben Preis an alle Empfangsstationen eines weltweiten Informationsnetzes. Zwischen Informationsverarbeiter und Informationsempfänger entfällt jeder weitere Vermittlungsschritt, Druckerzeugnisse müssen nicht mehr in Druckereien produziert und über ein Vertriebssystem verteilt werden, sie können als digitale Information vielmehr über das Kommunikationsnetz der Telekommunikation bezogen werden, wobei es völlig gleichgültig ist, ob sie als Zeitung, Zeitschrift oder gar als Buch ins Haus kommt. Zeitung oder Buch würden von Redaktion und Verlag im übrigen nicht anders produziert werden als heute. Schon längst hat die digitale Texterfassung und das computerunterstützte Entwickeln des Layouts in Druckereien und

Verlagen Fuß gefaßt. Zeitung oder Buch könnten eines Tages Redaktion und Verlag nicht als bedrucktes Papier, sondern als digitalisierte Information verlassen.

Um dies ganz plastisch werden zu lassen, ein Beispiel: Unterstellen wir einmal die Existenz des obenskizzierten Systems der Zeitungsproduktion und -verteilung, dann wird der Zeitungsbezieher morgens auf seinem Weg zum Bad den Computerterminal anstellen und per Knopfdruck seine Zeitung ordern. Nach der Morgentoilette liegt sie fertig gedruckt und gefaltet im Ausgabefach seiner Empfängerstation, nicht anders, als wie er sie heute auch gewohnt ist, nur braucht er nicht mehr an seinen Briefkasten zu gehen. Beim Frühstück hätte er eine Zeitung in der Hand, die auf direktem Wege zu ihm gekommen ist, ohne daß Druckereibetrieb, Pressegroßhandel oder Vertriebssystem zwischengeschaltet wären.

Aber vielleicht interessiert sich unser Zeitungsempfänger von morgen gar nicht so sehr für eine fertigproduzierte Tageszeitung, sondern aus beruflichen oder privaten Gründen mehr für einen Überblick oder eine Presseübersicht. Vielleicht möchte er die wichtigsten Leitartikel der Weltpresse überfliegen oder die Sportberichterstattung, das Feuilleton und den Wirtschaftsteil. Sein Empfangsterminal könnte ihm ohne große Mühe neben einer Zeitung auch einen Sonderservice dieser Art anbieten, denn in einer weltumspannenden digitalen Informationsverteilung ist dies kein Problem. Wir kommen damit zu einer zweiten Dimension, in der sich die Datenkommunikation auf das Informationsmedium auswirkt. Denn nicht nur die Produktion und Distribution des gedruckten Wortes ist von der digitalen Datenkommunikation betroffen, sondern auch die Informationsverarbeitung selbst. Mit einem intelligenten Datensystem ausgestattet, kann der Empfänger selbst zum Redakteur seiner eigenen Zeitschrift oder Zeitung werden. Das heißt nicht, daß er große Mühe darauf verwenden müßte, das heißt eigentlich nur, daß er ein relativ intelligentes Datenempfangsgerät haben muß, das auf bestimmte Fragestellungen und Bedürfnisse des Lesers programmiert ist und ihm je nach Bedarf das gewünschte Produkt liefert. Nachrichten werden in Zukunft also nicht mehr allein vom Autor oder Zeitungsmacher zusammengestellt und verteilt, auch der Endverbraucher wird ein gewichtiges Wort bei der Zeitung oder Zeitschrift von morgen mitreden können, vorausgesetzt, er will es. Denn auch der Nachrichtenkonsument von morgen wird sicher nicht immer sein eigener Redakteur sein wollen oder können. Lesen soll und kann schließlich auch ein Vergnügen, ein Dienstleistungsangebot sein, und es spricht nichts dafür, daß sich das in Zukunft durch digitale Verteilungssysteme verändern wird. Wer jedoch einen anderen Datenzugriff wünscht, sei es aus wissenschaftlichen, beruflichen oder privaten Gründen, dem öffnen sich ganz neue Systeme eigenständiger Informationsverarbeitung, denen auf der anderen Seite wiederum neue Systeme der Informationsverarbeitung und des Informationsangebots gegenüberstehen müssen, denn die Daten entstehen als verarbeitete Information nicht von selbst, sie bedürfen auch dann der Verarbeitung.

Ob das nun bedeutet, daß der Endverbraucher allein über ein solches Terminalsystem verfügt und sich Bücher wie Zeitschriften auf diesem Wege ins Haus schicken läßt, oder ob das eine Veränderung des Distributionssystems im größeren Maßstab zur Folge hat, wird die Zukunft zeigen. Es wäre möglicherweise zu aufwendig, wenn der Endabnehmer sich gedruckte Information zum Beispiel in Buchform auf seinem eigenen Drucker ausgeben ließe, denn der Papierberg eines Buches müßte immerhin weiterverarbeitet werden, geheftet oder gebunden, bis aus ihm wirklich ein lesbares Buch wird. Deshalb ist es durchaus denkbar, daß die Bibliothek oder Buchhandlung zur Terminalstation der Buchproduktion von morgen wird. Man bestellt einen Titel, er wird über das Informationssystem abgerufen, auf dem Drucker der Bibliothek oder Buchhandlung hergestellt, an Ort und Stelle weiterverarbeitet und den Kunden so ausgeliefert, wie er auch heute ein Buch bezieht. Vielleicht mit ein paar Serviceangeboten mehr: zum Beispiel könnte er sich die Schriftgröße und den Schrifttyp aussuchen, zwischen einer illustrierten und einer nichtillustrierten Ausgabe wählen, einer deutschen oder fremdsprachigen Ausgabe und vielen anderen Angeboten mehr.

Mir ist dieses Beispiel einer dezentralen Produktion besonders wichtig, weil es uns an einem relativ einfachen Beispiel verdeutlicht, welche vielfältigen und komplexen Möglichkeiten der Veränderung sich mit der computerintegrierten Automation auf der einen Seite und der Datenkommunikation auf der anderen Seite ergeben. Denn die eben skizzierten Möglichkeiten der Veränderung der graphischen Industrie (fairerweise müßte man wohl sagen der Eliminierung der graphischen Industrie) gelten wahrscheinlich für die Produktion eines jeden Gutes, auch wenn es sich nicht immer so einfach vorstellen läßt wie im gewählten Beispiel. Aber worin unterscheidet sich eigentlich die computerunterstützte Informationsverarbeitung und dezentrale Produktion eines Textes von der computerunterstützten Entwurfsarbeit an einem Auto oder einer Kaffeemühle und ihrer vollautomatischen Produktion in einer Terminaleinheit? In beiden Fällen werden Informationen verarbeitet und Produkte erzeugt – auf völlig identische Weise. Sie unterschieden sich lediglich in der Bedeutung, im Kontext, aber nicht als Stoff in der Informationsverarbeitung und Computerproduktion. Und worin unterscheidet sich die Verteilung einer Textinformation über Telematik an mögliche Endverbraucher oder dezentrale Verteilungsnetze von der Übertragung einer computerunterstützten Entwurfsinformation an Werkzeugmaschinen und Roboter, die das entworfene Produkt nach der ihnen übermittelten «elektronischen Blaupause» herstellen? In beiden Fällen werden dieselben komplexen Informationen nach demselben Grundschema an Endterminals weitergegeben, und die Tatsache, daß in einem Falle ein Roboter Metall biegt und schweißt, auf der anderen Seite ein Laserdruck Texte erzeugt, ist ein Unterschied, der zwar wichtig, aber für unsere Fragestellung von geringer Bedeutung ist.

Man kann, ja man muß daraus den Schluß ziehen, daß die Verbindung von computerintegrierter Automation mit Telematik eine umwälzende Auswirkung auf die gesamte gewerbliche Güterproduktion haben wird, die weit über das hinausgeht, was wir derzeit diskutieren. Der entwerfende Ingenieur muß nicht unbedingt in einer Firma sitzen (oder ihr Inhaber sein), die auch über die vollautomatisch computerintegrierte Produktionsanlage verfügt. Er kann sein Produkt auch als elektronische Blaupause verkaufen, die dann beim Abnehmer oder bei einem dezentralisierten Distributionsknotenpunkt produziert wird und nicht bei dem Erzeuger der Information. Das heißt sicher nicht, daß in Zukunft jeder Endverbraucher über eine computerintegrierte Produktionsstraße auf seiner Dachkammer verfügt. Aber es könnte bedeuten, daß Hersteller von bestimmten Erzeugnissen dazu benötigte Bauteile nicht mehr als Fertigprodukte von Zulieferern beziehen sondern als elektronische Informationen, die sie gegen Nutzungsgebühr in ihren eigenen Produktionsstätten zu Bauteilen werden lassen. Aber Parallelen zur Buchproduktion von morgen sind nicht nur zwischen Hersteller und Zulieferer denkbar, sondern auch zwischen Produzent und Distributionssystem. Automobile beispielsweise müssen nicht mehr in großen Fabriken zentral hergestellt und teuer vertrieben werden. Sie können auch in dezentralen Stützpunkten (vielleicht beim heutigen Händler?) auf integrierten Produktionsautomaten nach digitalabrufbaren Blaupausen hergestellt werden – vorausgesetzt, Rohstoffe können dezentral vorrätig gehalten und Produktionssysteme so intelligent und zugleich so klein gemacht werden, daß sie dem bisherigen Produktions- und Verteilungssystem von Automobilen überlegen sind. Was für Automobile gelten könnte, das gilt in noch größerem Maße für weniger komplizierte Produkte, so daß man sich eine vollkommen dezentralisierte Fertigung der meisten unserer Gebrauchsgüter vorstellen kann, die die Gesamtheit der Produktions- und Verteilungsnetze von heute auf den Kopf stellt. Unsere Phantasie reicht sicher nicht aus, alle Möglichkeiten und Schwierigkeiten auszumalen, die damit verbunden sind. Es soll vorerst genügen, sich klarzumachen, daß die Auswirkungen der Mikroelektronik in Verbindung mit der Telematik einen fundamentalen Bruch mit allen bisherigen Organisationsprinzipien und -strukturen gesellschaftlicher Arbeit der Vergangenheit bedeuten könnten. Unsere nun fast 30000 Jahre währende Kultur steuert auf einen entscheidenden Wendepunkt zu, der vielleicht einmal zwei Epochen der Geschichte trennen wird: vor und nach der Automation.

Informationsverarbeitung und Biotechnologie. Eine solche Einschätzung wäre nicht glaubwürdig, wenn nicht die schon erwähnte Verschmelzung von Informationsverarbeitung und Biotechnologie am Beispiel des molekularelektronischen Computers belegen würde, daß sich die dritte industrielle Revolution nicht bloß auf die Informationsverarbeitung und das Produktionssystem bezieht, sondern auch auf die Gesamtheit der Rohstoffe und Naturprozesse. Deshalb kann man wirklich sagen, daß wir uns einem historischen Bruch nähern. Bislang nämlich standen immer mechanisch-maschinelle Verfahren im Mittelpunkt der Industrialisierung, auch die dritte industrielle Revolution setzt zunächst an der Automatisierung dieser Verfahren an, wenn sie die Güterproduktion durch Roboter und Computerintegration verändert. Die Produkte, Werkstoffe und Grundverfahren ändern sich damit nicht. Aber schon die Verbindung von Telematik und Automation führt von diesem Weg ab: Information (was auch immer sie enthält) wird zum Rohstoff eigener Art, obwohl es unserem Denken schwerfällt, sich etwas Immaterielles als Rohstoff vorzustellen. Das Distributionssystem, womöglich gar unsere ganze Marktökonomie wird dadurch verändert, wenn Informationen als solche (sozusagen «pur») transportiert und als elektronische Blaupausen ausgetauscht werden können. Heute noch handelt es sich bei solchen Perspektiven um futurologische Szenarios, mit der Verschmelzung von Elektronik und

Biotechnologie aber wird eine Ökonomie des reinen Informationsaustausches immer wahrscheinlicher, weil die biotechnologische Entwicklung nämlich eine Revolution der Werkstoffe mit sich bringen wird, wie die Informationsverarbeitung Produktion und Kommunikation verändert hat. Für die Notwendigkeit neuer Rohstoffe und Werkstoffe sprechen sehr handfeste und plausible Gründe. Sie liegen zum einen in der Knappheit und Begrenztheit der bisher genutzten Rohstoffe, zum anderen in der Bedeutung, die neue Rohstoffe für die zentrale automatische Produktion haben werden. Bei der Herstellung einer dezentral produzierten Zeitung schon könnte das Vorhalten von Papier zum Problem werden, das die Ausbreitung einer sinnvollen Technologie bremsen könnte. Die Situation wäre eine andere, wenn man einen Stoff hätte, der sowohl die Eigenschaften von Papier als auch von Baumwolle hätte, also dünn, steif, bedruckbar einerseits und waschbar bzw. löschbar andererseits. Ein solcher Stoff (den man in Anlehnung an einem utopischen Romans von Asimov «Kyrt» nennen könnte) bliebe so lange bedruckt, wie der Leser es wünscht, wäre aber, sobald er im Druckterminal gelöscht ist, immer wieder verwendbar. Die Eigenschaften eines solchen Stoffes würden mit Sicherheit auch die Technologie des Druckens verändern, so daß eine möglichst problemlose Löschung und Wiederaufbereitung der Texte erreicht werden könnte, die weder die Qualität des Produktes beeinträchtigt noch irgendwelche Entsorgungsprobleme aufwirft. Was spricht dagegen, daß auch Konstruktion und Material des Automobils einer Anpassung an die dezentrale Terminalproduktion unterzogen werden? Für die Herstellung von Autos wäre ein Werkstoff zu finden, der alle Eigenschaften von Stahl hat, gleichzeitig aber auf kleinstem Raume vorzuhalten wäre, wenig Verarbeitungsenergie braucht und leicht umzuwandeln ist. Neuwagen könnten so in kleinen Anlagen gefertigt werden, Gebrauchtwagen würden in Umwälzverfahren direkt an Ort und Stelle umgearbeitet werden können, die Produktionstechnik würde sich ihrerseits wiederum darauf einstellen mit den gleichen Konsequenzen wie beim Printmedium: hohe Qualität und geringe Entsorgungsprobleme.

Die Verschmelzung von Informationsverarbeitung, Telematik und Molekularelektronik zeigt uns, in welcher Richtung die Lösung solcher Probleme zu finden wäre. Denn wenn es möglich ist, Dyoden, Verstärker und Widerstände wie Joghurt zu züchten, warum sollte es dann unmöglich sein, Werkstoffe auf dieselbe Art und Weise zu erzeugen. Die wissenschaftlichen Voraussetzungen dafür sind längst gegeben, denn unter unseren auf Mikroelektronik fixierten Augen hat sich längst eine biologische Werkstoffrevolution vollzogen. Seit nämlich Anfang der siebziger Jahre entdeckt wurde, daß sich der Träger sämtlicher Erbinformationen von Lebewesen, die Desoxyribonuclein-Säure (DNS, englisch: DNA), so manipulieren bzw. verändern läßt, daß völlig neue, in der nicht-manipulierten Vererbung undenkbare Erbkombinationen möglich sind, besteht tatsächlich die Chance, Rohstoffe oder Werkstoffe zu produzieren, die sich ganz nach unseren Vorstellungen entwickeln, planen und förmlich züchten lassen. Dabei passiert nichts Ungewöhnliches oder Teuflisches, wie mancher heute angesichts der Diskussion um die Züchtung künstlicher Menschen im Reagenzglas glaubt. Vielmehr vollzieht sich «nur» eine manipulierte Form jenes Vorgangs, der sich tagtäglich und milliardenfach in der Natur ohne menschliches Dazutun abspielt. Das Entstehen neuer Lebensformen und -stoffe mit neuen Eigenschaften durch die Neukombination und Stabilisierung von Erbinformationen, die Mutation also, ist ein permanenter Vorgang der Natur, dem wir die Entwicklung des Lebens, die Evolution der Arten überhaupt zu verdanken haben.

In der Natur kommen Neukombinationen allerdings nur bei Organismen derselben oder einer verwandten Art vor, weil jedes belebte System Stoffe besitzt, die Verwandtschaft überspringende Mutationen unterbinden. Die vom Menschen betriebene Manipulation der Mutation besteht im wesentlichen darin, Erbanlagen von Lebewesen zu kombinieren, die in der Natur nicht vorkommen. Dies ist möglich geworden, seitdem man die langen Informationsketten des DNA-Moleküls «aufschweißen», Informationsteile herausoperieren, neue, auch fremdartige Informationen einsetzen und wieder «zusammenschweißen» kann. Die neu zusammengesetzten Erbinformationen lassen sich nun in einzellige Großbakterien einfügen und zu stabilen, biotechnisch erzeugten Mutationen kombinieren, die sich nicht mehr an die natürlich vorgegebenen Schranken von Spezies und Art zu halten brauchen. Die Erbinformationen der Baumwolle ließen sich mit solchen von Holz genetisch so manipulieren, daß dabei ein Stoff mit neuen physikalischen und chemischen Eigenschaften entstehen könnte, die unserem fiktiven Papierersatz, «Kyrt», entsprechen. Wenn man erst einmal eine Vorstellung davon hat, welcher Stoff benötigt würde, und wie seine chemischen und physikalischen Eigenschaften biogenetisch erzeugt werden können, dann ist es von da bis zur Produktion eines Stoffes durch die Biotechnologie nur ein kleiner Schritt. Ein Schritt allerdings, der gigantische Folgen haben könnte, weil er nämlich die Umwälzung unserer bisherigen Produktionsweise durch Informationsverarbeitung und Automation auf der Seite der Werkstoffe ergänzt und das gedachte System zu einem realisierbaren macht. Und genau darin liegt die epochale Bedeutung der Fusion von Biotechnologie, Informationsverarbeitung und Automation.

Von Erzeugerbakterien biotechnisch hergestellte Stoffe kennen wir zur Zeit eigentlich nur aus der Pharmazie, zum Beispiel bakterielles Insulin oder Interferon. Die Gentechnologie macht es möglich, Heilsubstanzen in großer Menge herzustellen, die so und in dieser Menge in der Natur nicht zu finden wären. Aber die Produktion neuer Stoffe beschränkt sich schon nicht mehr nur auf organische Substanzen, sie ermöglicht auch den Einsatz von Mikroorganismen im Stoffwechselbereich der Natur. Für die Landwirtschaft werden Mikroorganismen zur Düngung erzeugt, die den chemischen Dünger ablösen könnten. Auch lassen sich Mikroorganismen entwickeln, die eine neue Symbiose zwischen stickstoffproduzierenden Bakterien und Pflanzen eingehen und damit neue Lebensbedingungen für Nutzpflanzen schaffen. In der Metallurgie können Mikroorganismen Erze abbauen, im Umweltschutz Abwasser reinigen oder bei der Beseitigung von Ölpest, Ballaststoffen und Spülwasser eingesetzt werden. Was aus dem Einsatz biogenetischer Verfahren folgt, läßt sich an Interferon im übrigen besonders gut illustrieren. Die Herstellung dieses Medikaments zeigt nämlich, daß es in Zukunft nicht nur technisch plausible Gründe für gentechnologische Produkte, sondern auch unabweisliche ökonomische Gründe geben könnte. Herkömmliches Interferon ist sehr teuer: 1 g kostet nach heutigen Preisen etwa 100 000 DM. Bei biotechnologisch produziertem Interferon kostet die gleiche Menge ein oder zwei Pfennig. Das entspricht einem Wertverlust von 1 : 10 Millionen. Auch wenn das sicher ein extremes Beispiel sein sollte, so zeigen die Erfahrungen mit biogenetisch produzierten Stoffen im allgemeinen, daß bei jedem auf diese Art und Weise erzeugten neuen Werkstoff Wertverlustrelationen von 1 : 100 und mehr auftreten.

Richtig spannend wird es folglich, wenn sich die gentechnologische Manipulation die Konstruktion neuer Roh- und Werkstoffe vornimmt, weil nach allem, was wir wissen, dafür sowohl gravierende technologische wie ökonomische Gründe sprechen. Denn wenn erst einmal Nutzpflanzen durch gentechnologische Manipulation erzeugt werden, um «Kyrt» durch Erbmanipulation von Baumwolle und Holz zu erzeugen oder jenen Werkstoff von morgen, der an die Stelle von Stahl oder Kunststoff treten könnte, dann ist die «Siemens-Schwelle» der dritten industriellen Revolution überschritten. Werkstofforientierte Gentechnologie benötigt dazu keinerlei spektakuläre Fortschritte in der Wissenschaft mehr, sondern gezielte Forschungs- und Entwicklungsarbeit. Vor allem aber eine stabile Nachfrage nach solchen Werkstoffen, die ihrerseits wiederum vom technischen Fortschritt in der Informationsverarbeitung und Automation abhängig sind. Der Kreis läßt sich jedoch auch andersherum schließen: Die Erfolge der Gen-Chirurgie sind selbst ganz wesentlich vom Entwicklungsstand von Expertensystemen und Robotern abhängig, die das mühsame Geschäft der mikroskopisch genauen Operation sehr viel besser verrichten können als der Mensch. Damit entsteht eine interessante Wechselwirkung: Erst wenn die computerintegrierte Vollautomation neue Anwendungsbereiche findet (wie die Biotechnologie), dann hat sie eine realistische Verwirklichungschance. Warum sollte es dann ausgeschlossen sein, daß eine vollautomatische Produktion Güter erzeugt und sich selbst mit Roh- und Werkstoffen versorgt, die in ein und demselben Produktionssystem nicht nur verwendet, sondern auf biotechnologischer Grundlage auch selbst erzeugt werden? Was spricht gegen Genmanipulation durch automatische Systeme, deren Ziel es ist, die Rohstoffe und Werkstoffe auch selbst zu verarbeiten? Denkt man auf dieser Linie weiter, stellt sich schließlich sogar die Frage, ob am Ende nicht eine völlige Umstrukturierung unseres Verhältnisses zu Natur und Gebrauchsgegenständen steht. In einer Kurzgeschichte aus Stanislaw Lems «Sterntagebücher» wird von einer genmanipulierten Flora auf einem fremden Planeten in der Galaxis berichtet, deren Früchte die Form und die Eigenschaft von Gebrauchsgegenständen haben. Braucht man Messer und Gabel, so benutzt man nicht gewerblich erzeugte Gegenstände, die man kaufen oder tauschen müßte, man pflückt sie einfach beim nächsten Strauch ab, und nach Gebrauch werden sie auf den Komposthaufen geworfen.

Neue Dimensionen der Wirkung. Auch wer solche Perspektiven für utopisch und/oder unrealistisch hält, wird nicht bestreiten, daß die Veränderung unserer Technostruktur eine epochale Revolution bedeutet, die wichtige ökonomische und soziale Konsequenzen haben wird. Einige davon sind im Verlauf dieser Darstellung mehrmals gestreift worden, so eng liegen die technologischen und die sozialen Veränderungen beieinander. Doch bevor wir im folgenden Kapitel genauer auf die soziale Sprengwirkung der dritten industriellen Revolution eingehen, scheint es notwendig, noch einmal die Quintessenz der technologischen Veränderung zu formulieren. Die neue qualitative Dimension der Technostruktur dürfte schließlich entscheidend für die Weiterentwicklung unserer Gesellschaft sein. Notwendig zur Beurteilung sozioökonomischer und sozialer Konsequenzen ist zu wissen, woher die Veränderungen kommen und wohin sie führen, welche objektiven Vorgaben dem sozialen Wandel ganz unabhängig von einzelnen Technologien als Determinanten gegeben sind und welche nicht.

Der qualitative Sprung durch die neue Technostruktur zeigt sich meines Erachtens an mindestens vier Dimensionen des Wandels:

1. *Steigende Komplexität kleiner technischer Systeme.* Vermittels ihrer Intelligenz und/oder ihrer Wissensbasis verfügen in Zukunft kleine Informationsverarbeitungssysteme (Steuerungschips, Computer, Roboter-«Gehirne») über ein Datenwissen, wie einst nur große Bürokratien. Von künstlicher Intelligenz gesteuerte Roboter in computerintegrierter Automation können wie ganze Fabriken oder Fabriksysteme von heute produzieren. Expertensysteme statten einzelne Computer mit einer komplexen Urteilskraft aus, die bislang nur der professionellen Arbeit vorbehalten war. Neue Werkstoffe und neue Distributionssysteme machen schließlich den Endverbraucher selbst zum Produzenten und verwischen die bisherigen Grenzen zwischen Produktion und Konsum. Diese Komplexität der technischen Systeme hebt die gegenwärtige Komplexität der sozialen Systeme auf, die bislang die Grundlage für unsere hocharbeitsteilige Technostruktur war. Je komplexer die technischen Systeme werden, um so einfacher kann die Arbeitsteilung, können die sozialen Systeme und die Kommunikationsformen werden. Die Grenze zwischen Ökonomie (Güteraustausch) und Kommunikation (Datenaustausch) wird fließend. Es ist nicht zu erkennen, daß dieser heute schon wirkende Trend in Zukunft gebremst wird. Im Gegenteil: die technischen Fähigkeiten von Informationsverarbeitungssystemen nehmen zu, neue und komplexere Programme steigern ihre Intelligenz, die Weiterentwicklung der Robotertechnik steigert ihre Produktivität, und neue Roh- und Werkstoffe aus der Biotechnologie machen die Systeme fähig, noch komplexere Produktionsaufgaben in noch kleineren Einheiten zu verwirklichen. Produktion, Verteilung von Gütern und Verwaltung von technischen und sozialen Systemen werden in Zukunft mehr und mehr von immer kleineren und immer lei-

stungsfähigeren bzw. komplexeren Einheiten geleistet werden. Die technische Komplexität auf kleinstem Raum löst die soziale Komplexität auf möglichst großem Raum ab.

2. *Zunehmende Dezentralisierung von Produktion, Verteilung und Verwaltung.* Wenn höchste Produktivität und universelles Wissen in immer kleineren technischen Einheiten angesiedelt werden, können kleinste soziale Einheiten bis hin zur Einzelperson komplette Produktions-, Verteilungs- und Verwaltungseinheiten steuern und führen. Produkte gehen nur noch als Datenaustausch in die Gesamtproduktion ein, neue Roh- und Werkstoffe machen die Systeme von zentralen Versorgungssträngen unabhängig, Telematik und Expertensysteme relativieren die Bedeutung zentraler Datenbanken. Die Produktion kann sehr weitgehend dezentralisiert werden, am Ende gar ist es möglich, die Trennung zwischen Produktion und Konsum aufzuheben dadurch, daß das Produzieren der Produkte dahin verlagert wird, wo der Konsument es nutzt (wie im Zeitungsbeispiel). Es ist daher unausweichlich, daß die zentralen Großsysteme in Produktion, Verteilung und Verwaltung von heute bei bleibender Tendenz durch ein System der Vernetzung dezentraler Einheiten ersetzt werden. Das schließt die Bildung zentraler Netze (Datenbanken, Produktionspools) und ähnliches nicht aus, es entkoppelt nur die Haltung zentraler Daten von der Ausübung zentraler Kontrollfunktionen.

3. *Ersatz der vertikalen durch eine zunehmend horizontale Arbeitsteilung.* Die universelle Verfügung über Informationen, die Trennung von Information und Produkt (Entwurf des Produktes beim Hersteller, Produktion des Produktes beim Konsumenten) bricht die bisherige Hierarchie zentraler Datenhaltung zwangsläufig auf. Solange Datenwissen das Monopol von Experten und/oder Bürokratien ist, herrschen die Datenverwalter immer über die Datennutzer – insbesondere in der Produktion. Die Folge einer solchen Wissensverteilung ist die vertikale Arbeitsteilung unserer heutigen Gesellschaft (oben die komplexe Datenarbeit, unten die reduzierte Bedienungsarbeit). Die Komplexität der neuen Technologie in kleinen Systemen hebt diese Arbeitsteilung auf. Getrennte Produktionsschritte, aber auch getrennte Operationsschritte wachsen in integrierte Systeme zusammen. Der «Datenarbeiter» von morgen verfügt als Einzelperson oder als Mitglied einer kleinen Gruppe Gleichqualifizierter über dezentrale Einheiten, die als technologische Systeme schon komplexe Daten wie umfassende Bedienungsfunktionen besitzen. Die klassische Arbeitsteilung

wird damit verändert. Dezentralisierung solcher Systeme schließt hierarchische Arbeitsteilung aus, ihre Bedienung macht vertikale Qualifikationsverteilung überflüssig. Der Nutzer der Systeme – sei er nun Produzent oder Konsument (beide Begriffe verwischen sich) – bedient immer einen komplexen Mikrokosmos künstlicher Intelligenz und Produktion, ohne eigenes Datenwissen haben zu müssen, allein aufgrund seines Funktionswissens (er kennt die «Philosophie» des Systems). Von ihrem Tätigkeitscharakter her gesehen nimmt die Arbeit mit den komplexen Systemen von morgen den Charakter der Werkzeugbedienung im handwerklichen Sinne von heute an und führt auch zu durchaus vergleichbaren Strukturen der Arbeitsteilung und Qualifikation (mehr Gleichqualifizierte und Hochqualifizierte). «Informationshandwerk» ist womöglich die beste Bezeichnung für die Arbeit von morgen.

4. *Wachsende Autonomie von kleinen Produktions-, Verwaltungs- und Verteilungseinheiten.* Die Intelligenz der Systeme und die enorme Steigerung ihrer eigenen Datenbänke machen eine zentrale Vernetzung und Kontrolle weitgehend überflüssig. Natürlich bleiben Vernetzung und vernetzte Kommunikation auch unter diesen Umständen sinnvoll. Vielleicht zeichnet sich hier der Markt von morgen ab: die Verteilung von Information und Daten, von elektronischen Blaupausen oder «elektronischen Gütern», die an die Stelle des realen Güterverkehrs von heute treten. Das Konzept der künstlichen Intelligenz widerspricht aber *jeder* zentralen Vernetzung und hierarchischen Steuerung. Ein ernst gemeinter Einsatz von Expertensystemen muß sie autonom machen, sonst funktionieren sie nicht. Wollte man sie doch zentral steuern, entstünde ein nicht auflösbarer Widerspruch zwischen der Autonomie des Expertensystems und der Abhängigkeit von einer zentralen Steuerung. Die Fähigkeiten des kleinen Systems würden verschwendet, die Steuerungssysteme überfordert. Eine technisch und wirtschaftlich sinnvolle Nutzung der Intelligenz und Komplexität dieser Systeme kann daher nur in autonomen Strukturen und horizontaler Vernetzung geschehen. Die intelligenteste Nutzung der Intelligenz ist es nun einmal, ihre Selbststeuerung zu nutzen. Folglich werden auch die sozialen Systeme, die von den technischen hervorgebracht werden, von dieser intelligenten Autonomie gekennzeichnet sein und die sinnvollste Organisationsform der gesellschaftlichen Arbeit abgeben. Soziale und technische Systeme unterscheiden sich wahrscheinlich nur noch in einem Punkt. Sie sind gleichermaßen klein, dezentral autonom und egalitär. Die technischen Systeme aber sind komplex, die sozialen Systeme einfach.

Es bedarf keines Nachdrucks mehr, um die neue, historische Qualität dieses Wandels zu demonstrieren. Das Problem liegt auch nicht darin, den technischen Wandel zu begreifen als vielmehr die soziale Sprengwirkung, die ihm innewohnt und mit einer Hypothese wie der unter 4. genannten wahrscheinlich nur unzureichend umrissen ist. Sind wir darauf vorbereitet, haben wir Vorstellungen davon, wie die technologische Entwicklung im Einklang mit unseren sozialen Wertvorstellungen begriffen werden kann? Gibt es überhaupt schon so etwas wie eine intellektuelle Mentalität, um mit diesem Wandel fertig zu werden?

Betrachten wir die aktuellen Diskussionen, dann kommen einem Zweifel, ob die Industriegesellschaften des Westens dazu jetzt schon in der Lage sind. Wenn wir uns heute Gedanken machen über die Auswirkungen der dritten industriellen Revolution – was zur Zeit ziemlich intensiv geschieht –, dann tun wir das immer noch in den Denkmustern des 19. und 20. Jahrhunderts. Ich glaube, dies ist die eigentliche Erklärung für die Hilflosigkeit aller Strategien und Konzepte zur Bewältigung des Wandels. Eine Vision der sozialen und politischen Zukunft unter Einbeziehung der neuen Qualität des technischen Wandels haben wir noch nicht – anders übrigens als in der industriellen Revolution des 19. und 20. Jahrhunderts. Mehr als 100 Jahre vor dem Ausbruch der zweiten industriellen Revolution hatte die europäische Aufklärung begonnen, das Konzept einer neuen Gesellschaft zu skizzieren, eines Gemeinwesens in Freiheit, Gleichheit und Brüderlichkeit. Mit der zweiten industriellen Revolution ging folglich ein intellektueller Bewältigungsprozeß einher, der namentlich in der Arbeiterbewegung zur industriellen Vision die soziale Utopie fügte und zu einem gesellschaftlichen Projekt des technischen und sozialen Fortschritts verknüpfte. Von einem solchen Projekt für die dritte industrielle Revolution sind wir heute weit entfernt. Es kann nicht einmal ansatzweise davon die Rede sein, daß die intellektuelle Verarbeitung der kommenden industriellen Revolution ein Niveau aufweist wie in der vorrevolutionären Phase des 18. und 19. Jahrhunderts.

Aber noch ist nichts entschieden. Wir stehen erst am Anfang einer Kette formenreicher Veränderungen. Darum kann die Diskussion über unsere gesellschaftliche und politische Zukunft auch verspätet noch eröffnet werden und Gewinn bringen. Wie die Geschichte der Industrialisierung bisher gezeigt hat, waren diejenigen, die sich verspätet auf den Weg gemacht haben, nicht selten diejenigen, die die besseren Lösungen gefunden haben. Ein Hoffnungsschimmer für die alten Industriegesellschaften in Europa, ein Hoffnungsschimmer, der von vielen Einzelerlebnissen und Bewältigungsansätzen verstärkt wird. Um jedoch wirklich zu einem Konzept zu kommen, die Probleme der Zukunft zu bewältigen, ist es von zentraler Bedeutung zu wissen, welche realen und wünschbaren Veränderungen unserer Gesellschaft mit den neuen Technologien in Zukunft durchgesetzt werden können. Das entscheidet, wie wir im folgenden Kapitel vertiefen wollen, schließlich über die Frage, wer das Leben in der industriellen Welt von morgen bestimmen wird.

Literatur

Entwicklung des Computers

Computerized Manufacturing Automation. Employment, Education and the Workplace (US Congress, Office of Technological Assessment – OTA), Washington 1984

Brödner, P., Krüger, D., Senf, B.: Der programmierte Kopf. Eine Sozialgeschichte der Datenverarbeitung, Berlin 1981

Friedrichs, G., Schaff, A. (Hg.): Auf Gedeih und Verderb. Mikroelektronik und Gesellschaft – Bericht an den Club of Rome, Wien 1982

Hagemeier, F. W.: Regelungstechnik, in: Treutzsch, U., Weber, W.: Die Technik. Von den Anfängen bis zur Gegenwart, Braunschweig 1982

Moreau, R.: The Computer Comes of Age. The People, the Hardware and the Software, MIT-Press, Cambridge (Mass.) 1984

Shurkin, J.: Engines of the Mind. A History of the Computer, New York–London 1984

Künstliche Intelligenz

Feigenbaum, E. A., McCorduck, P.: The 5th Generation. Artificial Intelligence and Japan's Computer Challenge to the World, Reading (Mass.) 1983

Giloi, W.: Die künstliche Ingelligenz. Expertensysteme «lernen» – im Dialog mit Spezialisten – künftig breite Anwendung, in: Wissenschaftsmagazin «Computer am Arbeitsplatz», TU Berlin 1982

Kinnucan, P.: Software Tools Speed Expert System Development. Specialized Programs Pave the Way for Wider Use of Automated Experts, in: High Technology, Vol. 5, No. 3, 1985

Linden, E.: Intellicorp: The Selling of Artificial Intelligence, in: High Technology, Vol. 5, No. 3, 1985

Telematik

Friedrichs, G., Schaff, A. (Hg.): Auf Gedeih und Verderb. Mikroelektronik und Gesellschaft – Bericht an den Club of Rome, Wien 1982

Meier, H.: Telematik, in: IBM-Nachrichten, 33/267, 1983

Zukunftstechnologien in Nordrhein-Westfalen. Bericht einer Arbeitsgruppe der Landesregierung NRW, herausgegeben vom Presse- und Informationsdienst der Landesregierung NRW, Düsseldorf 1984

Biotechnologie

Bull, A. T., Holt, G., Malcolm, D. L.: Biotechnologie: Internationale Trends und Perspektiven, herausgegeben vom Technischen Überwachungsverein Rheinland, Köln 1984

Demain, A. L., Solomon, N. A.: Industrielle Mikrobiologie, in: Spektrum der Wissenschaft, Nr. 11, 1981

Kreft, J.: Schöpfer neuen Lebens, in: Bild der Wissenschaft 4, 1984

Tucker, J. B.: The Greening of Bio-technology, in: High Technology, Vol. 4, No. 9, 1984

Ders.: Gene Machine. The 2nd Wave, in: High Technology, Vol. 4, No. 4, 1984

15. Kapitel

Good Bye, Mr. Ford

Die Auswirkungen der dritten industriellen Revolution auf das System der gesellschaftlichen Arbeit

Die Auswirkungen der dritten industriellen Revolution werden uns sehr schnell und hart treffen. Wir werden wohl kaum wie unsere Vorfahren im 18. und 19. Jahrhundert in der Lage sein, ein überzeugendes und in sich stimmiges Konzept der Gesellschaft zu entwickeln, die mit der neuen technologischen Struktur verbunden sein soll und wird. Wir können jedoch schon jetzt konstatieren, daß die industrielle Revolution unserer Tage wahrscheinlich der radikalste Umbruch der Menschheitsgeschichte sein wird seit der sogenannten «neolithischen Revolution», in der vor mehr als 30000 Jahren die ersten Menschen seßhaft wurden und den Ackerbau aufnahmen.

Eine vorurteilsfreie Betrachtung und eine kreative Vorausschau von Problemen der dritten industriellen Revolution stoßen sich an vielen Denkbarrieren. Sie stammen zumeist aus der geistigen Bewältigung der industriellen Revolution des vergangenen Jahrhunderts und verhindern ein produktives Eingehen auf die Veränderungsperspektiven jener Umwälzung, die wir gerade erleben. Eine dieser Barrieren ist zweifellos das Denken in aufeinander aufbauenden Stadien geschichtlicher Entwicklung. Nach diesem Modell kann es keinen Fortschritt geben, der sich in Organisationsformen und Strukturen ausdrückt, die wieder hinter das zurückgehen, was sich bereits entwickelt hat. Es scheint undenkbar, daß zum Beispiel die Massenlohnarbeit jemals wieder abgelöst werden könnte durch handwerkliche oder selbständige Erwerbsformen, wie wir sie in der mittelalterlichen Industriegesellschaft kennengelernt haben.

Warum aber sollten Veränderungen ausgeschlossen sein, die die Errungenschaften der zweiten industriellen Revolution in Frage stellen und auf Organisationsformen älterer Industriegesellschaften zurückgreifen? Was spricht dagegen, daß der Fortschritt nicht in einem weiteren Ausbau der bisherigen Strukturen zu finden ist, sondern in der Kombination alter Organisationsformen mit neuen Handlungsfeldern für Arbeit und Erwerbstätigkeit, die den technischen Fortschritt der dritten industriellen Revolution mit mehr Freiheit, Autonomie, Demokratie und Solidarität verbinden? Angesichts dieser Frage erweist es sich als Vorteil, auf ein ganzes Jahrtausend europäischer Industriegeschichte blicken zu können, insbesondere auf ein neubewertetes «Mittelalter», das uns Formen einer anderen Industriegesellschaft als im 19. und 20. Jahrhundert gezeigt hat. Hier könnten sich Traditionsstränge zeigen, die der Gesellschaft von morgen als ökonomische wie soziale und kulturelle Leitbilder dienen.

Natürlich wird niemand den tatsächlichen Verlauf der Entwicklung vorhersagen können, denn nichts ist – nach Albert Einstein – so schwer zu machen wie eine Prognose, insbesondere über die Zukunft. Es geht bei diesen und den folgenden Überlegungen denn auch nicht um Prognosen oder um Zukunftsbilder (Szenarios) vom Muster «Vor uns die goldenen neunziger Jahre» oder «In zwei Jahrzehnten der Weltuntergang». Bei der Beschäftigung mit den Auswirkungen der dritten industriellen Revolution auf das System der gesellschaftlichen Arbeit stehen vielmehr Trends des sozialen Wandels im Mittelpunkt, die sich aufgrund technologischer Perspektiven bzw. aufgrund von Dimensionen der Produktivkraftentwicklung ergeben und eher die Richtung einer gesellschaftlichen Entwicklung als eine konkrete Zukunft anzeigen.

Die folgenden Überlegungen sollen dazu beitragen, die soziologische Phantasie für denkbare Auswirkungen zu schärfen und das Verstehen dieser Veränderungen zu vertiefen, indem wir uns die inneren Entwicklungsmöglichkeiten und die Logik gesellschaftlicher Veränderungen durch technologische Revolutionen vor Augen führen.

Mikroelektronik und technologische Arbeitslosigkeit. Die wohl am weitesten verbreitete Vorstellung von den Auswirkungen der neuen Technologien dürfte die Furcht vor «technologischer Arbeitslosigkeit» sein. Die technischen Veränderungen, so wird meistens angenommen, treiben die Produktivität der menschlichen Arbeit dermaßen voran, daß der Bedarf an Arbeitskräften weit dahinter zurückbleibt. Roboter verdrängen Industriearbeiter und Industriearbeiterinnen, Computer machen Büropersonal überflüssig, Expertensysteme ersetzen Menschen in Dienstleistungsberufen. Es gibt Schätzungen, denen zufolge in der Bundesrepublik Deutschland im nächsten Jahrzehnt 30 bis 40 % aller Erwerbstätigen arbeitslos werden könnten. Japanische Fabriken, in denen wenige Arbeitskräfte große Autos oder Motoren produzieren, werden immer wieder als Schreckensbilder für die menschenleeren Fabriken der Zukunft zitiert. Angeregt von solchen Beispielen gehen Berechnungen um, die einen «Verdrängungseffekt» von 7:1 beschreiben. Unterstellt wird, daß die neuen Technologien sieben Beschäftigte arbeitslos machen und einen neuen Arbeitsplatz schaffen. Rechnet man diese Veränderungsquote auf die Gesamtgesellschaft hoch, müßte der technologische Fortschritt verheerende Folgen für das Beschäftigungssystem einer hochentwickelten Industriegesellschaft haben.

Seit Ende der siebziger Jahre liegt die langfristige Arbeitslosigkeit in fast allen Industriegesellschaften des Westens bei 10 bis 12 % der Er-

Weitgehend automatisierte Produktionsanlage

Computerisierte Produktion von Panzerteilen

werbstätigen. Die These der technologischen Arbeitslosigkeit unterstellt, daß ein erheblicher Teil dieser Arbeitslosen jetzt schon aufgrund neuer Technologien arbeitslos geworden ist. In Zukunft, wenn die Techniken mit einer Frist von fünf bis sieben Jahren auf breiter Front in der Wirtschaft eingesetzt werden, muß man folglich mit einem schnellen Austeigen der Arbeitslosenzahl rechnen. So sprechen Schätzungen davon, daß um 1990 die Hälfte aller Industriearbeiter von Robotern ersetzt werden könnten. Der Deutsche Gewerkschaftsbund befürchtet, daß zu Beginn des neuen Jahrzehnts 100000 Roboter eine Million Arbeitsplätze in der Industrie vernichten könnten. Wenn in wenigen Jahren computergestütztes Design und integrierte automatische Fertigung gekoppelt werden und vollautomatische Produktion vom Entwurf bis zur Montage des Produktes möglich wird, betrifft der Freisetzungseffekt die gesamte Volkswirtschaft, weitere zwei bis zweieinhalb Millionen Menschen verlören ihre Arbeitsplätze.

Da der Einsätz der Mikroelektronik auch im Dienstleistungssektor und im Büro arbeitsplatzvernichtende Effekte hat, wird auch hier mit ähnlichen Verdrängungszahlen wie in der Industrie gearbeitet. Manche Prognostiker schätzen, daß im Büro- und Bankwesen sogar ein «Rationalisierungspolster» von 75 % vorhanden sei. Mit anderen Worten, drei Viertel aller jetzt im Dienstleistungssektor, im Handel und im Bankwesen beschäftigten Personen könnten mittelfristig durch neue Technologien ersetzt werden. Deshalb muß man in einem Wirtschaftsraum, wie ihn die Europäische Gemeinschaft mit rund 350 Millionen Erwerbspersonen darstellt, in spätestens zehn Jahren mit einem Heer von 70 bis 100 Millionen dauerhaft aus dem Arbeitsprozeß ausgeschlossenen Arbeitslosen rechnen – von frühverrenteten Arbeitnehmern und einer wachsenden Anzahl älterer Menschen abgesehen. Die These von der technologischen Arbeitslosigkeit sagt den gesellschaftlichen Zusammenbruch voraus, wenn nicht drastische Maßnahmen zur Abwendung dieses Schicksals ergriffen werden.

Aber es gibt keinen Beweis für diese Annahme. Die lang anhaltende Massenarbeitslosigkeit der siebziger und achtziger Jahre hat strukturelle Gründe (siehe vor allen Dingen Kapitel 12 und 13), aber keine technologischen. Hinzu kommt, daß die Ursachen der Arbeitslosigkeit in einem Jahrzehnt entstanden sind, in dem die dritte industrielle Revolution noch gar nicht eingesetzt hatte. Sicher gibt es auch einen Anteil technologisch bedingter Arbeitslosigkeit an der jetzigen Arbeitslosenquote. Doch selbst bei großzügiger Schätzung wird er nicht über 10 % liegen. Wahrscheinlich ist er aber geringer, wie eine umfassende Studie des amerikanischen Kongresses aus dem Jahre 1984, durchgeführt von der Behörde für technologische Folgenbewertung (Office of Technology Assessment OTA), nahelegt. Sie hat technologische Arbeitslosigkeit lediglich in Regionen mit strukturschwachen Industrien und besonderen Anpassungsproblemen etwa in der Qualifikationsstruktur der Erwerbspersonen nachgewiesen, insgesamt aber keine Anhaltspunkte für eine generelle technologische Arbeitslosigkeit geliefert.

Die eigentliche Schwäche der «Verdrängungsthese» aber liegt wohl in der Annahme, daß die dritte industrielle Revolution sich nicht oder nicht grundlegend auf die sozioökonomischen und sozialen Strukturen unserer Gesellschaft auswirkt. Die unterstellten Gefahren der neuen Technologien sind überhaupt nur dann plausibel, wenn sich grundlegende Veränderungen nicht vollziehen und nur die Produktivität der Arbeit betroffen ist. Die Annahmen aber, daß der technologische Wandel von heute sich nicht auf die gewachsenen Strukturen der Erwerbstätigkeit auswirkt, ist ebenso einseitig und falsch wie die Unterstellung, die zweite industrielle Revolution habe an den Strukturen von Handwerk und Landwirtschaft nichts geändert. Speziell hier hätte nach der These von der technologischen Arbeitslosigkeit katastrophale Arbeitslosigkeit entstehen müssen – mit einem Verdrängungseffekt von 1:20 vielleicht. Denn schließlich hat sich die Produktivität in der Landwirtschaft in den letzten 100 Jahren so rasch entwickelt, daß heute nur noch 4,5 % aller Erwerbstätigen in der Landwirtschaft arbeiten und mindestens ebensoviel produzieren wie ihre Vorfahren, die zu fast 90 % von und in der Landwirtschaft gelebt haben. Diese Entwicklung hätte im 19. Jahrhundert zu einer Massenarbeitslosigkeit von über 70 % führen müssen – oder aber zu einer Arbeitszeitverkürzung von der ländlichen 80-Stunden-Woche um 1830 zu einem Arbeitstag von einer Stunde (oder sogar noch weniger) heute. Wie die Millionen arbeitszeitverkürzt in der Landwirtschaft tätigen Menschen bei der technologisch verursachten Preissenkung für Agrarprodukte heute allerdings bei vollem Lohnausgleich leben sollten, wäre eines der großen Rätsel, das die Vertreter der These von der technologischen Arbeitslosigkeit zu lösen hätten.

Tatsächlich sind die Menschen des 19. Jahrhunderts aus den alten Verhältnissen ausgebrochen und haben sich Arbeit in neuen Tätigkeitsfeldern gesucht. Gerade das machte ja die industrielle Revolution des 19. und 20. Jahrhunderts aus: Die Menschen gingen in die Industrie und wurden Lohnarbeiter; sie wanderten aus und schufen sich neue Lebensbedingungen in einem neuen Land; sie suchten Arbeit im Dienstleistungssektor, der mit der industriellen Revolution und ihrer Infrastruktur entstand: im Verkehrswesen, in Versicherungen und Banken usw. Sie gestalteten so eine neue Sozialordnung, die viel mehr Menschen in Arbeit und Brot halten, sozial absichern und kulturell integrieren konnte als vorher. Es spricht nichts, zumindest keine historische Erfahrung und kein empirischer Nachweis dafür, daß dieser Mechanismus durch die dritte industrielle Revolution außer Kraft gesetzt würde. Im Gegenteil, wenn wir wirklich davon ausgehen, daß die technologischen Veränderungen so umfassend sind, wie im 14. Kapitel beschrieben, dann spricht alles für eine ebenso radikale Umwälzung der Strukturen unserer Arbeitswelt und Erwerbstätigkeit. An ihr werden sich viele Menschen unter Nutzung der neuen Technologien aktiv beteiligen, statt tatenlos zuzuschauen, wie sie arbeitslos werden und verelenden. Sie werden sich dabei sicherlich nicht darum scheren, daß es nach dem Stufenmodell geschichtlicher Entwicklung ausgeschlossen sein soll, sein Leben mit neuen Technologien so zu führen wie ein mittelalterlicher Handwerker.

Die Folgen reichen tiefer. Was die Arbeitslosigkeitshypothese auf den ersten Blick so plausibel macht, ist die mit der dritten industriellen Revolution verbundene Steigerung der menschlichen Produktivität in den nächsten 30 bis 50 Jahren. Wenn mit neuen Speichertechniken, Programmen, Werkstoffen und Robotertechnologien selbständige Produktionseinheiten ohne menschliches Dazutun entstehen – und wer zweifelt noch daran? –, dann wird die Automation natürlich die menschliche Arbeit ersetzen, und zwar ohne Rest, wenn es technisch möglich ist. Schließlich ist es Sinn der Automation, die menschliche Arbeit zu verdrängen. Wenn neue Infrastrukturen und Kommunikationsformen gar eine Ökonomie der «elektronischen Blaupause» möglich machen und die Produktion bis hin zum Endverbraucher dezentralisieren (Stichwort: Zeitung von morgen), dann werden ganze Wirtschaftsbereiche verschwinden, die jahrhundertelang das Aussehen unserer Erwerbswelt geprägt haben. Und natürlich werden die Beschäftigungsmöglichkeiten der Menschen in diesen Sektoren mitverschwinden.

Wahrscheinlich reichen die Folgen noch tiefer, als bisher angenommen wird, denn es geht nicht nur um Arbeitslosigkeit, sondern um die Verschiebung ganzer ökonomischer Formationen analog zum 19. Jahrhundert, in dem sich auch die Proportionen zwischen Landwirtschaft, Industrie und Dienstleistungen gewaltig verändert haben. Der Produktivitätsfortschritt in der Industrie ist in den kommenden 20 bis 30 Jahren so groß, daß man der Industrie sogar eine ähnliche Entwicklung voraussagen kann, wie sie die Landwirtschaft seit Mitte des 19. Jahrhunderts genommen hat. Wenige Prozent der Erwerbsbevölkerung werden auch hier ausreichen, den gesamten industriellen Bedarf einer Gesellschaft einschließlich der Exportgüter herzustellen, so daß der Anteil der industriellen Produktion an Erwerbstätigkeit und Bruttosozialprodukt von morgen unter 10 % liegen dürfte. Die Automation verringert also nicht nur den gesamtgesellschaftlichen Bedarf an Arbeit, sie nimmt auch Einfluß auf Struktur und Größe der einzelnen Wirtschaftsbereiche, deren Reduzierung weit mehr Arbeitsplätze kosten könnte als die Rationalisierung bzw. Automation in einzelnen Betrieben.

Diese Verschiebung der Gewichte zwischen den Wirtschaftsbereichen, insbesondere die voraussehbare Schrumpfung der Industrie auf hochproduktive Kleinbetriebe, stellt wohl die größte soziale Herausforderung der Zukunft dar. Zwar ist die industrielle Arbeit auch heute nicht die alles überwiegende Erwerbsquelle (etwa 40 % der Menschen leben heute direkt von der Industrie), aber ihr Rückgang auf weniger als 10 % bedeutet immerhin eine Verschiebung um fast ein Drittel – und das ist ein gewaltiger Vorgang. Rechnen wir noch einen nicht unerheblichen Verdrängungsanteil durch die Automatisierung in Handel und Büro hinzu (zum Beispiel durch den Wegfall von Vertriebssystemen), dann kann man einen ungefähren Eindruck von den Problemen gewinnen, die mit der dritten industriellen Revolution verbunden sind. Neue Erwerbsfelder finden sich im wesentlichen in der Verarbeitung der Information selbst – was heute vielfach noch schwer vorstellbar scheint. Information zu produzieren, zu vermarkten und zu verarbeiten, das kann und wird in Zukunft ein schnell wachsender Sektor sein, dem man zutrauen darf, jenen Bereich neuer Erwerbsarbeit abzugeben, der notwendig ist, um den Produktivitätssprung und dessen Auswirkungen auf die Arbeitsnachfrage in der Industrie und im Dienstleistungssektor auszugleichen. Das läßt sich am Beispiel der Zeitung von morgen demonstrieren: Wenn die kostspielige Produktion und Distribution von gedruckten Zeitungen wegfällt, ändert sich das Zeitungmachen grundlegend. Zentren des Zeitungswesens werden nicht mehr der Verlag und der Vertrieb sein, sondern die intelligente Nachricht und das intelligente Layout. Der Wegfall des kapitalintensiven Apparates gibt nun vielen kleinen Teams die Möglichkeit, ihre Nachrichten und ihre Zeitung zu machen, spezifische Meinungsgruppen herauszufinden und den Nachrichtenkunden von morgen mit Politik, Kunst, Kultur und Unterhaltung zu versorgen. Zur Verarbeitung von Informationen in Datenbanken ist die Grenze im übrigen fließend, wenn der Nutzer seine eigene Zeitung machen will. Datenbanken, die Informationen für gezielte Zwecke anbieten, sind ein ebenso schnell wachsender Markt mit steigenden Erwerbsmöglichkeiten, dessen Expansion nach oben unbegrenzt zu sein scheint. Je mehr die technischen Systeme der Informationsverarbeitung sich entwickeln und verbreiten, desto mehr werden Nachrichten und Daten ausgewählt, kommentiert, organisiert und dienstbar gemacht werden müssen. Zu erkennen ist auch, daß Datenbänke um so detaillierter aufgeschlossen werden müssen, je stärker und je öfter sie sich an ein differenziertes, telematikgewohntes Publikum wenden. Je mehr Nachrichten also produziert und konsumiert werden, um so größer werden der Arbeitsaufwand für ihre spezielle Aufbereitung und der Bedarf an Arbeit gerade in diesem Bereich.

Was für intelligente Zeitungssysteme und Datenbanken gilt, hat auch Gültigkeit für den Teil der industriellen Produktion von morgen, der sich auf Verkauf und Vertrieb von Blaupausen konzentriert. Denn ob Nachricht, Datenwissen oder Konstruktionspläne mit Material- und Stücklisten vertrieben werden, ist vom Standpunkt der Informationsökonomie gleichgültig. Daher wird auch die elektronische Vermarktung von Design in Zukunft erhebliche Chancen für Arbeit bereithalten. Andere informationsökonomische Tätigkeiten haben demgegenüber heute schon eine für den Arbeitsmarkt bedeutsame Entwicklungsperspektive. So spielt die Herstellung von Software erfahrungsgemäß eine weitaus wichtigere Rolle auf dem EDV-Markt als die Hardware. Dieser Trend wird sich mit der Entwicklung von Supercomputern und Robotern noch erheblich ausweiten. Je mehr Roboter auf dem Markt angeboten werden, um so mehr spezifische Programme werden benötigt. Nehmen wir zum Beispiel das Feigenbaum-McCorduck-Szenario vom «Konsumenten-Roboter», dann wird der Gedanke noch plastischer: Sie gehen davon aus, daß der Haushalt in 20 bis 30 Jahren ebenso selbstverständlich eine Fülle von Robotern kennt, wie er heute elektronische und elektronisch gesteuerte Haushaltsmaschinen besitzt. Da ist die Rede von Expertensystemen im Haus, die als intelligente Ratgeber an die Stelle des heutigen Haushaltshandbuchs treten, da ist die Rede von der automatischen Zugehfrau, vom Kinderaufsichtssystem bis hin zum geriatrischen Roboter, der sich um die Probleme alter Leute kümmert. All dies sind Geräte, die ja nicht nur gebaut, sondern auch durch ein Programmpaket gesteuert werden müssen. Je perfekter und individueller der Einsatz der Roboter wird, desto differenzierter und individueller müssen die Programme zu ihrer Steuerung werden. Die Herstellung solcher hochkomplexen Anwenderprogramme könnte die Erwerbsarbeit für Millionen von Software-Produzenten sein, die wie eine Art Handwerker der Informationsverarbeitung von morgen arbeiten.

Ein anderer wichtiger Sektor der Informationsverarbeitung ist heute schon die Produktion von Unterhaltung, speziell solcher, die auf Konserve vermarktet wird (Schallplatte, Film, Video und TV). Dieser Sektor macht derzeit schon alleine 25 bis 30 % des Bruttosozialproduktes mancher Industriegesellschaft aus. Es ist sicher, daß sich mit der Informationsgesellschaft dieser Trend weiter verstärken wird, ergänzt um neue Formen der Verschmelzung von Wort, Bild und Musik in holographischen Videoclips und anderen technologischen Medien, die uns noch ganz unbekannt sind.

Damit hängt die Sphäre lebendiger, aktiv betriebener Kultur zusammen. Ähnlich wie bei der Textherstellung das gedruckte Wort nicht einfach durch den Bildschirm ersetzt wird, kann auch die zunehmende Verarbeitung von Information, Kultur und Unterhaltung in alten und neuen Medien die lebendige Kultur nicht verdrängen. Denn einer Einsicht von John Naisbitt zufolge wächst das gesellschaftliche Bedürfnis nach unmittelbarer Kommunikation, je medialer und technologischer wir von Kommunikation umgeben sind. Das heißt, die Medien beeinflussen sich gegenseitig und schaukeln einander hoch. Ja, sie konvergieren in Inhalt, Form und Aussage – ein Rockstar zieht die Massen ins Konzert, je öfter er im Fernsehen erscheint und umgekehrt. Kultur und jede Art von Kommunikation, die sich in trivialer Unterhaltung nicht erschöpft, erfährt ebenso wie die sorgsame Rekonstruktion alter Qualifikationen durch diese Tendenz Förderung. Es wird nicht nur eine große Nachfrage von Menschen nach kulturellen Leistungen entstehen, auch ein wachsender Bedarf an qualifizierten Anbietern oder «Kulturarbeitern». Unter dem Gesichtspunkt einer Informationsgesellschaft ist dieser Bereich dann nicht mehr randständig, sondern rückt ins Zentrum der Volkswirtschaft von morgen.

Die Vermutung liegt nahe, daß der Naisbitt-Effekt auch für Dienstleistungen gilt. Gerade wenn oder weil die technischen Systeme ein Höchstmaß an Service-Leistungen im Alltagsleben bieten (von der elektronischen Putzfrau bis zum Büroautomaten), wird der Bedarf an gehobener persönlicher Dienstleistung steigen. Das gilt auch für Professionen. Auch sie werden nicht von Expertensystemen verdrängt. Zwar hat ein Programm der künstlichen Intelligenz von morgen mehr Expertenwissen als der professionelle Experte, aber das wird seine Arbeit nicht überflüssig machen. Im Gegenteil: es wird sie entlasten und vom Datenwissen befreien. Um so mehr kann die professionelle Arbeit sich dem Theoriewissen zuwenden, dem Verstehen komplexer Zusammenhänge, der menschlicheren Behandlung des Kranken zum Beispiel, der einfühlsameren Beurteilung von Rechtskonflikten, der menschengerechteren Planung von Häusern und Städtebauprojekten und ähnlichem mehr, wenn die zeitraubende, gleichwohl aber hohe Konzentration verlangende Datenarbeit des Professionellen durch einen elektronischen Assistenten übernommen wird.

Unsere Phantasie dürfte nicht ausreichen, um alle Möglichkeiten einer zukünftigen Erwerbsarbeit in den neuen Sektoren der Informationsverarbeitung auszuspüren. Die Beispiele sollen vielmehr als Illustration der These dienen, daß die Entstehung des «Informationssektors» mehr als ein Schlagwort ist, daß er den vielleicht wichtigsten Wirtschaftssektor der Zukunft ausmacht und daß er vor allen Dingen der wichtigste Beschäftigungsbereich von morgen sein dürfte. Die Beispiele sollen aber auch demonstrieren, daß der dritten industriellen Revolution eine neue Grundtendenz in der Arbeitsteilung zwischen Mensch und Maschine zukommt. Die Verschiebung der Gewichte zum Design eines Produktes und seiner Produktion macht deutlich, daß der Mensch als Nutzer der neuen Technostruktur alle schweren, anstrengenden, gefährlichen, langweiligen, schmutzigen oder monoton wiederkehrenden Arbeiten der Maschine überlassen kann, während die menschliche Arbeit sich den qualifizierten, den kreativen, den entwerfenden, den kommunikativen und kulturell vermittelnden Formen der Arbeit zuwenden kann. In der Tat liegt etwas Handwerkliches in der Art und Weise, wie Informationsarbeit von morgen aussehen wird. Dieses Handwerk wird allerdings mit einem Werkzeug umgehen, das nicht mehr der verlängerte Arm bzw. die verlängerte Hand des Menschen ist, sondern ein hochkomplexes Steuerungssystem mit eigener Intelligenz und eigener Arbeitsleistung.

Der Sektor einer handwerklichen Informationsarbeit ist heute schon beachtlich groß, denken wir an Software-Herstellung, an den Kulturbetrieb oder die kommerzielle Unterhaltung. Sie kann nach Meinung der wenigen Experten, die es auf dem Sektor gibt (Nora/Minc, Friedrichs, Martin), bis auf 40 % der gesamten Erwerbsarbeit anwachsen. Zusammen mit dem Dienstleistungsbereich, der ja selbst mehr und mehr von den neuen Informationstechnologien beeinflußt und verändert wird, wäre damit die Kontur einer informationstechnologischen Gesellschaft von morgen umrissen, die ebenso neue wie umfangreiche Erwerbs- und Lebensformen bereithalten wird. Dieser Sektor wird an die Stelle des industriellen Bereichs treten müssen, wenn die Erwerbstätigkeit hier tatsächlich auf 10 % und weniger absinkt. Diese Verlagerung erscheint möglich und realistisch. In der gesamten wissenschaftlichen Literatur gibt es jedenfalls keine Anhaltspunkte für Zweifel.

Das Zeitalter der neuen Unternehmer. Alvin Toffler berichtet in seinem Report «Die dritte Welle» von einem japanischen Ehepaar, das von den Eltern einen Bauernhof geerbt hat und darauf eine sehr aufwendige und kostspielige Seidenraupenzucht betreibt, von der beide kaum leben können. Den Lebensunterhalt verdient statt dessen eine Roboteranlage, die in einer der Scheunen des Bauernhofes untergebracht ist. Hier steht ein Produktionsautomat, der Bauteile eines Plattenspielers zusammenfügt, der im Auftrag eines Großkonzerns hergestellt wird. Die Steuerung der Roboteranlage ist relativ einfach und erfordert eine tägliche Arbeitszeit von ca. zwei Stunden, alles weitere erledigt ein gut programmiertes Computernetzwerk, das darüber hinaus die kaufmännischen Aufgaben übernimmt. Das Paar, beide sind hochqualifiziert, hat dadurch Zeit und Geld genug, sich der Seidenraupenzucht und der Herstellung von Rohseide zuzuwenden, einer Arbeit, die nicht automatisiert werden kann, die viel handwerkliches Geschick verlangt und – wenn man davon allein leben müßte – völlig unrentabel wäre. In Japan ist sie daher weitgehend verschwunden.

Tofflers Beispiel ist in vielerlei Hinsicht aufschlußreich. Es zeigt, in welcher Weise die zunächst als soziale Katastrophe erscheinende automatische Produktion genutzt werden kann, welche Formen die Erwerbsarbeit annehmen kann, welche Rolle dabei die Eigentumsordnung spielt und wie sich die Automation mit ihren vier Hauptdeterminanten (steigende Komplexität, zunehmende Dezentralisierung, horizontale Arbeitsteilung und wachsende Autonomie) auf Arbeit und Betriebsgröße auswirken. Das Beispiel ist damit zugleich auch eine Antwort auf die Frage, ob sich denn auch vergleichbare Erwerbs- und Lebensverhältnisse in der Industrie entwickeln, wenn sie wie die Landwirtschaft auf einen marginalen Beschäftigungssektor absinkt.

Wenn zwei oder drei Ingenieure einen Produktionsautomaten steuern und dessen Produkte selbständig vermarkten können, dann brauchen sie sich als kleines Unternehmen keine allzu heftigen Sorgen vor der Konkurrenz großer Unternehmen zu machen. Sie haben nämlich

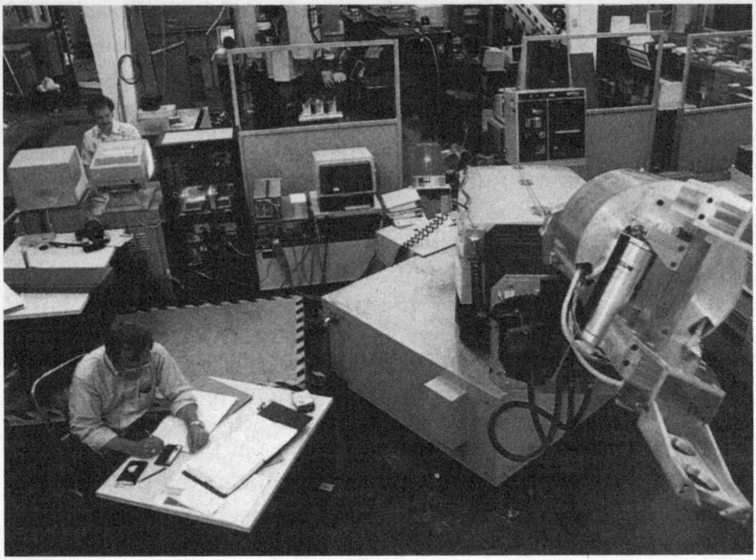

Arbeitsplatz mit Computer und Produktionsautomaten in den USA

als kleines Unternehmen gegenüber Großkonzernen in zweierlei Hinsicht wichtige Vorteile: Kleine Unternehmen können schneller und besser auf die vielen technologischen Informationen reagieren, die sich beim hohen Entwicklungstempo von Hardware, Software und Produkten von moren ergeben und schnell von einer Vielzahl von Unternehmen aufgegriffen werden müssen. Sie können aber auch den Vorteil besser nutzen, der aus dem gigantischen Wachstum der Produktivkräfte entsteht. Ein Großunternehmen hat erhebliche Schwierigkeiten, die Personalreduzierung zu verkraften; ein neues Unternehmen, das von vornherein als Kleinbetrieb entsteht, braucht sich mit Problemen dieser Art erst gar nicht auseinanderzusetzen. Tatsächlich genügen zwei bis 15 Personen, um eine Produktion wirtschaftlich und technologisch zu organisieren und erfolgreich im Weltmarkt zu halten. Kleine Unternehmen können auch die Wirkung der Automation auf die Struktur der Arbeitsteilung besser nutzen, wie das Beispiel von Toffler zeigt. Die frei gewordene Arbeitszeit befähigt zu anderen Arbeiten, die ohne automatische Produktion nicht geleistet werden können, und sie kommen dem Unternehmen direkt zugute, weil sie neue Erwerbsquellen erschließen, Märkte besser nutzen und vieles mehr. Die Tatsache, daß der Roboter in der Scheune eines Bauernhofes seinen Eigentümer freistellt für bis dahin unrentable Arbeiten, steigert schließlich auch die Arbeitszufriedenheit, die Motivation und Kreativität der einzelnen Arbeitskraft.

Tofflers Beispiel ist nur eines von Tausenden, denn die Hälfte aller weltweit eingesetzten Industrieroboter wird nach der amerikanischen Studie «Computerized Manufacturing Automation» in solchen oder ähnlichen Betrieben eingesetzt. Man kann daraus den Schluß ziehen, daß die Automation Aufbau und Existenz kleiner Betriebe in bisher nicht gekanntem Ausmaß begünstigt. Es ist daher nicht nur nicht auszuschließen, sondern von hoher Plausibilität, daß die Industriestruktur von morgen sowohl den Umfang wie auch die Organisationsform der Landwirtschaft von heute haben könnte. Soziologisch ist die Parallele sogar bis hinein in die Sozialstruktur solcher Kleinbetriebe vorstellbar. Viele der mit entwickelter Technologie arbeitenden Kleinbetriebe in Japan sind Familienbetriebe. Auch in Europa werden kleinere und mittlere Betriebe meist als Familienunternehmen geführt, für sie bietet die Automation neue Entwicklungsperspektiven und Überlebenschancen. Die Mehrzahl der Industriebetriebe in einer vollautomatischen Produktion von morgen kann man sich nicht nur aus der Produktionslogik heraus, sondern auch soziologisch plausibel als eine Schicht von Familienbetrieben vorstellen, wenn sich Großunternehmen zum Beispiel aus der direkten Produktion zurückziehen und sich statt dessen auf die Vermarktung der Produkte konzentrieren.

Noch deutlicher tritt die kleinbetriebliche Tendenz der dritten industriellen Revolution allerdings im Informationsbereich zutage, denn hier gibt es nicht einmal einen Kostenfaktor, der zur Konzentration und zur Zusammenfassung von Ressourcen zwingen würde wie bei industrieller Fertigung. Ebensowenig existieren objektive Hindernisse gegen eine kleinbetriebliche Organisation der Arbeit. Im Gegenteil: alles spricht dafür, daß das Maß an Autonomie und Dezentralität, das mit den neuen Medien und Technologien verbunden ist, eine klein- bis kleinstbetriebliche Organisation der Informationsarbeit nahelegt. Aber die kleinbetriebliche Organisation folgt nicht nur technologischer Rationalität, sie entspricht auch dem handwerklichen Charakter der Informationsarbeit als solcher, sei es bei der Software-Herstellung, sei es in der Nachrichtenverarbeitung, im Kulturbereich oder in der kommerziellen Unterhaltung. Wenn man überhaupt erfassen will, in welchen Organisationsmustern sich die Informationsarbeit von morgen abspielen könnte, dann ist «Informationshandwerk» der wahrscheinlich am ehesten treffende Begriff.

Daß dies nicht nur eine theoretische Annahme ist, belegen empirische Daten der letzten Jahre aus den Ländern, in denen der Prozeß der dritten industriellen Revolution schon im Gange ist. In den Vereinigten Staaten gibt es zum Beispiel eine signifikante Zunahme von Unternehmensneugründungen zu verzeichnen, die alle bekannten Maßstäbe sprengt. Betrug die jährliche Neugründungszahl in den fünfziger und sechziger Jahren etwa 50000 Betriebe im Jahr, so ist sie Anfang der achtziger Jahre auf mehr als 600000 angestiegen. Im letzten Jahrzehnt sind damit mehr als zehn Millionen Erwerbsmöglichkeiten neu entstanden – selbst wenn man die Zahlen mit allergrößter Vorsicht behandelt. Die Neugründungswelle läßt sich auch am Anwachsen des Venture-Kapitals in den USA messen, das 1977 noch 39 Millionen Dollar im Jahr betrug, 1982 aber schon 900 Millionen. Natürlich werden nicht alle diese Unternehmen überleben, aber eine große Anzahl von Neugründungen macht die Karriere vom Garagenunternehmen zur Weltfirma, so daß die Aussichten langfristig durchaus positiv zu bewerten sind. Wenn nur jeder vierte Erwerbstätige sich selbständig machen kann und zusätzlich etwa zwei bis drei Personen beschäftigt oder als Familienangehörige miteinbezieht, dann würden schon mehr als 75 % aller Erwerbspersonen in Mini-Unternehmen arbeiten. Die Antwort auf die Frage nach der Rolle der vermeintlichen Jobkiller «Automation» und «Telematik» in den vor uns liegenden Jahrzehnten fiele dann leichter. Wohlgemerkt, wir stehen erst am Anfang dieses Prozesses. Die zukünftigen Technologien, Programme, Konfigurationen und Werkstoffe werden diesen Prozeß weder bremsen noch umdrehen. Sie schaffen vielmehr besondere sozioökonomische Chancen für neue Erwerbsformen, und es ist sicher, daß diese Chancen auch ergriffen werden, trotz aller Risiken und Anforderungen. Die dritte industrielle Revolution bietet einfach zu verlockende Existenzmöglichkeiten, auf der anderen Seite droht nur die Massenarbeitslosigkeit. Die soziale Basis für eine solche Transformation ist damit im Grunde auch schon skizziert, denn die Personenkreise, die solche Chancen wahrnehmen werden, sind vor allem bei den hochqualifizierten jungen Menschen zu finden, die die Bildungsexpansion des Sozialstaats in den siebziger Jahren hervorgebracht hat und die vor der Alternative stehen, ihre Qualifikationen entweder nicht zu nutzen oder neue Wege einer qualifizierten und chancenreichen Erwerbsarbeit zu gehen. Da ist es wohl keine Frage, wie sich die Mehrheit dieser jungen Generation entscheiden wird.

Ich halte es für zutreffend, was John Naisbitt in «Mega-Trends» sagt: Wir bewegen uns mit der dritten industriellen Revolution weg von der Manager- (oder besser gesagt: von der Angestellten-)Gesellschaft hin zur Unternehmergesellschaft. Eine Unternehmergesellschaft, die sich auf einen zahlenmäßig dominierenden, zugleich hochqualifizierten Mittelstand stützt. Zum Verständnis der Auswirkungen der dritten industriellen Revolution wird es folglich unerläßlich sein, von einer massiven Zunahme einer ökonomischen Mittelschicht mit hoher beruflicher Qualität und entsprechenden innovativen Potentialen auszugehen, was – wie wir noch sehen werden – auch wichtige sozialpolitische Konsequenzen nach sich ziehen wird. Wieder also wird es eine neue Klasse sein, die der Informationshandwerker und Informatik/Telematik-Unternehmer, die die Transformation der bestehenden Verhältnisse in eine neue Gesellschaft vorantreibt. Dieser neuen Klasse gehört die Zukunft, und von ihrer Sicht der Dinge wird die Gestalt der Zukunft entscheidend abhängen.

Das Ende der proletarischen Massenarbeit. Eine solche Feststellung schließt sehr weitgehende Aussagen über die Massenlohnarbeit, über die proletarischen Lebensformen und deren gesamtgesellschaftliche Bedeutung ein. Sie sind nichts anderes als der Umkehrschluß aus dem vorher Beschriebenen: Die Automation wird in der Industrie gerade die mittleren und angehobenen Qualifikationen überflüssig machen, also die typischen Angestellten, Fach- und Industriearbeiter. Arbeitsplätze dieser Art werden wiederum in den Wirtschaftszweigen besonders gefährdet sein, die charakteristisch für die alte Industrieproduktion waren und sind. Neue Arbeitsplätze, wo sie entstehen, verlangen höchste und hohe Qualifikationen und unternehmerische Risikobereitschaft, vor allen Dingen aber eine langfristige Lebensplanung, so daß sie nur für einen kleinen Kreis der von Massenarbeitslosigkeit Betroffenen in Frage kommen werden. Die Massenlohnarbeit als dominierende Erwerbsform und als prägendes gesellschaftliches Element befindet sich daher auf dem Rückzug, zumindest hat sie als Massenerwerbsform ihren Zenit überschritten. Die Dauerarbeitslosigkeit der siebziger und achtziger Jahre ist daher so etwas wie der Rubikon zwischen der alten und der neuen sozioökonomischen Formation. Natürlich wird die Lohnarbeit nicht verschwinden, sie wird aber einen anderen Stellenwert im wirtschaftlichen und sozialen Gefüge der kommenden Gesellschaft einnehmen. Ihr Charakter wird im Verhältnis zu einem breiten ökonomischen Mittelstand wieder eher «mittelalterliche» Züge bekommen und Erwerbstätigkeit für Menschen mit geringen Qualifikationen sein, die nur zeitweilig arbeiten wollen. Sie wird die Erwerbsform für schmutzige und gefährliche Arbeit und schließlich die Beschäftigungsform für Arbeitsimmigranten werden und sein.

Genau dies bestätigt die Entwicklung des Arbeitsmarktes in den Vereinigten Staaten in den letzten fünf bis sechs Jahren: Neben einer großen Zahl von neuen Selbständigen steht auch eine große Zahl von Arbeitsplätzen in abhängiger Beschäftigung, vor allem dort, wo schmutzige, gefährliche Arbeiten zu verrichten sind – Gelegenheitsjobs für Schlechtqualifizierte, für Arbeitsimmigranten und andere Randgruppen. Von den mehr als 12 Millionen Arbeitsplätzen, auf die der wirtschaftliche Aufschwung der USA in den achtziger Jahren so stolz verweist, dürfte sicher die Hälfte aus solchen ungeschützten Arbeitsplätzen bestanden haben. Wollte man darin allerdings nur eine Art sozialpolitischen Ausrutscher ohne Folgewirkung für das gesamte System der Erwerbsarbeit sehen, dann verkennte man wahrscheinlich die epochale Bedeutung dieses Phänomens. Betrachtet man es mit der notwendigen Aufmerksamkeit, dann ist nicht zu übersehen, daß hier ein radikaler Wandel in Qualität und Funktion der Lohnarbeit eingesetzt hat. Dieser Wandlungsprozeß vollzieht sich nicht erdrutschartig, es wäre also falsch, wenn man annehmen wollte, das Ende der Massenlohnarbeit sei für die nächsten fünf oder sechs Jahre zu erwarten. Es handelt sich vielmehr um eine Tendenz, die sich aus dem ständigen Anwachsen struktureller Arbeitslosigkeit, dem Rückgang der lohnabhängigen Erwerbsform und der Transformation der gesellschaftlichen Produktionsweise ergibt. Wann dieser Prozeß abgeschlossen sein wird, ob er linear oder in Sprüngen abläuft, darüber lassen sich beim besten Willen keine Prognosen stellen.

Trotz der hohen Innovationsgeschwindigkeit werden die alten Strukturen also noch auf absehbare Zeit erhalten bleiben, sie verlieren nur ihre prägende Kraft und werden zu Altlasten aus der allmählich absterbenden klassischen Industriegesellschaft. Deshalb wird die Veränderung unserer Arbeitswelt vorerst wohl nur stufenweise geschehen und eng an den Rhythmus von Krisen und Wachstumsschüben gebun-

Computer-Heimarbeit

den bleiben. Auf der anderen Seite gewinnen die neuen Technologien und Unternehmensstrukturen jedoch kontinuierlich an Bedeutung und wachsen sozusagen von unten mit den neuen Generationen nach. Man kann mit aller Vorsicht also vorhersagen, wann der Prozeß der massiven Veränderung einsetzen und wann er in etwa abgeschlossen sein wird. Die Jahrtausendwende dürfte unter diesem Gesichtspunktspunkt tatsächlich zu einer Zeitenwende werden. Im übrigen darf man bei solchen Zeitangaben nicht übersehen, daß Beschleunigungsfaktoren entstehen können, die von außen auf unsere entwickelten Industriegesellschaften einwirken können. Ich denke dabei insbesondere daran, daß sich die dritte industrielle Revolution sehr viel schneller auch in jenen Ländern vollziehen könnte, die bisher nicht zu den Industriegesellschaften gerechnet wurden, sondern zu den asiatischen Schwellenländern. Da diese sehr viel weniger Probleme mit einer ganzen Reihe von Fragen haben, die sich für uns mit der dritten industriellen Revolution stellen (zum Beispiel die Massenarbeitslosigkeit), und da sie nicht selten als «Entwicklungsdiktaturen» bezeichnet werden müssen, ist es nicht auszuschließen, daß sie den Weg in die neue industrielle Produktionsweise sehr viel schneller gehen als die alten Industriegesellschaften und diese zwingen, die Industrialisierung der Informationstechnologie zu beschleunigen.

Die organisierte Massenlohnarbeit hat also noch Zeit, sich auf die Veränderungen einzustellen. Auch im politischen Bereich existiert noch keine klare Perspektive, wie wir die Auswirkungen der dritten industriellen Revolution eigentlich steuern und einsetzen wollen. Es gibt jedenfalls keine Überlebensgarantie. Gewerkschaften und Linksparteien stehen daher vor einem langen Weg der Neubestimmung ihrer Identität in einer Gesellschaft, die in fast allen Punkten von den charakteristischen Strukturen einer Lohnarbeitergesellschaft abweichen wird. Das wird ihre Identitätssuche nicht erleichtern, die kommenden Konfliktstrukturen aber werden ihnen eine solche Auseinandersetzung auch nicht abnehmen.

Neue soziale Konfliktlinien. Wir haben damit die Umrisse der sozialen Konflikte von morgen ziemlich klar vor Augen. Sie werden sich an der Bewältigung der «Altindustrie», an der Transformation der Lohnarbeit (Arbeitslosigkeit) und an der Frage entzünden, wie denn die Machtverhältnisse in einer handwerklich und kleinbetrieblich strukturierten Sozioökonomie aussehen und gestaltet werden können. Der nächstliegende und wichtigste Konflikt ist und bleibt das Problem der Massenarbeitslosigkeit. Es schein nach alledem, was wir gesehen haben, ausgeschlossen, daß die Mehrzahl der jetzt Arbeitslosen durch die dritte industrielle Revolution neue Arbeit finden wird, auch dann, wenn in neuen Wirtschaftssektoren und neuen Formen von Erwerbsarbeit erhebliche Beschäftigungsmöglichkeiten entstehen würden. Das Problem der dritten industriellen Revolution ist ja gerade, daß die neuen Erwerbs- und Beschäftigungsmöglichkeiten an den Strukturproblemen der bestehenden Massenarbeitslosigkeit vorbeigehen und allenfalls ein paar hochqualifizierte und innovative Einzelpersonen erfassen. Lediglich der hochqualifizierte, akademisch ausgebildete Nachwuchs ist davon auszunehmen. Er darf wohl als die eigentlich soziale Basis der Transformation angesehen werden, er wird auch von den Problemen der Arbeitslosigkeit in ganz anderer Weise betroffen als zum Beispiel Industriearbeiter. Auch wenn es zynisch klingen mag, die Wirtschafts- und Sozialpolitik der nächsten Jahre wird für absehbare Zeit davon ausgehen müssen, daß das Problem der Massenarbeitslosigkeit nicht zu lösen ist, jedenfalls nicht mit den wachstums- und wirtschaftspolitischen Instrumentarien im Rahmen einer Marktwirtschaft. Wir werden uns also die Frage stellen müssen, wieweit unser Solidaritätsverständnis geht und welche Lasten die Gemeinschaft auf sich nehmen will, um Millionen von Menschen eine menschenwürdige Existenz zu sichern.

Je länger sich das Problem der Massenarbeitslosigkeit vor uns herschiebt, desto mehr wird die Arbeitslosigkeit aber auch zu einem Problem alter Menschen. Wir gehen sicher mit Recht davon aus, daß die Zahl der älteren Menschen, die zugleich noch mitten in ihrer Lebenskraft stehen, in den nächsten Jahrzehnten sehr stark zunehmen wird. Um die Jahrhundertwende wird jeder dritte Mensch in der Bundesrepublik im Pensionsalter sein, ein erheblicher Teil lebt in sogenannten Post-children-Familien: ältere Ehepaare, deren Kinder aus dem Haus sind und die nun Betätigungsmöglichkeiten suchen, gerade weil sie einen qualifizierten Beruf ausgeübt haben. Die soziale Frage von morgen wird daher auch lauten, wie wir mit Restarbeitslosigkeit und den wachsenden Problemen vitaler alter Menschen im Innovationsprozeß der dritten industriellen Revolution fertig werden, ob wir sie integrieren können und wollen, oder ob sich hier eine nichtintegrierbare Konfliktgröße entwickelt, die die Gesellschaft von morgen an der unvermeidlich informationstechnologischen Modernisierung bindern kann. Auch hier sind Solidarität und Vernunft die wichtigsten Instrumente einer humanen Entwicklung.

Wenn wir die sozialen Probleme im Übergang zur hochtechnologischen Gesellschaft von morgen nicht lösen können, dann wird eine Art neuer Pauperismus entstehen, der sich im übrigen sehr gut mit dem Aufschwung neuer Industrien und Unternehmen verträgt. Stagnative Tendenzen könnten hart neben Wachstumstendenzen stehen. Eine scharfe gesellschaftliche Spaltung in eine Mehrheit mit wachsendem Wohlstand und eine große Minderheit in immer größerer Armut ist angesichts solcher Tendenzen nicht nur nicht auszuschließen, sondern durchaus wahrscheinlich – und wie das Beispiel der USA zeigt, keineswegs für die Funktionsfähigkeit einer Gesellschaft bedrohlich.

Aber auch das Entstehen einer neuen Struktur von Selbständigkeit garantiert noch keinen sanften Übergang in eine bessere Gesellschaft. Denn es ist durchaus denkbar, daß Selbständigkeit in echter Autonomie wie in massiver Abhängigkeit entstehen kann. So kann mit der neuen Privatisierung und Dezentralisierung eine völlig neue Form von

Selbständigkeit entstehen, in der sie nichts anderes bedeutete als neue Heimarbeit in Abhängigkeit von einem großen Unternehmen. Derzeit vollziehen sich erste Schritte zu einer neuen Verlagsindustrie durch die Dezentralisierung von Computerarbeitsplätzen aus Großunternehmen und Verwaltung. Sie werden in die Wohnung von Arbeitskräften, sei es von Informatikern oder von Hausfrauen, verlegt, die solcher Art von Arbeit aus unterschiedlichen Motiven und unter uneinheitlichen Bedingungen in einer zentral gesteuerten Vernetzung nachgehen. Noch beschränkt sich die Computerheimarbeit auf wenige Arbeitsplätze in einigen Regionen der USA und Europas. Es sind auch nur wenige Großunternehmen, die solche Experimente bisher unternommen haben. Doch es ist nicht auszuschließen, daß damit nur der Anfang gemacht wurde und daß mit fortschreitender Entwicklung immer mehr Computersysteme und automatische Produktionsanlagen kleinsten Ausmaßes von abhängig gehaltenen Heimarbeitskräften bedient werden, die rein formal als Werkunternehmer oder selbständige Zulieferer auftreten. Das Phänomen der Computerheimarbeit besitzt also eine brisante Langzeitwirkung, vorausgesetzt allerdings, daß sie sich nicht als Sackgasse der Entwicklung herausstellt. Aber unabhängig davon, ob die jetzt praktizierte Computerheimarbeit Zukunft hat oder nicht, sie ist trotzdem ein wichtiger Hinweis auf mögliche Perspektiven, die mit der neuen Form von Arbeitsteilung zwischen Großunternehmen und Kleinherstellern bzw. Heimproduzenten verbunden sind. Es entstehen in dieser Beziehung nämlich Sozialformen wieder, die wir aus der mittelalterlichen und frühneuzeitlichen Organisation der Textilindustrie kennen. Gemeint ist die Organisationsform der Verlagsindustrie, bei der ein Rohstofflieferant und Vermarkter eine ganze Kette von Kleinunternehmern, Heimarbeitern und abhängigen Handwerkern für sich arbeiten läßt. Wie wir aus der Geschichte wissen, hat das nicht selten zu sehr negativen wirtschaftlichen und sozialen Verhältnissen der Zulieferer geführt – zumindest immer dann, wenn es ihnen nicht gelang, sich kollektiv und kooperativ zu organisieren und ein Gegengewicht zur ökonomischen Macht des Verlagsunternehmens zu bilden.

Es ist bei den sich abzeichnenden Bedingungen der Telekommunikation nicht auszuschließen, daß große Unternehmen ein starkes Interesse an einer solchen Form der Selbständigkeit und der Dezentralisierung der Produktion haben könnten. Dafür sprechen mehrere Indizien: einer der größten Computerhersteller der Welt, in den fünfziger und sechziger Jahren gleichsam Inbegriff eines hochkonzentrierten Kapitalunternehmens, hat sich ziemlich weit aus der Herstellung der Computer zurückgezogen und auf die Vermarktung, den Vertrieb und die Kundenbetreuung, konzentriert – gestützt auf ein wohl einmaliges Netz von Servicestationen auf der ganzen Welt. Es scheint so, als wäre für diesen Hersteller die Grenze schon überschritten, jenseits der es für ihn noch sinnvoll ist, etwas selber zu produzieren. Der Konzern entfernt sich allmählich vom Industriekapitalismus und zielt auf ein modernes Verlagsunternehmen. Dieser Vorgang ist deshalb so interessant und läßt den sensiblen Beobachter aufhorchen, weil er auf der Seite der Großunternehmen exakt dem entspricht, was sich gleichzeitig auf der Seite der Kleinhersteller und industriellen Heimarbeiter entwickelt. Beide Prozesse steuern gleichsam von verschiedenen Seiten auf dasselbe Modell zu, die hochtechnologische Verlagsindustrie.

Es ist wahrscheinlich nicht falsch, in diesem hochtechnologischen Verlagssystem Elemente eines neuen Herrschaftsverhältnisses in Wirtschaft und Gesellschaft von morgen zu sehen: eine neue Abhängigkeit und Machtverteilung, die durch keinerlei gewachsene Solidarstrukturen und Widerstandsformen mehr aufgefangen oder abgewehrt werden könnte. Die dritte industrielle Revolution ist also keinesfalls und automatisch schon auf dem Weg zu einer besseren und humaneren Gesellschaft, nur weil die Technologien dezentral, autonomistisch und horizontal vernetzt sind. Auch die soziale Gestalt der Gesellschaft von morgen wird erst noch ausgekämpft werden müssen. Ohne den massiven Interessenkonflikt um eine bessere Sozialordnung der dritten industriellen Revolution droht eine eher trübe Zukunft – von den rosigen Zeiten für wenige einmal abgesehen. Wie sie aussehen könnte, das kann man in den USA, in Japan und in einigen asiatischen Schwellenländern studieren, die schon längst Verhältnisse kennen, die Peter Glotz «Zweidrittelgesellschaft» genannt hat. Das heißt, daß ungefähr ein Drittel der Gesellschaft durch das soziale Netz fällt. Sie werden das Los der neuen Armut erleiden, entweder gänzlich verarmen oder von Gelegenheitsarbeiten leben, die ihnen als kurzfristige Jobs mit niedrigem Lohn ohne soziale Absicherung angeboten werden. Der Teufelskreis der Armut führt daher zu gettohafter Abkapselung des unteren Drittels der Gesellschaft, zur Kriminalisierung, zu Drogen, Alkohol, Gewalttätigkeit, Bildungsmängeln und Desintegration, also zu einer dauerhaften Zementierung der neuen Armut. Der florierende Teil der Gesellschaft braucht keineswegs den Versuch zu unternehmen, das verarmte Drittel wieder zu integrieren – vielleicht war und bleibt die gesellschaftliche Integration, wie sie die Sozialstaatsgesellschaft angestrebt hat, ohnehin nur eine auf diese Epoche beschränkte, heute schon idyllisch wirkende Zwischenphase. Der prosperierende Teil kann ebensogut sein Heil in Repression – der polizeilichen Eindämmung der Probleme – suchen und eher die Spaltung der Gesellschaft riskieren, als um jeden Preis sozialpolitische Lösungen anzustreben.

Mich erinnert dieses Zukunftsbild stark an den Massenpauperismus im 17. und 18. Jahrhundert, an die Epoche des Merkantilismus. Ich meine daher, daß auch wir eine Renaissance überwunden geglaubter Formen erleben könnten: einer florierenden Gesellschaft des städtischen Handwerks und der Industrie und eine Armutsgesellschaft auf dem Lande und in den Vorstädten, die drakonisch unterdrückt wurde und unter erbärmlicheren Bedingungen lebte als jede andere Sozialschicht in den tausend Jahren zuvor.

Neue Formen der Solidarität. Die Idee einer stärker von selbständiger Erwerbsarbeit geprägten Gesellschaft, die Prognose gar, daß an die Stelle bürokratischer Versorgung der Markt treten könnte, löst also nicht ganz zu Unrecht das ungute Gefühl aus, die Sprengwirkung der dritten industriellen Revolution könnte unsere gewachsenen Solidarbeziehungen und Freiheitsrechte wieder zerstören. Falsch sind solche Befürchtungen angesichts der Tendenzen zu Neopauperismus und Neomerkantilismus sicher nicht. Die Frage ist daher mehr als berechtigt, wie unsere Gesellschaft denn zum Beispiel mit dem Problem der Massenarmut umgehen will. Kapselt sich der florierende Teil der Gesellschaft ab und überläßt die Armut sich selbst bzw. den Sicherheitsorganen, oder entwickelt auch die kommende Industriegesellschaft so etwas wie Solidarität und soziale Normen, die im Einklang stehen mit den Postulaten der Gerechtigkeit, der Brüderlichkeit und der sozialen Verantwortung des Ganzen für den einzelnen? Und wenn ja, wie sind solche Sozialwerte wie Arbeit für alle, umfassende soziale Sicherung, politische Emanzipation mit den neuen Strukturen zu vereinbaren?

Eine stark handwerklich und kleinunternehmerisch geprägte Gesellschaft stellt ohne Frage eine Veränderung der sozialen Sicherung dar. Ein Unternehmen, insbesondere ein kleines oder mittleres, ist einer Großorganisation immer unterlegen im Hinblick auf wirtschaftliche Sicherheit und Kontinuität. Es verfügt nicht über genügend Geldmittel, hat keine unbegrenzten Ressourcen zur Verfügung, kann Durststrecken nur schwer überstehen, und ein Mißerfolg bedeutet meistens den

Ruin des ganzen Unternehmens. Die traditionelle Reaktion darauf ist, die Sicherheits- und Kontinuitätsprobleme auf die Familie umzuverteilen, weshalb insbesondere kleine Dienstleistungsbetriebe in der Regel Familienbetriebe sind. Aber das familiäre Netz verträgt keine große Belastung. Wenn das kleine Unternehmen seine Vorteile an Kreativität und Flexibilität wirklich auf Dauer abgesichert nutzen will, dann müssen langfristige und stabile Rahmenbedingungen umfassender Art geschaffen werden.

Dafür gibt es im Prinzip drei Strategien: die Subventionierung von Unternehmen durch staatliches Geld (problematisch), das Unterkriechen des kleinen Unternehmens bei einem großen Partner wie im Beispiel der Verlagsindustrie (erhöht die Abhängigkeit und kaum die Sicherheit) und schließlich der Zusammenschluß von vielen einzelnen Unternehmen in einer kooperativen Gemeinschaft, um auf diese Weise die Chancen eines Großunternehmens für Finanzierung, Vermarktung, Ressourcen und Management zu nutzen. Gegen die geballte Marktmacht eines Großunternehmens, das als Marketing-Kapitalist auftritt, kann zum Beispiel der Zusammenschluß zu einem genossenschaftlichen Vertriebsverbund helfen. Die Abhängigkeit kleiner Unternehmen von großen Verleger-Konzernen läßt sich durch kooperative Erwerbsgemeinschaften aufheben. Gegen die Bedrohung von Freiheit und Selbstbestimmung in Wirtschaft und Politik läßt sich schließlich nur eine wirtschaftsdemokratische Verbandsstruktur setzen, die durch ihre Kapitalneutralität jede Marktkonzentration und Monopolisierung durch Kapitalmacht ausschließt. Diese Neutralität entsteht im wirtschaftsdemokratischen Verbund durch das Grundprinzip, daß jeder nur eine Stimme im wirtschaftlichen Entscheidungsprozeß hat, gleich, wieviel Kapital er einbringt.

Soll auf Dauer verhindert werden, daß die Vorteile, die sich mit der dritten industriellen Revolution im kleinbetrieblichen Bereich andeuten, durch neue Konzentration und Zentralisation wieder beseitigt werden, dann bietet sich eine genossenschaftlich-kooperative Ordnung geradezu an. Sie verhindert durch sich selbst (Kapitalneutralität) unerwünschte ökonomische Machtballung. Sie entspricht mit ihrer Wirtschaftsdemokratie den Prinzipien der wachsenden Dezentralisierung und Autonomie des einzelnen Unternehmens noch am ehesten und würde gerade in dieser Form die technologischen Möglichkeiten der Produktivkräfte am wirkungsvollsten und einfallsreichsten nutzen. Kurz: die Strukturmerkmale der neuen Technologien finden in kooperativen Organisationsformen eine gewisse Entsprechung. Wenn es richtig ist, daß die Produktivkräfte eine Tendenz zu Kleinbetrieben und selbständiger Erwerbsarbeit begünstigen, dann liegt die kooperative Organisation von Interessen und Ressourcen in der Logik der dritten industriellen Revolution. Je größer folglich die Zahl der Selbständigen wird, um so notwendiger werden sich auch neue Formen des Interessenzusammenschlusses auf kooperativer Grundlage entwickeln. Sie sind die einzige bisher erkennbare Organisationsform gegen die drohende Herrschaft eines neuen Verlagssystems.

Die soziale Sicherung würde unter solchen Bedingungen anders als in der Lohnarbeitergesellschaft keine bürokratische Lösung suchen sondern alle nur erdenklichen Formen der Selbstorganisation und Selbsthilfe. Dazu bietet die horizontale Vernetzung in der kooperativen Organisationsform vielfältige Möglichkeiten. Kooperative Zusammenschlüsse können und werden soziale Gemeinschaftseinrichtungen betreiben. Der einzelne Betrieb kann und wird mehr soziale Funktionen übernehmen, als das in der Lohnarbeitergesellschaft der Fall ist. So spricht nichts dagegen, daß viele Unternehmen sozialen Aufgaben nachgehen, statt Seidenraupen zu züchten, während ihre Roboteranlagen das Kleingeld verdienen. Der Produktivitätszugewinn flösse hier wie dort direkt in eine neue soziale Qualität, die im günstigsten Fall als «Nebenprodukt» des technischen Fortschritts auftritt und im guten Sinne als Zuwachs an sozialem Reichtum begriffen werden kann, der faktisch nichts kostet.

Solche Solidarformen, die hier für eine unterstellte kleinbetriebliche Struktur von morgen nur angedeutet werden können, sind genaugenommen natürlich keine wirklich neuen Formen. Kooperative Zusammenschlüsse von kleinen und handwerklichen Betrieben zur Nutzung der Vorteile des Großbetriebs sind so alt wie die private kleinbetriebliche Struktur in Handwerk und Industrie selbst. Sie haben eine lange Tradition, festgefügte Interessenvertretung und bis heute eine ausgetüftelte Rechtslage im Genossenschaftsgesetz – auch wenn diese für die Zukunft der gründlichen Entrümpelung bedürfen. Es ist daher selbstverständlich, daß betriebliche Strukturen auf solche Organisations- und Rechtsformen zurückgreifen, wenn sich deutlich ergibt, daß sie ihre Ziele in einer kooperativen Zusammenarbeit besser realisieren können als in jeder anderen. Wenn unsere Prämisse stimmt, dann entstehen nicht nur betriebliche Organisationsformen, sondern auch Interessenzusammenschlüsse und kollektive Widerstands- bzw. Ge-

genmachtstrukturen, die auf der Ebene der Interessenorganisation Elemente der Vergangenheit in sich aufnehmen – allerdings in entgegengesetzter Richtung wie Neopauperismus oder Neomerkantilismus.

Aber ein solcher Hinweis ist angesichts eines neubewerteten Mittelalters keineswegs besonders aufregend. Denn mit der dritten industriellen Revolution kehren wir, sowohl was die Qualität der Technologien als auch die betriebliche Struktur und die Organisation von gemeinschaftlichen Interessen betrifft, möglicherweise zu sozial und ökologisch viel effektiveren Formen der industriellen Revolution des Mittelalters zurück – auf einem anderen Niveau und vor dem Hintergrund ganz anderer historischer Erfahrungen, das versteht sich. Mit den neuen Technologien verbindet sich so die durchaus realistische Perspektive einer sozialen Revolution, die die Entwicklung der Produktivkräfte mit mehr Selbstbestimmung, mehr Gerechtigkeit und Solidarität verbinden könnte – ohne gleich die positiven Aspekte staatlich-bürokratischer Organisation über Bord werfen zu wollen. Auch das entspräche den Strukturen eines «neuen Mittelalters».

Man kann die Betrachtung der Auswirkungen noch um einige Aspekte – auch utopische – erweitern. Wenn drei oder vier Ingenieure ein informationstechnologisches Unternehmen betreiben, gibt es eigentlich keinen Grund, warum einer von ihnen den Chef spielen sollte, die anderen die Knechte. Die Arbeit, die sie verrichten, ist gerade wegen der neuen Technologien gleichwertig (Handlangerdienste machen schließlich die Roboter). Eine Art funktionaler Hierarchie ergibt sich daraus nicht. Die hohe Qualität der Arbeit setzt vielmehr voraus, daß ein Höchstmaß an Konsens zwischen allen Beteiligten besteht. Solche Übereinstimmung läßt sich aber am besten sichern, wenn alle auch die gleichen Rechte und dasselbe Eigentum am Betrieb haben. Die hochtechnologische Industrie- und Informationsverarbeitung von morgen weist damit selbst kooperative Elemente auf.

Stimmt unsere These von der wachsenden Zahl kleiner Betriebe in der Sozioökonomie von morgen, dann spricht die Logik der Produktivkraftentwicklung nicht nur für genossenschaftliche Strukturen zwischen den Betrieben, sondern auch innerhalb der Betriebe. Zum erstenmal seit der industriellen Revolution des Mittelalters begünstigen die Produktivkräfte die betriebliche Selbstverwaltung. Sie erscheint mir als die intelligenteste Nutzung der informationstechnologischen Strukturen im Innern künftiger Betriebe. Zumindest ist sie der einfachen Eigentumsordnung ebenso überlegen wie dem Familienbetrieb, der kooperative Momente wenigstens auf dem Niveau der Familiensolidarität aufweist. Es entspricht der Tendenz zum kleinen, autonomen, dezentralen und hochkomplexen System, daß die in einem solchen Betrieb zusammenarbeitenden Menschen auch selbst autonom, dezentral und hochkomplex handeln können. Das Modell der Selbstverwaltung würde die kommende Technostruktur jedoch nicht nur für eine Motivation und Kreativität fördernde Demokratie am Arbeitsplatz nutzen, auch die durch die Technostruktur begünstigte Betriebsgröße wäre ein Argument für die Stabilisierung der betrieblichen Demokratie. Der Informationsbetrieb von morgen hat seine optimale Größe irgendwo zwischen 10 und 15 Personen. Aus der Demokratieforschung wissen wir, daß für das Funktionieren direkter betrieblicher Demokratie die Zahl von 15 Mitgliedern nicht überschritten werden sollte.

Die Vorstellung von einer sozialen Ordnung der gesellschaftlichen Arbeit von morgen, die aus betrieblichen und überbetrieblichen Elementen kooperativer Natur besteht, scheint mir daher nicht abwegig zu sein. Sie nähme die technologischen Tendenzen zu einer dezentralen und autonomen Sozioökonomie bzw. die Rationalität kleinbetrieblicher bzw. handwerklicher Strukturen auf der Basis neuer Technologien auf und würde sie beantworten mit betrieblicher Selbstverwaltung und überbetrieblicher Selbstorganisation von Marktmacht und sozialer Sicherung auf umfassend wirtschaftsdemokratischer Basis. Das schließt eine rein privatwirtschaftliche Organisation einzelner Betriebe im Rahmen einer solchen Kooperation nicht aus, macht auf der anderen Seite aber deutlich, welche Vorteile die selbstverwaltete Struktur im Inneren aufweist. Man kann sich allerdings vorstellen, daß eine umfassende kooperative Struktur, dort, wo sie etabliert ist, weiter zusammenwächst und Elemente territorialer Autonomie bzw. kommunaler Selbstverwaltung in sich aufnimmt. Es gibt kein Gesetz, das kooperative Zusammenschlüsse von Betrieben beispielsweise nur auf der Branchen- oder Tätigkeitsebene erlauben würde. Betriebe können sich auch dann zu Kooperativen zusammenschließen, wenn sie völlig verschiedenen Arbeiten nachgehen und beispielsweise an einem Ort, in einer Region oder in einem Stadtviertel zusammenwohnen. Der Zusammenschluß von Betrieben der gleichen Fachrichtung in Fachverbänden ist eben nur eine von verschiedenen denkbaren Organisationsformen. Für eine hochdifferenzierte Sozioökonomie, wie sie mit der dritten industriellen Revolution entsteht, bietet sich als Prinzip der kooperativen Vergesellschaftung allerdings die territoriale Zusammenfassung in einem Viertel, einer Stadt oder einer Region geradezu von selbst an. Damit liegt es aber nahe, daß sich die regionale Kooperation auch als kommunale Selbstverwaltung versteht, also auch als politische Einheit. In einem solchen Fall hätten wir es mit einer dezentralen Sozialordnung zu tun, die aus einer Fülle verschiedener Tätigkeitsfelder, Gemeinschaftseinrichtungen, gemeinsamem Wohnen im Stadtquartier, gemeinsamen Versorgungseinrichtungen und politischer Selbstverwaltung besteht. Die Vorteile einer solchen Struktur liegen auf der Hand: hohe Diversifikation, vertikale Arbeitsteilung, direkte Versorgung auf der einen und organisierte Macht auf der anderen Seite.

Die Vorstellung von einer genossenschaftlichen Struktur als Einheit von betrieblicher, wohnungswirtschaftlicher und politischer Selbstverwaltung in einem Stadtviertel oder einer sonstigen Siedlungsform klingt sicher reichlich utopisch. Doch ist sie nichts anderes als die Addition der bisher schon genannten Elemente unter Hinzufügung der kommunalen Selbstverwaltung (die für sich genommen auch keineswegs utopisch ist). Außerdem hat eine solche Organisation historische Wurzeln in unserer Stadtgeschichte, denn schon immer gab es autonome Stadtquartiere, die zunftartige oder genossenschaftliche Organisationsformen kannten. Bis in die Gegenwart hinein gibt es lebendige Vorzeigebeispiele immer noch funktionierender, genossenschaftlicher Einrichtungen in Stadtvierteln – dort, wo die Modernisierung unserer Gesellschaft wenigstens noch einige Traditionen wie die der genossenschaftlichen Holz- und Weidewirtschaft außerhalb der Stadt überleben ließ. In südeuropäischen Städten finden sich solche Traditionen häufiger als in Nord- und Westeuropa, in Israel schließlich gibt es eine sehr lebendige Tradition neueren Datums in Gestalt der Kibbuzgemeinschaften auf dem Land.

Wirklich utopisch wäre die Vorstellung erst, wenn wir unterstellen wollten, die verschiedenen Ebenen der genossenschaftlichen Organisation wüchsen zu einem kommunistischen Gemeinwesen nach Kibbuzvorbild zusammen. Die Voraussetzung dafür wäre zweifellos gegeben, aber es gibt ebensowenig Grund für die Annahme, daß eine nennenswerte Zahl von Menschen einen solchen Schritt gehen würde. Den Utopisten bleibt allerdings die Hoffnung, daß die weitere Entwicklung der dritten industriellen Revolution, je weiter sie sich von unseren vertikalen Arbeitsstrukturen entfernt, je mehr sie durch neue Technologien, künstliche Intelligenz und neue Werkstoffe auch Abschied nimmt von den technologischen Grundlagen unserer heutigen Produktionsweise, um so deutlicher auch kommunistische Elemente in der Organisationsstruktur in sich aufnimmt. Bei der unverkennbaren Tendenz zur hochtechnologischen Selbstversorgung einer «Blaupausen-Ökonomie» intelligenter, mikrobiologisch erzeugter Kommunikationssysteme ist in der Tat nicht auszuschließen, daß eine völlig neue Ordnung dezentraler Einheiten im nächsten Jahrhundert entstehen kann.

«Neue Genossenschaften» oder «Neomerkantilismus». Man kann mit Recht einwenden, daß das genossenschaftliche Prinzip nur eine Möglichkeit neben anderen darstelle. Seine grundlegenden Tendenzen würden sich auch in anderen Organisationsformen durchsetzen, da es technisch und ökonomisch mehr als plausibel sei. Ein Argument demonstriert jedoch, wie wesentlich die genossenschaftliche Organisationsform für die Realisierung der Tendenzen ist: die «Kapitalneutralität». Dieser Begriff meint, daß genossenschaftliche Organisationen als einzige privatwirtschaftliche Rechtsform sicherstellen, daß unabhängig vom Kapitaleinsatz nur immer eine Stimme pro Mitglied zählt. Das verhindert jede Form von Monopolisierung und neutralisiert unterschiedliche ökonomische Stärken. Kapitalneutralität sichert damit nicht nur die Gleichheit der Betroffenen, sondern auch die sozialpolitische Gleichbehandlung. Kapitalneutrale Genossenschaften können als ein weiterführendes Äquivalent zur Rolle des Staates angesehen werden, der ja auch kraft bürokratischer Eingriffsmöglichkeiten Gleichbehandlung in sozialpolitischer Hinsicht sichern kann. Jede andere Organisationsform birgt demgegenüber das Risiko in sich, daß die angestrebte Sozialordnung beständig unterlaufen wird. Die genossenschaftliche Organisation ist tatsächlich die einzige Alternative zur staatlichen sozialen Sicherung, die Ansprüche, Gerechtigkeit und Stabilität sichern kann. Insofern ist die Kooperation sowohl als Rechts- wie auch als Organisationsform tatsächlich eine pragmatische Alternative zum bedrohlichen Modell der Zweidrittelgesellschaft, in der Neopauperismus und Neomerkantilismus herrschen. Es ist also entscheidend, jedoch noch nicht entschieden, wie die Organisation der gesellschaftlichen Arbeit in Zukunft aussehen wird. Auch wenn die technologische Entwicklung in der dritten industriellen Revolution vielfältige Chancen und Möglichkeiten dezentraler und autonomer Organisation von Arbeit und Kommunikation bietet, die Tendenz zum Neomerkantilismus verdeutlicht, daß technologische Veränderung nicht automatisch sozialen Fortschritt bedeutet. Eine neue Sozialordnung muß auch für die dritte industrielle Revolution in politischer Auseinandersetzung erstritten werden, ganz so wie in den vorangegangenen Industrialisierungsphasen auch. Sozialer Fortschritt ist und bleibt das Resultat politischer Auseinandersetzungen – man könnte auch sagen: von Klassenkämpfen. Sozialer Fortschritt ist keine mechanische Folge technischer und ökonomischer Veränderungen, auch dann nicht, wenn sie die verlockendsten Möglichkeiten und Chancen bieten.

Die dritte industrielle Revolution schließt jedoch den umfassenden sozialen Fortschritt nicht aus. Im Gegenteil: die neuen Technologien halten wie selten zuvor objektive Bedingungen für eine Verknüpfung von technischem, sozialem und auch ökologischem Fortschritt bereit. Die Frage ist nur, ob und in welchem Umfang aus solchen Möglichkeiten Realität wird bzw. welche politischen Kräfte sich die Verknüpfung von technischem und sozialem Fortschritt als gesellschaftspolitisches Projekt für die dritte industrielle Revolution auf ihre Fahnen schreiben – so wie die Arbeiterbewegung im 19. und 20. Jahrhundert die soziale Bewältigung der zweiten industriellen Revolution zu ihrer Aufgabe gemacht hatte.

Es kommt also alles darauf an, ob ein solches Projekt auch wirklich eine tragfähige soziale Basis hat. Im Grunde genommen müßten alle Menschen dafür sein, denn das Konzept einer kooperativen Wirtschaftsdemokratie kennt keine religiösen, geschlechtsspezifischen oder klassenspezifischen Schranken. Es setzt keinen neuen Menschen voraus und keine politische Machtergreifung irgendeiner Partei. Es beruht lediglich auf der Einsicht, daß die Betroffenen ihre wirtschaftlichen, sozialen und politischen Interessen von morgen selber besser realisieren können als in jeder anderen denkbaren Form. Faktisch aber wird die soziale Basis wohl nur bei der jungen Generation zu finden sein und hier wiederum insbesondere bei denen, die zur Arbeitslosigkeit verdammt sind, obwohl sie hohe und höchste Qualifikationen aufweisen, sie aber wegen der vertrackten Arbeitsmarktlage auf Dauer nicht nutzen können. Sie haben ja – um ein Wort von Marx zu variieren – nichts anderes zu verlieren als ihre Perspektivlosigkeit, so wie das Proletariat des 19. Jahrhunderts nichts zu verlieren hatte als seine Ketten.

Schon in den siebziger Jahren setzte eine Bewegung unter der akademischen Jugend des Westens ein, mit Alternativbetrieben den Schritt aus der Abhängigkeit in die selbstverwaltete Ökonomie zu tun. Doch konzentrierte sich dieser Impuls vorwiegend auf Bereiche und Ansätze, die alles andere als technologisch innovativ genannt werden können

(Kneipen, alte Handwerke, Dienstleistungen). Nicht selten mit einem technologiefeindlichen Zungenschlag. Der technologisch aufgeschlossene Teil der nachwachsenden Generation, die sogenannten «Computer-Kinder», zeigen demgegenüber allerdings wenig Interesse an der Verknüpfung neuer Technologien mit sozialpolitischen Innovationen. Nicht selten charakterisiert sozialpolitische Schnoddrigkeit bis hin zur Rücksichtslosigkeit ihr Verhalten. Die soziale Basis für eine kommende Ökonomie mit mehr Selbstbestimmung und Freiheit wäre also erst in einer Verknüpfung beider Elemente, der wirtschaftsreformerischen und der technologieoffenen, zu suchen. Darum kommt der Politik eine entscheidende Rolle bei der Formulierung eines fortschrittlichen Projektes für die Zukunft der dritten industriellen Revolution zu. Was die Organisation der gesellschaftlichen Arbeit braucht, ist ein Äquivalent zur Arbeiterbewegung im 19. und 20. Jahrhundert, die sich selbst als Motor der Veränderung im Technischen wie im Sozialen versteht.

Ohne eine solche Erneuerungsarbeit, die technischen und sozialen Fortschritt wieder zusammenbringen will, droht insbesondere in der Alten Welt die Gefahr, daß die Zukunft der dritten industriellen Revolution verspielt wird, weil die technologischen Veränderungen und der drohende sozialpolitische Abbau so viele Hemmfaktoren und Bremsschwellen einbauen, daß eine möglicherweise schnelle Veränderung unserer Industriegesellschaften verhindert wird (wie schnell eine solche Veränderung unter Umständen sich ergeben kann, können wir am Beispiel der ausländischen Konkurrenz überprüfen). Je weniger die auf uns zukommenden Entwicklungen in Übereinstimmung zu bringen sind mit den gewachsenen politischen und gesellschaftlichen Solidarwerten seit der Aufklärung, um so größer werden die Reibungsverluste in den europäischen Industriegesellschaften sein und um so geringer die Aussichten auf eine Bewältigung der zukünftig notwendigen Veränderungen. Umgekehrt aber, mit einem hohen Maß an Übereinstimmung von sozialem und technischem Fortschritt, werden die alten Industriegesellschaften so gestärkt, daß sie die dritte industrielle Revolution nicht nur erdulden, sondern von der Spitze zu gestalten. Im einen Fall droht dem europäischen Kontinent das Versinken in einer Dritten Welt von morgen, im anderen Fall eröffnet sich die Möglichkeit, Aussehen und Charakter der dritten industriellen Revolution maßgeblich zu gestalten. Es ist zwar richtig, daß die «Brutstätten» des technischen Fortschritts heute in Kalifornien und Japan liegen (bisweilen sogar in Schwellenländern wie Korea, Taiwan und Singapur). Die meisten Prognosen gehen sogar davon aus, der Schwerpunkt der wirtschaftlichen und technologischen Entwicklung des 21. Jahrhunderts werde in den Pazifik abwandern. Dafür sprechen derzeit die Fakten. Aber es ist keineswegs zwingend, die europäischen Industriegesellschaften für die dritte industrielle Revolution schon verlorenzugeben. Sie sind im Grunde besser als alle anderen Gesellschaften und Regionen darauf vorbereitet, mit der dritten industriellen Revolution fertig zu werden. Nirgendwo auf der Welt gibt es eine solche Bevölkerungsballung wie in West- und Mitteleuropa. Hier leben 350 Millionen Menschen, weitaus mehr als in den USA oder in der Sowjetunion, dreimal soviel wie in Japan – und das auf einer Fläche, die nicht einmal ein Viertel so groß ist wie die der USA. Hier existiert eine Bevölkerung, die über die Erfahrungen von Jahrhunderten mit der Industrie verfügt und die nicht nur auf Traditionen, sondern auch auf funktionierende soziale Institutionen zurückgreifen kann. Selbst die für Europäer so schwierige politische Einigung des Kontinents gehört dazu und schafft das nötige Instrumentarium für die Zukunft. Es dürfte kaum übertrieben sein, von den Europäern zu sagen, daß sie weltweit das höchste Qualifikations- und Bildungsniveau aufweisen. Durch seine jungen Generationen verfügt Europa über eine gesellschaftliche Produktivkraft, die die notwendige Entwicklungs- und Anpassungsarbeit vollziehen kann, um die dritte industrielle Revolution von der Spitze her zu beherrschen. Nirgendwo gibt es so viele Universitäten und höhere Bildungseinrichtungen, so viele Forschungsstätten und Innovationszentren wie in der Alten Welt. Keine Weltregion verfügt über so ein dichtes und hochentwickeltes Infrastrukturnetz wie Europa. Keine Bevölkerung kann auf ein solches Bruttosozialprodukt verweisen und verfügt damit über mehr Mittel, um die Veränderungen auch tatsächlich finanzieren zu können. Schließlich verfügt die Bevölkerung der Alten Welt über ein vergleichsweise hohes ökologisches Bewußtsein, das sicherstellt, daß in Zukunft Modernisierungsprozesse immer auch unter ökologischen Bedingungen gesehen werden und damit viel von ihrer Bedrohlichkeit verlieren.

Es scheint mir daher nahezu ausgeschlossen, daß die Alte Welt ihre führende Rolle im Prozeß der Industrialisierung ausgespielt haben soll. Keine andere Weltregion besitzt gleichwertige Entwicklungschancen. Aber die Bevölkerung West- und Mitteleuropas erlebt die gegenwärtige Phase der dritten industriellen Revolution mit Skepsis. Zu groß sind die gegenwärtigen Krisen, zu stark ist der Sozialstaat erschüttert, zu drängend ist die Aufarbeitung der Umweltkrisen und zu sensibel das geschärfte Bewußtsein der europäischen Bevölkerung für die Folgen einer plan- und rücksichtslosen Industrialisierung, als daß sie die Anpassung an die dritte industrielle Revolution so fraglos vollziehen könnte, wie wir es derzeit in Japan oder den USA sehen. Hier ist ein fast naiv-patriotischer Glaube an die Segnungen der Technologien zu finden, der alles andere verdrängt, selbst die elementarsten Erfordernisse der Sicherheit und Vorsicht bei technologischen Großprojekten.

Wer verabschiedet den Fordismus? Die einzelnen Versatzstücke einer neuen industriegesellschaftlichen und informationstechnologischen Ordnung stehen für den großen Wandel bereit. Noch fehlt der dritten industriellen Revolution jener Impuls, der im 19. Jahrhundert von der Eisenbahn und im 20. Jahrhundert vom Autoboom des Fordismus ausging. Es scheint nur eine Frage der Zeit, bis das Neue die alte Ordnung der Lohnarbeitergesellschaft hinwegspült. Die Frage ist nur, was diesen großen Umbruch tatsächlich auslösen wird – eine zentrale Frage, die wir aus der Betrachtung vorangegangener industrieller Revolutionen kennen.

Wollten wir allerdings danach gehen, was derzeit ökonomisch und politisch die wichtigste Rolle für die wissenschaftlich-technische Innovation und die technische Weiterentwicklung auf dem Gebiet der dritten industriellen Revolution ist, könnten wir zu einem gleichermaßen paradoxen wie bedrohlichen Befund kommen. Die entscheidende Rolle für die Weiterentwicklung der Technologien der dritten industriellen Revolution spielt nämlich finanziell wie ideell derzeit allein die Hochrüstung der Großmächte in ihrer ganzen Breite von nuklearen Vernichtungswaffen bis hin zu konventionellen. Zwei Drittel der amerikanischen Ausgaben für die Erforschung und Weiterentwicklung neuer Technologien, insbesondere im Bereich programmierter Automation, wird durch Rüstungsausgaben finanziert bzw. aus versteckten Rüstungsfonds, worunter auch das Budget der NASA, der amerikanischen Raumfahrtbehörde, fällt. Computertechnologie, künstliche Intelligenz und Expertensysteme werden im Rüstungssektor entwickelt. Neue Computersysteme, neue Programme, die Grundkonfiguration der fünften und sechsten Computergeneration, hängen ganz wesentlich von den Plänen für eine strategische Verteidigungsinitiative, für eine weltraumstationierte Verteidigungssuperwaffe ab. Sie binden und lähmen zugleich alle Forschungsarbeiten. Es ist schon ein makaberer Effekt, daß die *Produktivkraft*entwicklung der dritten industriellen Revolution an die Produktion von Vernichtungswaffen gekoppelt ist und den Charakter einer aus dem Ruder gelaufenen, irrational gewordenen *Destruktivkraft* annimmt. Kein Wunder also, daß allerorten gefordert wird, die zur Destruktivkraft gewordene Produktivkraft und mit ihr die ganze informationstechnologische Industrialisierung zu verhindern oder doch deutlich zu bremsen, weil es praktisch keine Möglichkeit gibt, sich gegen die gigantische Destruktivkraft der neuen Technologien zu wehren.

Verglichen mit ähnlichen Phasen vorangegangener industrieller Revolution, insbesondere der Epoche zwischen 1815 und 1830 bzw. zwischen 1920 und 1936, scheint es jedoch so, als ob die Militarisierung der dritten industriellen Revolution ein Zeichen dafür ist, daß die Produktivkraftsteigerung nur «verlegenheitshalber» im Rüstungssektor stattfindet, und zwar vor allen Dingen aus historischen Gründen, die sich wiederum aus der Militarisierung der zweiten industriellen Revolution infolge der schweren Konflikte des 20. Jahrhunderts ergeben haben. Es gibt also keine technologische oder ökonomische Rationalität für die Militarisierung der Produktivkraftentwicklung, sondern nur historisch-politische, die allerdings so stark und mächtig sind, daß sie das gesamte System der Produktivkraftentwicklung wie ein bösartiger Tumor beherrschen. Wenn es aber historisch-politische Ursachen dafür gibt, dann lassen sie sich auch beseitigen, wenn der Wille vorhanden ist, alle Möglichkeiten zu nutzen, die rüstungswirtschaftliche Erstarrung zu brechen. Zwar hat die Rüstungsspirale inzwischen eine Eigendynamik bekommen, die ihre Beseitigung nicht einfach macht, ein Argument dafür, es gar nicht erst zu versuchen, ist diese Einsicht allerdings nicht.

Gleichwohl gibt es auch eine sachliche Plausibilität dafür, daß die Produktivkraftentwicklung sich in den letzten 30 Jahren im wesentlichen auf den Rüstungssektor konzentriert hat. Die Ursachen liegen wahrscheinlich in der Gigantomanie der Produktivkraftentwicklung selbst. Sie ist in der Tat so umfassend, daß sie alle bisher gewachsenen industriellen Strukturen sprengt. Das gilt nicht nur für das Beschäftigungsproblem, für die Geschwindigkeit des Wachstums und die industrielle Expansion des ganzen Systems, sondern vor allen Dingen auch für die Tragweite und die Beherrschbarkeit der dritten industriellen Revolution insgesamt. Schauen wir noch einmal zurück auf das 19. und 20. Jahrhundert, um zu begreifen, was hier auf dem Spiel steht. Die zweite industrielle Revolution hatte zwei Expansionsphasen, einmal den Ausbau des Eisenbahnwesens, zum anderen die individuelle Motorisierung mit ihren weitreichenden infrastrukturellen Auswirkungen auf das gesamte Kommunikations- und Verkehrssystem, auf die Stadt wie auf die Industriestruktur. Die industrielle Expansion des 19. und 20. Jahrhunderts brauchte fast ein ganzes Jahrhundert und als Expansionsraum nahezu die ganze Erde, um der Produktivkraftentwicklung auch nur annähernd einen angemessenen Rahmen zu bieten. Die Produktivkraftentwicklung der Vollautomation, der Molekularelektronik und der Biotechnologie stellt ein Hundertfaches an Produktivitätssteigerung gegenüber dem 19. und 20. Jahrhundert dar. Bliebe man im Bild, dann müßte die Bewältigung dieser Produktivkraftentwicklung auch das Hundertfache von Welten und Kontinenten als Expansionsraum haben, um sich überhaupt adäquat entwickeln zu können. Gäbe es eine Eisenbahn oder eine individuelle Motorisierung in den Dimensionen der dritten industriellen Revolution, dann würden die technologischen Potenzen der Produktivkraftentwicklung auf keinen Fall so fest verfilzt mit der Rüstungsentwicklung sein, wie das heute der Fall ist. Wenn wir uns auf die Erfahrungen des Ersten Weltkriegs beziehen, dann könnte man sogar sagen, eine rüstungswirtschaftliche Bindung der Produktivkräfte wäre unter solchen Voraussetzungen überflüssig, ja sogar kontraproduktiv.

Deshalb will es so scheinen, als wäre die Überbetonung des Militärischen in der gegenwärtigen Phase der technologischen Entwicklung so etwas wie ein Überwinterungseffekt. Die Produktivkräfte der dritten industriellen Revolution verweilen im Rüstungssektor, weil ihnen eine angemessene Expansionsmöglichkeit in einem effizienten und funktionsfähigen, technologischen, ökonomischen und sozialen Projekt zur Zeit verwehrt wird. Wo aber ist das Projekt, wo bleibt der große Schub, ohne den die industrielle Revolution des 21. Jahrhunderts sicher nicht in Gang kommen wird? Angesichts der Gefahren, die mit der Überwinterung der Produktivkräfte der derzeitigen technologischen Entwicklung im Rüstungssektor verbunden sind, ist äußerste Eile und größte Konzentration geboten, um der dritten industriellen Revolution ein spezifisches Betätigungsfeld zu eröffnen und die Entwicklung unserer schöpferischen Fähigkeiten aus den bedrohlichen Klauen einer militärischen Destruktivkraft zu befreien. Gelingt uns dies nicht, orientiert sich die dritte industrielle Revolution weiter an der Herstellung von Vernichtungswaffen, dann wird das Zukunftsbild immer realistischer, in dem die überrüstete Welt einem versehentlich ausgelösten großen nuklearen Flächenbrand zum Opfer fallen wird. Doch so weit ist es noch nicht. Noch gibt es mehr als begründete Hoffnung darauf, daß die dritte industrielle Revolution ein genuines, ihr spezifisches Expansionsfeld findet. Wo es zu suchen ist, wo sich also die Chancen einer produktiven Entwicklung auftun, das soll Gegenstand des 16. Kapitels sein.

Literatur

Mikroelektronik und Arbeitslosigkeit

Balkhausen, D.: Die dritte industrielle Revolution. Wie die Mikroelektronik unser Leben verändert, Düsseldorf–Wien 1978

Balkhausen, D.: Elektronikangst ... und die Chancen der dritten industriellen Revolution, Düsseldorf–Wien 1983

Gorz, A.: Abschied vom Proletariat, Köln 1983

Strahm, R. H.: Wie die Schweiz mit der Arbeitslosigkeit fertig wurde, in: Mitt AB 1/1984

Folgen der dritten industriellen Revolution

Balkhausen, D.: Elektronikangst ... und die Chancen der dritten industriellen Revolution, Düsseldorf–Wien 1983

Evans, Ch.: Die winzigen Riesen. Mikroprozessoren revolutionieren die Gesellschaft, Hamburg 1981

Feigenbaum, E. A., McCorduck, P.: The 5th Generation. Artificial Intelligence and Japan's Computer Challenge to the World, Reading (Mass.) 1981

Kahn, H.: Die Zukunft der Welt (1980–2000), Wien-München 1980

Martin, J.: Manifest für die Informationstechnologie von morgen, Düsseldorf–Wien 1985

Nora, S., Minc, A.: The Computerization of Society. A Report to the President of France, Cambridge (Mass.) 1981

Erwerbsarbeit

Computerized Manufacturing Automation. Employment, Education and the Workplace, US-Congress, Office of Technology Assessment (OTA), April 1984

Nora, S., Minc, A.: The Computerization of Society. A Report to the President of France, Cambridge (Mass.) 1981

Toffler, A.: Die dritte Welle. Zukunftschance. Perspektiven für die Gesellschaft des 21. Jahrhunderts, München 1980

Unternehmen

Kahn, H.: Die Zukunft der Welt (1980–2000), Wien–München 1980

Lamborghini, B., Auswirkungen für das Unternehmen, in: Friedrichs, G., Schaff, A. (Hg.) Auf Gedeih und Verderb. Mikroelektronik und Gesellschaft. Bericht an den Club of Rome, Wien 1982

Martin, J.: Manifest für die Informationstechnologie von morgen, Düsseldorf–Wien 1985
Moto-Okata, T.: Key note Speech, in: Fifth Generation Computer-Systems. Proceedings of the International Conference, Tokyo, Amsterdam 1982
Nora, S., Minc, A.: The Computerization of Society. A Report to the President of France, Cambridge (Mass.) 1981

Soziale Bewältigung

Naisbitt, J.: Mega-Trends. 10 Dimensions Changing Our Lives, New York 1982
Otten, D.: Neue Chancen für die redlichen Pioniere der Kooperation, in: Heinze, R. G., u. a. (Hg.): Beschäftigungskrise und Umverteilung der Arbeit, Bonn 1984
Otten, D.: Genossenschaften im Aufwind. Wege zu neuen Arbeits- und Lebensformen, Köln 1986

16. Kapitel

Mars oder Rost?

Erdnahe und interplanetarische Raumfahrt in der dritten industriellen Revolution

Bemerkenswerterweise wird einem technologischen Komplex, der in den sechziger und siebziger Jahren entstanden ist, nur geringe Bedeutung zuerkannt im Hinblick auf die Auswirkungen der dritten industriellen Revolution auf das System der gesellschaftlichen Arbeit. Gleichwohl handelt es sich um eines der größten, wenn nicht gar um das größte technologische Projekt, das die Menschen in den letzten tausend Jahren in Angriff genommen haben: die Eroberung des Weltraums. Außer im Zusammenhang mit den neuen Telekommunikationstechniken (Nachrichtensatelliten u. ä.) findet die Raumfahrt in den wichtigsten Publikationen zum Thema dritte industrielle Revolution und Arbeitssystem keinerlei Erwähnung – weder in Herman Kahns dickleibigem Buch über «Die Zukunft der Welt» noch im Bericht des Club of Rome über die dritte industrielle Revolution. Lediglich in der Schlußbemerkung von Christopher Evans' Buch «Die winzigen Riesen», das Ende der siebziger Jahre geschrieben wurde, stößt man auf eine vage Andeutung der Auswirkungen, die die neuen Techniken im Zusammenhang mit der Raumfahrt haben könnten.

Wenn man sich fragt, was der Grund für diese Auslassung sein könnte, steht man vor einem Rätsel. In Anbetracht der Tatsache, daß die meisten neuen Technologien, die Innovationen der Mikroelektronik, der Computertechnologie, der Werkstofftechnik und der Energietechnik direkt oder indirekt mit einer Reihe von Raumfahrtprojekten bzw. -programmen verbunden sind, dürfte man eigentlich nicht übersehen, welche umwälzende Bedeutung die Raumfahrt für den Gesamtkomplex der dritten industriellen Revolution besitzt. Vielleicht liegt die Erklärung für diese eigentümliche Nichtbehandlung in der enttäuschten Euphorie, die die ersten Schritte der Raumfahrt, insbesondere das amerikanische Mondlandeprojekt in den sechziger Jahren begleitete. Aber schon unmittelbar nach der Mondlandung setzte eine langanhaltende Ernüchterung ein, die allerdings nicht allein auf Mängel und Folgen der Raumfahrt (schwere Unfälle und Arbeitslosigkeit für viele Wissenschaftler und Ingenieure nach Auslaufen der Mondlandeprojekte) zurückzuführen war. Die Großtechnologie der Raketen und Riesencomputer wirkte wie das schillernde Symbol der Großindustrie des 19. und 20. Jahrhunderts – auch oder gerade in der Datenverarbeitung. Sie geriet deshalb auch zuerst in die Schußlinie einer technikskeptischen Kritik, die sich in den siebziger Jahren an den ökologischen und sozialen Folgen der zweiten industriellen Revolution entzündete.

Raumfahrt schien eine besonders sinnlose Verschwendung gesellschaftlichen Reichtums. Sie verschlang Milliarden, schuf aber nur wenig Arbeitsplätze und entzog dem Haushalt des Sozialstaats USA zudem Geld, das dringend zur Behebung sozialer Engpässe erforderlich schien. Dazu gesellten sich die wissenschaftlich-technisch durchaus begründeten Vorstellungen, die «kühnen Projekte der Raumfahrt» seien weder machbar noch wünschenswert. Doch unabhängig von diesem Trendwechsel in der öffentlichen Meinung ging die Forschung und Entwicklung in der Raumfahrt weiter – allerdings mit einer für das Verständnis der Raumfahrt und der Raumwirtschaft von morgen entscheidenden Richtungsänderung. Nicht mehr große Eroberungspläne von anderen Planeten, sondern die Einbeziehung der Raumfahrt in die neuen Technologien der Informationsverarbeitung, und zwar als wirtschaftlich interessante und technisch hochstehende Infrastruktur sollte von nun an den Stellenwert der Raumfahrt bestimmen.

Mit anderen Worten: Raumfahrt ist längst nicht mehr ein kostspieliges Abenteuer einiger passionierter Wissenschaftler und Politiker, sondern ein für die Entwicklung der neuen Technologien, der Informationsverarbeitung, Roboterautomation und Biotechnologie, entscheidendes «big business» geworden, wie man in den USA zu sagen pflegt. Daraus folgt, daß wir uns fernab von jeder Technikeuphorie, aber auch von jedem Pessimismus mit der Rolle der Raumfahrt für die dritte industrielle Revolution auseinandersetzen müssen. Niemand wird ernsthaft glauben machen wollen, die Raumfahrt könne angesichts der jetzt schon überwältigenden Rolle, die sie für Telekommunikation und Automation hat, als wirtschaftlicher und technologischer Faktor zurückgedreht oder gar eingestellt werden – auch nicht angesichts so tragischer Unfälle wie der «Challenger» – Explosion. Also wird sie in Zukunft eine entscheidende Rolle bei der Neugestaltung der gesellschaftlichen Arbeit spielen. Mehr noch: sie wird mit ihrer Eigendynamik den Entwicklungsgang der dritten industriellen Revolution ganz wesentlich bestimmen. Und in diesem Sinne werden auch die ehedem so kühn und utopisch anmutenden Projekte von der Erforschung und Besiedlung anderer Planeten wieder aktuell werden.

Die Anfänge der Raumfahrt. Die Raumfahrt begann wie die Mikroelektronik mit theoretischen Arbeiten und ersten praktischen Experimenten in den zwanziger Jahren. Schon 1903 veröffentlichte der russische Physiklehrer Ziolkowski eine Studie über die Erforschung der Welträume durch «Reaktionsapparate». Später fand er die entscheidenden mathematischen Beziehungen zwischen Raketengeschwindigkeit, Geschwindigkeit der Brenngase, die er als Treibstoff für solche Reaktionsapparate vorstellte, und der Raketenmasse. 1919 erschien eine Studie des amerikanischen Physikers Goddard über das Erreichen extremer Höhen, durch Raketen und wenige Jahre später (1923) gab der deutsch-rumänische Physiker Hermann Oberth eine Studie über Raketen- und Planetenfahrten heraus, die 1929 unter dem Titel «Wege zur Raumschiffahrt» erschien und als umfassende Grundlagenarbeit zur Frühphase der Raumschiffahrt angesehen werden kann.

In den zwanziger Jahren wurden die ersten Experimente mit Flüssigtreibstoffraketen unternommen. Das erste Projektil dieser Art startete 1926 in den USA, Leiter des Experiments war Goddard. Kurz darauf wurde die erste deutsche Rakete gezündet, und 1929 schloß die Sowjetunion im gasdynamischen Laboratorium in Leningrad mit einem Raketenstart auf. Wie schon zuvor beim Flugzeug stand der militärische Aspekt von Raketen, wenn schon nicht im Vordergrund, so doch von Anfang an ganz oben auf der Prioritätenliste der weiteren Erforschung und Entwicklung von Raketen. Für das Deutsche Reich hatte dies in den zwanziger Jahren einen sehr konkreten und einleuchtenden Hintergrund: Im Versailler Friedensvertrag nämlich war es den Deutschen untersagt worden, Kanonen mit großer Reichweite zu bauen und eine schlagkräftige Luftwaffe zu entwickeln. Von Raketen, insbesondere von Langstreckenraketen, stand in den Versailler Verträgen nichts. Und gerade deshalb wurde die Erforschung von Raketen vom Reichswaffenamt gefördert – wenn auch zuerst noch in recht bescheidenem Umfang. Nach dem nationalsozialistischen Machtantritt wurde 1937 in Peenemünde an der Ostsee unter der Leitung von Wernher von Braun ein großes Raketenforschungszentrum angelegt, das 1942 den erfolgreichen Start einer Großrakete melden konnte. Aus diesem Geschoß wurde in zwei Jahren eine einsatzfähige Raketenwaffe entwickelt, das sogenannte Aggregat 4 (A4), das am 7. September mit einer Tonne Sprengstoff auf die City von London abgeschossen wurde. (Von der Nazi-Propaganda wurde dieses Geschoß mit dem Namen V2, «Vergeltungswaffe 2», belegt, und unter diesem Namen ging es in die Frühgeschichte der Raumfahrt ein.) Nach dem Zweiten Weltkrieg führten die Vereinigten Staaten die Entwicklungsarbeit an der V2 weiter, wenn auch ohne besonders großes Interesse. Die Amerikaner waren im Zweiten Weltkrieg – anders als die Deutschen – nicht auf Raketenwaffen angewiesen, besaßen sie doch mit ihrer strategischen Bomberflotte ein viel effektiveres Waffensystem, insbesondere für einen möglichen Einsatz von Atomwaffen. Raketen waren in der Anfangsphsse kaum in der Lage, so schwere Bomben, wie es die ersten Nuklearwaffen waren, auch tatsächlich ins Ziel zu tragen. Anders war die Situation in der Sowjetunion, denn auch hier wurde die V2-Entwicklung nach dem Kriege fortgesetzt. Beide, Amerikaner wie Russen, hatten die deutschen Spezialisten gleichsam als Reparationsleistungen mitgenommen und mit diesen Leuten ihre eigenen Raketenprojekte verwirklicht. Die Sowjetunion scheint in den Nachkriegsjahren ein größeres Interesse daran gehabt zu haben, leistungsfähige Raketen zu entwickeln, die große Lasten über lange Strecken transportieren konnten, nicht zuletzt deshalb, weil die sowjetische Luftwaffe ungleich schwächer war als die amerikanische. Zudem konnte die sowjetische Armeeführung den amerikanischen Atomwaffen zunächst nichts Gleichwertiges entgegenstellen. Russische Raketentechniker hatten von daher in den fünfziger Jahren einen durchaus ernstzunehmenden technologischen Vorsprung gegenüber ihren amerikanischen Gegenspielern, und diese Überlegenheit wurde Ende der fünfziger Jahre, im sogenannten Geophysikalischen Jahr 1958, schlagartig deutlich: In diesem Jahr gelang es einer sowjetischen Rakete, einen künstlichen Satelliten («Sputnik») in eine Umlaufbahn um die Erde zu tragen und damit die Leistungsfähigkeit und Überlegenheit sowjetischer Raketenprogramme unter Beweis zu stellen.

Man kann sich heute gar nicht mehr vorstellen, welche Auswirkung diese Tatsache auf dem Höhepunkt des kalten Krieges auf die amerikanische Öffentlichkeit hatte. Seit Jahren waren die Sowjetunion und die russischen Militärs als Bedrohung skizziert worden, gegen die man sich mit aller Kraft zur Wehr setzen mußte, und nun schienen sie sogar den Weltraum zu beherrschen. Wenn sie einen Satelliten in die Umlaufbahn schießen konnten, dann schienen auch die russischen Atomraketen nicht mehr weit entfernt zu sein. Dies alles war mehr Hysterie als realistische Einschätzung der Lage, löste aber in den USA eine fieberhafte Raumfahrtentwicklung aus, die am 25. Mai 1961 im Programm von Präsident Kennedy gipfelte, vor dem Ende der sechziger Jahre einen Menschen, einen Amerikaner, zum Mond und heil wieder zur Erde zurück zu bringen.

Diese Proklamation erfolgte nur wenige Wochen nach dem ersten erfolgreichen Start eines sowjetischen Raumschiffs, mit dem Juri Gagarin, der erste Mensch im All, in 108 Minuten einmal die Erde umrundete. Die Amerikaner hatten bis zu diesem Zeitpunkt solche Erfolge nicht aufzuweisen – lediglich einen bemannten Flug einer ballistischen Rakete. Erst ein Jahr später, am 20. Februar 1962, gelangen dem Amerikaner John Glenn drei Erdumkreisungen.

Das Mondprojekt, das Präsident Kennedy proklamiert hatte, dürfte das bislang umfassendste und größte technologische Projekt jenseits der Rüstungsprogramme gewesen sein. Es verschlang fast 90 Milliarden Dollar in zehn Jahren, schuf eine halbe Millionen Arbeitsplätze direkt und noch einmal etwa 300 000 Arbeitsplätze indirekt, versorgte 20 000 Unternehmen (!) mit Aufträgen und löste einen bis dahin unbekannten technologischen Schub sowohl in den USA als auch in anderen Industrienationen aus, die direkt oder indirekt Nutznießer dieses Raumabenteuers waren. Für sich selbst genommen war das Mondprojekt der Amerikaner kein besonders ernstzunehmendes wissenschaftliches oder kommerzielles Projekt. Die Forschungsergebnisse der Apollo-Flüge zum Mond waren nicht der Rede wert, und kommerziell ließen sie sich schon gar nicht nutzen. Die NASA stellte mit dem Mondflug unter Beweis, zu welch enormen technologischen Leistungen sie fähig war – nicht mehr und nicht weniger! Es gab jedoch keinerlei Vorstellungen über die Fortsetzung des Projektes, keine realistischen Konzepte für die Nutzung des Mondes, keine Planungen für den circumterrestrischen Raum, kurz: keinerlei Konzeption, wie man die Erfolge des Apollo-Projektes technisch oder wirtschaftlich hätte nutzen können. Die Tatsache, daß die amerikanischen Behörden das Mondlandeprojekt entschlossen für ihre nationale Public Relations nutzten sowie die Verquickung von Raumfahrt und kaltem Krieg mit seinem sinnlosen

Rüstungswettlauf zwischen Sowjetunion und USA hat dem Gedanken der Raumfahrt sicherlich nachhaltig geschadet und mit dazu beigetragen, daß die Eroberung des Weltraums als Perspektive des wissenschaftlich-technischen Fortschritts für fast ein Jahrzehnt verlorenging.

Gleichwohl steht das Abflauen des öffentlichen Interesses an Raumfahrt, nachdem Armstrong, Neill und Aldrin am 21. Juli 1969 auf dem Mond gelandet waren, in einem gewissen Gegensatz zu den technologischen Folgewirkungen, die das Apollo-Programm gehabt hat. Daß überhaupt soviel Forschungsgelder in die Miniaturisierung von Datenverarbeitungssystemen und Nachrichtensystemen gegangen sind, hängt direkt mit der Tatsache zusammen, daß die ballistischen Probleme des Raumfahrtprogramms die Herstellung kleiner und kleinster Computereinheiten verlangten, wenn überhaupt eine funktionierende Kommunikation und Steuerung durch Datenverarbeitung erfolgen sollte. Natürlich profitierte auch die amerikanische Rüstungsforschung und Rüstungsentwicklung im ballistischen Bereich vom Apollo-Programm, zum Beispiel durch treffgenauere Geschosse, programmierbare Zieleinrichtungen und selbststeuernde Bordcomputer.

Auch die Sowjetunion baute ihre Raumfahrtindustrie weiter aus und erzielte eine Reihe von beachtlichen, wissenschaftlich und technologisch möglicherweise viel wichtigeren Erfolge als die USA, auch wenn sie keine Mondlandung realisierte. Statt dessen gelang es ihr, automatische Mondsonden abzusetzen (Luna 16, 17 und 21), die Experimente und Messungen vornahmen und, im Falle von Luna 17, sogar auf die Erde zurückkehrten. In der bemannten Raumfahrt konzentrierte sich die Sowjetunion auf wissenschaftliche Experimente mit Langzeitflügen sowie auf den Aufbau großer Raumstationen (Orbital-Stationen) in festen Erdumlaufbahnen, die von wechselnden Crews als Laboratorien oder Beobachtungsstationen genutzt werden. Ende der siebziger Jahre gelang russischen Kosmonauten der Langzeitaufenthaltsrekord im All. Waleri Rjumin verbrachte auf seinem dritten Raumflug 185 Tage im Zustand der Schwerelosigkeit.

Auch oder gerade in der Sowjetunion stellt die Raumfahrt eine wichtige Entwicklung von Technologie dar, die sowjetische Raumfahrtkonzeption ist auch nach allem, was man über sie in Erfahrung bringen kann, darauf ausgerichtet, in den Orbitalstationen und Laboratorien wichtige Schritte zur Weiterentwicklung der sowjetischen Technologie zu leisten bzw. Beiträge zur Grundlagenforschung zu erbringen, die für die Zukunft der sowjetischen Wirtschaft und Industrie von womöglich noch größerer Bedeutung sind als in den Vereinigten Staaten oder in Westeuropa. Der Grund dafür liegt zweifellos darin, daß die Raumfahrt neben der Rüstung ein Bereich ist, in dem die Sowjetunion nicht um viele Jahre hinter dem technologischen Entwicklungsstand der westlichen und pazifischen Industrienationen zurückliegt. Natürlich gibt es auch in der Raumfahrt Bereiche, wo der Sowjetunion der technologische Anschluß fehlt (und das gilt insbesondere wiederum für die elektronische Datenverarbeitung), aber auf den zentralen Technologiefeldern ist die Sowjetunion technologisch führend oder doch mitbestimmend. Dies ist ein wichtiges Argument bei der weiteren Betrachtung der Entwicklung der industriellen Revolution bzw. bei der Betrachtung der Zentren unserer industriellen Entwicklung. Wenn es richtig ist, daß die Raumfahrt für die dritte industrielle Revolution Schlüsselfunktion hat, dann muß man auch die Sowjetunion zu den Ländern zählen, die eine entscheidende Rolle bei der Bewältigung der dritten industriellen Revolution spielen werden.

Raumfahrt und Telematik. Der abrupte Abbruch des Apollo-Programms der Vereinigten Staaten und das Nachlassen des öffentlichen Interesses bzw. der Bedeutungsverlust der Raumfahrt führte allerdings zu einer möglicherweise entscheidenden Trendwende in der Raumfahrttechnologie und in den Raumfahrtkonzepten. Wernher von Braun, zweifellos die entscheidende und lange Zeit auch tonangebende Persönlichkeit in der amerikanischen Raumforschung, hatte die Planung des Mondfluges neben der politisch-publizistischen Bedeutung vor allem als Etappe auf dem Weg zu einem interplanetarischen Raumfahrtprogramm gesehen. Diesem größeren Ziel dienten direkt oder indirekt alle Projekte der NASA, insbesondere das Konzept einer circumterrestrischen, also in einer Erdumlaufbahn befindlichen Raumstation. Die amerikanische Raumfahrtbehörde plante, bei Aufbau und Betrieb der Anlage sogenannte «Space-Shuttle», wiederverwendbare Raumgleiter und -transporter, einzusetzen. Zwar hätte man die Raumstation auch mit einmal verwendbaren Raketen bauen können, für den regelmäßigen Pendelverkehr zwischen Erde und Raumstation aber war die Entwicklung eines Shuttle aus technischen wie wirtschaftlichen Gründen naheliegend.

Die drastischen Kürzungen des NASA-Etats nach der Mondlandung brachten die Pläne für Raumstation und Raumgleiter jedoch weitgehend zu Fall. Der Bau der Station wurde auf unbestimmte Zeit verschoben, und statt eines unabhängigen Raumgleiters wurde eine Sparversion des Shuttle entwickelt, die immer noch mit großen «Einweg-Raketen» in die Umlaufbahn geschossen werden muß und allein zur Erde zurückkehrt. Das Raumfahrzeug, das entstand, sollte sich nicht nur wegen der riesigen Startraketen unter seinem Bauch als relativ gefährlich erweisen, sondern auch als sehr kostspielig und nur bedingt einsatzfähig, weil es weder reines Passagier- noch Lastschiff war. Anfang der achtziger Jahre, am 12. April 1981, startete schließlich das erste Shuttle, die «Columbia», und demonstrierte, daß ein Raumfahrzeug entstanden war, mit dem man den erdnahen Weltraum nicht nur gelegentlich für wissenschaftliche Zwecke besuchen konnte, sondern als routinemäßig einsetzbares Mittel für eine ganze Reihe von ökonomisch höchst interessanten Projekten dienen konnte. Zwar waren schon in den sechziger und siebziger Jahren Satelliten auf Umlaufbahnen gebracht worden, die ausschließlich kommerziellen Zwecken genügten (Fernsehübertragungen, Verstärker für Telefongespräche, Navigationshilfen und Wettersatelliten), aber erst mit dem Shuttle-Programm sollte deutlich werden, daß circumterrestrische Projekte große ökonomische Chancen und Verdienstmöglichkeiten bieten. Wernher von Braun hatte schon in den sechziger Jahren vermutet, daß die kommerzielle Nutzung des Weltraums nach wenigen Jahrzehnten so viel Geld einspielen würde, daß sich Raumfahrtprojekte quasi von selbst finanzieren könnten. In den sechziger Jahren schien das mehr Zukunftsmusik als Realität zu sein. Und doch sollte Wernher von Braun recht behalten. Den besten Beweis dafür trat Intel-Sat, die Internationale Organisation für Telekommunikationssatelliten an, deren circumterrestrischem Telefon- und Telekommunikationsnetz bereits 106 Nationen angehören. Intel-Sat ist inzwischen ein überaus erfolgreiches Unternehmen, das schon 1981 mehr als 5 Milliarden-Mark Umsatz mit dem Telefonverkehr erzielte. Seitdem ist der Umfang des Telefonverkehrs via Satellit jährlich um 24 bzw. 26 % gestiegen. Mit der zu erwartenden Zunahme an Telekommunikation durch elektronische Datenübermittlung zwischen Computersystemen (statt der bisherigen Post), durch Video-Konferenzen zwischen verschiedenen Erdteilen, durch den wachsenden Datenverkehr zwischen Datenbanken und Datenverbrauchern und schließlich durch die allgemeine Zunahme von Fernsehsendungen rund um den Globus geht Intel-Sat davon aus, daß die Wachstumsraten der frühen achtziger Jahre nur ein bescheidener Anfang sein werden: die Wachstumsraten im Telekommunikationsbereich könnten in der nächsten Dekade jährlich über 30, wenn nicht gar über 50 % liegen.

Ein weiteres gewinnträchtiges Entwicklungsgebiet der Weltraumwirtschaft dürfte der Aufbau von großen Antennen mit einem Durchmesser von 1500 Metern und mehr sein, die selbst kleinsten Bodenstationen guten Empfang ermöglichen. Bislang konnte Satellitenkommunikation nur über große Bodenstationen mit einem Bauwert von 150 Millionen Mark und mehr betrieben werden, weshalb Telekommunikation nur von kapitalkräftigen Konzernen bzw. Staatsmonopolen genutzt werden konnte (zum Beispiel der Deutschen Bundespost). Derzeit kosten die kleinsten solcher Empfangsstationen immerhin noch 20000 Mark, was eine Nutzung in privaten Haushalten praktisch ausschließt und vor allem Großunternehmer oder die Post begünstigt. Der geplante große Fernsprechsatellit im All, der spätestens 1990 seine Arbeit aufnehmen wird, ermöglicht hingegen selbst armbanduhrgroßen Empfangsantennen störungsfreie Kommunikation über den Weltraum mit allen beliebigen Punkten auf der Erde. Dies bedeutet nicht mehr und nicht weniger, als daß es in wenigen Jahren möglich sein wird, über ein entsprechendes Betriebsgerät, dessen Kosten unter 100 Mark liegen dürften, von jedem Ort auf dieser Erde mit jedem anderen direkt über Satellit in Nachrichtenkommunikation treten zu können.

Welcher Markt sich hier auftun wird, zeigt sich an mindestens drei wirtschaftlich vielversprechenden Einsatzmöglichkeiten der Satellitenkommunikation:

Die erste, heute schon weitgehend praktizierte Anwendung ist die *Verbindung von festen Telefonnetzen* über Satellit. Ferngespräche von Kontinent zu Kontinent können ebenso leicht geführt werden wie Ferngespräche zwischen Städten in einem nationalen Netz. Keine Voranmeldung, keine Wartezeiten, sondern eine direkte Anwahl des Teilnehmers und Verständigungsqualitäten wie bei Nahverbindungen. Schon heute ist die Telefonverbindung mit San Francisco besser als die Verbindung mit Italien, die im herkömmlichen Kabelsystem abgewickelt werden muß. Aber die Telekommunikation über Satelliten ist nicht nur viel leistungsfähiger als die Kabeltelefonie, sie ist auch auf mittlere Sicht erheblich kostengünstiger – und das gilt nicht nur für lange, sondern auch für kurze Distanzen. Daher kann man mit Sicherheit davon ausgehen, daß Satelliten auch in der Fernsprechkommunikation auf kurzen Distanzen eingesetzt werden, zunächst zwischen nationalen

Netzen in Europa, längerfristig auch zwischen Städten wie Hamburg und München.

Kabelnetze haben Zukunft eigentlich nur innerhalb von Städten, gleichsam als Verkabelungsinseln in einer «drahtlosen» Welt der Kommunikation über Satelliten und Hohlspiegelantennen. Möglicherweise wird sich aber auch diese Restverkabelung als überholt erweisen, denn der zweite Anwendungsbereich der Satellitenkommunikation ist die *Verbindung von beweglichen Sendern und Empfängern.* Schiffe, Züge oder Flugzeuge werden in wenigen Jahren von jedem Telefon aus erreichbar sein, so wie wir es jetzt schon von Intercity-Zügen kennen. Mit dem Unterschied allerdings, daß man nicht nur jeden Anschluß vom Zug, sondern auch jeden Zug von jedem Telefon aus antelefonieren kann – mit der Qualität eines Satellitengesprächs. In Zukunft können darüber hinaus jederzeit auch kleine bewegliche Ziele angerufen werden, wozu die Weiterentwicklung kleinster Antennen einen wichtigen Beitrag leistet. Selbst Fußgänger, die ein Telefon in der Größe einer Zigarettenschachtel bei sich tragen, werden dann telefonisch zu erreichen sein. Die Voraussetzung dafür ist allein ein entsprechend leistungsfähiger Fernsprechsatellit. Wenn der aber plaziert ist, ergibt sich für die herkömmlichen Kabelnetze die Frage, ob sie überhaupt noch sinnvoll sind oder ob es nicht billiger ist, sie einfach abzuschalten.

Die dritte Anwendung der Satellitenkommunikation ist mit Sicherheit die *weltumspannende Datenkommunikation* zwischen Computern und Datenbanken, die den bisherigen Datenverkehr in Form von Schriftstücken und Akten vollständig ersetzen wird. Sie ist das nachrichtentechnische Gegenstück zur schon beschriebenen Veränderung der Printmedien durch neue Kommunikationsformen und Verfahren des Datenaustauschs. Unter den skizzierten Umständen, etwa beim Wegfall von Druck und Distribution, wird sie eine noch viel wichtigere und ökonomisch bedeutsamere Rolle einnehmen als die telefonische Kommunikation über Satellit. Expertensysteme, Blaupausenaustausch, Datenbanken und Direktkommunikation zwischen Computern werden einen solchen Bedarf an interkontinentaler, kontinentaler und regionaler Telekommunikation erzeugen, daß allein damit schon weltweite Satellitensysteme betrieben werden könnten. Datenkommunikation zwischen Computern aber läßt sich wegen der Digitalisierung der Informationen bei der Satellitenanwendung sehr wirtschaftlich mit der normalen Telefonie verbinden, bei der die Schallwellen der Sprecher ebenfalls zu Bits verarbeitet und gesendet werden. In den Gesprächspausen, die beim Telefonieren durch die Sprechweise entstehen, können über Satellit jede Menge Computerdaten gesendet werden, die die Datenkommunikation konkurrenzlos billig machen werden.

Die Auswirkungen solcher Kommunikationsformen auf das gesamtgesellschaftliche System des Daten- und Nachrichtenaustausches berühren die gesamte Form des Austausches von Daten und Güter, aber auch die Intensität, mit der die Telekommunikation genutzt wird. Denn eine qualitativ hochstehende und kostengünstige Telekommunikation wird mehr und mehr genutzt werden und schnell ihre Überlegenheit gegenüber jeder anderen Technologie nachweisen. Schon heute steigt die Zahl der Telefongespräche zwischen den USA und Europa täglich an, weil Geschäftspartner oder Familienangehörige einfach, bequem und schnell erreicht werden können. In den nächsten fünf bis acht Jahren rechnen die meisten Telekommunikationsunternehmen der Welt daher mit einem Wachstum von 500 bis 600 %.

Raumfahrt und Automation. Vielleicht noch erstaunlichere Entwicklungsmöglichkeiten als im Telekommunikationsbereich bietet die Raumfahrt dem industriellen Sektor, insbesondere unter der Voraussetzung automatischer Produktion. Einen entscheidenden Schritt zur Entwicklung einer circumterrestrischen Industrie werden daher Projekte wie das «Space Operation Centre» sein. Zur Zeit in den USA konzipiert und als europäisch-amerikanisches Projekt geplant, stellt es so etwas wie eine Fabrikplattform im Raum dar. In der ersten Entwicklungsstufe wird sie etwa zwanzig Menschen aufnehmen, die Satelliten warten, Reparaturen durchführen und wichtige, teure und damit hochbezahlte Experimente durchführen können. Solche Experimente werden, das ist jetzt schon bei einem Vorläuferprojekt des Space Operation Centre, dem «Space Lab», zu erkennen, zu neuen industriellen Verfahren und damit zu neuen Produktionseinrichtungen im All führen. Bei einem der ersten Shuttle-Flüge ist beispielsweise schon an einem biologisch-pharmazeutischen Material gearbeitet worden, aus dem Impfstoffe und Medikamente hergestellt werden sollen. Es handelt sich dabei um das sogenannte Erythropein, ein Stimulans für die Bindung roter Blutkörperchen und damit ein wichtiges Medikament gegen Anämie zum Beispiel. Erythtropein läßt sich unter den Bedingungen der Schwerelosigkeit ungleich einfacher und billiger als auf der Erde herstellen. Im All braucht der Herstellungsvorgang nicht nur siebenmal weniger Zeit als auf der Erde, das Medikament ist auch um vieles rei-

Arbeit im Weltraum

ner. In großen Mengen – und damit für eine Massentherapie einsetzbar – läßt es sich nur im Weltraum gewinnen.

Erythropein ist nur ein Beispiel von vielen, das belegt, wieso es sinnvoll und wirtschaftlich sein kann, im Weltraum etwas zu produzieren, obwohl jedes Kilo Gewicht, das in den Raum geschossen wird, 2800 Dollar kostet. Ein Kilo Erythropein nämlich hat einen Wert von mehreren Millionen Dollar und gibt die Basissubstanz für ein Medikament ab, das einen Milliarden-Markt haben wird, wenn es relativ kostengünstig angeboten werden kann.

Auch die chemische Industrie hat den Weltraum entdeckt: Viele Kunststoffe lassen sich im Weltraum sehr viel leichter und einfacher, das heißt also für den Endverbraucher auch kostengünstiger herstellen. Viele Produkte, deren Herstellung mit giftigen, manchmal sogar hochgiftigen Verfahren verbunden ist, lassen sich im Weltraum unter gesundheitlichen und ökologischen Gesichtspunkten besser verarbeiten als auf der Erde, wo Schadstoffemissionen, Produktionsunfälle und Lagerungsprobleme giftiger Stoffe ein immer dringlicher werdendes Problem für die chemische Industrie darstellen. Die Produktion chemischer Substanzen kann unter den Bedingungen der relativen Schwerelosigkeit billiger und weniger gefährlich erfolgen und damit nicht nur einen wirtschaftlich sinnvollen Schritt, sondern auch eine umweltpolitische Strukturentscheidung bedeuten.

Die relative Schwerkraft übt darüber hinaus auch einen günstigen Einfluß auf die Bildung von verunreinigungsfreien Kristallen in der Halbleitertechnologie aus, was für die Herstellung von immer kleineren und leistungsfähigeren Computern von zentraler Bedeutung ist. Ein junges Kleinunternehmen aus den USA zum Beispiel plant die Herstellung von Gallium-Arsenid-Kristallen im Raum, aus denen Chips konstruiert werden können, die sechs- bis zehnmal schneller arbeiten als herkömmliche Silizium-Chips und gleichzeitig um vieles mehr an Schaltungen zulassen, als heute selbst auf einem Mega-Chip untergebracht werden können. Eine große Bedeutung messen amerikanische Unternehmen auch der Produktion von Bio-Chips im Weltraum zu, die in der Schwerelosigkeit wesentlich erfolgversprechender herzustellen sind als auf der Erde.

Schließlich gibt es eine Reihe von Legierungen und Werkstoffen, die nur in der Schwerelosigkeit oder wesentlich besser und billiger im All zu produzieren sind. Solche Werkstoffe werden völlig neue chemische, elektronische und mechanische Eigenschaften haben, die eine wichtige

Rolle bei der Energieeinsparung, Emissionseindämmung, der Abgasfilterung oder der Lärmminderung spielen werden. Viele dieser Werkstoffe sind auf der Erde gar nicht herstellbar und auf den Bau von «Raumfabriken» geradezu angewiesen. Es ist zum Beispiel bekannt, daß die Herstellung spezieller Glasarten, Keramiken und Legierungen unter den Bedingungen der Schwerkraft oft daran scheitert, daß sie nicht mit der nötigen Reinheit geliefert werden können, weil sie in Tiegeln und Behältern geschmolzen werden müssen, die unerwünschte chemische Reaktionen verursachen. In der relativen Schwerelosigkeit können sie jedoch ohne Tiegel oder Gefäße hergestellt werden, was sie nicht nur reiner werden läßt, sondern auch billiger macht, denn auf der Erde behilft man sich oft damit, Tiegel aus hochwertigen und teuren Werkstoffen zu fertigen oder aus den Materialien herzustellen, die im neuen Werkstoff enthalten sein sollen. Mehrere amerikanische Firmen planen daher für 1987/88 die Produktion solcher Spezialwerkstoffe im All, die bei der Bewältigung unserer Umweltprobleme lebensnotwendig werden können.

Von der sowjetischen Raumforschung wissen wir, daß in ihren Raumstationen biotechnologische Experimente durchgeführt werden. Es liegen darüber leider nur wenige Erkenntnisse vor, so daß man kaum Konkretes dazu sagen kann und weitgehend auf Spekulationen angewiesen ist. Eine Reihe biotechnologischer Verfahren scheint unter den Bedingungen der Schwerelosigkeit besser zu funktionieren als auf der Erde. Auf der anderen Seite – und das wird für die Zukunft der Raumfahrt von zentraler Bedeutung sein – gehen die Raumforscher davon aus, daß in der Null-Gravitation biologische Prozesse ablaufen könnten, die unter den Bedingungen auf unserem Planeten nicht erreicht werden. Dies wird insbesondere bei der Züchtung synthetischer Bakterien der Fall sein, die als Halbleiterdioden für die Bio- oder Molekularelektronik Verwendung finden könnten. Ebenso interessant könnte ein biologisches Raumlabor für Bakterien zur Schädlingsbekämpfung oder zur «Schürfung» von Metallen und Mineralien sein. Bei der Erforschung der biologischen Voraussetzungen für das Leben in Raumstationen oder auf fremden Planeten schließlich dürfte gar unverzichtbar sein, auf biologische Experimente in Weltraumlabors zurückzugreifen.

Es gibt also eine ganze Reihe wirtschaftlicher und technologischer Gründe dafür, daß die Entstehung einer circumterrestrischen Industrie in den kommenden Jahren zu einem der Eckpfeiler der dritten industriellen Revolution werden wird. Es handelt sich dabei keineswegs um utopische Pläne oder um nicht realisierbare Szenarien aus den Denkfabriken amerikanischer Großkonzerne, sondern um handfeste ökonomische Perspektiven, die mit der Errichtung und dem Betreiben von Raumstationen verbunden sind. Die Weiterentwicklung der Raumtechnik, insbesondere die technologische Verbesserung von Shuttle-Fahrzeugen, wird dazu beitragen, solche Pläne in Zukunft schnell und wirtschaftlich zu realisieren. Circumterrestrische Industrie ist unverkennbar zu einem ernstzunehmenden Wachstumsbereich der dritten industriellen Revolution geworden.

Es gibt aber durchaus noch andere Gründe, die das Entstehen einer circumterrestrischen Industrie unausweichlich erscheinen lassen: Je mehr Produkte im Weltraum hergestellt werden, um so sinnvoller und wirtschaftlicher ist es, im Raum große Stationen anzulegen, die man als «Raumfabriken» bezeichnen könnte und die von vielen Unternehmen gemeinschaftlich unterhalten werden. Die Arbeit in solchen Fabriken wird allein schon wegen der organisch schädigenden Schwerelosigkeit auf Dauer nicht von Menschen gemacht werden können. Das heißt: unter den Bedingungen der Schwerelosigkeit wird vollautomatische Produktion geradezu zur Notwendigkeit einer wirtschaftlichen Nutzung des Raumes. Der Weltraum ist von daher wie kein anderer Bereich geeignet, Einsatzgebiet von programmierten automatischen Produktionssystemen zu sein. Man könnte sogar sagen, daß Weltraumindustrie ohne vollautomatische Produktion, ohne intelligente Roboter, ohne Expertensysteme gar nicht denkbar wäre, jedenfalls nicht in rentablen Dimensionen. Hier zumindest vernichtet die Automation auch keine Arbeitsplätze, sie schafft vielmehr eine ganze Reihe, denn die Industrie, die notwendig ist, um solche Raumfabrik zu bauen, zu stationieren, zu kontrollieren, zu reparieren und zu verwalten, bietet ein unerschöpfliches Betätigungsfeld für hochqualifizierte Ingenieure und / oder Manager. Eine wachsende Raumindustrie wird wohl langfristig auch neue Arbeit für mittlere und untere Qualifikationsgruppen schaffen, denn die Aufgaben in der Raumindustrie beschränken sich nicht nur auf Hochqualifizierte. Kein Zweifel also, daß Raumfahrt und Aufbau einer circumterrestrischen Industrie auch unter beschäftigungspolitischem Gesichtspunkt ein wichtiger Beschleunigungsfaktor für die dritte industrielle Revolution, wenn nicht gar der entscheidende, sein wird.

Ist der Aufbau einer Raumindustrie erst einmal in Gang gekommen, dann wird die innere Dynamik der Eroberung des Weltalls selbst zum überzeugendsten Argument für ihre Weiterentwicklung. Denn hinter der ersten Entwicklungsstufe circumterrestrischer Fabriken tut sich eine ganze Weltraumwirtschaft auf, die eigene Rohstoff- und Energieprobleme hat: Im Raum läßt sich sehr viel Energie gewinnen, doch es ist technisch sehr schwierig, die Energie auf die Erde zu leiten. Wenn sich aber Produkte mit Sonnenenergie in der Erdumlaufbahn herstellen lassen, dann liegt es nahe, auch solche Erzeugnisse in Weltraumfabriken zu produzieren, die viel Energie verschlingen und durch die Produktionsmöglichkeiten im Weltraum billiger produziert werden können als auf der Erde. Auf diese Weise würden wir den Energiehaushalt auf der Erde von besonders energieverschlingenden Verfahren entlasten und gleichzeitig die Weltraumenergie indirekt in unseren «made in space»-Konsum einbeziehen, und zwar in Gestalt von Produkten.

Das trifft auch auf die Weiterentwicklung der Raumschiffe und -fahrzeuge zu. Denn die jetzige Generation von Fahrzeugen wird auf Dauer den Ansprüchen einer regelmäßigen Raumfahrt nicht genügen. Neue Shuttle-Konzepte für den Pendelverkehr mit der Erde wird die Raumindustrie ebenso entwickeln müssen wie Aggregate für den interplanetarischen Flug. Zwischen Mond und Orbitalstationen braucht man keine Raketen als Fahrzeuge – hier ist es sinnvoll, Raumfahrzeuge mit fotovoltaischem Antrieb oder mit elektromagnetischem Starter zu bauen, die ähnlich arbeiten wie elektromagnetische Züge, mit denen gegenwärtig experimentiert wird. Die Herstellung interplanetarischer Raumfahrzeuge dürfte sich ihrerseits besser im Raum als auf der Erde organisieren lassen, weswegen davon ausgegangen werden kann, daß im Weltraum eine eigene Industrie entstehen wird, die sich in zunehmendem Maße nicht mehr nur an den Bedürfnissen einer irdischen Ökonomie orientiert, sondern Wachstumsprozesse einleitet, die eine eigene Nachfrage im Raum schaffen werden.

Nahezu alle Experten sind sich darin einig, daß die verschiedenen hier genannten Faktoren ein gigantisches Wirtschaftswunder der Raumfahrt und Raumökonomie auslösen können, das sich nicht allein auf die industrielle Entwicklung auswirken wird. Schon arbeiten verschiedene amerikanische Unternehmen an Plänen für neue Siedlungen auf dem Mond, und eine im Frühjahr vom US-Präsidenten einberufene Expertenkommission schlägt dem Kongreß der USA ein 700-Milliarden-Dollar-Projekt vor, das neue Siedlungen auf dem Mond finanzieren soll, ganze Städte, in denen sich die Raumunternehmen niederlassen werden, Ausbildungszentren, Anwaltskanzleien, Buchhalter- und Dienstleistungsbetriebe aller Art. Spezialisten der Vereiniten Nationen und Fachleute von IBM beispielsweise schätzen, daß bei einem boomenden Weltraummarkt in wenigen Jahren gut eine Millionen Menschen in solchen neuen Raum-Städten leben können. Diese wiederum brauchen eigene Versorgung mit Energie, Lebensmitteln und anderen Produkten des täglichen Bedarfs, die sinnvollerweise natürlich nicht von der Erde geholt werden. Große Sonnenkraftwerke, wie sie Peter Glaser um 1970 schon vorgeschlagen hat und seit 1972 von der Firma Boeing in zwei alternativen Varianten auch schon entwickelt werden, Biofabriken für die Versorgung mit Lebensmitteln, pharmazeutische Fabrikationsstätten – all das wird unweigerlich in den Sog eines solchen Booms mit hineingezogen werden.

Wachsende Konkurrenz im Raum. Wir bewegen uns bei diesen Überlegungen keineswegs im Feld von Science-fiction. Es handelt sich bei derartigen Projekten vielmehr um mittelfristig überschaubare Entwicklungsaspekte, um einen Markt, der schon heute umkämpft ist und dessen gegenwärtige und zukünftige Strukturen danach entschieden werden, wie die Machtgewichte, wie die ökonomischen und sozialen Entwicklungsmöglichkeiten der verschiedenen Industrieregionen dieser Erde in der Zukunft beschaffen sein werden. Es ist sehr wichtig, sich dies klarzumachen, um zu verstehen, warum heute schon sehr harte und rücksichtslose Auseinandersetzungen um die Spitzenpositionen in der Raumfahrt geführt werden, während einem breiten Teil der Öffentlichkeit das alles eher wie miese Science-fiction vorkommt. Inzwischen nämlich gibt es kein Monopol der beiden Großmächte Sowjetunion und USA auf Raumfahrt und Trägersysteme mehr, obwohl beide Staaten den Raum, der die Planeten unseres Sonnensystems umgibt, weitgehend kontrollieren. Japan hat die Möglichkeiten zur kommerziellen Nutzung des Weltraums erkannt und die ersten praktischen Schritte unternommen, mit denen es in absehbarer Zeit auf den Märkten als Konkurrent antreten kann. Selbst China, Indien und Kanada haben große Anstrengungen unternommen, um ihren zivilen und militärischen Bedarf aus eigener Kraft decken zu können; zahlreiche Schwellenländer in Südamerika, Asien und unter den arabischen Ländern haben begriffen, wie wichtig der Weltraum für ihre Interessen ist. Das japanische Raumfahrtprogramm, das jährlich mit 800 Millionen DM gefördert wird, umfaßt sowohl Trägerraketen wie Raumfabriken, bewohnte Raumschiffe, geostationäre Plattformen und Kraftwerke. Realisiert werden können diese Projekte allerdings nur, wenn es eine japanische Trägerrakete geben sollte, wovon bislang noch nicht die Rede sein kann. Bis dahin konzentriert sich das japanische Raumfahrtprogramm auf wissenschaftliche Programme, technologische und Wettersatelliten sowie das Fernmeldewesen und auf die Entwicklung einer eigenen Trägerraketenserie, vor allem der Trägerrakete «H», die bis zum Ende dieses Jahres Lasten von etwa 800 kg in eine geostationäre Umlaufbahn bringen können soll.

Die Sowjetunion startet in regelmäßigen Abständen Satelliten, 1986 gelang ihr die Plazierung einer großen Raumstation («Mir»), die den Anfang einer regelrechten Raumplattform abzugeben scheint. Mit dem 125. Menschen, den sie inzwischen in den Raum geschossen hat, und nicht nur mit den technologischen Glanzleistungen behauptet sie eine internationale Führungsrolle in der Raumfahrt, also in einer der wichtigsten Wachstumstechnologien von morgen. In vielen Bereichen hat sie ein höheres Entwicklungsniveau erreicht als die NASA. Wenn sie auch spärlich fließen, so zeigen die Informationen aus der Sowjetunion doch, daß ihre Weltraumbehörde in allen Bereichen tätig ist. Es gibt sowjetische Fernmeldesatelliten, Wetterstationen, Erdbeobachtungstrabanten und astronomische Beobachtungsstationen, Raumfabriken und Forschungslabors. All diese Anlagen geben der Sowjetunion solchen Vorsprung in der Raumtechnologie, daß auch in Zukunft kein Weg an einer sowjetischen Raumpräsenz vorbeiführt. Und gerade weil die Sowjetunion in vielen industriellen Bereichen weit hinter anderen Nationen zurückliegt, ist ihre Spitzenposition in der Raumfahrt besonders wichtig – gegebenenfalls auch um technologische Nachteile auf anderen Gebieten kompensieren zu können.

Eine ernstzunehmende Konkurrenz ist den beiden Großmächten in den siebziger Jahren durch die europäische Raumbehörde ESA entstanden, die sich konsequent aus der militärischen Nutzung der Raumfahrt und aus bemannten Projekten herausgehalten hat. Dafür entwickelte sie eine hochleistungsfähige und wirtschaftliche Trägerrakete, die «Ariane 4», mit der sich vornehmlich kommerzielle Satelliten in den Raum schießen lassen. Auch hat sie sich als Lastenrakete bewährt, mit der sich unter Umständen selbst großräumige Bauteile einer europäischen Raumplattform transportieren lassen. Bemannte Raumprojekte hingegen haben die europäischen Mitgliedstaaten mit der NASA realisiert, so etwa die deutschen Space-Lab-Missionen im Jahre 1985, die nahezu ausschließlich wissenschaftlichen und technischen Grundlagenexperimenten galten. Vielleicht das beste Beispiel für den hohen Stellenwert der europäischen Raumfahrt war der wissenschaftliche Beobachtungssatellit «Giotto», der 1986 bis auf wenige hundert Kilometer an den Kern des Halleyschen Kometen herankam und das Rätsel dieses geheimnisvollen Sonnenbegleiters zu lösen vermochte.

Die Pannen der amerikanischen Raumfahrt, nicht zuletzt das tragische Unglück der Raumfähre «Challenger», bei dem Anfang 1986 alle sieben Insassen ums Leben kamen, waren und sind allerdings mitverantwortlich für den schnellen Erfolg der ESA. Im Gegensatz zu amerikanischen Fahrzeugen erwies sich die Ariane bis zur letzten Havarie als sehr zuverlässig und als sehr kostengünstig im Vergleich zum Shuttle. Auftraggeber aus allen Ländern der Welt haben unterdessen die europäische Raumfahrt beauftragt, Satelliten zu plazieren, so daß die ESA schon fünf Jahre im vorhinein ausgebucht ist. Schneller als erwartet hat sich die Ariane damit als großes Geschäft erwiesen. Sie ist gleichsam der späte Beweis für Wernher von Brauns Überzeugung aus den Kindertagen der Raumfahrt, daß sich die Eroberung des Weltraums dereinst nicht nur selber tragen könnte, sondern ein großer wirtschaftlicher Erfolg wird, der das wirksamste Argument für immer größere Anstrengungen bei der Eroberung des Raumes sein dürfte.

Die europäischen Raumplaner haben aus den Erfolgen der Ariane den Schluß gezogen, ihr Programm weiter auszudifferenzieren. Eine größere Trägerrakete soll entstehen, die die dreifache Nutzlast von Ariane 4 in den Raum tragen kann (ca. 15 Tonnen) und sich dazu eignet, neben Frachtgütern auch eine europäische Shuttle-Version befördern zu können. Im Gegensatz zum amerikanischen Weltraumgleiter mit Triebwerken, der von zwei Hilfsraketen unterstützt ins All befördert wird, soll die europäische Konzeption eine sogenannte Huckepackversion sein, also selbst keine Triebwerke besitzen, sondern allein von dem Antriebsaggregat der Ariane 5 in den Raum gehievt werden. Dieses Euro-Shuttle ist als reines Personentransportmittel geplant, denn anders als im NASA-Programm werden die europäischen Nutzlasten auch in Zukunft mit einer entsprechend dimensionierten Rakete plaziert und nicht durch einen Raumgleiter. Die europäische Raumfähre (man hat ihr bislang den Namen «Hermes» gegeben, der ironischerweise der griechische Gott der Diebe und Kaufleute war) kann daher sehr viel kleiner gehalten werden und braucht auch als Steuerungstriebwerke nur solche Aggregate, die ihre Manövrierfähigkeit im All garantieren. Trotz ihrer kleinen Dimensionen weist die Fähre beachtliche Flugleistungen auf. Sie bietet Platz für sechs Raumfahrer, die acht Tage im Orbit bleiben können, mit zwei bis drei Astronauten an Bord wird die Flugdauer auf etwa 30 Tage veranschlagt. Dies ist genau die richtige Größenordnung für die beabsichtigten Hermes-Missionen, bei denen in der Regel vier bis fünf Astronauten wissenschaftliche Experimente in Flughöhen bis zu 800 Kilometer ausführen. Mit Ersatzteilen an Bord sollen sie Satelliten oder unbemannte Forschungsplattformen ansteuern, aus Bauteilen, die durch Nutzlastraketen in den Raum transportiert wurden, größere Raumstationen bzw. Raumfabriken zusammenbauen und vollautomatische Produktionsanlagen überwachen oder reparieren. Noch bedeutsamer für die europäische Raumfahrt und Weltraumwirtschaft könnte das britische Projekt eines vollwertigen Raumtransporters werden, der nicht mehr mit einer Trägerrakete in die Umlaufbahn gehoben wird, sondern wie ein Düsenflugzeug auf jedem beliebigen Flughafen mit geeigneter Größe starten könnte, sich selbst in die Umlaufbahn bringt und ebenso wieder zur Erde zurückkommen kann. Unter dem Namen «HOTOL», der englischen Abkürzung für «horizontales Starten und Landen», werden derzeit die ersten Experimente von British Aerospace gemacht. Sollten sie erfolgreich sein (man rechnet mit ersten Ergebnissen noch vor 1990), dann wäre der Durchbruch zu einer umfassenden circumterrestrischen Raumfahrt und -industrie perfekt.

Angesichts des Stellenwertes der circumterrestrischen Aktivitäten für die dritte industrielle Revolution darf jedoch nicht damit gerechnet werden, daß die USA wegen ihrer Schwierigkeiten mit dem ohnehin problematischen Shuttle-Programm auf die Plätze verwiesen wären. Im Gegenteil: angesichts des riesigen wirtschaftlichen und politischen Potentials der USA muß man damit rechnen, daß sie die Spitzenposition in der Raumfahrt nicht kampflos aufgeben werden. Sachverständige der europäischen Raumfahrtbehörde bzw. der Europäischen Gemeinschaft gehen davon aus, daß die amerikanischen Stellen dabei aggressives Vorgehen in Handel und Technik nutzen werden, ja nutzen müssen, um ihre relativ schlechte Ausgangsposition verbessern zu können. Denn die Position der amerikanischen Weltraumbehörde ist in der Tat erschüttert. Gerade weil die Weiterentwicklung der Raumfahrt unter marktwirtschaftlichen Gesichtspunkten verläuft und in Zukunft immer weniger Möglichkeiten bestehen, Monopole wie zum Beispiel im

Fernmeldewesen aufrechtzuerhalten, werden europäische Unternehmen mit günstigen technischen und ökonomischen Angeboten leicht in den amerikanischen Fernmeldemarkt eindringen und große Marktanteile erringen können. Dasselbe gilt auch für die Plazierung von Raumfabriken und andere geostationäre Projekte der ESA, die der amerikanischen Raumfahrt schwer zu schaffen machen werden. Im Zusammenhang mit diesem Konkurrenzkampf muß man auch die Diskussion um die sogenannte strategische Verteidigungsinitiative (SDI) der USA sehen, die vergeblich eine perfekte Weltraumrüstung anstrebt, gleichwohl aber auch viele kommerzielle Aspekte der Raumfahrt von morgen umfaßt, im Trägerraketenbereich, beim Bau von Shuttle-Fahrzeugen und bei der Informationsverarbeitung. Grundsätzlich zielt das Programm daher (auch) auf die Wiedererlangung der uneingeschränkten Führungsrolle der amerikanischen Raumindustrie – bzw. auf eine Einbindung der europäischen Konkurrenz, die an die amerikanische Planungs- und Geheimhaltungsleine gelegt werden soll.

Interplanetare Raumfahrt. Im Zusammenhang mit diesem internationalen Konkurrenzkampf um die führende Rolle in der Raumfahrt und in der dritten industriellen Revolution muß man auch das Wiederaufleben der Diskussion um interplanetare Projekte, wie die Erforschung des Mars oder die Nutzung der Asteroiden und Jupiter-Monde, sehen. Denn anders als in den fünfziger Jahren stehen heute hinter solchen Überlegungen realistische Technologien und in den USA zumindest auch das ernsthafte Bemühen, die Finanzmittel für solche Projekte aufzubringen. Der amerikanische Präsident hat 1986 selbst die Planung eines 700-Milliarden-Dollar-Projektes in Auftrag gegeben, das der Realisierung einer Marslandung und -besiedlung dienen soll. Nach dem Bericht der angesehenen amerikanischen Fachzeitschrift «Aviation Week and Space Technology» umfaßt das Projekt, das den Bau eines irdischen Raumhafens auf dem Mond, der achtmal mehr kostet als die Mondlandung, die Errichtung von Zwischenstationen auf dem Weg zum Mars und den Bau einer Marsstation, die «Marskolonisten» eine erste Heimstatt geben soll. Darüber hinaus ist geplant, Bergbau auf den Asteroiden und den Jupitermonden zu treiben. Wie die Empfehlungen der Kommission realisiert werden, ist noch unklar; sicher aber ist, daß die USA mit einem Schlag zur alles beherrschenden Weltraummacht aufstiegen, wenn dieses Projekt realisiert würde.

Das Erreichen des Mars ist eigentlich ein alter Raumfahrertraum, der schon Triebfeder der NASA-Projekte und der Planungen von Brauns war. Alle Mondlandeprojekte hatten für Wernher von Braun letztlich nur ein Ziel, den Mars zu erreichen – über die Zwischenstation Mond. Erst mit dem Erreichen des roten Planeten, das war seine feste Überzeugung, träte die Raumfahrt in das Stadium wirklicher Bedeutsamkeit für die Menschheit. Bis dahin blieben alle Anstrengungen erdbezogen bzw. von den Bedürfnissen der Erde bestimmt. Erst der Schritt auf einen anderen Planeten könne als wirkliche Weltraumfahrt begriffen werden. Wernher von Brauns Pläne sahen vor, daß der Start zum Mars von einer riesigen Raumstation ausgehen sollte, die zwischen Erde und Mond plaziert wird und schon beim Aufbau eines dem Marsprojekt vorangehenden Mondlandeunternehmens errichtet werden müsse. Von dort sollten zwei Schiffe zum Mars fliegen, in eine Umlaufbahn um den roten Planeten einschwenken und ein Landungsboot absetzen, daß neun Mitglieder der Expedition auf den Mars bringen sollte, wo sie 449 Tage Experimente und Forschungsarbeiten durchführen sollten. Nach Ablauf dieser Zeit müßten sie zum Mutterfahrzeug zurückkehren, das nun als Rückflugmodul zur Erde benutzt würde.

Im Auftrag der NASA haben in den fünfziger Jahren verschiedene Wissenschaftler umfangreiche Untersuchungen vorgenommen mit dem Ergebnis, daß der Mars viel Wasser in der Form von Eis besitzt, das man zu einem gewissen Prozentsatz abschmelzen kann, um ein wärmeres Klima auf dem Himmelskörper zu schaffen. Damit ließe sich eine Atmosphäre aufbauen, die langfristig auch die Entstehung erdähnlichen Lebens ermöglichen würde. In den siebziger Jahren nahm die NASA solche Überlegungen wieder auf und ließ einerseits die Machbarkeit untersuchen, andererseits das Konzept ergänzen mit Erkenntnissen der Gentechnologie, um speziell für die Lebensbedingungen des Mars entwickelte Pflanzen zu züchten, die unter den Bedingungen der sich verändernden Atmosphäre dann die gleiche Aufgabe erfüllen könnten wie das Entstehen der Pflanzenwelt in der langen Frühgeschichte der Erde (Aufbau der Atmosphäre, Bildung einer strahlenschützenden Ozonschicht usw.). Andere NASA-Studien haben ergeben, daß es sinnvoll sein könnte, den Mond für interplanetarische Missionen zu einer Art Raumhafen der Erde auszubauen, der besser als eine Orbitalstation die Voraussetzungen erfüllt, einen regelmäßigen planetarischen Verkehr zu ermöglichen. Eine NASA-Studie aus dem Jahre 1980 hat sogar den Versuch unternommen, die Rentabilität eines

Raumhafens auf dem Mond unter Beweis zu stellen. Trotz gelegentlicher Vorstöße dieser Art blieb das Mars Thema bis in die Mitte der achtziger Jahre hinein ohne jede praktische Bedeutung. Seit 1984 aber muß damit gerechnet werden, daß aus fiktiven Szenarios in absehbarer Zeit doch Realität werden könnte. Dies liegt hauptsächlich daran, daß verschiedene mit der Raumfahrt befaßte Institutionen in den Vereinigten Staaten übereinstimmend die Erforschung und Eroberung des Planeten Mars empfehlen. Gestützt auf die Daten der Marssonde «Viking» fand 1984 eine große internationale Konferenz unter dem Titel «The Case for Mars» statt, die verschiedene, bis Mitte der achtziger Jahre entwickelten Projekte und Szenarios der Marserforschung und -besiedlung vorstellte. Danach ist es mit den vorhandenen Technologien, erst recht aber mit den Raumtechniken der neunziger Jahre möglich, den Mars zu erreichen und eine größere Forschungsstation sowie mehrere Labors und Fabriken auf dem roten Planeten zu errichten. Der Flug zum Mars wäre in den nächsten zehn Jahren selbst ohne den Bau einer Orbitalstation oder eines Raumhafens auf dem Mond möglich. Langfristig aber – so unterstellen die Studien – wird die Besiedlung des Planeten nicht ohne Zwischenstationen möglich sein, wenn das Projekt einigermaßen rentabel bleiben soll. Die Überlegungen der NASA gehen deshalb dahin, daß die Entwicklung der circumterrestrischen Raumindustrie von sich aus mehr und mehr Voraussetzungen für eine Marsbesiedlung schafft, die dann kommerziell genutzt und nicht allein wegen der Marslandung kostspielig aufgebaut werden müssen.

Auch im Hinblick auf die Herstellung wichtiger Bestandteile der Landungsmodule bzw. der Labors und Fabriken wird mit der Eigendynamik der circumterrestrischen Industrie gerechnet, denn der Bau von Raumschiffen und Landungsfahrzeugen, Marsstationen und Fabriken würde im Orbit natürlich sehr viel billiger sein, als wenn alles auf der Erde gebaut und erst kostspielig in die Erdumlaufbahn gebracht werden müßte. Selbst die physikalischen, chemischen und geographischen Voraussetzungen für eine Besiedlung des Mars sind ebenfalls nicht schlecht. Seit der Landung der Viking-Sonde wissen wir, daß der Planet Wasser führt, nicht nur an seinen Polen mit den Eiskappen, sondern auch im Boden unterhalb jener Vertiefungen der Marsoberfläche, die der italienische Astronom Giovanni Schiaparelli 1880 noch für Marskanäle hielt. Messungen der Sonde haben ergeben, daß sich hier Eisadern befinden, die vielleicht sogar aus dem Wasser schon längst versiegter Marsflüsse stammen. Selbst die Marsatmosphäre enthält Was-

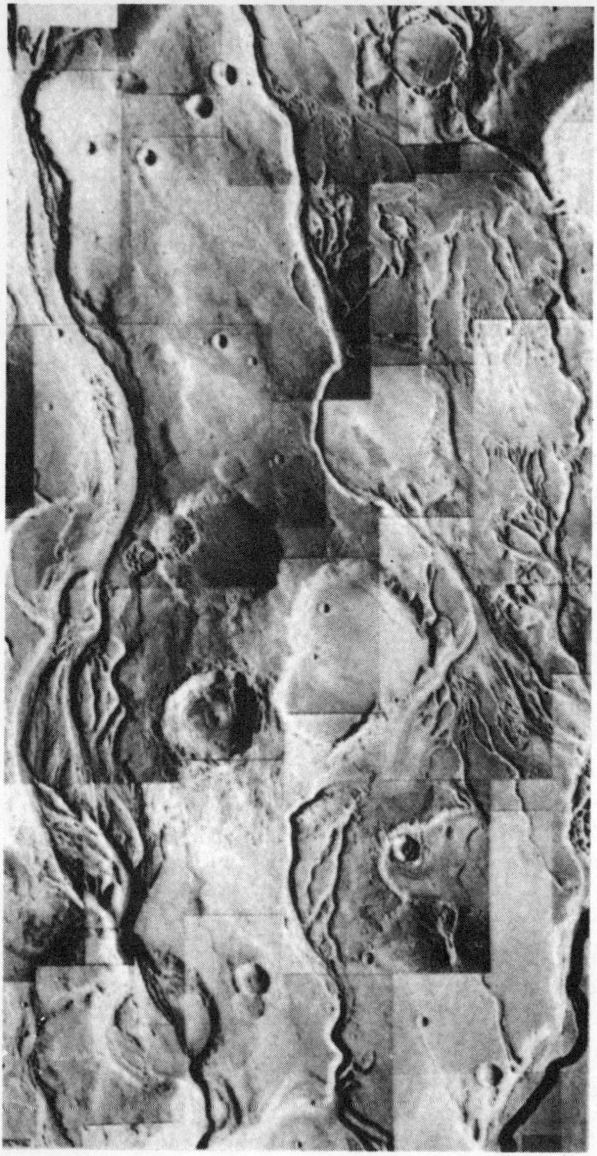

Das Mangala-Tal auf dem Mars in einer Aufnahme der Viking-Sonde

ser, das sich für die Besiedlung nutzen ließe. Für die Wassernutzung ist allerdings entscheidend, daß das Eis geschmolzen werden kann oder, besser noch, daß die Oberflächentemperaturen des Mars so weit ansteigen, daß das gefrorene Wasser weitgehend schmilzt.

Eines der wichtigsten Viking-Experimente zeigte, daß der Marsboden Sauerstoff freigibt, wenn er angefeuchtet wird oder wenn man ihn erwärmt. Andererseits enthält die Marsatmosphäre genug Kohlendioxid, um pflanzliches Leben auf dem roten Planeten zu ermöglichen. Die in den fünfziger Jahren noch utopischen Vorstellungen vom Aufbau einer für Menschen atembaren Atmosphäre, einer von Pflanzen erzeugten Ozonschicht, einer Biosphäre also, wären nach dem heutigen Stand von Forschung und Technologie durchaus realisierbar, zumindest aber nicht ausgeschlossen. Der kritische Punkt solcher Pläne ist dabei nicht einmal die Kostenseite, sondern die Frage, wie sich der Mars um etliche Grade erwärmen läßt, um Wasser zu schmelzen, Sauerstoff zu erzeugen, eine Atmosphäre aufzubauen, als Grundvoraussetzungen einer Biosphäre. Aber auch dafür gibt es relativ einfache und nicht einmal kostspielige Projektvorstellungen (beispielsweise könnten ganze Regionen in Bodennähe mit Folien abgedeckt werden, unter denen sich die Sonnenwärme fängt).

Verglichen mit der Mondlandung dürfte das Marsprojekt allerdings ein Unternehmen sein, das die gesamte technologische Leistungsfähigkeit der daran beteiligten Industrienationen in Anspruch nimmt. Viele Dinge, die erst in Umrissen erkennbar sind, so etwa die Biotechnologie, aber auch die Automation und die Datenverarbeitung in Expertensystemen, verlangen einen viel höheren Entwicklungsstand als heute, wenn das Marsprojekt ernsthaft verfolgt werden soll. Mit einem Wort: der Zielpunkt Mars würde eine permanente Umwälzung unserer Technologien voraussetzen und wäre zugleich ein wichtiger Motor ihrer Entwicklung. Angesichts der 700 Milliarden Dollar, die die USA in den nächsten zwanzig Jahren dafür auszugeben planen, handelt es sich also nicht um Science-fiction, sondern um einen riesigen zivilen Forschungs- und Entwicklungsfonds, der allein wegen seiner Größe zum alles entscheidenden Faktor für den technischen, wissenschaftlichen und sozialen Wandel werden könnte.

Es ist also nicht bloß amerikanische Naivität oder zynische Besessenheit, wenn in den Entscheidungsstäben der USA ernsthaft an der Realisierung solcher Pläne gearbeitet wird. Das Projekt der Eroberung eines anderen Planeten würde die hochtechnologischen Industrien und Potenzen der USA auf Jahrzehnte hinaus positiv stimulieren und für die beteiligten Unternehmen erhebliche Gewinne abwerfen – vom technologischen Nutzen für die Entwicklung der Produktivkräfte ganz zu schweigen. Interplanetarische Projekte sind heute, Mitte der achtziger Jahre, eben keine Utopie mehr und werden aus technologischen und wirtschaftlichen Gründen die Entwicklung der Raumindustrie neben dem Ausbau circumterrestrischer Anlagen in jedem Fall bestimmen. Sie werden in den kommenden Jahren folglich zunehmen, und es ist nicht auszuschließen, daß sich erneut so etwas abspielt wie der Wettlauf zum Mond in den sechziger Jahren. Denn wer den ersten Schritt auf den Mars tut, wird mehr noch als bei der Mondfahrt über das wachsende Weltraum-Busineß herrschen und die weitere wirtschaftlich-industrielle Entwicklung entscheidend beeinflussen. Im übrigen dürfen wir dabei nicht nur auf staatliche Raumfahrtbehörden schauen, wir müssen auch die vielen privaten Initiativen im Auge haben. Schon allein deshalb wird man mit interplanetarischen Vorhaben in den kommenden fünfzig Jahren rechnen müssen. Damit aber kommt eine gewisse Eigendynamik in Gang, die alle Raumfahrt betreibenden Staaten, Behörden und Unternehmen zwingt, sich mit dem Vorhaben und dem damit verbundenen Konkurrenzkampf um technologische Führungspositionen, Marktanteile ebenso auseinanderzusetzen wie mit den sozioökonomischen Folgen solcher Großprojekte. Das Ergebnis dürfte jetzt schon klar sein: Kommt eine interplanetarische Raumfahrt in Gang, sei es nun zum Mars oder zu den Asteroiden und den Jupitermonden, wird sich keine der raumfahrenden Parteien leisten können, abgekoppelt zu werden. Sicher, die Zeitdimension, von der wir hier sprechen, ist unüberschaubar – die Wissenschaftler planen jetzt für die kommenden fünfzig Jahre, die Projekte selbst setzen Planungshorizonte von Jahrhunderten voraus. Es kann also keiner sagen, ob überhaupt realisiert wird, was wissenschaftlich und technisch möglich ist und irgendwann einmal begonnen wurde. Aber auch die Eroberung des amerikanischen Kontinents dauerte mehrere Jahrhunderte, die Entwicklung der USA von einem utopischen Siedlerstaat zur führenden Weltmacht und Raumfahrtnation dauerte immerhin zweihundert Jahre – ohne daß man auch nur für bestimmte Phasen von einem Bruch der Kontinuität im stürmischen Aufbau und Wachstum der Vereinigten Staaten sprechen könnte.

Folgen für die dritte Industrielle Revolution. Auch Skeptiker und Gegner der Raumfahrt werden nicht bestreiten können, daß sie mit den geschilderten Entwicklungsschritten zu einem ernstzunehmenden und in Zukunft entscheidenden Faktor der wirtschaftlichen und gesellschaftlichen Umwälzung geworden ist. Die entscheidende Bedeutung liegt darin, daß sie für die neuen Technologien der Informationsverarbeitung und die Biotechnologie in der Tat eine Rolle einnehmen könnte, wie die großen Infrastrukturprojekte «Eisenbahn» und «Automobil» für die zweite industrielle Revolution. Dafür spricht nicht nur die Tatsache, daß sie unterdessen zu einem großen und zugleich gewinnbringenden Wirtschaftsfaktor geworden ist, sondern auch, daß sie wie kein Wirtschaftsbereich sonst Nachfrage nach Hochtechnologien erzeugt. Teilweise ist sie für die neuen Technologien sogar unverzichtbar, wie das Beispiel der Telekommunikation oder der neuen Werkstoffe zeigt.

Daran, daß die technische Revolution des 21. Jahrhunderts einen Wachstumsbereich braucht, dessen Umfang der von ihr entfesselten Produktivität entspricht, kann es keinen Zweifel geben. Wie das Studium der vorangegangenen Industrialisierungen zeigt, ist eine industrielle Revolution zwingend darauf angewiesen, ein Expansionsfeld zu haben, das den Rahmen der vorgegebenen wirtschaftlichen und gesellschaftlichen Strukturen überwindet, um die neuen Produktivkräfte nicht in Destruktivkräfte umschlagen zu lassen. Industrialisierung bedeutet stets, daß die bisherige Arbeit ersetzt oder verändert wird durch technische Verfahren. Wenn eine industrielle Revolution folglich nicht in eine krisenhafte Verknappung von Arbeit führen soll, benötigt sie neue Betätigungsfelder, die ein Mehr an Arbeit schaffen, als durch Automation und Technisierung im bisherigen System der gesellschaftlichen Arbeit verlorengeht. Deshalb waren die Infrastrukturprojekte des 19. und 20. Jahrhunderts lebensnotwendige Voraussetzungen der Industrialisierung – eine Gesetzmäßigkeit, die wir im übrigen schon für die mittelalterliche Industrialisierung feststellen konnten.

Das gilt auch oder gerade für die Veränderungen der gesellschaftlichen Arbeit, die mit der dritten industriellen Revolution verbunden sind. Denn selbst wenn es richtig ist, daß die gegenwärtige Industrialisierungswelle zu einer völlig veränderten Erwerbsstruktur führt, stellt sich doch die Frage, wo der große Wachstums- und Nachfrageschub herkommen soll. So wie wir die Dinge im vorangegangenen Kapitel betrachtet haben, blieb stets die Frage, ob damit wirklich eine bessere

Perspektive der gesellschaftlichen Verhältnisse verbunden sein wird oder ob die dritte industrielle Revolution nicht vielmehr in eine bedrohliche Gesellschaftsspaltung führt, die wir mit dem Begriff «Neomerkantilismus» bezeichnet haben. Der Hinweis darauf, daß die zukünftige Entwicklung unserer Gesellschaft ganz wesentlich von Gesellschaftspolitik abhängig sein wird, ist zwar richtig, ihm fehlt gleichwohl die ökonomische Dimension. Nur wenn es wirtschaftlich sinnvoll ist, wenn sich also erfolgversprechende Perspektiven für Arbeit und Einkommen verbinden lassen – und zwar nicht nur für kurze Zeit, sondern langfristig, womöglich gar in generationenübergreifender Perspektive –, werden große Bevölkerungsschichten auch das Wagnis einer neuen Erwerbsform und Lebensweise auf sich nehmen. Ohne solche Erfolgsaussichten bleiben selbst die schönsten Chancen nur akademische Modelle. Wo aber sollen die wirtschaftlichen Möglichkeiten herkommen, die Millionen von Informationshandwerkern, industriellen Familienbetrieben, Biotechnologen und anderen neuen Berufen eine erfolgversprechende Perspektive geben, wenn nicht aus einem Wachstumsbereich, der auf all das angewiesen sein wird, was die neuen Technologien an Arbeitsmöglichkeiten anbieten?

Raumfahrt und Raumfahrtindustrie sind der einzige bislang erkennbare Wirtschaftsbereich, in dem eine unbegrenzte Nachfrage nach Robotern, automatischen Produktionsanlagen, nach Expertensystemen und vielfältigen Formen der Informationsverarbeitung besteht und der zugleich eine langfristige Perspektive bietet. Das heißt nicht, daß sich hier ein krisenfreies Wachstum andeutet (viel wahrscheinlicher ist, daß sich bei einem wachsenden Raumfahrt-«Markt» wiederholt, was sich bei der Betrachtung des frühen Eisenbahnbooms oder in der Frühphase der Massenproduktion in der Automobilindustrie abgespielt hat); es heißt aber, daß die Raumfahrt gleichsam den logischen Rahmen für eine epochale Umwälzung unserer wirtschaftlichen und gesellschaftlichen Verhältnisse darstellt. Dies gilt im übrigen ganz unabhängig davon, daß sie unterdessen längst schon zu einem Wirtschaftsfaktor geworden ist, von dem die Entwicklung der dritten industriellen Revolution nicht mehr absehen kann. Es ist nicht die Macht des Faktischen, die uns zwingt, die Raumfahrt als unvermeidlich zu akzeptieren, es geht auch nicht darum, das Beste aus einer einmal eingeschlagenen Richtung zu machen, die Raumfahrt ist nicht zufällig verwoben mit all den Erfindungen und Entwicklungen der neuen Technologien – daß dabei am Anfang oft militärische Notwendigkeiten standen, spielt, wie

Produktion von Pharmazeutika in der Space-Shuttle

wir noch sehen werden, eine wichtige, aber dennoch untergeordnete Rolle. Nicht die Anforderungen der industriellen Produktion, nicht Datenaustausch und kommerzielle Operationen der Weltwirtschaft waren es, die die Datenverarbeitung ins Leben gerufen haben, die neuen Medien und Telekommunikationsmöglichkeiten entstehen ließen. Sie entstanden zumeist im Kontext militärischer Raumfahrtprojekte und kamen erst nach Jahrzehnten der Entwicklung einsatzreifer Systeme zu einer wirtschaftlichen Nutzung. Und gerade dieses Spiel mit vertauschten Rollen macht ja eines der Probleme unserer gegenwärtigen Situation aus: Es sind nicht wirtschaftliche und soziale Erfordernisse, die zu technologischen Veränderungen führen, sondern neue technologische Möglichkeiten, die teilweise schmerzliche soziale Veränderungen erzwingen.

Der wissenschaftlich-technologische Kontext aber, in dem sie entstanden sind, erzeugt die Nachfrage und ist – wie wir am kommerziellen Erfolg der zivilen Raumfahrt inzwischen auch nachweisen können – langfristig wohl auch der entscheidende Nachfragefaktor. Mit anderen Worten, Raumfahrt und Raumfahrtprojekte waren von Anfang an derjenige Faktor der dritten industriellen Revolution, der die eigentliche Dynamik auslöste. Daß dieser Zusammenhang nicht wie bei den Infrastrukturprojekten der Vergangenheit gleich deutlicher hervorgetreten ist, hat sicher etwas mit der Tatsache zu tun, daß Raumfahrt zunächst in der Hülle militärischer Ziele entstand. Am Anfang der Entwicklung war eben keineswegs klar, daß daraus einmal ein ziviles und wirtschaftlich erfolgreiches Infrastrukturprojekt werden könnte. Also traten die Auswirkungen der neuen Technologien auf die vorhandenen Industrien und Kommunikationsformen eher negativ ins Bewußtsein, und erst mit dem Anwachsen einer «marktwirtschaftlichen» Raumfahrt fügen sich die Puzzleteile einleuchtend zusammen: Die Raumfahrt könnte nicht erst zu einem Katalysator der dritten industriellen Revolution werden, sie spielt diese Rolle von Anfang an. So wie die Eisenbahn im 19. Jahrhundert die verschiedenen Elemente der zweiten industriellen Revolution erst zusammenschweißte und daraus das umwälzende Ereignis machte, das sie für Europa und die Welt wurde, hat und wird die Raumfahrt die Elemente der dritten industriellen Revolution zu einer Umwälzung amalgamieren, deren Auswirkungen wir uns selbst mit den kühnen Beispielen der interplanetaren Raumfahrt nur unvollkommen ausmalen können. Der Prozeß ist längst in Gang und viel zu weit fortgeschritten, als daß er noch zu verhindern wäre – zu verändern, zu ordnen und zu gestalten ist er jedoch noch immer. Oder sagen wir besser: gerade jetzt. Denn in den kommenden zehn Jahren fallen die Würfel über die Gestaltung der dritten industriellen Revolution, wie wir am Beispiel der wachsenden internationalen Konkurrenz feststellen konnten.

Folgen für das System der gesellschaftlichen Arbeit. Es mag befremden, daß ausgerechnet die Großtechnologie der Raumfahrt mit den Veränderungen einhergehen soll, die im vorangegangenen Kapitel skizziert wurden und auf eine Organisation der gesellschaftlichen Arbeit von kleinbetrieblichen, gar handwerklichen Dimensionen hinauslaufen soll. Raumfahrt, so scheint es, verlangt riesiges Kapital und bürokratische Großstrukturen in Wirtschaft und Verwaltung. Doch dieser Eindruck, der im übrigen hauptsächlich aus der militärischen Raumfahrt stammt, ist nicht unbedingt richtig. Seit dem Aufschwung der marktwirtschaftlichen Raumfahrt wächst die Zahl kleinerer Unternehmen, die direkt oder indirekt in der Raumfahrt tätig ist, weil ein großer Teil der Bauteile für Raumfahrzeuge oder Raumstationen hochtechnische Produkte sind, die ihrerseits meist vollautomatisch produziert werden und wenig Arbeitskräfte verlangen. So können kapitalstarke, hochtechnische Raumunternehmen wirtschaftlich gesehen Großbetriebe sein, soziologisch betrachtet aber handelt es sich ohne Frage um Kleinbetriebe. Man darf bei der Betrachtung der Raumfahrt nicht den Fehler machen und den Bau von Raumfahrzeugen sehen, die sicherlich Großunternehmen erfordern – wie im Flugzeugbau auch. Raumfahrt kann ebensogut ein Arbeitsgebiet für Anlagenbauer oder Roboterhersteller sein, die zweifellos kleinbetriebliche Dimension haben können. Auch Satelliten und Kommunikationsanlagen können und werden von kleineren Betrieben hergestellt, denn hier spielt das Know-how oft eine noch dominierendere Rolle als beim Bau von Raumfahrzeugen.

Eine wichtige Rolle wird in Zukunft auch die Raumindustrie im Orbit spielen. Denn hier ergibt sich ein unbeschränktes Betätigungsfeld für kleinere Betriebe, für die die Nutzung von Raumlabors und -fabriken ein optimales Operationsgebiet ist. Sei es nun die Herstellung von Arzneimitteln, die Züchtung von Bakterien oder die Entwicklung von Werkstoffen, in allen Sektoren eröffnen sich hier wirtschaftliche Chancen. Die Frage dürfte daher nicht so entscheidend sein, ob kleine und kleinere Betriebe im Raumgeschäft operieren können, sondern vielmehr, woher das Kapital kommen soll, um die vielen hochtechnologischen Kleinbetriebe von morgen überhaupt erst entstehen zu lassen. Aber auch hier spielt die Raumfahrt eher eine positive als eine destruktive Rolle. Der Weltraum ist nämlich nicht nur ein schier unbegrenztes Operationsgebiet, er ist schon jetzt ein selbst für heutige Verhältnisse riesiger Markt und ein ebenso großes Investitionsfeld. Allein auf 20 bis 30 Milliarden Dollar wird der Markt für Produkte in den nächsten zehn Jahren geschätzt, die in relativer Schwerelosigkeit hergestellt werden. Den Markt für Telekommunikationseinrichtungen im Orbit schätzen Wirtschaftswissenschaftler bis zum Jahr 2000 auf runde 100 Milliarden Dollar. Die USA planen für die Raumfahrtvorhaben der NASA bis zum Jahr 2025 einen Etat von 700 Milliarden Dollar. Da insgesamt aber vier große Agenturen Raumfahrt betreiben, neben der NASA die europäische ESA, die Sowjetunion und Japan, darf man annehmen, daß der Gesamtetat für solche Projekte weit über 2,5 Billionen Dollar liegt. Rechnen wir alle Operationsgebiete zusammen, dann können wir schon heute von einem Marktumfang von über fünf Billionen Dollar für die nächsten vierzig Jahre ausgehen, wohlgemerkt von heute aus hochgerechnet. Das entspräche einem jährlichen Markt von 125 Milliarden Dollar, wenn sich die Ausgaben für die gesamte Raumfahrtwirtschaft nicht steigern (was eher unwahrscheinlich ist). Um Kapital für den gesellschaftlichen Umwälzungsprozeß braucht man sich also keine Sorgen zu machen. Unternehmen, die erfolgversprechende Produkte für die Raumfahrt anzubieten haben, werden über Investitionsengpässe nicht zu klagen brauchen, ob es sich nun um größere oder kleinere Betriebe handelt.

Ohne Frage handelt es sich bei allen diesen Unternehmen um hochqualifizierte Betriebe mit einer Struktur, die in etwa der Beschreibung entspricht, die die amerikanische Technologiebewertungsbehörde für die Qualifikationsstruktur von morgen hält. Vor dem Hintergrund eines solchen Marktes besitzt die Raumfahrt also einen durchaus plausiblen Sinn, denn sie ist geradezu prädestiniert für solche Unternehmen. Der mit den geschilderten Entwicklungen verbundene Ausbau von neuen Versorgungszentren und Raumstationen bietet aber auch für Arbeitskräfte mit nicht so hoch angesiedelten Qualifikationen neue Arbeitsmöglichkeiten, so wie auch die Expansion des Eisenbahnwesens im 19. Jahrhundert Arbeit für viele Handwerke und Dienstleistungsberufe schuf. Je umfassender also die Raumfahrt wird, je größer das damit verbundene Wachstum der Industrien und Informationshandwerke, um so besser werden auch die Beschäftigungsmöglichkeiten für solche Berufe. Man könnte diese Erwartung auf die Formel bringen, daß Raumfahrt der einzige bisher erkennbare Wirtschaftsbereich ist, der den Großteil dessen, was auf der Erde an Beschäftigung durch Veränderung von Kommunikation und Industrie weggefallen ist oder noch wegfallen wird, durch eine Fülle von Arbeit kompensiert wird. Unterstellt man gar einen erfolgreichen Aufbruch zu anderen Planeten, ist selbst chronischer Arbeitskräftemangel, wie wir ihn für die Vereinigten Staaten im 19. Jahrhundert kennengelernt haben, nicht auszuschließen.

Es würde an dieser Stelle zu weit führen, sich alle Auswirkungen der Raumfahrt auf die gesellschaftliche Arbeit auszumalen, die allein durch den Aspekt des Wachstums entstehen werden. Wir sollten jedoch festhalten, daß die tiefgreifenden Veränderungen in Arbeitsteilung und Qualität der Arbeit, die mit der dritten industriellen Revolution verbunden sind, im Kontext einer «Wachstumsindustrie Raumfahrt» bewältigt werden können, ohne daß es zu schweren Krisen und Zusammenbrüchen in der Welt der Industrie kommen muß. Das gilt im übrigen auch für so akute Probleme wie die Umweltzerstörung, die Bevölkerungsexplosion und die Unterentwicklung der Dritten Welt.

Auswirkungen auf die Weltarbeitsteilung. In der Verbindung von Informationsverarbeitung und Raumfahrt wird die dritte industrielle Revolution sich auch auf die Weltarbeitsteilung auswirken. Zumindest die Schwellenländer werden einen großen Schritt bei der Industrialisierung zurücklegen können, sei es durch direkte Beteiligung an der Raumwirtschaft, sei es durch die Übernahme von industriellen Aufgaben, die dadurch «frei werden», daß sich die Industrie der hochentwikkelten Industrieländer stärker auf neue Technologien und Raumfahrt konzentriert. So wäre jedenfalls denkbar, daß die Perspektiven der Raumwirtschaft die internationale Arbeitsteilung neu ordnen: Hochtechnologien für den Weltraum haben wegen ihrer Voraussetzungen in den entwickelten Industrieländern mit Sicherheit einen besseren Standort in OECD-Ländern und der Sowjetunion, auch wenn Raumindustrie und Hochtechnologie in einer Reihe von Schwellenländern von heute mindestens ebensogut denkbar wären. Die Versorgung der Weltwirtschaft, insbesondere der wachsenden Märkte in der Dritten Welt, könnte so zu einem wichtigen Industrialisierungsziel für Gesellschaften werden, deren Probleme heute vor allem in einer verhängnisvollen «Unterindustrialisierung» liegen.

Unter den Bedingungen einer solchen Weltarbeitsteilung dürften die jetzigen Entwicklungsländer eine reelle Chance besitzen, wieder Exportüberschußländer zu werden und ihre eigene Entwicklung daraus selbst zu finanzieren und / oder Voraussetzungen für einen Strom von Investitionskapital zu schaffen, wie er um die Jahrhundertwende für die Entwicklung der USA typisch war. Wenn Entwicklungsländer von heute auf Grund der größeren Konzentration der Industrieländer auf Raumfahrtprogramme die Möglichkeit erhalten, sich selbst ohne Konkurrenz aus der OECD zu versorgen und womöglich gar zu Hauptlieferanten für wichtige Versorgungsgüter in den heutigen Industrieländern zu werden, dann ist das mit Sicherheit eine sinnvollere Entwicklungsperspektive, als sie die derzeit betriebene und wegen vielfältiger negativer Auswirkungen umstrittene Entwicklungshilfepolitik bieten kann. Das Argument, man solle das Geld für die Raumfahrt doch lieber für die Entwicklung der Dritten Welt ausgeben, verliert angesichts dieser beiden Argumente merklich an Überzeugungskraft – ganz abgesehen davon, daß es wenig Sinn macht, die Ausgaben für die Raumfahrt zu stoppen, wenn diese dabei ist, ein lukrativer Wirtschaftszweig zu werden, der sich weitgehend selbst finanzieren kann.

Ökologen wird allerdings bei der Vorstellung einer noch stärker industrialisierten Welt angst und bange werden. Noch mehr Industrie, noch mehr Schadstoffemissionen, unter Umständen erheblich mehr Atomkraftwerke und noch mehr Müll kann die Welt in der Tat nicht mehr verkraften. Die Entwicklung der dritten industriellen Revolution bietet aber insbesondere in Verbindung mit Raumfahrt und Raumindustrie einige Anhaltspunkte dafür, daß mit einer «postfordschen» Industrialisierung *weniger Umweltbelastung* verbunden sein kann als heute. Die Informationsverarbeitung ist im Prinzip eine Technologie mit einer ganzen Reihe von «sanften» Elementen. Sie verbraucht wenig Energie, ist schadstoffarm, hat denzentrale Elemente und führt zum Wegfall einer ganzen Reihe von belastenden Produktionsbereichen (siehe das Beispiel der zukünftigen Herstellung von Printmedien). Die Raumfahrt scheint demgegenüber eher eine harte Technologie zu sein, von der große Gefahren und Belastungen der Umwelt ausgehen (man denke an den gigantischen Kraftstoffverbrauch bei Raketenstarts oder an die Katastrophen der bemannten Raumfahrt). Aber diese Einschätzung ist nur bedingt richtig, weil sie sich ausschließlich auf die im Prinzip schon überholte Technik der gegenwärtigen Raumfahrt der Großmächte bezieht. Eine circumterrestrische und interplanetarische

Raumfahrt würde weitgehend außerhalb der Erdatmosphäre stattfinden und zur Schadstoffverminderung beitragen. Produktionsstätten für energieverschlingende Produkte, die sich aus der Sonnenenergie im Raum versorgen müssen, würden in geradezu idealer Weise zur Senkung des Energiebedarfs auf der Erde beitragen und dort mehr Industrialisierung mit weniger Energieverbrauch möglich werden lassen. Da die Produktionsvorgänge über Datenkommunikation zu steuern sind, trüge eine circumterrestrische Industrie auch zu einer weiteren Vertiefung dezentraler Wirtschaftsstrukturen bei, die sich – wie im 15. Kapitel beschrieben – auch in kooperative Strukturen einfügen und so selbst sozialökologischen Vorstellungen ein Stück weit entgegenkämen.

Eine circumterrestrische Industrie böte auch die Lösung für viel Entsorgungsprobleme, nicht nur weil Giftstoffe und schädliche Emissionen gar nicht erst in den Kreislauf des Lebens auf der Erde eindringen würden, sondern auch weil die Produktion unter der Bedingung der relativen Schwerelosigkeit Werkstoffe liefern wird, die auf der Erde bestimmte Schadstoffemissionen gar nicht erst entstehen lassen – oder doch deutlich mindern. Natürlich soll mit diesen Beispielen nicht der Nachweis geführt werden, daß für die dritte industrielle Revolution und die Raumfahrt ökologische Probleme nicht mehr existieren. Beide Bereiche können aber wichtige Beiträge zur Lösung von Umweltproblemen leisten, so daß es fahrlässig sein könnte, einen Gegensatz zwischen Ökologie auf der einen, neuen Technologien und Raumfahrt auf der anderen Seite zu konstruieren. Für das Argument schließlich, wichtiger als Raketen seien ökologische Programme, gilt übertragen, was oben schon zum Thema Entwicklungshilfe gesagt wurde.

Die Verquickung von Raumfahrt und Rüstung. Richtig ist allerdings, daß die meisten Technologien heute im Zusammenhang mit Rüstung entstehen. Würde man allein darauf gestützt die Entwicklung der Menschheit vorhersagen, käme man zu dem Schluß, sie werde in einem gigantischen atomaren Inferno enden. Für die Weltraumfahrt gilt dies alles um so mehr, als jede Rakete eine Trägerwaffe für Nuklearbomben sein kann, jeder Satellit ein militärischer Spion oder gar ein Träger von Vernichtungswaffen und jede Raumstation auch unter dem Gesichtspunkt militärischer Zielsetzung gesehen werden muß. Schlimmer noch: Raumfahrt kommt aus der Hochrüstung und ist symbolisch mit ihr aufs engste verknüpft. Und doch ist diese Argumentation nur die halbe Wahrheit. Stringent wäre sie nämlich nur, wenn Raumfahrt allein und nur im Kontext der Rüstung entstanden oder möglich wäre, wenn die neuen Technologien, die unter militärischer Regie entstanden sind, nur im Zusammenhang mit Rüstung, Krieg und Vernichtung denkbar wären. Das aber ist nicht der Fall. Die meisten Technologien, die heute in der Hochrüstung entwickelt werden, stammen ursprünglich aus ziviler Forschung und Entwicklung (zumindest gilt dies für die Grundlagenarbeit). Außerdem zeigt die zivile Raumfahrt, daß sie ohne Rüstungsetats weiterentwickelt und zu einer zivilen, marktwirtschaftlichen Industrie werden kann. Auch für die Raumfahrt gilt also, was über den Zusammenhang von Produktivkraftentwicklung und Rüstung im zehnten Kapitel gesagt wurde.

Wenn aber richtig ist, daß nicht die kapitalistische Gewinnwirtschaft sich der Rüstung bemächtigt, sondern umgekehrt die Rüstungspolitik mit ihren Milliardenetats die Technologie und die fortgeschrittenen Wirtschaftsbereiche kolonisiert hat, dann gilt das erst recht für die Raumfahrt. Im Zeichen des kalten Krieges wurde sie besonders unter die Fittiche des Militärs genommen, luxuriös finanziert und zugleich pervertiert. Dies ist ohne Frage eine verhängnisvolle Entwicklung, nicht allein wegen der babylonischen Gefangenschaft einer Produktivkraft, sondern vor allem wegen der unfaßbaren Bedrohung, die für die Menschheit davon ausgeht. Es gibt kaum ein besseres Beispiel dafür, wie aus einer Produktiv- eine Destruktivkraft werden kann. Die Gründe für diese Entwicklung liegen allerdings nicht allein in den imperialistischen Konflikten, die die Geschichte dieses Jahrhunderts bestimmen und für das ständig steigende Gewicht von Rüstung und Militär verantwortlich sind. Sie liegen auch in der Tatsache, daß militärische Projekte auf Grund der engen Kooperation von Staat, Verwaltung, Geldgebern und privaten Unternehmen oft die einzigen Bereiche waren, in denen neue Technologien entwickelt werden konnten – ohne im Interessenstreit unterzugehen. Zivile Projekte von gleichem Ausmaß und vergleichbarer Leistungsfähigkeit gibt es kaum. Wenn die modernen Produktivkräfte also aus ihrer Gefangenschaft in der Rüstung befreit werden sollen, dann bedarf es großer ziviler Anstrengungen, um die Vorherrschaft des militärischen Sektors politisch zu brechen – «Krieg der Sterne» (SDI) oder zivile Raumfahrt, diese Alternative könnte lebensentscheidend werden.

Die Voraussetzungen dafür sind günstig, denn der Aufschwung der zivilen Raumfahrt zeigt, worin zivile Projekte bestehen könnten, die zur Weiterentwicklung der dritten industriellen Revolution führen. Es sind dies die Pläne für circumterrestrische und interplanetarische Vorhaben. Zivile Raumfahrt ist eine konkrete Alternative zur Hochrüstung, von der keine Stagnation, sondern womöglich noch eine Steigerung der Produktivkraftentwicklung ausgehen dürfte. Wenn nicht alles täuscht, dann haben wir kaum eine andere Wahl. Raumfahrt und dritte industrielle Revolution haben längst einen Entwicklungsstand erreicht, der einen Ausstieg sehr schwierig machen würde. Die industrielle Umwälzung hat unter dem Dach der Rüstung begonnen, unsere Welt umzugestalten, und ihre Eigendynamik hat sie längst zu einem unverzichtbaren wirtschaftlichen Faktor werden lassen. Wir stehen mitten im Übergang zu einer neuen industriellen Zivilisation, während wir noch rätseln, was mit uns geschieht.

Die Geschichte industrieller Revolutionen widerlegt dabei jeden historischen Determinismus: Die Ereignisse können sehr wohl beeinflußt werden – zum Guten wie zum Schlechten. Deshalb kommt es darauf an, die Entwicklungschancen einer industriellen Umwälzung zu erkennen und den technologischen mit dem sozialen Fortschritt wirkungsvoll zu verbinden. Dazu gehört aber auch, falsche Blockaden zu vermeiden und durch sie ausgelöste Krisen möglichst zu verhindern oder doch zu mildern. Darum ist es notwendig, daß wir technologischen Wandel, Strukturveränderungen, gesellschaftlichen Fortschritt und die Expansionsfähigkeit eines industriellen Systems im Zusammenhang sehen.

Steigerung der menschlichen Produktivkräfte bedeutet immer, daß auch die Reichweite der menschlichen Zivilisation zunimmt. Die Eroberung und Besiedlung von Neuland gehört daher zwangsläufig zu einem System, das die Mächte der Wissenschaft und Technologie mit aller Kraft steigert, wie es in einem berühmten Wort von Karl Marx heißt.

Unsere Welt reicht so weit wie unsere Mittel. Wenn die Außenposten unserer Technologie heute den Halleyschen Kometen erforschen und vermessen, dann ist dies der Radius für die Welt der Industrie von morgen.

Literatur

Brendjes, B., Richter, S., Sonnemann, K.: Geschichte der Technik. Leipzig 1978

Chikin, A.: Mars or Rust, in: Discover, Special Report on Mars, 9/1984

Clarke, A. C.: Menschen und Weltraum, Reinbek 1970

Dumaine, B.: The Promise of Factories in Space, in: Fortune 3/1986

Evans, Chr.: Die winzigen Riesen. Mikroprozessoren revolutionieren die Gesellschaft, Hamburg 1981

Grey, J.: Wegbereiter einer Industrie im All. Spaceshuttle «Columbia» und ihre Bedeutung als wiederverwendbarer Raumtransporter für die Werkstatt im Weltraum, IBM-Nachrichten Nr. 33/263/1983

Hofstätter, R.: Auftakt für Große Raumstation. UdSSR startet zentrale Andockstation «Mir», in: Flugrevue 4/1986

Marx, K.: Grundrisse der Kritik der Politischen Ökonomie, Rohentwurf, Berlin 1953

Päch, S.: Utopien. Erfinder, Träumer, Scharlatane, Braunschweig 1983

Reisen zum Mond. Bildreport über die Raumfahrt zum Mond und ihre Vorgeschichte, Reinbek 1970

Rost, A.: Als die Raketen fliegen lernten; und: Geschäfte mit neuem Gewicht, in: Geo-Spezial/Weltraum 8, 1983

Treutzsch, U., Weber, W., (Hg.): Die Technik. Von den Anfängen bis zur Gegenwart, Braunschweig 1982

Turcat, A.: Bericht im Namen des Ausschusses für Energie und Forschung über die Europäische Weltraumpolitik, Sitzungsdokument Nr. 1-326/81 des Europäischen Parlaments vom 19. Juni 1981

Nachwort

Wenn man den Begriff «europäisch» nicht allzu eng und geographisch faßt, dann kann man wohl sagen, daß der Prozeß der Industrialisierung ein zutiefst europäisches Projekt ist. Er beginnt in dieser ganz spezifischen Form vor tausend Jahren in Europa und scheint auch auf absehbare Zeit nicht beendet zu sein. Mit der dritten industriellen Revolution tun sich gar Expansionsmöglichkeiten auf, die selbst unsere kühnsten Vorstellungen überschreiten. In diesem Jahrtausend ist die Welt europäisch geworden, was nicht immer nur Positives bedeutet hat. Europas Welt der Industrie hat alles, was aus anderen Kulturen kam, aufgesaugt, angepaßt und in charakteristischer Weise verändert. Darin vor allem lag die große Leistung der europäischen Industrie seit ihrem Entstehen. Im Verlauf der Geschichte hat sie diesem Transfer jedoch eine eigene wissenschaftlich-technische Innovationskraft hinzugefügt, die alles sonst in der Geschichte der Produktivkräfte Bekannte in den Schatten stellt. Europas Weltherrschaft war kein Zufall, sie war das Ergebnis industrieller Revolutionen und tiefgreifender sozialer Veränderungen, die anderen Gesellschaften nur dann einen eigenen Weg in die Industrialisierung ließen, wenn sie sich zumindest in wichtigen Bereichen selbst «europäisierten».

Trotz der Krise Europas im 20. Jahrhundert kann man angesichts dessen feststellen, daß die Idee des Fortschritts und die Industrialisierung aus Europa stammen. Und es ist bezeichnend, daß Europa am Beginn der dritten industriellen Revolution wieder eine entscheidende Rolle einnimmt. Ebenso typisch scheint es zu sein, daß die Krise der Industrialisierung im 20. Jahrhundert etwas mit der Schwächung Europas zu tun hat, vor allem mit den ungelösten Konflikten, in die der

Erste Weltkrieg den alten Industriekontinent gestürzt hat. So deutet denn manches darauf hin, daß der Übergang zur dritten industriellen Revolution nicht nur zu einem Wiedererstarken der europäischen Industrie führt, sondern auch eine erneute Übernahme der Verantwortung für den Prozeß der Industrialisierung im Weltmaßstab verlangt. Der Verlust der europäischen Hegemonie in der Welt der Industrie jedenfalls hat keine stabile Ordnung hervorgebracht. Die Spaltung der Welt in unterschiedliche Industrialisierungsblöcke ist vielmehr dafür verantwortlich, daß der Prozeß der Industrialisierung in verhängnisvoller Weise überfremdet wird von einer Militarisierung. Vernichtungswaffen sind eine Perversion der Produktivkräfte.

Spätestens angesichts der Dimensionen möglicher Vernichtung ist die Wiederkehr einer zivilen Hegemonie, einer «europäischen», wenn man so will, nötig. Europas Rolle im Prozeß der Industrialisierung legt den Gedanken nahe, daß diese Hegemonie der Produktivkräfte auch am ehesten von dort kommen kann, wo die historischen Erfahrungen mit Industrie und Industriegesellschaft am ältesten und fundiertesten sind: aus Europa. Der Rückgriff auf die Geschichte der Industrialisierung ist also mehr als nur eine Rekonstruktion des Vergangenen. Er kann auch verstanden werden als Versuch, eine Antwort auf die Frage zu geben, was denn aus dieser Geschichte für eine zivile – also friedliche – Ordnung der industriellen Welt zu lernen sei. Ich meine, sehr viel – nicht nur die vielen kleinen Korrekturen am historischen Bild, die wir im Lauf der Betrachtung dieser fast tausendjährigen Entwicklung anbringen mußten. Ich meine vielmehr, was wir über Wesen und Charakter dieses europäischen Projektes «Industrialisierung» lernen konnten. Zum Beispiel, daß Industrialisierungsprozesse aus einem sehr komplexen Gemisch bestehen, das sich aus neuen Technologien, woanders entdeckten und übertragenen Erkenntnissen und einer ganz bestimmten ökonomischen und sozialen Organisationsweise, in der diese Technologien Anwendung finden, zusammensetzt. Das beste und zugleich verblüffendste Beispiel dafür ist immer noch der Beginn des Industrialisierungsprozesses in Europa: Ein seltener historischer Umstand ließ hochentwickelte Technologien mit dem System der privaten Unternehmerwirtschaft zusammenkommen und löste so eine nicht mehr rückgängig zu machende Entwicklung aus. Beides zusammen hat denn auch überhaupt erst die Überlegenheit der Marktwirtschaft gegenüber jeder anderen Wirtschaftsform deutlich werden lassen, denn bis in das 13. Jahrhundert hinein spielte Marktökonomie eine mehr oder weniger periphere Rolle. Die Transformation der orientalischen Technologien und der westlichen Industrie zur privatwirtschaftlich organisierten Manufaktur von Massenprodukten, das erst löste die Märkte von den engen Grenzen der häuslichen Produktion ab und führte zur Ausdifferenzierung eines völlig neuen Typus von Arbeitsteilung, den wir «vertikal versäult» genannt haben. So etablierte sich die Marktökonomie als ein wohl nicht rücknehmbares Element der gesellschaftlichen Entwicklung.

Die historische Betrachtung zeigt uns aber auch, daß Industriegesellschaft nicht an kapitalistische Produktionsweise gebunden ist, wie wir sie aus dem 19. Jahrhundert kennen, ja, daß nicht einmal Kapitalismus unbedingt die Form von Industriekapitalismus annehmen muß, auch dann nicht, wenn die Güterproduktion, die einem Handels- oder Verlegerkapitalismus zugrunde liegt, zwar marktwirtschaftlich und unternehmerisch organisiert ist (und insofern sicher auch kapitalistisch), aber keinerlei Lohnarbeit kennt. Gemessen an den Entwicklungsschritten im 19. und 20. Jahrhundert schien und scheint zuweilen immer noch eine solche Argumentation zunächst einmal verwirrend und müßig zu sein. Kam es doch schließlich lange Zeit darauf an zu erkennen, daß der Kapitalismus des 19. und 20. Jahrhunderts, der «moderne Kapitalismus», wie man lange Zeit sagte, sich eben gerade dadurch von den vorangegangenen Produktionsweisen unterschied, daß das Kapital in die industrielle Produktion selber eindrang und mit dem Entstehen der Lohnarbeit eine ganz neue Klasse und damit auch ganz neue gesellschaftliche und politische Verhältnisse schuf, die nun einmal die Weiterentwicklung unseres industriellen Systems zu anderen, möglicherweise revolutionär zu schaffenden gesellschaftlichen Verhältnissen zum Ziel hatten. Mit der dritten industriellen Revolution, die mit der Mikroelektronik in den siebziger Jahren eingesetzt, aber noch lange nicht ihr volles Entwicklungstempo erreicht hat, gewinnt dieses Argument plötzlich eine ganz andere, neue Bedeutung.

Hat man die Entwicklung der mittelalterlichen Industrie vom Standpunkt des 19. Jahrunderts her – wenn überhaupt – immer so betrachtet, daß man im Grunde den vorindustriellen und vorkapitalistischen Charakter dieser Verhältnisse hervorzuheben bestrebt war, dann müssen wir diese Epoche heute ganz anders werten. Mittelalterliche Industrialisierung und dritte industrielle Revolution treffen sich wohl in einem wesentlichen Charakteristikum. Beide Epochen beruhen auf Technologien, die ein hohes Maß an dezentraler Produktion ermöglichen bzw. ermöglichen werden. Dezentrale Technologien haben zur Folge, daß sie sich für kleine, aber sehr produktive Betriebsstrukturen eignen und damit heute wie vor 600 Jahren zu einer schnellen Ausbreitung von kleinbetrieblichen Strukturen führen können. Unter solchen Bedingungen ist es offenbar für die Konzentration großer Vermögen, für hochkonzentriertes Kapital nicht interessant, allzuweit in die Produktion zu gehen, selbst dann, wenn es rein rechtlich und vom Kapitalmarkt aus gesehen möglich wäre. Interessanterweise erfahren wir über die dritte industrielle Revolution nicht nur etwas durch das Studium der mittelalterlichen industriellen Revolution, sondern auch umgekehrt: Die Erfahrungen mit der dritten industriellen Revolution erhellen uns Prozesse, die für die mittelalterliche Industriegesellschaft von Bedeutung sind. Das heißt, es scheint plausibel zu sein, daß das Verleger- und Handelskapital des Mittelalters nicht nur deshalb nicht in die Produktion eingedrungen ist, weil dieses durch Gesetz oder Sitte und Brauch unterbunden gewesen wäre, sondern möglicherweise auch deshalb nicht, weil es ökonomisch nicht rentabel war. Von der mittelalterlichen Industrialisierung können wir wiederum lernen, daß Industriegesellschaften und Kapitalismus in ganz unterschiedlichen Formen auftreten können und daß die jeweils konkrete Ausformung von industriellen und kapitalistischen Produktionsbedingungen bzw. Wirtschaftsstrukturen immer von einem sehr komplexen Wirkungs- und Wechselverhältnis zwischen Unternehmensformen, Technologien, zentralisierenden und dezentralisierenden Wirkungen von Produktivkräften, Produkten und Märkten abhängig sind. Auf jeden Fall verlaufen der ökonomische wie der soziale Entwicklungsprozeß nicht in aufeinander folgenden Stadien der Organisation gesellschaftlicher Arbeit, hinter die man nicht wieder zurückfallen kann.

Immer war die Organisation der Produktion zugleich auch ein Kampf um die Organisation der gesellschaftlichen Arbeit als soziale und politische Frage. Nichts hat dies deutlicher gemacht als der Übergang von der eher autonomen, kooperativen, zunftartig-genossenschaftlichen Organisation der gesellschaftlichen Arbeit im Mittelalter zur zentralistischen, bürokratisch-staatlichen und gewerkschaftlichen Organisation der gesellschaftlichen Arbeit im 19. und 20. Jahrhundert. Auch hier hat sich gezeigt, daß es ein Irrtum wäre zu glauben, die Entwicklung sozialer Systeme und die Organisationsformen, in denen Solidarität, soziale Gerechtigkeit, Freiheit und Widerstand gefaßt werden, gehorchten einer Art Stadienfolge, die keine «Rückfälle zuläßt». Im

Gegenteil: zentralistische Strukturen in der Ökonomie wie im Prozeß der Industrialisierung müssen bestimmten Organisationsformen des sozialen Systems entsprechen, die ihrerseits wiederum nicht vereinbar sind mit den Organisationsanforderungen einer dezentralisierten Ökonomie und Produktion. Daraus folgt, daß wir auch jetzt wieder vor einer tiefgreifenden Veränderung der sozialen Sicherungssysteme stehen und daß es uns nicht weiterführt, wenn wir Widersprüche oder Unvereinbarkeiten zwischen alten und neuen Organisationserfordernissen formulieren. Bei Licht besehen sind sie nur gefährliche Scheinprobleme, aus denen erfahrungsgemäß jedoch die wildesten Konflikte hervorbrechen können.

Die grundlegende These dieses Buches ist, daß es im wesentlichen zwei Typen von industrieller Gesellschaft gibt, einmal den mehr dezentralisierten, autonomistischen Typus einer stark marktorientierten Unternehmerordnung mit kooperativen Formen der Organisation gesellschaftlicher Arbeit und sozialer Sicherungssysteme, zum anderen den zentralistischen, bürokratisch bestimmten Typus mit mächtigen Großorganisationen und unterschiedlichen Formen von institutionalisierter Demokratie. Beiden Typen ordnen sich eher sanfte, dezentralisierende bzw. harte, zentralisierende Produktivkräfte zu, die ihrerseits sehr weitgehende und tiefgreifende Auswirkungen auf das gesamte System industrieller Produktion haben können, je mehr sie durch Ballung der Potentiale zu einer Art sich selbst erzeugender Zerstörung von sozialen und ökologischen Umweltbedingungen führen. Dabei muß offenbleiben, ob der Prozeß der Industrialisierung in einem kontinuierlichen Wechselspiel zwischen beiden Gesellschaftstypen zu begreifen ist oder ob die Entwicklung eines zentralistischen, von harten Produktivkraftbedingungen strukturierten Typus der Industriegesellschaft nur so etwas ist wie eine kurzfristige Abweichung von einem ansonsten eher dezentralisierenden und weichen Weg der Industrialisierung. Wir haben dafür zu wenig historische Erfahrungen, um eine so wichtige Frage beantworten zu können. Wir wissen auch nicht, wohin das Wiederaufleben dezentralistischer, quasi mittelalterlicher Industriebedingungen auf dem Niveau höchster Produktivität und entwickelter Technologien dereinst führen wird, ob sich der dezentralisierende Faktor stabilisiert oder nicht. Nur eines können wir jetzt schon mit Sicherheit sagen: Für diese Industrialisierung wird es vorerst keine natürliche Grenze geben. Wir sind nicht auf Gedeih und Verderb auf die Erde beschränkt, unsere natürliche Welt ist im Verlauf dieses Industrialisierungsprozesses größer geworden. Aber auch unsere Verantwortung für die Natur, denn Leben kommt allein von hier, unserem irdischen Ursprungsraum.

Für das sozialwissenschaftliche Denken in Stadien ist es sicher ziemlich verblüffend, daß diese hochtechnologische Industrie-Welt mit neuen, dezentralisierenden, sagen wir ruhig «mittelalterlichen» Technologien und Organisationsformen an seine Ursprünge zurückkehrt. Vielleicht liegt gerade darin die besondere Chance der europäischen Industriezivilisation. Der Neuanfang ist zugleich auch ein Rückgriff und gibt der Geschichte der Industrialisierung im Sinn der aufklärerischen Rekonstruktion der eigenen Erfahrungen eine neue Dimension. Zu den Rechtfertigungsgründen für diese Schrift käme so am Ende noch ein vierter hinzu. Wenn dieses Buch also dazu beigetragen hätte, das Nachdenken über diese Dimension nur ein wenig plausibler und notwendiger erscheinen zu lassen, dann wäre schon viel erreicht.

Sachwortregister

Literaturverweise

Quellennachweis der Abbildungen

S. 355, 356: Daimler-Benz-Aktiengesellschaft, Stuttgart-Untertürkheim; S. 360, 361, 362, 363: D. A. Hounshell: From the American System to Mass-Production 1800–1932, Baltimore, London 1984, S. 184 oben, S. 197, 246 (Henry Ford Museum/The Edison Institute), S. 252 (Henry Ford Museum/The Edison Institute), The Johns Hopkins University Press; S. 365: FIAT Pubblicità, Novara; S. 402f.: National Archives , U.S. Army Signal Corps, nach: M. Lesy: Bearing Witness. A Photographic Chronicle of American Life, New York 1982, S. 86 oben, Random House; S. 406f. oben: Japanese Information Center, London; S. 406f. unten: Collection Tsuneo Tsamba, Yokohama; S. 415: Bundesarchiv, Koblenz; S. 423: Ullstein Bilderdienst, Berlin; S. 436: Foto: Margaret Bourke-White, © Roger White, Executor of the Estate of Margaret Bourke-White; S. 447: B. Mitchell: Depression Decade. From New Era through New Deal 1929–1941, White Plains/New York 1975, nach S. 110, Holt, Rinehart and Winston; S. 448: Foto: Margaret Bourke-White, Time Incorporated, New York; S. 450f.: D. A. Hounshell: From the American System to Mass-Production 1800–1932, a. a. O., S. 269, Henry Ford Museum/The Edison Institute; S. 452, 453: B. Mitchell: Depression Decade, a. a. O., nach S. 110, nach S. 302; S. 454: North American Aviation Inc., nach: M. Lesy: Bearing Witness, a. a. O., S. 127 rechts oben; S. 465, 466: dpa; S. 513 oben: Foto: Mead Maddick Lownds, nach: M. Lesy: Bearing Wittness, a. a. O., S. 125 unten; S. 513 unten: Foto: Arthur Rothstein, nach: M. Lesy: Bearing Witness, a. a. O., S. 137 unten; S. 526: Der Spiegel, Hamburg; S. 531: American Iron and Steel Institute, nach: Industry and the Photographic Image, hg. von F. J. Hurley, New York 1980, Abb. 30, George Eastman House/Dover Publications; S. 533, 535, 539, 545: dpa; S. 557: Archiv Dieter Otten; S. 564: Unser Jahrhundert im Bild, Gütersloh 1964, S. 721, C. Bertelsmann Verlag; S. 577: Gildemeister, Bielefeld; S. 578: IBM Corporation, nach: Computerized Manufacturing Automation. Employment, Education, and the Workplace, Washington D. C., April 1984, U.S. Congress of Technology Assessment, OTA-CIT-235, S. 139; S. 602: High Technology 5/1985, S. 24f.; S. 603: Cincinnati Milacron Comp., nach: Computerized Manufacturing Automation, a. a. O., S. 63; S. 612: Business Week, 16. 6. 1986; S. 617: Stern Syndication/Foto: Thomann; S. 648, 660, 665: NASA.